제4판

조세범 처벌법

김 태 희

박영사

제 4 판 머리말

　제4판에서 증감변동된 사항은 다음과 같다. 제3판 이후 생산된 주요 판례를 관련된 부분에 반영하였고, 기존 판례 중 의미 있는 것들을 추가하였으며, 행정판결의 경우에도 조세형법에 차용될 수 있는 것들을 수록하였다. 다른 법령의 개정으로 관련 내용이 변경되었거나 인용할 법규의 수정이 필요한 부분을 고쳤다. 참고문헌을 최근의 것으로 업데이트하였고, 기존 책의 오류를 바로잡았으며 오탈자도 재차 정비하였다.

　제3판 이후 조세범처벌법의 개정이 없어 큰 틀의 수정은 없으나, 판례가 풍성해지고 참조시 이용이 편리하도록 최신화 한 데에 의의가 있다.

　참고할 선행연구가 없어 저자의 일방적 의견만을 담을 수밖에 없었던 부분들이 점차 판결로 채워지고, 그 방향이 저자의 의견과 크게 다르지 않은 경우를 경험하며 작업의 보람을 느꼈다.

　제4판으로 계속 공부하는 사람임을 알리게 되어 기쁘다.

2024. 12. 金泰熙 拜上

제 3 판 머리말

2018. 12. 31. 조세범 처벌법이 대폭 개정되었다. 이 책에서 입법론적 검토가 필요하다고 언급하였던 규정들의 상당부분을 개선하거나 삭제함으로써 특별형법으로서의 지위를 정비하였다. 그러나 배액벌금제도와 형법총칙상 벌금형의 제한가중규정 적용배제 부분이 개정되지 않은 점은 아쉽다.

제3판에서 증감변동된 사항은 다음과 같다. 구법에 규정되어 있던 과태료, 몰취 관련 규정이 개별 세법으로 이관되었으므로 해당 부분을 삭제하였다. 「국제조세조정에 관한 법률」에서 규정하고 있던 해외금융계좌 신고의무 위반 등에 관한 형벌 규정이 조세범 처벌법으로 이관되었으므로 이에 관한 설명을 추가하였다. 제2판 출간 이후 2020년 상반기까지 생산된 판례를 관련된 부분에 반영하였다. 기존 책의 오류를 바로잡고 설명이 부족한 부분을 보완하였으며, 공범론 부분을 한층 다듬었다.

여전히 미진하지만 끝이 없는 계단을 오르듯 한발씩 나아가는 데에 의의를 두고 제3판 작업을 마무리하기로 한다.

섬세한 교정과 조언을 제공하여 준 분들께 감사드린다.

제3판으로 격려에 보답하게 되어 기쁘다.

2020. 10.

金泰熙 拜上

제 2 판 머리말

거칠게 집을 지은 후 하자가 발견되었고 아귀가 들어맞지 않는 부분도 보였다. 문장을 더 가다듬어야 했고 알맹이가 없어 치워야 할 부분도 눈에 띄었다. 무엇보다 시급한 일은 초판에 누락된 판례 및 초판 이후 양산된 판례를 정리하여 반영하는 일이었다.

개정판은 어느 곳을 어떻게 수정·증보하였다고 집어 말할 수 없을 정도로 전반적으로 쓸고 닦았다. 그러나 큰 틀을 흔들지는 못하여 여전히 미진하다. 다만 세금계산서 관련범의 죄수 부분은 초판 이후 발표한 논문으로 대체하여 많이 정교해졌다. 끝이 없는 계단을 오르듯 한발씩 나아가는 데에 의의를 두고 개정판 작업을 마무리하기로 한다.

특히 이 책으로 강의를 하며 스스로의 글을 자세히 들여다 볼 기회가 생겨 개정 작업에 많은 도움이 되었다. 지난한 강의를 집중하여 들어준 분들에게 깊이 감사드린다.

개정판으로 스스로에 대한 약속을 지켜 기쁘다.

2018. 1.

金泰熙 拜上

머 리 말

　세법을 위반하는 행위가 단순히 국가의 조세채권을 침해하는 정도를 넘어서 공정하고 평등한 조세부과를 방해하는 반사회적인 것으로서 형사처벌의 대상이 되어야 한다는 사회적 공감대가 형성된 것은 오래전 일이다. 그리고 조세범 처벌법의 제정 이래 사회·경제가 발달하고 대규모화됨에 따라 조세범의 처벌범위와 빈도 역시 확대되고 있는 추세다.

　1951년 조세범 처벌법이 제정된 후 단편적 개정만을 거듭하다가 2010년 1월 1일, 편제·구조 및 내용이 대폭 수정되어 전면개정되었다. 그런데 조세범 처벌법은 세법에 구성요건의 일부를 위임한 백지형법인 데다가 특별형법인 행정형법인 관계로, 형법의 기본 이론이 적용되면서도 세법과 행정법까지 숙지하여야 하기 때문에 법률가들과 조세전문가들도 특정 연구분야를 넘어서 조세형사의 전 범위에 관한 서술을 하기 힘들었던 것도 사실이다. 저자는 국세청의 실무가로서 세무행정 업무를, 법원의 판사로서 재판업무를 경험하게 되어 세법과 형법 양 분야를 두루 이해할 수 있는 여건에 있었던 관계로 미진하나마 두 분야의 접목점인 조세범 처벌법에 관한 개론서를 집필하고자 마음먹게 되었다.

　생각보다 더 어렵고 기나긴 여정이었다. 조세형사에 관한 이론서 또는 실무서로서 전체를 일관한 책이 거의 없었기 때문에 기댈 만한 참고서가 마땅치 않았고, 생업과 병행하며 긴 호흡의 글을 쓴다는 것은 상당히 지루하고 고된 작업이었다. 다행히 이미 많은 선배 학자들이 조세범 처벌법의 핵심 분야에 있어 훌륭한 견해를 담은 논문을 발표하였고 폭발적으로 증가하는 조세범의 처벌 추세에 맞추어 상당한 판례가 축적되어 있었기 때문에, 방대한 자료를 읽고 독자들이 참조하기 편한 순서와 문장으로 정리하는 것이 이 책의 가장 큰 역할이라는 자세를 견지하면서 무엇인가를 창조해야 한다는 마음의 부담을 덜 수 있었다.

이 책의 특징은 총론과 각론으로 나누어 일반형법 이론과 조세범 처벌법을 아우르고, 관련 판례를 폭넓게 담고 있다는 데 있다. 총론 부분에서는 조세범 처벌법의 의의 및 연혁, 적용범위, 기능 등 조세형사의 일반론을 설명함과 동시에 각칙규정에 공통적으로 적용되는 양벌규정, 몰취, 고발 전치주의를 기술하였고 조세범에 있어서의 공범 및 죄수를 상세히 다루었다. 각론 부분에서는 가장 중요하고 빈번하게 다루어지는 조세포탈범과 세금계산서 관련범에 별개의 장을 할애하여 자세히 기술하였고 그와 관련된 특정범죄 가중처벌 등에 관한 법률의 조문에 대한 설명도 함께 담았다. 나머지 개별 범죄에 관하여는 각 조문의 순서대로 설명하는 방식을 택하였다. 가능한 한 충실히 논문과 서적의 인용을 각주로 표시하였고, 여러 논점을 담고 있는 판례는 각 논점별로 내용을 구분하여 중복하여 실었다. 또한 개별 사례에서의 구체적 타당성을 중시하여 판례요지와 함께 결론 도출의 배경이 된 사실관계를 함께 실었으며, 자세한 내용의 참조가 필요한 독자를 위하여 학문적 고찰이나 비교법적 검토에 관한 논문 및 중요 판례에 관한 평석을 부기하였다. 연혁적 의의만이 있거나 문제해결에 불필요한 논의는 과감히 생략하였지만, 의미 있는 토론이거나 논의가 진행중인 부분은 학설 및 판례와 함께 저자의 사견을 곁들였다.

이제 머리말을 적으며 뒤돌아보니 시작할 때의 기개와 자신감은 흔적도 없고 지식과 사고의 한계로 인하여 오류가 있지나 않을까 하는 두려움과 한 발 더 나아가지 못한 데 대한 부끄러움이 앞선다. 그러나 아직은 논의의 초입에 있는 조세형사 분야에서 이 책이 더욱 활발한 토론과 사고의 전개를 위한 마중물이 되기를 바라는 마음으로 초판을 마무리하고자 한다. 이 책의 잘못은 모두 저자의 부족함에 기인한 저자의 책임이며, 겸허한 마음으로 앞으로 주어질 지적과 새로운 판례들을 담아 조금씩 완성도를 높일 것을 기약하여 본다.

조세형사의 세부 분야에서 이론이 정립되기까지 그리고 아직도 진행 중인 논점에 관하여 헌신적인 사명감과 명철한 판단력으로 업무를 수행하며 선례를 형성한 국세청, 검찰, 법원의 실무가들과 변호사, 세무전문가들, 수많은 인용을 가능하게 하여 준 선행 연구자들과 법관들, 섬세하게 교정을 보아주며 많은 편의를 제공하여 준 박영사 관계자들께 감사드린다.

저자에게 개인적으로 지적·정신적 지원을 해 주시고 많은 가르침과 도움을 주신 분들은 헤아릴 수 없다. 은혜 입은 분들을 생각할 때마다 나의 현재는 나의 것이 아님을 절감하게 된다. 이 지면에서의 간단한 언급에 그친다면 오히려 결례가 될까 염려되어 앞으로 남은 인연 동안 보답할 것을 다짐하여 본다.

마지막으로, 집필기간 동안 구성원의 부재를 인내하고 응원하여 준 우리 가족에게 고마움과 함께 깊은 사랑을 보낸다. 시간빈곤자인 저자를 아낌없이 품어주고 이끌어 준 견인차였다.

하늘에서 늘 함께 길을 걸어 주셨던 어머니께 이 책을 드린다.

金泰熙 拜上

차   례

제 3 장   조세범 처벌법의 적용범위

제 4 장   조세범 처벌법의 기능

제 5 장   조세범 처벌법과 법률주의

제 6 장   양벌규정(兩罰規定)

제 7 장 형법 총칙 적용의 일부배제

제 8 장   고발 전치주의

제 9 장   공범론(共犯論)

제10장   공소시효 특례와 과태료의 시효

제11장   죄수론(罪數論)

▌제 2 편　조세범 처벌법 각론

제 1 장　조세포탈범(제3조)

제 2 장   세금계산서 관련범(제10조)

제 3 장   기타의 조세범 처벌법 위반죄

참고문헌

1. 단 행 본

저자	서명	출판사	발행연도	본문인용 약어
김일수, 서보학	형법총론(제13판)	박영사	2018	김일수/서보학
배종대	형법총론(제16개정판)	홍문사	2022	배종대
신동운	형법총론(제13판)	법문사	2021	신동운
안대희	조세형사법	도서출판 평안	2015	안대희
오영근	형법총론(제6판)	박영사	2021	오영근
이상돈	조세형법론	세창출판사	2009	이상돈
이재상	형법총론(제11판)	박영사	2021	이재상
이창규	조세범처벌요론	대한재무협회 출판부	1951	
이철송	회사법강의(제29판)	박영사	2021	이철송
이태로, 한만수	조세법강의(신정14판)	박영사	2020	이태로/한만수
임승순	조세법(제21판)	박영사	2021	
임웅	형법총론(제12정판)	법문사	2021	임웅
정성근, 박광민	형법총론(전정2판)	성균관대학교 출판부	2015	정성근/박광민
최명근	세법학총론	세경사	2007	최명근
손동권	새로운 형법총론	율곡출판사	2011	손동권
정영일	형법총론(제3판)	학림	2022	정영일

2. 논 문

강수진, 이승민, 회사분할과 공정거래법 위반행위에 대한 책임의 승계, BLF 제49호, 2011. 9

권순익, 조세범처벌법 제9조 제1항에 규정된 '사기 기타 부정한 행위'의 의미, 대법원 판례해설 제56호, 법원도서관, 2005. 12

권형기, 박훈, 조세범처벌법상 부정행위에 있어 발각가능성에 대한 소고, 형사법의 신 동향 통권 제52호, 대검찰청, 2016

길용원, 조세범처벌법상 조세포탈의 부정행위에 관한 연구, 법학논문집 제41집 제2호, 중앙대학교 법학연구원, 2017. 8

김대휘, 양벌규정의 해석, 형사판례연구 10, 2002

김상희, 조세범처벌법상의 형법총칙적용배제조항에 관한 고찰, 인권과 정의 통권 제 192호, 대한변호사협회, 1992

김용대, 조세포탈범에 있어서의 사기 기타 부정한 행위, 조세법의 논점, 행솔 이태로 교수 화갑기념 논문집, 조세통람사, 1992. 5

김용준, 조세범처벌법상 조세포탈죄의 형사범적 성격과 그 개선방안에 관한 연구, 고 려대학교 석사학위논문, 2005

김종민, 조세포탈범의 형사처벌과 관련한 제문제, 사법논집 제45집, 법원도서관, 2007

김진성, 조세범처벌법규의 문제점, 월간조세 제19호, 1989. 12

김진수, 김정아, 마정화, 주요국의 조세범처벌제도 연구, 세법연구 07 – 14, 한국조세연 구원, 2007. 12

류전철, 조세범죄의 형사화의 관점에서 조세포탈범의 고찰, 형사정책 제15권 제1호, 한국형사정책학회, 2003

박정우, 마정화, 조세범처벌제도의 실효성 확보방안, 세무학연구 제23권 제4호, 한국 세무학회, 2006. 12

서경환, 기망행위에 의한 조세포탈과 사기죄의 성립 여부, 대법원 판례해설 제78호, 법원행정처, 2009

손동권, 법인의 범죄능력과 양벌규정, 안암법학 제3호, 안암법학회, 1995

신종열, 증여세 및 의제증여세 포탈에 대한 특정범죄 가중처벌 등에 관한 법률 제8조 의 적용, 대법원판례해설 제88호, 법원도서관, 2011. 6

신종열, 구 특정범죄 가중처벌 등에 관한 법률 제8조의2 제1항 소정의 '공급가액 등의 합계액'의 의미, 대법원판례해설 제90호, 법원도서관, 2012

신종열, 허위기재 세금계산서합계표 제출 행위와 조세포탈 행위의 관계, 대법원 판례 해설 제90호, 법원도서관, 2012

오기수, 조선시대의 조세범처벌법에 관한 연구, 계간 세무사, 2011년 봄호

오영근, 이중교, 김진수, 조세범처벌법 개정방향에 관한 연구, 한국조세연구원 2008. 12

윤현석, 조세범처벌법의 개정동향과 과제, 한양법학 제24권 제1호 통권 제41호, 한양 법학회, 2013. 12

이동식, '조세포탈' 목적도 특정범죄가중처벌 등에 관한 법률 제8조의2 제1항의 '영리 목적'에 해당하는지 여부, 대법원판례해설 제102호, 법원도서관, 2015

이동신, 조세범처벌법 제11조의2 제4항 소정의 '재화 또는 용역을 공급함이 없이 세금 계산서를 교부하거나 교부받는 경우'의 의의와 그 범위, 대법원판례해설 제45호, 법원도서관, 2003. 1

이승식, 조세포탈죄의 구성요건에 관한 연구, 경희대학교 박사학위논문, 2013. 8

이승식, 조세범처벌법 제10조의 세금계산서 관련범죄의 구성요건에 관한 고찰, 형사법 의 신동향 통권 제42호, 2014. 3

이재호, 이경호, 조세범처벌법상 '사기나 그 밖의 부정한 행위'의 해석기준에 관한 소 고, 조세와 법 제6권 제2호, 2013

이종남, 조세포탈범의 내용과 조세회피행위와의 관계, 현대형사법학의 과제, 1980

이천현, 조세형법의 발전과정 ─독일을 중심으로─, 형사정책연구 제9권 제3호 통권 제35호, 한국형사정책연구원, 1998

이천현, 배수벌금형제도, 형사정책연구소식 제66호, 한국형사정책연구원, 2001

이천현, 조세범처벌법상의 형벌규정의 문제점, 월간조세 제152호, 2001. 1

이천현, 법인의 범죄주체능력과 형사책임, 형사법연구 제22호, 2004

이천현, 조세범죄의 보호법익과 비범죄화 유형, 형사법연구 제23호, 한국형사법학회, 2005. 6

이천현, 벌금형의 규정방식에 관한 고찰, 형사정책연구 제18권 제3호 2007

임성근, 조세범처벌법 제11조의2 제4항의 '재화나 용역을 공급함이 없이 세금계산서 를 교부한 자'의 의미, 대법원판례해설 제50호, 법원도서관, 2004

임성희, 조세범처벌법 제13조 제1호 위헌제청 ─범죄의 구성요건과 명확성의 원칙─,

헌법재판소결정해설집, 헌법재판소, 2008. 11

장한철, 조세범처벌법의 체계와 문제점, 법과 정책연구 제3집 제2호, 2003. 12

장한철, 조세포탈죄의 성립문제에 관한 일고찰, 한국법정책학회, 2005

점승헌, 조세범죄에 대한 조세형법 적용상의 문제점, 법학연구 제19집, 한국법학회, 2005. 10

정금천, 양벌규정과 법인의 형사책임, 형사판례의 연구 1, 2003

조성권, 피고인에게 조세포탈의 고의가 있었는지 여부, 대법원 판례해설 제76호, 법원 도서관, 2008. 4

조해현, 원천징수 법인세에 있어서의 조세포탈의 주체와 그에 대한 원천징수의무자의 공범 가공의 가부, 대법원판례해설 제30호, 법원도서관, 1998. 5

진성철, 조세포탈범에 있어서 조세포탈의 결과와 고의, 조세법연구 1권, 세법연구회, 1995

최동열, 금지금 변칙거래에서 조세범처벌법 제9조 제1항의 '사기 기타 부정한 행위' 해당 가능성, 정의로운 사법, 이용훈 대법원장 재임기념, 사법발전재단, 2007. 2

최동열, 조세범처벌법 제9조 제1항의 '조세포탈'의 의미, 대법원판례해설 제70호, 법원 도서관, 2008. 1

최명근, 조세범처벌법 개정(안)의 평가, 월간조세 제138호, 1999. 1

최선집, 횡령사실 은폐를 위한 장부조작 행위의 '조세포탈' 여부, 국세 제526호, 국세 청세우회, 2010. 12

하태한, 동일한 가공거래 또는 전자세금계산서 발급분인 경우 특정범죄 가중처벌 등 에 관한 법률 제8조의2 제1항의 적용 요건으로서 "공급가액 등의 합계액"산정 대 상 및 방법, 대법원판례해설 제114호, 법원도서관, 2018. 6

한성훈, 양벌규정에 의한 기업처벌의 문제점과 그 대안, 법제 4월호, 2013

한승, 재화를 공급한 자가 타인의 사업자등록을 이용하여 그 명의로 세금계산서를 작 성, 교부한 경우의 형사책임, 자유와 책임 그리고 동행; 안대희 대법관 재임기념, 사법발전재단, 2012

제1편 조세범 처벌법 총론

제1장

조세범 처벌법 개관

제 1 절 　 조세범(租稅犯)의 본질

Ⅰ. 조세범의 의의

조세는 국가 또는 지방자치단체가 그 운영에 관한 재원을 조달하기 위하여 반대급부 없이 강제력으로 법률이 정하는 요건에 해당하는 모든 자에게 부과하는 금전급부이다. 우리 헌법은 "모든 국민은 법률이 정하는 바에 의하여 납세의 의무를 진다"(헌법 제38조)고 하면서 "조세의 종목과 세율은 법률로 정한다"(헌법 제59조)고 하였고 이에 따라 조세에 관한 법률인 세법이 제정되었다. 이러한 세법을 위반한 행위 중 그 위법성과 반사회성이 중대하여 특별히 형벌로써 다스려야 할 행위를 조세범(租稅犯)이라 한다.

조세범은 행정범 중에서도 재정범의 일종이다. 조세범은 크게 조세포탈에 관련된 탈세범과 조세행정질서 위반에 관한 조세질서범으로 나뉜다. 조세범의 성립과 처벌에 관한 사항은 조세범 처벌법에, 그 조사 및 처벌절차에 관한 사항은 조세범 처벌절차법에 규정되어 있다. 조세범 역시 형법 총칙과 형사소송법의 적용을 받지만 조세범 처벌법 및 조세범 처벌절차법은 행정범의 특성을 감안하여 일정 부분 예외를 두고 있다. 예컨대 형법총칙의 벌금경합에 관한 제한가중 배제규정이나 행위자 외에 영업주 등에게 벌금을 부과하는 양벌규정, 기소를 위하여 과세관청의 고발을 필요로 하는 고발 전치주의 등이 그것이다.

이하에서 조세범이 어떻게 분류되는지 항목을 바꾸어 상세히 설명하기로 한다.

Ⅱ. 조세범의 분류

1. 범위에 따른 분류

조세는 과세주체에 따라 국가가 관장하는 국세와 지방자치단체가 주관하는 지방세로 분류되고, 국세는 다시 관할행정청에 따라 국세청 및 산하 세무서에서 부과·징수하는 내국세와 관세청 및 세관에서 부과·징수하는 관세로 나뉘어진다. 광의의 조세범은 내국세와 관세, 지방세에 관한 법률을 위반한 범죄행위를 통칭한다.

그런데 지방세에 관한 법률 위반의 경우에는 지방세기본법에서(지방세기본법 제101조 내지 제112조, 제133조, 제134조), 관세법 위반의 경우에는 관세법에서(관세법 제268조의2 내지 제282조) 위반행위의 처벌에 관해 별도의 규정을 두었기 때문에, 단행법인 조세범 처벌법은 대상을 내국세에 관한 법률 위반행위로 제한하였다(조세범 처벌법 제2조). 따라서 협의의 조세범은 조세범 처벌법상 처벌대상인 '내국세에 관한 법률 위반행위'에 국한된다.

한편 광의의 조세범 및 협의의 조세범을 정의함에 있어 '조세에 관한 법률'에는 조세의 확정·부과·징수에 관한 규정뿐 아니라 협력의무, 명령준수의무 등에 관한 규정이 모두 포함된다. 또한, 조세범칙사건의 조사 및 그 처분에 관한 사항을 정하기 위하여 조세범 처벌절차법이 제정(조세범 처벌절차법 제1조)되었는데, 조세범 처벌절차법은 '조세범칙행위'를 조세범 처벌법 제3조부터 제16조까지의 죄에 해당하는 위반행위로 한정하였다(조세범 처벌절차법 제2조 제1호).[1] 따라서 국세에 관한 법률 위반행위라 하더라도 조세포탈과 직접적인 관계가 없는 각종 행정상의 명령위반행위 및 협력의무 등 위반행위는 조세범칙행위에서 제외된다. 이와 같이 국세의 포탈과 관련된 행위, 즉 국세 납세의무의 확정·부과·징수에 관한 의무위반행위를 최협의의 조세범이라 한다. 이 책에서는 별도의 언급이 없는 한 조세범을 협의의 의미로 이해하기로 한다.

---

1) 조세범 처벌법 제3조부터 제16조까지는 국세에 관한 법률 위반행위 중에서도 특히 조세포탈과 직·간접적으로 관련된 행위를 규율하고 있다.

2. 성격에 따른 분류

조세에 관한 법률은 납세의무의 확정·부과·징수에 관한 규정뿐 아니라 조세행정질서의 유지를 위한 납세의무자 및 관련자의 협력의무도 규정하고 있다. 개별 세법에 규정된 문서제출의무, 행정관청의 명령준수의무, 세무공무원의 직무집행 협력의무 등이 그것이다. 전자에 관한 규정을 위반한 경우를 실질적 조세범으로, 후자에 관한 규정을 위반한 경우를 형식적 조세범으로 분류한다. 형식적 조세범은 조세질서범이라고도 한다.

조세포탈범(조세범 처벌법 제3조)이 실질적 조세범의 대표적인 예이다. 이외에도 면세유 부정유통(조세범 처벌법 제4조), 가짜석유제품 제조(조세범 처벌법 제5조), 무면허 주류의 제조 및 판매(조세범 처벌법 제6조), 체납처분 면탈(조세범 처벌법 제7조), 장부의 소각·파기(조세범 처벌법 제8조), 성실신고 방해 행위(조세범 처벌법 제9조), 세금계산서 관련 의무위반행위(조세범 처벌법 제10조), 명의대여행위(조세범 처벌법 제11조), 납세증명표지의 불법사용(조세범 처벌법 제12조), 원천징수의무 위반(조세범 처벌법 제13조), 거짓으로 기재한 근로소득 원천징수영수증 발급행위(조세범 처벌법 제14조), 해외금융계좌 신고의무 불이행(조세범 처벌법 제16조)이 실질적 조세범에 해당된다.

실질적 조세범 중 구성요건에서 직접적으로 조세수입의 감소라는 결과를 요구하는 조세포탈, 면세유 부정유통, 가짜석유제품 제조범을 직접적 탈세범으로 분류하고, 직접적인 탈세행위라고 보기는 어렵지만 그 행위가 궁극적으로는 조세포탈로 연결되는 나머지 행위들, 즉 무면허 주류의 제조 및 판매, 세금계산서 관련 의무위반, 명의대여, 납세증명표지의 불법사용, 체납처분의 면탈행위, 해외금융계좌 신고의무 불이행 등을 간접적 탈세범으로 분류한다.[2]

---

2) • 안대희, 128면은 조세범을 탈세범(조세포탈, 면세유 부정유통, 가짜석유제품의 제조 및 판매, 무면허 주류 제조 및 판매, 원천징수의무 불이행), 탈세관련사범(세금계산서 관련범, 체납처분면탈), 조세질서범(이 외의 조세범 처벌법 위반행위)으로 분류한다.
 • 최명근, 792면은 탈세범을 실질적 탈세범(조세포탈, 무면허 주류제조, 불납부범)과 형식적 탈세범(체납처분면탈, 결손금 과대계상, 세금계산서 관련범)으로 분류한다.
 • 임승순, 334면은 탈세범과 조세위해범(조세질서범)으로 대별한 후 탈세범을 다시 포탈범, 간접적 탈세범, 불징수·불납부범, 체납처분면탈범, 결손금과대계상범으로 나눈다. 2010년 조세범 처벌법의 전면개정 전 규정을 기준으로 분류한 것으로 보인다.
 • 이태로/한만수, 1268면은 탈세범과 조세질서범으로 대별한 후 탈세범을 다시 포탈범(협의

위 실질적 조세범 이외의 조세범 처벌법 위반행위가 형식적 조세범이다.

제 2 절   조세범 처벌법(租稅犯 處罰法)의 의의

> **제1조(목적)** 이 법은 세법을 위반한 자에 대한 형벌에 관한 사항을 규정하여
> 세법의 실효성을 높이고 국민의 건전한 납세의식을 확립함을 목적으로
> 한다.

I. 조세범 처벌법의 개념

조세범의 성립과 이에 대한 처벌, 즉 어떠한 행위가 조세범칙행위에 해당하는지 그 구성요건을 제시하고 이를 충족할 경우의 법률효과로 어떠한 형벌이 부과되는지에 관하여 규정한 것이 조세범 처벌법이다.

광의의 조세범 처벌법에는 조세에 관한 법률 위반행위를 처벌하는 관세법, 지방세기본법, 특정범죄 가중처벌 등에 관한 법률 등이 모두 해당될 것이나, 일반적으로는 국세에 관한 세법 위반행위에 대하여 처벌규정을 둔 단행법인 조세범 처벌법을 지칭한다.[3]

II. 조세범 처벌의 근거

그렇다면 조세범은 왜 처벌하는가? 조세범 처벌법을 제정한 이유는 무엇

의 탈세범), 간접탈세범 및 증거인멸범, 징수납부 불이행범, 체납처분면탈범 등으로 나눈다.
• 오영근/이중교/김진수, 조세범 처벌법 개정방향에 관한 연구, 한국조세연구원, 2008. 12. 39면은 전면 개정 전 조세범 처벌법과 관련하여, 탈세범과 조세질서범으로 나눈 후, 주세포탈, 무면허 주류제조 및 판매, 조세체납, 원천징수 불이행 및 불납부, 세금계산서 관련 범죄, 근로소득 원천징수영수증 관련 범죄, 체납처분 면탈, 결손금 과대계상, 조세신고 및 납부방해죄를 탈세범으로, 그 이외 납세증명표지의 불법사용 등, 타인 조세 허위신고, 기장의무 위반, 장부 소각 등, 명령사항 위반 등의 범죄를 조세질서범으로 분류한다.

3) 지방세에 관한 법률 위반의 경우에는 지방세기본법에서(지방세기본법 제128조 내지 제133조), 관세법 위반의 경우에는 관세법에서(관세법 제268조의2 내지 제282조) 위반행위의 처벌에 관해 별도의 규정을 두었기 때문에, 단행법인 조세범 처벌법은 대상을 국세에 관한 법률 위반행위로 제한하였다(조세범 처벌법 제2조).

인가? 조세를 포탈하거나 관련 의무를 위반하면 세법상 각종 가산세가 부과되고, 납기가 도과하도록 조세를 납부하지 않으면 가산금과 중가산금이 더해지므로, 국가의 조세수입 일실로 인한 손해는 이로써 충분히 회복된다고 볼 수 있다. 그런데 왜 이에 더하여 형벌을 가하는 것인가? 이러한 의문은 범죄의 개념과 연결된다. 형벌의 대상이 되는 행위에 조세에 관한 법률 위반행위가 포함되어야 하는가를 규명하면 되는 것이다.

범죄의 개념은 실질적인 개념과 형식적인 개념으로 분류된다. 형식적 범죄개념은 '법률이 형벌의 부과대상으로 규정한 행위'를 말한다. 이에 따르면 범죄란 '법이 범죄로 규정한 것'이므로 조세범은 '조세범 처벌법에서 형벌을 부과하도록 규정한 행위'라는 순환논리만을 제시한다. 이러한 형식적 범죄개념은 범죄의 본질을 제시하지 못하므로, 조세범의 처벌근거는 범죄의 실질적 개념을 파악함으로써 알아내어야 한다.

어떠한 행위를 형벌의 부과대상으로 규정할 것인가에 관한 범죄의 실질적 개념을 밝히는 견해로 ① 법익의 침해가 범죄의 실질이라는 '법익침해설', ② 사회윤리규범 내지 법질서 준수의무 위반을 범죄의 실질로 파악하는 '의무위배설', ③ 법익침해와 의무위배의 양자가 범죄의 실질을 이룬다는 '결합설'이 있다. 결과반가치와 행위반가치를 모두 고려한 결합설이 통설이다.[4] 위와 같은 범죄개념을 도입하면 조세에 관한 법률 위반행위는 ① 그 의무위배로 침해한 이익이 법으로 보호할 가치가 있는 것으로서, ② 침해된 이익이 금전상의 손해배상만으로 회복되지 아니하고, ③ 행위의 반윤리성·반사회성이 형사처벌되어야 할 정도에 이르렀다는 사회적 공감대가 형성되어야 이를 형벌로 처벌할 수 있는 것이다.

조세범의 침해로부터 법률로 보호하여야 하는 이익, 즉 조세범 처벌법의 보호법익은 항을 달리하여 별도로 본다. 뒤에서 보는 바와 같이 조세범 처벌법의 보호법익은 '국가의 국민에 대한 금전상의 조세채권'이라는 사고에서 출발하여, 「국가의 조세 확정·부과·징수권/조세행정질서의 유지/공평과세에 대한 사회의 윤리가치」로 진화되어 왔다. 보호법익이 변화함에 따라 국민 대다수는 공정하고 평등한 조세부과를 방해하여 세 부담의 왜곡을 가져오는 조

---

4) 임웅, 96면; 이재상, 78면; 정성근/박광민, 95면. 범죄의 실질적 개념은 시대와 사회에 따라 변화한다는 견해로는 오영근, 61면.

세범의 불법이 형벌로 다스려야 할 정도에 이른다고 생각하게 되었다. 이러한 사회구성원의 법감정을 반영하여 조세범 처벌법이 제정된 것이며, 이로써 조세범을 형벌로 처벌하는 정당성이 부여된다.

Ⅲ. 조세범 처벌법의 연혁5)

조세범을 처벌하는 역사는 조세의 역사와 같다고 볼 수 있다. 조선시대로 거슬러 올라가 보자. 조선초기에는 당시의 형법인 중국의 「대명률(大明律)」에 따라 태형6)이나 장형7)으로 조세범을 규율하였는데, 조세의 징수를 담당하는 관리들의 죄를 일반 관리들보다 무겁게 규정하였다. 이때에는 구체적으로 조세범의 유형을 분류하지 아니하고 추상적으로 재상(災傷)8) 또는 세량(稅量)을 속이거나 세금을 미납하는 경우에 처벌하도록 하였다.9)

그 후 성종 16년(1485년)에 「경국대전(經國大典)」이 완성되어 호전(戶典)의 수세조와 잡령조에서 대표적인 조세범의 유형과 형량을 규정하였다. 그러나 몇 개의 조문을 제외하고는 대명률을 의용(依用)하였다고 보인다. 경국대전 이후 최초로 개정된 정식 법전인 영조 22년(1746년)의 「속대전(續大典)」은 우리 실정에 맞는 조세범의 유형을 정립하고 이에 대한 처벌규정을 상세히 정리하여 독립된 조선조의 조세범 처벌법을 완성하였다. 그러나 조선시대의 조세범 처벌법은 납세자의 조세의무 위반행위보다는 수세하는 관리들의 비리와 부정에 대한 처벌이 주를 이루어 현대의 조세범 처벌법과는 거리가 있었다.10)

현행과 같이 단행법으로 편찬되어 있는 조세범 처벌법은 세법을 위반한 자에 대한 형벌 및 과태료 등에 관한 사항을 규정하여 세법의 실효성을 높이고 국민의 건전한 납세의식을 확립할 목적으로 한국전쟁 중 부산에 임시수도

---

5) 독일의 조세형법 발전과정에 관하여는 이천현, 조세형법의 발전과정 ─독일을 중심으로─, 형사정책연구 제9권 제3호(통권 제35호), 한국형사정책연구원, 1998, 247~288면 참조.

6) 경죄를 범한 사람에게 작은 가시나무가지 매로 10대에서 50대까지 치는 형벌.

7) 태형보다 중한 형벌로, 큰 가시나무가지 매로 60대에서 100대까지 치는 형벌. 도형이나 유형 등 현재의 징역형에 해당하는 죄의 부가형으로도 집행되었다.

8) 바람, 가뭄, 큰물, 서리 따위의 천재(天災)로 농작물이 입는 피해.

9) 오기수, 조선시대의 조세범 처벌법에 관한 연구, 계간 세무사 2011년 봄호, 41면.

10) 오기수, 위의 논문, 43면.

를 정하고 있을 때인 1951년 5월 7일 법률 제199호로 제정되었다. 당시 전쟁으로 인한 혼란과 무질서에 편승하여 탈세와 체납 등 조세법 위반이 횡행하였기 때문에 이로 인한 재정난을 극복하기 위한 수단으로 제정된 것이다.[11] 또한 일제시대에는 조세가 식민통치를 위한 기반조성비용으로 사용되어 납세의 거부는 일본에 대한 저항의 일종으로 여겨졌고,[12] 이러한 납세윤리가 해방 이후까지 이어지게 되었기 때문에 건전한 조세질서 확립이 필요하였기 때문이기도 하다. 개별 세법 중 일부의 장(章)을 할애하여 벌칙 부분에서 의무위반에 대한 처벌을 규정한 일본법과는 달리, 조세범에 관한 통합적인 단행법률을 제정한 것은 우리나라 법 체계의 독자성을 제고하였다는 점에서 괄목할 만하다. 이로써 개별 세법을 위반한 조세범에 대하여 그 위법성의 정도를 고려하여 통일적으로 처벌을 기할 수 있게 되었다.[13]

  조세범 처벌법은 최초 제정 당시, '총칙'과 '범칙행위' 두 개의 장(章)으로 분류한 다음 전체 16개의 조문으로 이루어져 있었다. 이후 60여년간 22차례 (타법 개정에 따른 개정 포함)에 걸쳐 개정되었으나 미시적·부분적 가감에 그치고 기본골격은 그대로 유지되었다. 그러다가 불필요한 조문을 삭제하고 사회·경제적 여건의 변화에 따른 조문을 신설하며 편제를 논리구조에 맞게 수정하는 등 내용상·구조상의 문제점을 정비하여 2010. 1. 1. 법률 제9919호로 전부개정됨으로써 현행법과 같은 기본골격을 갖추게 되었다. 2010년 개정법은 22개 조문으로 이루어졌는데, 장(章)의 구분 없이 '목적' 및 '조세의 정의' 규정(조세범 처벌법 제1조, 제2조)을 두고, 그 다음부터 형법 각칙에 해당하는 유형별 조세범 처벌에 관한 조문을 나열하였으며(제3조 내지 제14조), 후미에는 과태료 부과규정, 양벌규정, 필요적 고발, 몰취, 공소시효 등 조세범 처벌의 특수성을 감안하여 형법과 다르게 규율한 특수한 조문들을 두었다. 그 후 2018. 12. 31. 법률 제16108호로 개정되면서 세법 위반에 대한 형벌만을 규정하기로 하고 행정질서벌인 과태료와 몰취 규정을 삭제하여 특별형법으로서의 체계를 완비하였다.

---

11) 이천현, 조세범 처벌법상의 형벌규정의 문제점, 월간조세 제152호, 38면.

12) 이천현, 위의 논문, 39면.

13) 조세범 처벌에 관하여, 미국·독일·호주는 통합입법형식을, 영국·일본·캐나다는 개별입법형식을 취하고 있다. 위 국가들의 조세범 처벌제도의 비교에 관하여는 김진수/김정아/마정화, 주요국의 조세범 처벌제도 연구, 세법연구 07-14, 한국조세연구원, 2007. 12.

Ⅳ. 조세범 처벌법의 성격

1. 일 반 론

조세범 처벌법은 세법 위반자에 대한 국가의 처벌을 규정한 법으로서 국가의 국민에 대한 형벌권의 근거가 되므로 공법에 속한다. 사법기관에 범죄의 성립요건 및 그 처벌을 제시하므로 입법법, 사법법, 행정법 중 사법법에 해당하며, 요건과 효과에 관한 실체적 법률관계를 규정하므로 실체법적 지위를 가진다.[14] 또한 일반형법에 우선하여 적용되는 특별형법으로서[15] 조세범죄의 성립과 처벌에 관하여 규정한 조세형법이다. 행정법인 세법의 총칙에 해당하는 국세기본법은 조세범 처벌법 역시 세법으로 정의하고 있는데(국세기본법 제2조 제2호), 이는 조세범 처벌법의 성격을 행정법으로 정의한 것이 아니라, 용어의 통일을 기함과 동시에 세법의 기본원리를 조세범 처벌법에도 함께 적용하기 위한 데에서 연유한다.

2. 행정형사범과 일반형사범의 구분론

한편 조세범 처벌법은 행정법인 세법상의 의무위반과 그 형벌에 대하여 다루고 있으므로 행정형법의 일종이다. 이러한 행정형법 위반범, 즉 행정형사범[16]이 일반형법 위반범인 일반형사범과 본질적으로 구별되어야 하는지 여부에 관한 논의가 있어 왔다. 이러한 논의의 실익은 구체적인 사건에 적용될 조세범 처벌 관련 규정에 엄격하게 형법과 형사소송법의 논리를 적용하여야 하는지, 아니면 세법의 목적과 특수성에 맞게 형법의 논리가 수정될 수 있는지 여부를 판단하는 데에 있다.

구별부인설은 행정형사범과 일반형사범은 형벌이라는 제재수단을 부과한다는 점에서 동일하므로 그 구별의 실익이 없다고 한다. 이 학설은 Saner, F.

---

14) 실체법을 실현하기 위한 과정의 절차를 규정한 법이 절차법이며 일반 형사범은 형사소송법이, 조세범은 조세범처벌절차법이 이에 해당한다.

15) 1953. 9. 18. 제정된 형법전을 일반(보통)형법이라 하고, 그 외에서 범죄와 형벌을 규정한 법령을 특별형법이라 한다. 특별형법은 법령 전체가 범죄와 형벌을 규정한 것이든 그 법령의 일부에 범죄와 형벌을 규정한 것이든 불문한다. 개별형법이라고도 한다.

16) 행정벌은 행정법상의 목적을 달성하기 위해 설정된 명령이나 금지에 위반한 자에 대하여 가해지는 벌을 총칭하는데, 형법에 형명(刑名)이 있는 '행정형벌'과 과태료로 불리는 행정상의 '질서벌'로 나뉘어진다. 행정형벌이 과해지는 행정범이 행정형사범이다.

Trops, Mattes 등의 일부 독일형법학자들에 의하여 주장되었는데, 특히 F. Trops는 "행정형사범도 일반형사범도 형벌을 가하는 가벌적 행위로서의 구성 요건에 해당하는 위법하고 유책한 행위라는 점에서 전혀 다를 바 없다. 만일 양자간에 질적 차이가 있다면 위법과 책임의 기준에 차이가 있을 뿐이다"라 고 하여 행정형사범과 일반형사범 모두 위법성과 책임의 면에서 통일적으로 파악해야 함을 논증하였다. 그리고 그 위법 및 책임개념의 단일성으로부터 양 자가 동일하다고 결론을 내려 질적인 차이를 부정하고 오로지 중대한 범죄와 경미한 범죄라는 양적인 차이만 존재한다고 주장하였다.[17]

이에 반하여 일반형사범과 행정형사범의 차이를 인정하는 구별인정설은 학자에 따라 그 차이점이 법익에 대한 공격태양에 있다는 견해(Binding), 피해 대상에 있다는 견해(Goldschmit Wolf), 윤리의 기준이 다르다는 견해(Roder), 피침해규범의 성질이 다르다는 견해(M. E. mayer) 등으로 나누어진다.

우리나라는 일반형사범을 국가의 명령이나 금지를 기다릴 것도 없이 반도 덕성·반사회성이 인식될 수 있는 행위로, 행정형사범을 일정한 행정목적을 달 성하기 위하여 국가의 명령으로 금지됨으로써 비로소 법적 비난의 대상이 되 는 행위로 구별하는 '윤리기준 구별인정설'이 통설이었던 것으로 보인다.[18]

구별인정설에 의할 경우 행정형사범인 조세범을 세법의 전문성과 사회· 경제적 특수성을 고려하여 형법의 일반원칙과 다르게 취급하는 게 가능해진 다. 2010년 전면 개정되기 전의 구 조세범 처벌법 제4조(형법적용의 일부배제) 는 조세범에 대하여 책임주의의 예외를 인정하여 형법 총칙상의 형사미성년 자 불처벌(형법 제9조)이나 심신미약자 및 농아자에 대한 감경(형법 제10조 제2 항 및 제11조), 착오로 인한 책임조각(형법 제16조), 종범감경(형법 제32조 제2항), 벌금경합에 관한 제한가중(형법 제38조 제1항 제2호) 규정들의 적용을 배제하였 고, 과세관청의 고발전치주의를 채택하였다. 이와 같이 구별인정설에 따를 때 일반 형사범과 달리 조세범에 대하여 형법 총칙의 적용을 배제하고 추가적인 요건 등을 부가하는 규정의 정당성을 주장할 수 있다.

---

17) F. Trops, 「Begriff und Wert eines Verwaltungsstrafrechts」, 1926, S. 50ff.; 김상희, 조세범 처벌법상의 형법 총칙적용배제조항에 관한 고찰, 대한변호사협회, 인권과 정의 통권 192호, 104면에서 재인용.
18) 김도창, 신고일반행정법론, 1985, 412면(김상희, 위의 논문에서 재인용).

3. 형법총칙의 완전적용 및 행정형법의 특수성 가미

조세범을 처벌하는 이유가 탈세로 국고를 잠식함으로써 국가가 입은 손해를 보전하도록 하는 데에 있다는 국고주의 사상은 이미 19세기에 그 역할을 다하였다. 세법상의 의무를 불이행함으로써 자신이 부담하여야 할 조세를 타인에게 전가하고, 이로써 담세력에 상응하는 과세를 해치며 효율성을 왜곡하는 조세범의 반사회성·반윤리성 때문에 형벌로 벌해야 한다는 의식이 보편화된 지 오래다. 조세범칙행위가 징표하는 악성의 정도가 형벌로써 처벌할 정도에 이르렀다는 사회적 공감대가 형성된 것이다. 세법위반행위가 국가의 형벌권 행사의 대상이 된 이상 조세범을 일반형사범과 달리 취급할 이유가 없으므로, 구체적인 사건에 적용할 규정이 조세범 처벌법에 미비한 경우 특별한 사정이 없는 한 당연히 형법 총칙이 적용되어야 한다.

이에 구 조세범 처벌법 제4조는 그 형법 총칙 적용 배제범위가 광범위하다는 점과 책임주의에 위배된다는 점에 관한 학계의 비판에 따라 2010년 전부개정시 형법총칙 배제규정이 대부분 삭제되었고 현재 제20조의 벌금경합에 관한 제한가중(형법 제38조 제1항 제2호) 배제규정만 남아있다.[19]

결론짓자면, 행정형사범이 행정상의 목적을 달성하기 위하여 법률에 의해 기술적·합목적적으로 규정된 의무를 위반함으로써 성립하기 때문에 행위 자체가 반도덕적인 일반형사범과 윤리적 색채의 측면에서 구별된다 하더라도, 형법상 규정된 형벌이라는 처벌수단을 사용하는 이상 형법의 책임주의를 벗어날 수는 없다. 따라서 행위자의 책임요소를 고려하지 아니하고 오로지 그 불법에 비례하여 형벌을 부과하도록 한 구 조세범 처벌법 제4조의 삭제는 타당하다. 또한 벌금경합에 관한 제한가중 배제규정인 현행 조세범 처벌법 제20조 역시 삭제되어야 한다. 다만 범죄의 성립에 관한 부분 이외의 영역(예를 들어 양벌규정 단서에서 규정한 입증책임의 전환 등)에서는 행정형법의 특성상 세법의 특수성을 가미하는 것이 허용되어야 한다고 본다.

---

19) 독일은 1977년 조세기본법 개정시 조세범을 형사처벌할 경우 완전히 형법 총칙을 적용하도록 하였으며, 일본은 소화 37년(1962년)에 국세통칙법에 따른 각종 세법의 개정에 의하여, 인지세법의 일부 규정만 형법 총칙상의 벌금제한 가중규정을 배제하도록 하고 나머지 형법 총칙 배제규정을 폐지하였다. 위 인지세법에 관한 예외는 소화 42년(1967년)에 폐지되었다.

4. 과태료 부과규정등 삭제로 인한 특별형법의 체계 정비

과태료란 행정법규에 규정된 의무를 위반한 경우 법률에 따라 행정기관이 부과하는 금전적 징계를 말한다. 과태료는 형벌이 아니므로 형법 총칙 및 형사소송법이 적용되지 않고, 개별 법률에 특별한 규정이 없는 한 질서위반행위규제법에 따른다. 따라서 과태료가 규정된 법규는 형법이 아닌 행정법 영역으로 분류된다. 그런데 2018. 12. 31. 법률 제16108호로 조세범 처벌법이 개정되기 전까지는 세법 위반자에게 형법전에 규정된 형벌[20]이 아닌 행정질서벌의 일종인 과태료를 부과[21]하도록 하였고, 행정제재인 몰취규정을 두는 등[22] 특별형법의 성격과 행정질서법의 성격이 혼재되어 있었다. 그러나 2018. 12. 31. 개정시 과태료 및 몰취규정을 모두 삭제하고 이를 세법으로 이관함으로써 특별형법으로서의 조세범 처벌법의 성격과 체계를 정비하였다.

Ⅴ. 조세범 처벌과 가산세

1. 가산세의 의의

가산세(加算稅)란 세법에서 규정하는 의무의 성실한 이행을 확보하기 위하여 세법에 따라 산출한 세액에 가산하여 징수하는 금액을 말한다(국세기본법 제2조 제4호). 조세에 관한 법률은 조세행정의 편의와 징세비용의 절감 및 세수의 용이한 적기(適期)확보를 실현하기 위하여 납세자에게 본래적 의미의 납세의무 이외에 과세표준신고의무, 성실납부의무, 원천징수의무, 과세자료제출의무 등 여러 가지 협력의무를 부과하고 있다. 그리고 그 이행을 확보하기 위하여 성실한 의무이행자에 대하여는 세제상의 혜택을 부여하고 의무위반자에 대하여는 가산세 등의 제재를 가한다.

국세기본법 제47조는 정부로 하여금 세법에서 규정한 의무를 위반한 자에게 가산세를 부과할 수 있도록 하면서, 가산세를 '해당 의무가 규정된 세법

---

20) 형법 제41조(형의 종류) 형의 종류는 다음과 같다.
　1. 사형 2. 징역 3. 금고 4. 자격상실 5. 자격정지 6. 벌금 7. 구류 8. 과료 9. 몰수
21) 개정 전 조세범 처벌법 제4조 제2항 및 제4항, 같은 법 제15조, 같은 법 제16조 제5항, 같은 법 제17조.
22) 개정 전 조세범 처벌법 제19조.

의 해당 국세의 세목'으로 하도록 하여 가산세 역시 조세의 일종으로 규정하
였다. 그러나 가산세는 국가기능의 수행을 위하여 일정한 요건을 충족할 경우
그 비용의 충당을 위한 부담을 지우는 일반적인 조세와는 그 성질이 다르다.

    가산세의 성질에 관하여 ① 조세법상의 의무불이행에 대하여 가해지는
행정상 제재라는 견해와, ② 납세의무를 정당하게 이행한 자와의 공평부담을
도모하기 위한 행정상의 조치로서 침해된 국고이익에 대한 회복이라는 견해,
③ 납세의무의 적정한 이행을 도모하기 위해 가해지는 특별한 경제적 부담
이라는 견해가 있으나 행정상 제재인 행정질서벌이라는 것이 일반적인 견해
이다.

    가산세는 과세표준의 신고의무, 조세 납부의무나 원천징수의무, 자료제출
의무 등 여러 가지 세법상의 협력의무 이행을 촉진하기 위하여 그 위반시에
만 본세에 더하여 일정비율로 과세된다는 점에서 통상적 의미의 조세라기보
다는 일종의 질서벌에 속한다고 보아야 한다. 판례는 "행정벌적인 성격을 가
지는 제재" 또는 "행정상의 제재"라고 하는 것이 대부분이어서 행정질서벌로
보는 듯하다.[23]

    가산세 제도는 일반적으로 신고납세제도의 정착과 발전을 위하여 설정된
것으로 이해된다. 신고납세제도는 민주적 국민주권주의의 기본원리에 충실한
제도이다. 즉, 국가라고 하는 공동사회를 유지하기 위한 공통의 비용은 국민
이 스스로 부담한다는 이념에 입각한 제도인 것이다. 이러한 신고납세제도하
에서 납세의무자의 자발적인 신고·납부가 없다면 그 제도의 성공을 기대할
수 없기 때문에 성실하게 신고·납부하지 않는 행위에 대하여 가산세를 부과
함으로써 국가의 조세권 내지는 조세채권의 적정한 실현을 담보한다. 이 외에
의무자에게 심리적 압박을 가해 간접적으로 의무이행을 확보하고, 그 반사적
효과로서 성실한 신고·납부자를 보호하여 의무불이행자와 성실한 의무이행
자와의 공평부담을 도모하는 기능도 한다.[24]

2. 가산세와 과태료

    과태료란 행정법규에 규정된 의무를 위반한 경우 법률에 따라 행정기관

---

23) 대판 1992. 10. 23. 91누5341; 1999. 9. 17. 98두16705 등.
24) 헌재결 2005. 2. 24. 2004헌바26.

이 부과하는 금전적 징계를 말한다. 지방자치법은 법률이 아닌 조례에 의해서도 당해 지방자치단체의 장이 과태료를 부과할 수 있도록 규정하고 있다(지방자치법 제34조).

과태료는 형벌이 아니므로 형법 총칙 및 형사소송법이 적용되지 않고, 개별 법률에 특별한 규정이 없는 한 질서위반행위규제법에 따른다. 따라서 과태료가 규정된 법규는 형법이 아닌 행정법 영역으로 분류된다.

가산세와 과태료는 그 명칭뿐 아니라 부과·징수·불복절차도 다르다. 가산세는 일반 조세와 마찬가지로 주무행정기관인 과세관청의 부과처분에 의하여 부과되며 납부하지 않을 경우 국세징수법에 근거한 체납처분절차에 따라 강제징수하는 한편, 그 부과에 불복이 있으면 행정심판을 거쳐 행정소송으로 다툰다. 반면, 과태료는 각 법률에서 규정한 행정관청이 부과하는데 당사자가 이의를 제기하면 과태료 부과처분은 즉시 효력을 잃고[25] 그 사실이 법원으로 통보된다.[26] 이후 대상자의 주소지를 관할하는 지방법원의 결정으로 과태료를 부과하면[27] 검사의 명령으로 강제징수하게 되고,[28] 법원의 과태료 결정에 대하여는 즉시항고로 다툰다.[29]

그러나 위의 차이점은 모두 형식적이고 절차적·기술적인 것이어서 그것만으로는 양자 사이의 본질적 차이를 논하기 어렵다. 오히려 가산세와 과태료는 모두 국가의 국민에 대한 일반통치권에 근거하여 행정상의 의무위반에 대한 제재를 가함으로써 행정법규의 실효성을 확보하고자 하는 것이므로 실질적으로 모두 행정질서벌로서의 성격을 지니고 있다고 보아야 한다. 이와 같은 점을 고려하여 2018. 12. 31. 법률 제16108호로 개정되기 전의 구 조세범 처벌법 제15조는 소득세법이나 법인세법상의 현금영수증 발급의무를 위반한 자에 대하여 거래대금의 100분의 50에 상당하는 과태료를 부과하도록 규정하고(제1항), 과태료를 부과받은 자에 대해서는 각 세법 소정의 가산세를 부과하지 않도록 하였다(제2항). 이는 가산세가 과태료와 같이 행정질서벌의 일종이라는 전제 하에 동일한 행위에 대하여 동일한 성질의 제재를 거듭함으로써 이중처벌 내

---

25) 질서위반행위규제법 제20조.
26) 질서위반행위규제법 제21조.
27) 질서위반행위규제법 제36조.
28) 질서위반행위규제법 제42조.
29) 질서위반행위규제법 제38조.

지는 과잉처벌이 되는 것을 방지하기 위한 것이다. 다만 2018. 12. 31. 법이 개정되어 현금영수증 발급의무 위반에 대한 과태료 부과규정이 가산세 부과규정으로 변경되고 조세범 처벌법에서 개별 세법으로 이관되었다.

3. 가산세(과태료)와 행정형벌

조세범 처벌법은 세법상의 의무 위반이나 불이행 중 일부 유형에 대하여 형법상의 형벌을 부과하도록 하였다. 세법상 하나의 의무위반이 가산세 부과요건을 충족하면서 동시에 조세범 처벌법상 조세범 성립의 구성요건을 충족하는 경우 가산세와 형벌을 병과하는 것이 이중처벌이 되는 것은 아닌지가 문제된다. 헌법 제13조 제1항은 "동일한 범죄에 대하여 거듭 처벌받지 아니한다"라고 천명하였기 때문이다.

이에 대하여 가산세는 세법상의 의무이행을 확보하기 위하여 조세행정기관이 행정절차에 따라 조세의 형식으로 부과하는 것이고, 조세형벌은 가산세의 과세요건이 되는 납세자의 의무위반행위를 범죄의 행위유형으로 하여 형벌을 부과하는 것이므로 그 병과는 이중처벌에 해당하지 아니한다는 것이 통설이다. 위반행위의 반사회성 또는 반도덕성에 근거하여 그에 대한 제재로서 가하여지는 조세형벌은 입법취지나 성격에 있어 가산세와 다르다는 것이다.[30]

가산세와 형사처벌의 병과에 대한 판례는 없으나 가산세와 본질이 동일한 과태료와 형벌을 병과한 사건에서 대법원은 「행정법상의 질서벌인 과태료의 부과처분과 형사처벌은 그 성질이나 목적을 달리하는 별개의 것이므로 과태료를 납부한 후에 형사처벌을 한다고 하여 이를 일사부재리의 원칙에 반하는 것이라고 할 수는 없다」[31]고 하여 두 가지를 병과하여도 이중처벌이 아니라고 하였다.

일본 최고재판소는 소화 33(1958). 4. 30. 대법정판결에서 조세법 위반행위에 대한 가산세와 벌금의 병과 가부에 관하여 「가산세는 신고납세의 실을 기하기 위하여 본래의 조세에 부가하여 조세의 형식에 의하여 과세되는 것으로서 이를 과하는 것이 신고납세를 태만히 한 데에 대한 제재적 의의를 갖는다는 것은 부정할 수 없지만 (중략) 포탈범에 대한 벌금과는 그 성질을 달리한

---

30) 최명근, 678면; 임승순, 151면; 안대희, 151면.
31) 대판 1992. 2. 11. 91도2536; 1988. 1. 19. 87도2265; 1996. 4. 12. 96도158 등 참조.

다. 즉 포탈범은 그 구성요건의 문자에서 알 수 있는 바와 같이 탈세자의 부
정행위의 반사회성 내지 반도덕성에 착목하여 이에 대한 제재로서 과하여지
는 것임에 반하여 (중략) 가산세는 단지 과소신고, 부신고에 의한 납세의무위
반사실이 있으면 (중략) 부득이한 사유가 없는 한 그 위반자에 대하여 과하여
지는 것으로서 이에 의하여 과소신고, 무신고에 의한 납세의무위반의 발생을
방지하고 납세의 실을 거두려는 취지에서 나온 행정상의 조치이다. (중략) 고
로 법이 행정기관의 행정절차에 의하여 조세의 형식으로 과하여야 할 것으로
한 것은 이를 과하여야 할 의무위반의 행위를 범죄로 하여 이에 대한 형벌로
서 이를 과하려는 취지는 아니다. (중략) 가산세와 벌금의 병과는 위법이 아니
다」라고 판시하였다. 즉 가산세와 벌금형을 이중으로 부과하여도 이중처벌이
아니라는 것이다.

헌법재판소 역시 과태료와 형사처벌을 병과한다 하더라도 이중처벌이 되는
것은 아니라고 하면서도,[32] 국민에게 부담을 가하는 공권력작용은 궁극적으로
비례성원칙의 제약을 벗어날 수 없으므로, 형벌적 제재와 비형벌적 제재의 병
과 또는 비형벌적 제재간의 병과를 인정하더라도 그 제재의 총합이 법 위반행
위에 비하여 지나치게 과잉된 것이어서는 아니 된다는 헌법적 견제원리가 작
용하여야 부당한 과잉제재로부터 국민을 보호할 수 있다고 설시하고 있다.[33]

이와 관련하여, 2018. 12. 31. 법률 제16108호로 개정되기 전의 구 조세범
처벌법 제16조 제5항은 세무공무원에게 금품을 공여한 자에 대해서 과태료를
부과하되 형법 등 다른 법률에 따라 형사처벌을 받은 경우에는 과태료를 부
과하지 아니하고, 과태료를 부과한 후 형사처벌을 받은 경우 과태료 부과를
취소하도록 규정하였다. 비록 형식적으로는 이중처벌에 해당하지 않는다 하
더라도 과태료와 형사처벌 모두 부과될 경우 금품공여자의 법 위반행위에 비
하여 과잉처벌이 될 수 있으므로 이를 방지하기 위한 것이다. 다만 2018. 12.
31. 법이 개정되어 위 조문은 삭제되었다. 세법위반자에 대한 형벌을 규정한
조세범처벌법에 세무공무원의 금품수수에 관한 처벌규정을 두는 것은 법 목
적에 부합하지 않고, 행정형법에 과태료 부과규정을 두는 것은 체계정합성에
반한다는 고려에 따른 것이다.

---

32) 헌재결 1994. 6. 30. 92헌바38.
33) 헌재결 2003. 7. 24. 2001헌가25.

4. 소결 ─ 과잉처벌의 위험성

가산세가 행정질서벌로서 과태료와 같은 성질을 지닌다는 것은 앞서 본 것과 같다. 그러므로 조세범에 대하여 가산세 또는 과태료와 행정형벌이 병과될 경우에 문제점은 없는지 살펴보아야 한다.[34]

가산세, 과태료와 행정형벌은 위에서 보았듯 부과대상행위의 반사회성·반윤리성의 정도, 부과기관, 불복절차 등에 있어서 차이가 있다. 규율하는 법률도 다르다. 가산세와 과태료는 무재산일 경우 이를 징수할 길이 없는 반면 형벌은 종류를 불문하고 처벌을 피할 수 없다. 예를 들어, 벌금형을 부과받은 경우 이를 납부하지 않으면 그에 상응하는 기간 동안 노역장에 유치되는 처벌을 받아야 한다. 양자 모두 국민에게 부과된 의무를 불이행한 데에 대하여 제재를 가함으로써 성실한 의무이행을 담보하기 위한 것이지만, 행정형벌은 그에 더하여 행위의 반사회성과 반도덕성에 대한 책임을 묻는 것이라는 점에 중점을 둔다. 따라서 위 두 가지를 병과하는 것이 엄밀한 의미에서 이중처벌이라고 보기는 어렵다.

그러나 가산세가 부과된 행위에 대하여 다시 벌금형이 부과되는 경우 처벌의 과잉이 되는 것은 아닌지에 대해서는 숙고할 필요가 있다. 특히나 조세범 처벌법은 배액벌금형제도를 채택한 관계로 벌금형 형량이 최대 포탈세액 등의 2배 내지 3배에 달한다. 여기에 가산세가 더해질 경우 행위자는 국가에 대하여 포탈한 세액의 수 배에 이르는 대가를 치러야 한다. 조세범에 대한 형사처벌이 행위의 반사회성에 초점이 맞추어져 있다 하더라도, 형사처벌과 가산세를 병과한다면 침해한 법익에 비해 처벌이 과다하여 과잉처벌이 될 수 있다는 논란을 피하기 어렵다. 이러한 문제는 현행의 배액벌금제도를 개선하고 벌금형보다는 징역형을 선고하는 방향으로 개선이 가능한데, 이에 대하여는 후술한다.

---

34) 다만 실무상 사업자가 재화 또는 용역을 공급함이 없이 가공세금계산서만을 수수하는 경우(전액자료상)에는 가산세를 부과하지 아니하고 조세범 처벌법에 따른 처벌만 받도록 하고 있다(국세청 부가, 서면인터넷방문상담3팀-971, 2006. 5. 25).

제2장

조세범 처벌법의 개정

제1절 2010년의 전부개정과 2018년의 대폭개정

2010년 전부개정되기 전까지의 조세범 처벌법은 제정 당시의 틀을 유지한 채로 세법이나 관련 제도가 제·개정될 때마다 이를 반영하는 정도에 그쳤기 때문에 그 편제와 구조가 매우 비효율적이고 비체계적이었다. 게다가 조세형법을 표방하면서도 형법 총칙상 각종 감면규정의 적용을 배제하여 책임주의보다는 국고주의에 입각한 모습을 보였고, 단순 행정질서 위반행위에 대하여도 과태료가 아닌 형벌인 벌금을 부과하여 전과자를 양산한다는 비판을 받아왔다. 이러한 학계의 의견을 수용하는 한편, 변화된 경제·사회적 환경에 맞추어 조세범죄에 효율적으로 대응함으로써 조세에 관한 법률의 실효성을 제고하기 위하여 2010. 1. 1. 법률 제9919호로 조세범 처벌법을 전면적으로 개정하기에 이르렀다.

그 후 2018. 12. 31. 법률 제16108호로 조세범 처벌법이 대폭 개정되면서, 특별형법인 조세범 처벌법을 그 성격에 맞게 운영하기 위하여 세법상 의무위반에 대한 '형벌'만 조세범 처벌법에 규정하고, 행정질서벌인 과태료와 몰취 규정은 개별 세법으로 이관하였다. 또한 세금계산서와 유사한 계산서 발급의무 위반 등에 대한 처벌규정을 신설하고, 해외금융계좌 신고의무 불이행에 관한 형벌 규정을「국제조세조정에 관한 법률」에서 조세범 처벌법으로 이관하게 되었다.

제2절   주요 개정내용

Ⅰ. 조세포탈범의 양형 차등 및 감경·가중

2010년 개정 전	2010년 개정 후
제9조 ① 사기 기타 부정한 행위로써 조세를 포탈하거나 조세의 환급·공제를 받은 자는 다음 각호에 의하여 처벌한다. 단, 주세포탈의 미수범은 처벌한다. 1. 개별소비세·주세 또는 교통·에너지·환경세의 경우에는 3년이하의 징역 또는 포탈세액, 환급·공제받은 세액의 5배이하에 상당하는 벌금에 처한다. 2. 인지세의 경우에는 증서·장부 1개마다 포탈세액의 5배이하에 상당하는 벌금 또는 과료에 처한다. 3. 제1호 및 제2호에 규정한 이외의 국세의 경우에는 3년이하의 징역 또는 포탈세액이나 환급·공제받은 세액의 3배이하에 상당하는 벌금에 처한다.	제3조(조세 포탈 등) ① 사기나 그 밖의 부정한 행위로써 조세를 포탈하거나 조세의 환급·공제를 받은 자는 2년 이하의 징역 또는 포탈세액, 환급·공제받은 세액(이하 "포탈세액 등"이라 한다)의 2배 이하에 상당하는 벌금에 처한다. 다만, 다음 각 호의 어느 하나에 해당하는 경우에는 3년 이하의 징역 또는 포탈세액등의 3배 이하에 상당하는 벌금에 처한다. 1. 포탈세액등이 3억원 이상이고, 그 포탈세액등이 신고·납부하여야 할 세액(납세의무자의 신고에 따라 정부가 부과·징수하는 조세의 경우에는 결정·고지하여야 할 세액을 말한다)의 100분의 30 이상인 경우 2. 포탈세액등이 5억원 이상인 경우 ② (생략) ③ 제1항의 죄를 범한 자가 포탈세액등에 대하여 「국세기본법」 제45조에 따라 법정신고기한이 지난 후 2년 이내에 수정신고를 하거나 같은 법 제45조의3에 따라 법정신고기한이 지난 후 6개월 이내에 기한 후 신고를 하였을 때에는 형을 감경할 수 있다. ④ 제1항의 죄를 상습적으로 범한 자는 형의 2분의 1을 가중한다.

2010년 전부개정 전에는 조세포탈 금액이나 위법성의 정도와 무관하게 세목별로 징역의 형량을 달리하고(인지세의 경우 포탈세액에 관계 없이 징역형을 부과하지 않도록 규정되어 있었다) 벌금형을 포탈세액 등의 3배 내지 5배 이하로 정하여 법정형이 적절치 않다는 비판을 받아 왔다.

이러한 점을 시정하여 개정 후에는 세목에 무관하게 조세포탈 금액의 규모나 위법성의 정도에 따라 양형을 차등화하였다. 즉, 조세포탈죄를 범하면

기본적으로 2년 이하의 징역 또는 포탈세액의 2배 이하의 벌금을 부과하되 포탈세액이 3억 원 이상이면서 신고·납부하여야 할 세액의 100분의 30 이상이거나, 포탈세액이 5억 원 이상인 경우에는 3년 이하의 징역 또는 포탈세액의 3배 이하의 벌금이 부과된다.

　또한 일정기간 이내에 자발적으로 수정신고를 하거나 기한 후 신고를 할 경우에는 임의적 감경을, 상습범의 경우에는 필요적으로 형의 2분의 1을 가중하도록 하는 규정을 신설(조세범 처벌법 제3조 제4항)하여, 범죄 후 반성의 정도를 반영하고, 반복된 범죄로 표현되는 행위자의 사회적 위험성을 고려하였다.

Ⅱ. '사기나 그 밖의 부정한 행위'의 구체적 예시

2010년 신설

제3조(조세 포탈 등) ⑥ 제1항에서 "사기나 그 밖의 부정한 행위"란 다음 각 호의 어느 하나에 해당하는 행위로서 조세의 부과와 징수를 불가능하게 하거나 현저히 곤란하게 하는 적극적 행위를 말한다.
1. 이중장부의 작성 등 장부의 거짓 기장
2. 거짓 증빙 또는 거짓 문서의 작성 및 수취
3. 장부와 기록의 파기
4. 재산의 은닉, 소득·수익·행위·거래의 조작 또는 은폐
5. 고의적으로 장부를 작성하지 아니하거나 비치하지 아니하는 행위 또는 계산서, 세금계산서 또는 계산서합계표, 세금계산서합계표의 조작
6. 「조세특례제한법」 제24조 제1항 제4호에 따른 전사적 기업자원관리설비의 조작 또는 전자세금계산서의 조작
7. 그 밖에 위계(僞計)에 의한 행위 또는 부정한 행위

　2010년 전부개정 전에는 조세포탈의 방법에 관하여 "사기 기타 부정한 행위로써"라는 추상적·선언적 문구만을 두고 이에 대한 구체적 설명이 없었다. 따라서 조세포탈범에 관한 사안에서 어떠한 행위가 사기 기타 부정한 행위에 해당하는지에 논쟁의 초점이 맞추어져 있다 하더라도 과언이 아니었다.

　개정법에서는 제3조 제6항 제1호 내지 제6호에서 "사기나 그 밖의 부정한 행위"의 유형을 나열하여 그간 계속되어 온 "사기 기타 부정한 행위"의 해석에 관한 분쟁을 종식하고 예측가능성을 높여 법의 보장적 기능을 제고하였

다. 또한 같은 항 제7호에서 "그 밖에 위계에 의한 행위 또는 부정한 행위"라는 일반조항을 두어, 경제환경의 변화 내지 새로운 거래구조의 창출로 인하여 제1호 내지 제6호에 포섭되지 못한 조세포탈행위를 모두 처벌할 수 있도록 하였다.

Ⅲ. 면세유의 부정 유통 및 가짜석유제품의 제조에 대한 처벌 규정 신설

2010년 신설

제4조(면세유의 부정 유통) ① 「조세특례제한법」 제106조의2 제1항 제1호에 따른 석유류를 같은 호에서 정한 용도 외의 다른 용도로 사용·판매하여 조세를 포탈하거나 조세의 환급·공제를 받은 석유판매업자(같은 조 제2항에 따른 석유판매업자를 말한다)는 3년 이하의 징역 또는 포탈세액등의 5배 이하의 벌금에 처한다.

② 제1항에 따른 면세유를 공급받은 자로부터 취득하여 판매하는 자에게는 판매가액의 3배 이하의 과태료를 부과한다.

③ 「개별소비세법」 제18조 제1항 제11호 및 「교통·에너지·환경세법」 제15조 제1항 제3호에 따른 외국항행선박 또는 원양어업선박에 사용할 목적으로 개별소비세 및 교통·에너지·환경세를 면제받는 석유류를 외국항행선박 또는 원양어업선박 외의 용도로 반출하여 조세를 포탈하거나, 외국항행선박 또는 원양어업선박 외의 용도로 사용된 석유류에 대하여 외국항행선박 또는 원양어업선박에 사용한 것으로 환급·공제받은 자는 3년 이하의 징역 또는 포탈세액등의 5배 이하의 벌금에 처한다.

④ 제3항에 따른 외국항행선박 또는 원양어업선박 외의 용도로 반출한 석유류를 판매하거나 그 사실을 알면서 취득한 자에게는 판매가액 또는 취득가액의 3배 이하의 과태료를 부과한다.

⑤ 제2항 및 제4항에 따른 과태료는 관할 세무서장이 부과·징수한다.

제5조(가짜석유제품의 제조 또는 판매) 「석유 및 석유대체연료 사업법」 제2조 제10호에 따른 가짜석유제품을 제조 또는 판매하여 조세를 포탈한 자는 5년 이하의 징역 또는 포탈한 세액의 5배 이하의 벌금에 처한다.

조세특례제한법 및 개별소비세법과 교통세법은 농업, 임업, 수산업에 사용되거나 외국항행선박, 원양어업선박에 사용되는 석유류에 대하여 부가가치세 및 개별소비세와 교통세 등을 면제하고 있다. 이러한 감면규정을 이용하여 면세유를 부정하게 유통함으로써 조세를 포탈한 자는 일반 조세포탈범에 비하여 사회적 위험과 비난의 정도가 높다고 보아 2010년 전부개정시 일반 조세포탈범보다 형량을 가중한 처벌규정을 신설하였다.

또한 정부의 강력한 단속에도 불구하고 휘발유에 부과되는 고율의 교통세를 면제받기 위하여 가짜석유를 제조하는 범죄행위가 근절되지 않고 있는 점을 감안하여, 가짜석유제품을 제조하거나 판매하여 조세를 포탈한 자를 일반 조세포탈범보다 가중된 형으로 처벌하는 규정을 신설하였다.

Ⅳ. 현금영수증 관련 과태료 부과규정의 신설/폐지 및 해외금융계좌정보 관련 처벌규정의 신설

2010년 신설

제15조(현금영수증 발급의무의 위반) ① 「소득세법」 제162조의3 제4항, 「법인세법」 제117조의2 제4항에 따른 의무를 위반한 자에 대해서는 현금영수증을 발급하지 아니한 거래대금의 100분의 50에 상당하는 과태료를 부과한다. 다만, 해당 거래가 「국민건강보험법」에 따른 보험급여의 대상인 경우에는 그러하지 아니한다.

② 제1항에 따른 과태료를 부과받은 자에 대해서는 「소득세법」 제81조 제11항 제2호, 「법인세법」 제76조 제12항 제2호, 「부가가치세법」 제22조 제3항 제1호 및 제4항 제2호를 적용하지 아니한다.

고소득 전문직 종사자 등의 현금영수증 발급을 강제하여 세원의 투명성을 제고하고 공평과세를 실현하기 위하여, 2010년 전부개정시 현금영수증을 발급하지 않을 경우 거래대금의 100분의 50에 상당하는 과태료를 부과하는 규정을 신설하였다. 다만, 위 과태료를 부과받은 자에 대하여는 이중 처벌을 방지하기 위하여 개별 세법에 규정된 가산세 규정의 적용을 배제하였다.

그러나 세법상 협력의무 위반에 대하여 매출의 50% 정률 과태료를 부과하는 것은 과잉금지원칙에 위배되어 위헌이라는 논란이 끊이지 않았다. 의무위반행위와 그에 대한 책임이 현저히 균형을 잃은 데에다가, 과태료 부과에 관한 기본법인 질서위반행위규제법과도 배치되고, 과태료 액수가 거래금액의 100분의 50으로 고정되어 있어 구체적 책임의 정도에 상응하는 제재로 보기 어렵다. 게다가 행정질서벌인 과태료를 특별형법인 조세범 처벌법에 규정하는 것은 부적절하다는 지적이 있었다. 과태료는 형벌이 아니므로 행정관청이 부과하며, 그 대상자가 이의를 제기하면 법원이 과태료 부과의 결정을 하게 된다. 공평과세 실현이라는 조세행정목적 달성을 위한 과태료 부과규정을 조세범 처벌법에 두는 것은 체계정합성에 배치된다.

이에 2018. 12. 31. 법률 제16108호로 조세범 처벌법이 개정되면서 현금영수증 발급의무 위반자에 대한 과태료 부과규정이 삭제되고, 개별세법의 가산세 부과규정으로 이관되었다.

한편 아래와 같은 내용의 해외금융계좌정보의 비밀유지 의무 등의 위반자에 대한 벌칙 조항이 「국제조세조정에 관한 법률」에서 조세범 처벌법으로 이관되어 본 조항에 신설되었다.

2018년 개정

제15조(해외금융계좌정보의 비밀유지 의무 등의 위반) ① 「국제조세조정에 관한 법률」 제31조 제6항부터 제8항까지 및 제36조를 위반한 사람은 5년 이하의 징역 또는 3천만원 이하의 벌금에 처한다.

② 제1항의 죄를 범한 자에 대해서는 정상(情狀)에 따라 징역형과 벌금형을 병과할 수 있다.

Ⅴ. 세무공무원 금품수수 관련 규정의 폐지 및 해외금융계좌 신고의무 위반 처벌규정의 신설

2010년 신설

제16조(금품 수수 및 공여) ① 「국세기본법」 제2조 제17호에 따른 세무공무원(이하 "세무공무원"이라 한다)이 그 직무와 관련하여 금품을 수수(收受)하였을 때에는 「국가공무원법」 제82조에 따른 징계절차에서 그 금품 수수액의 5배 내의 징계부가금 부과 의결을 징계위원회에 요구하여야 한다.

② 징계대상 세무공무원이 제1항에 따른 징계부가금 부과 의결 전후에 금품 수수를 이유로 다른 법률에 따라 형사처벌을 받거나 변상책임 등을 이행한 경우(몰수나 추징을 당한 경우를 포함한다)에는 징계위원회에 감경된 징계부가금 부과 의결 또는 징계부가금 감면을 요구하여야 한다.

③ 제1항 및 제2항의 징계부가금 부과 의결 요구에 관하여는 「국가공무원법」 제78조 제4항을 준용한다. 이 경우 "징계 의결 요구"를 "징계부가금 부과 의결 요구"로 본다.

④ 제1항에 따라 징계부가금 부과처분을 받은 자가 납부기간 내에 그 부가금을 납부하지 아니한 때에는 징계권자는 국세체납처분의 예에 따라 징수할 수 있다.

⑤ 관할 세무서장 또는 세관장은 세무공무원에게 금품을 공여한 자에 대해서는 그 금품 상당액의 2배 이상 5배 내의 과태료를 부과한다. 다만, 「형법」 등 다른 법률에 따라 형사처벌을

받은 경우에는 과태료를 부과하지 아니하고, 과태료를 부과한 후 형사처벌을 받은 경우에는 과태료 부과를 취소한다.

2010년 전면개정되기 전의 구 조세범 처벌법은 세무공무원이 형법 중 공무원의 직무에 관한 죄를 범하였을 경우 가중처벌하도록 규정하고 있었다(구 조세범 처벌법 제15조). 2010년 조세범 처벌법이 전면개정되면서 위와 같은 가중처벌 규정을 삭제하고, 수뢰공무원에게는 수수액의 5배 이내의 징계부가금을, 공여자에게는 해당 금품 상당액의 2배 이상 5배 내의 과태료를 부과하도록 규정하였다. 다만, 과잉처벌을 방지하기 위하여 형법 등 다른 법률에 따라 처벌을 받은 경우에는 부과를 제한하도록 하였다.

그런데 국가공무원법은 국가공무원의 청렴의 의무를 규정하면서 공무원의 금품수수를 금지하고(제61조), 공무원이 국가공무원법에 따른 명령을 위반한 경우 징계의결을 하도록 규정하면서 징계부가금 부과 의결에 관하여도 정하고 있다(제78조, 제78조의2). 국세에 관한 세무공무원 역시 국가공무원으로서 국가공무원법이 적용되고, 위와 같은 2010년 전면개정된 조세범 처벌법 제16조의 내용이 이미 국가공무원법에 규정되어 있으므로 중첩하여 규정할 필요가 없다.

이에 2018. 12. 31. 법률 제16108호로 조세범 처벌법이 개정되면서 세무공무원의 금품수수 및 공여에 관한 내용이 삭제되었다.

그리고 아래와 같은 내용의 해외금융계좌 신고의무 위반자에 대한 벌칙 조항이 「국제조세조정에 관한 법률」에서 조세범 처벌법으로 이관되어 본 조항에 신설되었다.

2018년 개정

제16조(해외금융계좌 신고의무 불이행) ① 「국제조세조정에 관한 법률」 제34조 제1항에 따른 해외금융계좌정보의 신고의무자로서 신고기한 내에 신고하지 아니한 금액이나 과소 신고한 금액(이하 이 항에서 "신고의무 위반금액"이라 한다)이 50억원을 초과하는 경우에는 2년 이하의 징역 또는 신고의무 위반금액의 100분의 13 이상 100분의 20 이하에 상당하는 벌금에 처한다. 다만, 정당한 사유가 있는 경우에는 그러하지 아니하다.

② 제1항의 죄를 범한 자에 대해서는 정상에 따라 징역형과 벌금형을 병과할 수 있다.

Ⅵ. 명령위반자에 대한 과태료 부과규정의 신설 및 삭제

2010년 개정 전	2010년 개정 후
제13조(명령사항위반등) 다음 각호의 1에 해당하는 자는 50만 원이하의 벌금 또는 과료에 처한다. (각 호 생략)	제17조(명령사항위반 등에 대한 과태료 부과) 관할 세무서장은 다음 각 호의 어느 하나에 해당하는 자에게는 2,000만 원 이하의 과태료를 부과한다. (각 호 생략)

　　2010년 전면개정되기 전의 구 조세범 처벌법 제13조는 「주세법」상 주세보전명령이나 「개별소비세법」상 납세보전명령 등 행정질서 위반행위에 대하여 형벌인 50만 원 이하의 벌금 또는 과료에 처하도록 규정하고 있었다. 이에 대하여 단순 질서위반자를 형사범화한다는 비판이 많았기 때문에, 2010년 조세범 처벌법이 전면개정되면서 위와 같은 명령 위반행위에 대하여 질서벌인 과태료를 부과하도록 하되 변화된 경제현실에 맞추어 금액을 2,000만 원 이하로 상향조정하였다. 어떤 행정법규 위반행위에 대하여 이를 단지 간접적으로 행정상의 질서에 장해를 줄 위험성이 있는 정도에 불과하다고 보아 행정질서벌인 과태료를 과할 것인가, 아니면 직접적으로 행정목적과 공익을 침해한 행위로 보아 행정형벌을 과할 것인가는 입법재량에 속하는 문제이다.[1] 그런데 행정상 협력의무 위반에 대하여 부과하는 행정질서벌인 과태료를 특별형법인 조세범 처벌법에 규정하는 것은 체계정합성에 배치되어 부적절하다는 지적이 있었다. 이에 2010년 전면개정시 신설된 '명령사항위반 등에 대한 과태료 부과'규정을 삭제하고 그 내용을 행정법인 국세기본법, 개별소비세법, 주세법 등 각 세법으로 이관하였다.

Ⅶ. 양벌규정에 법인 등의 면책에 관한 단서 신설

개정 전	개정 후
제3조 법인의 대표자, 법인 또는 개인의 대리인, 사	제18조(양벌 규정) 법인(「국세기본법」 제13조에 따른 법인으로

---

1) 헌재결 1997. 8. 21. 93헌바51.

용인, 기타의 종업인이 그 법인 또는 개인의 업무 또는 재산에 관하여 이 법에 규정하는 범칙행위를 한 때에는 행위자를 벌하는 외에 그 법인 또는 개인에 대하여서도 각 본조의 벌금형에 처한다. 다만, 국세기본법에 의한 과점주주가 아닌 행위자에 대하여서는 정상에 의하여 그 형을 감면할 수 있다. | 보는 단체를 포함한다. 이하 같다)의 대표자, 법인 또는 개인의 대리인, 사용인, 그 밖의 종업원이 그 법인 또는 개인의 업무에 관하여 이 법에서 규정하는 범칙행위를 하면 그 행위자를 벌할 뿐만 아니라 그 법인 또는 개인에게도 해당 조문의 벌금형을 과한다. 다만, 법인 또는 개인이 그 위반행위를 방지하기 위하여 해당 업무에 관하여 상당한 주의와 감독을 게을리하지 아니한 경우에는 그러하지 아니하다.

2010년 전면개정되기 전의 구 조세범 처벌법 제3조는 법인의 대표자, 법인 또는 개인의 대리인, 사용인 기타의 종업인이 그 법인 또는 개인의 업무 또는 재산에 관하여 조세범 처벌법상의 범칙행위를 한 때에는 행위자를 벌하는 외에 그 법인 또는 개인에 대하여서도 고의·과실 유무를 불문하고 벌금형에 처하도록 하였다.

그러나 헌법재판소가 위 조문이 위헌이라는 결정[2]을 함에 따라, 개정법은 위 본문에 이은 단서로 "다만, 법인 또는 개인이 그 위반행위를 방지하기 위하여 해당 업무에 관하여 상당한 주의와 감독을 게을리하지 아니한 경우에는 그러하지 아니하다"라는 면책조항을 추가하였다.[3]

Ⅷ. 형법 총칙 적용배제범위 축소

개정 전	개정 후
제4조(형법적용의 일부 배제) ① 제8조 내지 제11조·제12조의2와 제12조의3 제3항의 범칙행위를 한 자에 대하여는 형법 제9조, 제10조 제2항, 제11조, 제16조, 제32조 제2항 및 제38조 제1항 제2호 중 벌금경합에 관한 제한가중규정을 적용하지 아니한다. 다만, 징역의 형에 처할 때에는 예외로 한다. ② 제11조의2 및 제11조의3의 범칙행위를 한 자	제20조(「형법」 적용의 일부 배제) 제3조부터 제6조까지, 제10조, 제12조부터 제14조까지의 범칙행위를 한 자에 대해서는 「형법」 제38조 제1항 제2호 중 벌금경합에 관한 제한가중규정을 적용하지 아니한다.

2) 헌재결 2010. 7. 29. 2009헌가33.
3) 양벌규정의 위헌결정에 대한 자세한 내용은 제1편 제6장 제2절 참조.

에 대하여는 형법 제38조 제1항 제2호 중 벌금경
합에 관한 제한가중규정을 적용하지 아니한다.

2010년 전면개정되기 전의 구 조세범 처벌법은 무면허주류제조(제8조), 조세포탈(제9조), 체납(제10조), 원천징수의무위반(제11조), 납세증명표지의 불법사용(제12조의2), 결손금 과대계상(제12조의3 제3항)범을 벌금형에 처할 경우 형법 총칙의 형사미성년자 불처벌(형법 제9조)이나 심신미약자 및 농아자에 대한 감경(형법 제10조 제2항 및 제11조), 착오로 인한 책임조각(형법 제16조), 종범 감경(형법 제32조 제2항) 규정들의 적용을 배제하였다. 이에 따라 조세범 처벌법의 형법적 성격에 반하고 형벌의 책임원칙보다 국고주의를 우선한다는 비판을 받았다.

개정법 제20조에서는 벌금경합에 관한 제한가중규정을 제외한 형법 총칙의 적용 배제규정을 삭제하여 형벌의 책임비례원칙을 제고하고 조세범 처벌법의 특별형법적 지위를 공고히 하였다.

제 3 절 현행 조세범 처벌법의 평가

Ⅰ. 배액벌금형제도의 유지

1. 서 설

일반 형사범은 벌금형이 규정될 경우 그 최고한도액을 정액으로 정하고 그 범위 내에서 벌금형을 선고하는 소위 정액벌금형제도를 원칙으로 한다. 이에 반해 조세범 처벌법은 조세포탈죄 등에 있어서 세액에 연동하는 벌금을 부과하는 배액벌금형제도를 채택하고 있다.

벌금형에 관하여만 살펴보면, 조세를 포탈한 자에 대하여는 포탈세액의 2배 이하의 벌금형에 처하나 그 포탈세액이 크거나 납부하여야 할 세액의 100분의 30을 넘어서는 경우에는 3배 이하의 벌금형에 처하고(조세범 처벌법 제3조 제1항), 상습적으로 위 죄를 범하면 형의 2분의 1이 가중되어 3배 또는 4.5배 이하의 벌금형에 처한다(같은 법 제3조 제4항). 면세유를 부정유통하거나 가짜석유제품을 제조한 자는 포탈세액의 5배 이하(같은 법 제4조, 제5조), 무면허 주류를 제조하거나 판매한 자는 3천만 원 또는 해당 주세 상당액의 3배 이하의 금액 중 큰 금액(같은 법 제6조), 세금계산서 발급의무를 위반한 자에 대하여는 공급가액에 부가가치세의 세율을 적용하여 계산한 세액의 2배 또는 3배 이하(같은 법 제10조)의 벌금형에 처한다.

이러한 배액벌금형제도는 아래에서 보는 바와 같이 포탈세액 등에 연동하여 형벌을 부과한다는 점에서 문제점으로 지적되고 있다.

2. 배액벌금형제도의 연혁

우리나라에서 재산형으로 배액벌금형제도가 처음으로 제정된 것은 갑오개혁 무렵이다. 당시 근대적인 법령체계가 구축되었는데 그 일환으로 1895년 9월 5일 법률 제15호로 우리나라 근대적 세법의 효시라 할 수 있는「地稅와 戶布錢」이 공포되었다. 그 법 제5조는 "官隱 吏隱 洞隱 等의 土地가 有함을 發見하는 時에는 所犯關係人을 對하여 漏稅金을 追徵한 外에 漏稅金額 10倍 되는 罰金에 處함이 可하다"고 하여 탈루액을 추징함에 더하여 그 10배의 벌금형을 부과하도록 하였다. 이는 그 당시의 다른 법률들과 마찬가지로 일본법의 영향을 받은 것으로 보인다. 이때 제정된 배액벌금형제도는 대한제국기와 일제강점기까지 계속되다가 조세범 처벌법의 제정에도 반영되어 오늘날까지 이르게 된 것이다.

3. 배액벌금형제도의 문제점

포탈세액과 포탈행위의 불법은 연관성은 있지만 비례하는 것은 아니다.[4] 법을 위반한 행위의 악성이 반드시 포탈한 세액으로만 표현되는 것은 아니라는 것이다. 그럼에도 불구하고 배액벌금형제도는 다른 정황을 고려하지 않은 채 포탈세액에 비례하여 법정형을 정하기 때문에 행위의 불법에 비례하여 법정형이 정하여지는 일반적인 형법의 원칙에 배치되는 측면이 있다. 범죄의 정황이나 범인의 주관적인 악성에 상관없이 포탈한 세액의 몇 배라는 형식으로 형벌을 정하는 것은, 조세범 처벌법이 행정형법이라는 특성을 고려하더라도

---

4) 불법은 위법과는 다른 개념이다. 어떤 행위가 규범에 반하는 경우 '위법하다'라고 표현하는 데 비해, 불법은 해당 행위의 부정적 반가치로서 양과 질의 척도를 가진다.

국고손실의 보전이라는 행정목적의 충족 이외에는 다른 근거를 찾기 어렵다. 이러한 배액벌금형제도는 형벌이 행위의 불법정도에 비례하여야 한다는 원칙을 위태롭게 한다.

　　예를 들어, 형법상 타인의 재물을 절취한 자는 6년 이하의 징역 또는 1천만 원 이하의 벌금에 처하도록 되어 있는데(절도, 형법 제329조), 같은 절취행위라 하더라도 야간에 사람의 주거 등에 침입하여 절취한 경우에는 10년 이하의 징역에(야간주거침입절도, 형법 제330조), 야간에 문호 등을 손괴하고 침입하여 절취한 경우나 흉기를 휴대하거나 2인 이상이 합동하여 타인의 재물을 절취한 경우에는 1년 이상 10년 이하의 징역에 처한다(특수절도, 형법 제331조). 이는 절취행위와 야간의 주거침입행위,[5] 문호 등의 손괴행위,[6] 흉기휴대행위, 2인 이상의 합동행위가 결합하면 개별 범죄행위를 단순히 나열한 것보다 더 큰 불법을 창출하기 때문에 이에 비례하여 형량을 높게 정한 것이다. 형법은 특정 범죄행위에 대하여 일정 형량을 확정하고 그 이내에서 양형하는 확정형제도를 원칙으로 하되, 여기에 다른 행위가 결합하여 불법의 정도가 커지게 되면 개별 범죄행위에 정해진 형량을 합산하는 것이 아니라 별개의 범죄로 규정하여 확정형 자체를 상향조정하는 체계를 택하고 있다.

　　그런데 조세범 처벌법을 보자. 대표적으로 조세포탈의 경우 동일한 행위태양으로 조세를 포탈하더라도 그 금액의 다과에 따라 법정형이 달라지는 현상을 보인다. 예를 들어 동일하게 장부를 파기하는 방법으로 소득세를 포탈한다고 하더라도, 甲은 100만 원을 포탈하고, 乙은 2억 원을 포탈하고, 丙은 5억 원을 포탈하였다면, 甲은 2년 이하의 징역 또는 200만 원 이하의 벌금형에, 乙은 2년 이하의 징역 또는 4억 원 이하의 벌금형에, 丙은 3년 이하의 징역 또는 15억 원 이하의 벌금형에 처해지게 된다. 이들이 자신들에게 납부의무가 있는 조세의 전액을 포탈한 것이라면, 비록 포탈세액과 비난가능성 사이에 어느 정도 상관관계가 있을 수 있음을 부인할 수 없다 하더라도 그 행위의 반가치성인 불법의 정도에 몇 배의 차이가 있다고 단언하기는 어렵다. 세율이 일률적으로 50%라고 가정할 경우, 200만 원의 소득을 버는 甲이 100만 원의 조

---

5) 주간과 야간을 불문하고 사람의 주거 등에 침입한 자는 3년 이하의 징역 또는 500만 원 이하의 벌금에 처한다(형법 제319조).

6) 타인의 재물을 손괴한 경우 3년 이하의 징역 또는 700만 원 이하의 벌금에 처한다(형법 제366조).

세를 탈루한 행위와 10억 원의 소득을 버는 丙이 5억 원의 조세를 탈루한 행위를 비교하여 볼 때 丙의 행위가 甲의 행위에 비하여 500배 더 반윤리적이고 반사회적이라고 단정하기는 어려운 것이다. 이러한 논리는 절도죄의 경우 절취한 재물의 가액에 따라 법정형이 달라지지 않는다는 점과 통한다. 절취행위의 반사회성 정도에 따라 법정형을 정하고 그 한도 내에서 법관이 여러 가지 정황과 범인의 주관적 사정을 고려하여 양형을 하면 되는 것이지 절취한 재물의 가액에 따라 절취한 재물의 몇 배라는 형식으로 법정형을 규정할 필요도 없을 뿐 아니라, 그러할 경우 오히려 비례의 원칙에 어긋날 수 있다.

그런데 배액벌금형제도는 행위의 불법정도를 넘어선 과다한 형량이 되거나 그에 미치지 못하는 미약한 처벌에 그칠 수 있다는 점에서 그 문제가 커진다. 위의 예에서 법관이 벌금형을 선택하거나, 징역형과 벌금형을 병과하고 최고액의 벌금형을 선고한다고 가정하자. 동일한 태양으로 한 조세포탈행위에 대하여 甲은 200만 원의, 丙은 15억 원의 벌금을 납부하여야 한다. 일견 甲은 과소처벌의, 丙은 과잉처벌의 문제가 발생할 수 있다. 만일 丙은 단 한번 조세포탈행위를 하였음에 비하여 甲은 매년 소득세를 탈루하여 왔으나 대부분 공소시효가 도과하여 처벌할 수 있는 행위가 가장 최근의 1회에 불과하다고 상정할 경우, 오히려 甲의 반사회성 내지는 반윤리성이 丙을 능가한다고 판단될 수도 있다. 그럼에도 불구하고 甲에 대한 벌금형의 최대한은 200만원에 불과할 뿐이다(논의의 간략화를 위해 상습범인 경우는 상정하지 않는다).

또한 배액벌금형제도의 엄벌주의는 실무단계에서 조세범의 적발을 어렵게 하는 장애가 되기도 한다. 너무 무겁게 처벌되어 기업의 폐쇄로 이어지고 개인의 경우 파산에 이르게 되므로 과세관청으로서는 조세포탈행위를 인지하고도 이를 포탈범으로 처벌할 엄두를 내지 못하고 포탈세액만을 추징하는 것으로 끝나는 경우가 발생할 수 있는 것이다. 배액벌금형제도와 과세관청의 고발 전치주의가 융합한 결과다.

4. 과소처벌의 예방 ─ 확정벌금형과 배액벌금형의 결합

배액벌금형제도가 야기할 수 있는 과소처벌에 대한 대안으로 현행 조세범 처벌법은 제6조에서 무면허 주류를 제조하거나 판매한 자에 대하여 3년 이하의 징역 또는 3천만 원 이하의 벌금에 처하되 해당 주세 상당액의 3배의 금액이 3천만 원을 초과할 때에는 그 주세 상당액의 3배의 금액 이하의 벌금에 처하도록 하였다. 즉, 해당 주세 상당액이 1천만 원 이하인 경우에는 확정벌금형이, 이를 초과하면 배액벌금형이 적용된다. 무면허주류를 제조하거나 판매한 수량이 적어 그 벌금액이 과소할 경우 행위의 불법에 비하여 처벌이 너무 가벼울 수 있다는 점을 고려한 입법으로 보인다. 이러한 결합제도로 과소처벌은 예방될 수 있으나, 해당 탈루세액이 일정액을 넘어서는 경우 일괄적으로 배액벌금형제도를 적용하도록 되어 있어 과다처벌을 방지할 수 없다는 문제점은 여전히 남는다.[7]

5. 입법론 ― 배액벌금형제도의 폐지

배액벌금형제도가 잔존하는 나라는 우리나라뿐이다. 우리나라 법 중에서도 조세범 처벌법과 관세법, 환경범죄 등의 단속 및 가중처벌에 관한 법률[8]에서만 보일 뿐이다. 조선 말기 우리나라가 답습하였던 일본 조세법에서도 자취를 감춘 지 오래다.

배액벌금형제도가 잔존해야 한다고 주장하는 입장에서는 불법행위로 취득한 이익의 완전한 박탈 내지는 국고손실의 보전, 능력에 비례하는 벌금의 부과, 높은 형벌로 인한 예방효과의 제고라는 근거를 제시하고 있다. 그러나 취득한 이익의 박탈은 체납세액 및 가산세와 가산금의 징수로 목적을 달성할 수 있고 국고손실의 보전은 전근대적인 국고주의 사상에 따른 것으로서 현대 사회에서 취할 입장이 되지 못한다. 게다가 재산능력에 비례한 벌금의 산정이라는 주장은 형벌이 불법에 상응해야 한다는 형법의 원칙에 오히려 반한다. 그러한 개인의 사정은 양형단계에서 고려하여야 할 일이다. 예를 들어 세금계

---

7) 이른바 'slide벌금형'을 지지하는 견해로는 이천현, 배수벌금형제도, 형사정책연구소식 제66호, 한국형사정책연구원, 2001, 34면.
8) 환경범죄 등의 단속 및 가중처벌에 관한 법률
   제6조(멸종위기 야생생물의 포획 등의 가중처벌) 매매를 목적으로 「야생생물 보호 및 관리에 관한 법률」 제67조, 제68조 제1호부터 제3호까지 또는 제69조 제1항 제1호의 죄를 범한 자는 같은 법 각 해당 조에서 정한 징역과 매매로 인하여 취득하였거나 취득할 수 있는 가액(價額)의 2배 이상 10배 이하에 해당하는 벌금을 병과(倂科)한다.
   제7조(폐기물 불법처리의 가중처벌) 단체 또는 집단의 구성원으로서 영리를 목적으로 「폐기물관리법」 제63조의 죄를 범한 자는 2년 이상 10년 이하의 징역과 폐기물을 버리거나 매립함으로 인하여 취득한 가액의 2배 이상 10배 이하에 해당하는 벌금을 병과한다.

산서 발급의무 위반의 경우에도 배액벌금형제도를 채택하고 있는데, 세금계산서를 허위로 발급한 액수와 그 행위자의 재산능력이 비례한다고 보기는 어렵다는 점에서 이러한 논거는 받아들일 수 없다. 엄한 처벌로 범죄를 예방한다는 주장 역시 행위자의 자력에 따라서는 배액의 부과도 결코 엄한 처벌이 될 수 없다는 점에서 근거가 희박하다.

따라서 배액벌금형제도를 삭제하고 일반 형법과 마찬가지로 행위의 불법에 상응하는 확정벌금형제도로 전환하여야 한다. 행위자를 엄하게 처벌하고 싶다면 자유형을 부과하면 된다. 그간 조세범의 처벌에 있어서 벌금만 부과하고 자유형이 선택되지 않았다거나, 자유형을 선택하였다 하더라도 집행유예로 그치거나, 실형을 선고하였다 하더라도 사면 등으로 형기를 제대로 마치지 않았던 경우가 종종 있었던 관계로 벌금의 액수를 높이는 입법이 남아있는 것으로 보인다. 현실의 집행으로 인한 문제를 입법에 반영하여 형벌의 비례원칙을 훼손하는 것은 헌법적으로도 문제될 수 있다. 배액벌금형제도를 폐지하는 것이 바람직하다.

참고: 배액벌금형제도와는 약간 사안이 다르나, 헌법재판소는 벌금형을 체납액 상당액으로 고정한 구 조세범 처벌법 제10조에 대하여 합헌결정을 내린 바 있다. 결정내용 중 본문의 배액벌금형제도에 참고할 만한 부분만을 발췌한다.

헌법재판소 1999. 12. 23. 99헌가5 결정; 2010. 9. 30. 2009헌가17 결정

【판시사항】
벌금형을 체납액 상당액으로 정액화하고 있는 조세범 처벌법 제10조가 국민의 재판청구권을 침해하거나 법관독립의 원칙에 위배되는지 여부

【결정요지】
조세범 처벌법 제10조의 법정형으로는 "1년 이하의 징역 또는 체납액에 상당하는 벌금"이 규정되어 있으므로 기본적으로 법관에게 징역형과 벌금형 중에 어느 하나를 선택하여 처벌할 수 있는 양형재량이 부여되어 있고, 벌금형을 선택할 경우에 있어서도 지나치게 무겁다고 판단할 때에는 형법 제53조에 따라 작량감경함으로써 그 벌금액을 2분의 1로 감축할 수 있을 뿐아니라, 형

법 제59조에 따라 그 형의 선고를 유예할 수 있는 재량을 가지고 있으므로, 위 규정에서 벌금형을 체납액 상당액으로 정액화한 것은 행위자의 책임에 따른 형벌의 개별화를 구현하기에 부적절한 면이 없지 아니하나, 그렇다고 하여 이와 같은 입법적 결단이 수인할 수 없을 정도로 법관의 양형재량권을 지나치게 제한함으로써 국민의 재판청구권을 침해하였다거나 법관독립의 원칙에 위배되었다고 보기 어렵다.

Ⅱ. 징역과 벌금 병과형의 축소

2010년 전면개정 전 조세범 처벌법은 무면허 주류제조(구 조세범 처벌법 제8조), 조세포탈(위 법 제9조), 자료상(위 법 제11조의2 제4항, 제5항), 근로소득 원천징수영수증 거짓기재 등(위 법 제11조의3), 납세증명표지의 불법사용(위 법 제12조의2), 기장의무 위반 등(위 법 제12조의3 제2항, 제3항)의 범죄에 해당하면 정상에 따라 징역과 벌금을 병과할 수 있도록 규정하였다(위 법 제5조).

그러나 일반 형사범의 경우 범죄행위 및 범죄인의 여러 가지 정황을 고려하여 한 종류의 형벌만을 부과하는 것을 원칙으로 하고 자격형이나 몰수와 같이 부가형이 있는 경우에만 예외적으로 병과하며, 사회적 법익을 침해하는 극히 일부 범죄에 대하여만 징역과 벌금의 병과형이 규정되어 있는 점에 비추어 조세범 처벌법의 이러한 광범위한 병과규정은 과잉처벌에 해당할 수 있다는 우려가 있었다.

이에 따라 개정된 조세범 처벌법은 조세포탈(조세범 처벌법 제3조), 실물거래없는 세금계산서 수수 등(속칭 자료상, 위 법 제10조 제3항)의 경우에만 징역과 벌금을 임의로 병과하도록 하여 병과형의 범위를 축소하였다.

이러한 병과형 범위의 축소는 책임주의에 입각한 조세범 처벌법의 진일보한 개정으로 평가된다. 다만 조세포탈범과 자료상 처벌규정에는 배수액의 벌금형이 규정되어 있는데 징역형까지 병과될 경우 당해 행위자의 책임에 비추어 과도한 처벌이 될 수 있으므로 그 실제 운용에 있어서는 신중을 기해야 할 것으로 보인다. 게다가 특정범죄 가중처벌에 관한 법률(이하 '특가법'이라 한다)은 연간포탈세액 5억 원 이상인 자와 자료상 중 위법행위로 인한 금액이 30억 원 이상인 경우에 해당하면 징역과 벌금을 필요적으로 병과하도록 규정하고 있어(특가법 제8조, 제8조의2) 법관의 재량이 작용될 여지가 없으므로 과잉처벌이 문제될 수 있다.

Ⅲ. 벌금형에 관한 형법 총칙 적용배제 잔존

현행 조세범 처벌법이 구 조세범 처벌법의 형법 총칙 적용배제규정을 대거 삭제한 것은 형벌의 책임비례원칙에 비추어 볼 때 매우 진일보한 입법으로 판단된다. 그러나 위에서 본 바와 같이 형법 제38조 제1항 제2호의 적용배제를 존치함으로써 책임원칙에 상응하지 않는 과도한 처벌이라는 비판과 함께 징역형과의 불균형이라는 과제를 남겼다. 동일한 법 위반행위를 두고 구체적 사건에서 법관이 징역형을 선택하느냐 벌금형을 선택하느냐에 따라 처벌의 감경 여부가 달라진다는 점에 대한 합리적인 설명이 어렵다. 이와 같은 벌금경합에 관한 제한가중규정의 존치는 엄벌주의 또는 국가의 세수증대라는 국고주의의 관점에 치중한 것으로 보인다. 형법 총칙을 배제하여 고액탈세자에 대한 처벌을 강화한다는 주장도 징역형을 선택함으로써 처벌이 면제되거나 감경된다면 힘을 잃게 된다. 그러한 문제는 배액벌금형제도를 확정벌금형제도로 전환하는 방법 등으로 해결하여야 한다. 따라서 조세범 처벌법 제20조는 삭제되는 것이 바람직하다.[9]

---

9) 동지 김종민, 조세포탈범의 형사처벌과 관련된 제문제, 사법논집 45집, 법원도서관, 2007, 472면. 형법 총칙 적용 배제에 관한 자세한 논의는 '제1편 제7장 형법 총칙 적용의 일부배제' 부분 참조.

제3장

조세범 처벌법의 적용범위

　　조세범 처벌법은 조세에 관한 법률을 위반한 행위에 대한 처벌을 다룬 법이다. 조세범 처벌법 또한 형법의 범주에 속하므로,[1] "법률 없으면 범죄 없다(nullum crimen sine lege)"는 죄형법정주의의 대명제에 따라 그 법률의 효력이 미치는 범위 내에서만 규정된 행위를 처벌할 수 있다. 따라서 조세범 처벌법에서 정한 '세법 위반행위'에 해당하는지 여부를 판단하기에 앞서 ① 어떠한 법률이 여기서 말하는 '조세에 관한 법률'인지, ② 누가, ③ 어느 시점에, ④ 어디에서 한 행위에 대하여 적용되는지를 확인하여 조세범 처벌법의 적용 여부를 확정하여야 한다.

제 1 절　적용대상

　　제1조(목적) 이 법은 세법을 위반한 자에 대한 형벌에 관한 사항을 규정하여 세법의 실효성을 높이고 국민의 건전한 납세의식을 확립함을 목적으로 한다.

　　제2조(정의) 이 법에서 "조세"란 관세를 제외한 국세를 말한다.

　　조세범 처벌법 제1조는 이 법이 「세법(稅法)」을 위반한 자에 대한 형벌에 관한 사항을 규정한다고 하였다. 그런데 국세에 관한 총칙을 규정하는 국세

---

1) 제1편 제1장 제2절 Ⅳ. 조세범 처벌법의 성격 부분 참조.

기본법은 「세법」에 국세의 종목과 세율을 정하고 있는 법률뿐 아니라, 「국세징수법」, 「조세특례제한법」, 「국제조세조정에 관한 법률」, 「조세범 처벌법」 및 「조세범 처벌절차법」도 포함하였으므로(국세기본법 제2조 제2호), 조세범 처벌법 제1조에 규정된 「세법」에는 국세기본법에 규정된 위 법들이 모두 해당된다. 이로써 조세범 처벌법으로 개별 세법상의 의무를 이행하지 않은 행위뿐만 아니라 징수와 조세특례에 관한 규정을 위반한 행위도 처벌할 수 있게 되었다.[2]

조세가 과세주체에 따라 국세와 지방세로 나뉘고, 국세는 다시 관세와 내국세로 나뉜다는 것은 앞서 본 바 있다. 과거에 지방세법은 그 법을 위반한 범칙행위에 대하여 조세범 처벌법 및 조세범 처벌절차법을 준용하도록 규정한 바 있다.[3] 그러나 2010. 3. 31. 법률 제10219호로 지방세기본법이 제정된 후에는 지방세관계법을 위반한 경우 조세범 처벌법이 아닌 지방세기본법의 처벌규정(지방세기본법 제101조 내지 제112조)이 적용된다.

관세는 관할 행정청이나 납세의무의 성립과 부과절차 등이 내국세와 상이하기 때문에, 그 법률의 위반행위에 대하여 관세법에서 별도로 처벌을 규정하고 있다(관세법 제268조의2 내지 제282조).

따라서 조세범 처벌법은 국세기본법 제2조 제1호에서 국세로 나열한 소득세, 법인세, 상속세와 증여세, 종합부동산세, 부가가치세, 개별소비세, 교통

---

2) 한편, 1999. 12. 31. 법률 제6074호로 「과세자료의 제출 및 관리에 관한 법률」이 제정되었다. 위 법은 과세자료의 제출·관리 및 활용에 관한 사항을 규정하여 근거과세와 공평과세를 실현하고 세무행정의 과학화와 성실한 납세풍토를 조성하는 것을 목적으로 한다(제1조). 그리고 위 법에서 말하는 '국세'는 국세기본법상 규정된 '국세'의 개념과 동일하다(제2조 제1호). 그러나 위 법은 국세기본법상 「세법」으로 규정되지 않았을 뿐 아니라 그 규정의 위반에 대하여 제13조 및 제14조에서 징역 또는 벌금을 부과하는 벌칙규정을 별도로 두고 있다. 따라서 「과세자료의 제출 및 관리에 관한 법률」의 위반행위는 조세범 처벌법의 적용대상이 되지 않는다. 다만, 이러한 법령이 있다는 소개를 위하여 간략히 언급하여 둔다.

3) 구 지방세법 제84조(지방세에 관한 범칙행위에 대한 「조세범 처벌법」등의 준용) ① 지방세에 관한 범칙행위에 대하여는 조세범 처벌법령을 준용한다. 이 경우 「조세범 처벌법」 제13조 중 "원천징수의무자"는 "특별징수의무자"로, 같은 법 제16조 제1항 중 「「국가공무원법」 제78조의2 제1항"은 "「지방공무원법」 제69조의2 제1항"으로 본다.

② 제1항의 범칙행위의 처벌에 있어서는 조세범 처벌절차법령을 준용한다. 이 경우 조세범 처벌절차법령 중 국세청·지방국세청 또는 세무서는 특별시·도·광역시 또는 구·시·군으로, 국세청장·지방국세청장 또는 세무서장은 특별시장·도지사·광역시장 또는 구청장·시장·군수로 본다.

세, 주세, 인지세, 증권거래세, 교육세, 농어촌특별세에 관한 의무위반의 경우
에만 적용된다. 조세범 처벌법에 빈번히 등장하는 '조세포탈', '조세의 부과·
징수'에서 말하는 '조세'란 위에서 언급한 세목들에 한정된다.

제 2 절   시적(時的) 적용범위

Ⅰ. 서   론

조세범 처벌법도 다른 법령과 마찬가지로 그 시행일부터 폐지일까지 효
력을 유지한다. 법률은 특별한 규정이 없는 한 공포한 날로부터 20일을 경과
함으로써 효력이 발생하는데(헌법 제53조 제7항), 「법령 등 공포에 관한 법률」
은 새로 제정되거나 개정되는 법률 등이 국민의 권리·의무와 관련되는 경우
공포일부터 적어도 30일 이후에 시행되도록 규정하고 있다.[4] 그러나 대부분
의 법률은 제·개정시 부칙에 시행일을 별도로 정하고 있으며, 이는 조세범
처벌법의 경우에도 마찬가지이다.

그런데 판단의 대상이 된 행위 당시의 조세범 처벌법이 변경 또는 폐지되
어 재판시의 조세범 처벌법과 다르게 된 경우, 즉 행위시에 유효했던 조세범
처벌법이 재판시에는 효력을 잃게 되었다면 어느 법을 적용하여야 하는지가
문제된다. 행위시의 법을 적용하는 것을 '구법의 추급'이라 하고, 이후에 변경
되거나 제정된 재판시의 법을 적용하는 것을 '신법의 소급'이라 한다. 신법이
보다 진보적인 법률(die moderne Gesetzvorschrift)[5]이므로 신법주의가 원칙이
다. 그러나 형법에 신법주의를 적용할 경우 가벌적 행위에 대한 국민의 예측
가능성을 훼손하여 법적 안정성이 저해된다. 따라서 형법에 있어서는 행위시
법주의가 원칙이다.

조세범 처벌법은 특별한 규정이 없는 한 형법 총칙이 적용되므로 형법과

---

4) 법령 등 공포에 관한 법률 제13조의2(법령의 시행유예기간) 국민의 권리 제한 또는 의무 부
   과와 직접 관련되는 법률, 대통령령, 총리령 및 부령은 긴급히 시행하여야 할 특별한 사유
   가 있는 경우를 제외하고는 공포일부터 적어도 30일이 경과한 날부터 시행되도록 하여야
   한다.
5) Baumann/Weber/Mitsch, S. 140(이재상, 39면에서 재인용).

시적 적용범위가 동일하다. 따라서 원칙적으로 행위시법주의가 적용된다. 한편 조세범 처벌법은 세법을 위반한 자를 처벌하도록 함으로써 그 구성요건의 일부를 세법에 위임하는 백지형법의 형식을 띠고 있다. 그런데 세법은 경제상황이나 정책 등에 따라 수시로 제정, 개정, 폐지되는 특색을 지니고 있다. 형법과 구분되는 조세범 처벌법 고유의 문제로서, 행위 당시에는 세법상 의무가 존재하였으나 그 후 당해 세법이 개정되거나 폐지되어 재판시에는 의무위반이 아니게 된 경우, 또는 세율의 인하 등 세법규정이 변경되어 조세포탈액이 감소된 경우 등에도 행위 당시의 규정에 따라 이를 처벌하는 것이 옳은 것인지에 관한 논란이 있을 수 있다.

이는 한시법의 추급효를 인정할 것인가의 논의와도 관계된다. 이하 일반론으로서 형법의 시적 적용범위를 서술하고, 백지형법인 조세범 처벌법에 있어서 보충규범인 세법이 변경·폐지되면 형법의 일반원칙인 소급효 금지의 원칙이 적용되는지 아니면 추급효를 인정하여야 하는지를 논의한다.

Ⅱ. 형법의 시적 적용범위

1. 행위시법주의 원칙 ― 소급효 금지

범죄의 성립과 처벌은 행위시의 법률에 의하여야 하고 그 행위 이후에 제정된 법률에 의하여 불리하게 규율되어서는 안 된다. 행위시 처벌대상이 아니었던 행위가 그 후 처벌대상이 되거나 그에 대한 처벌의 내용이 강화되었다 하더라도, 사후입법에 의하여 행위자를 새롭게 처벌하거나 더 가중된 처벌을 한다면 법에 대한 국민의 일반적 신뢰를 유지할 수 없고 국민의 행동의 자유를 보장할 수 없다. 즉, 형법의 소급효 금지 원칙은 법치국가이념인 법적 안정성과 예측가능성을 담보하기 위한 최소한의 조치인 것이다. 우리 헌법은 "모든 국민은 행위시의 법률에 의하여 범죄를 구성하지 아니하는 행위로 소추되지 아니한다"(헌법 제13조 제1항)고 하고, 형법 또한 "범죄의 성립과 처벌은 행위 시의 법률에 의한다"(형법 제1조 제1항)고 하여 행위시법주의를 명문으로 선언하였다. 이러한 법치국가적 근거 이외에도 소급하여 과하여진 형벌은 책임과 결부된 정당한 형벌이 아니고 예방적 효과도 가질 수 없다는 형벌의 무의미성에서도 소급효 금지 원칙의 형사정책적 의의를 찾을 수 있다.[6][7]

2. 예외적 재판시법주의

소급효 금지의 원칙은 행위자를 보호하기 위하여 행위자에게 불리한 방향으로 법이 개정되거나 제정된 경우를 예정한 것이지 처벌규정이 행위자에게 유리하게 개정되거나 폐지된 경우에 처벌대상에서 제외하거나 가볍게 처벌하는 것을 막기 위한 것은 아니다. 따라서 행위시와 재판시의 법을 비교하여 행위자에게 유리하게 법이 변경되었다면, 즉 행위 당시에는 처벌대상이었으나 그 후 처벌규정이 폐지되어 더 이상 가벌적 행위가 아니게 된 경우 또는 당해 행위에 대한 처벌이 약하게 변경된 경우에는 변경된 재판시법을 적용하여야 한다. 우리 형법도 "범죄 후 법률의 변경에 의하여 그 행위가 범죄를 구성하지 아니하거나 형이 구법보다 경한 때에는 신법에 의한다"라고 규정하고 있다(형법 제1조 제2항). 다만 신법에 경과규정을 두어 이러한 신법의 적용을 배제하는 것도 허용되므로, 형을 종전보다 가볍게 형벌법규를 개정하면서 그 부칙에서 개정된 법의 시행 전의 범죄에 대하여는 종전의 형벌법규를 적용한다고 규정할 경우 신법우선의 원칙이 적용되지 않는다.[8] '범죄 후의 법령 개폐로 형이 폐지되었을 때'에는 면소판결을 하여야 한다(형사소송법 제326조 제4호). 만약 법령의 변경이 거듭되어 중간시법이 있는 경우에는 행위시법과 중간시법, 재판시법을 비교하여 형이 가장 가벼운 법을 적용하여야 한다.[9][10] 여기서의 형은 법률상 가중·감경한 후[11]의 법정형[12]을 의미하며 그 경중은 형

---

6) Maurach/Zipf, S.151; Sch/sch/Eser, §2 Rn.1(이재상, 20면에서 재인용).

7) 2014. 5. 14. 벌금액수에 따라 노역장 유치기간의 하한을 달리 설정한 형법 제70조 제2항이 신설되면서 "위 규정 시행 후 최초로 공소가 제기되는 경우부터 적용"하도록 한 같은 법 부칙 제2조 제1항은 위 규정 시행 전 범죄행위에 대해서도 공소제기의 시기가 위 조항 시행 이후이면 적용토록 하고 있어 형벌 불소급원칙에 위반된다고 한 헌재결 2017. 10. 26. 2015헌바239 등 참고.

8) 대법원 1992. 2. 28. 선고 91도2935 판결, 대법원 1999. 4. 13.자 99초76 결정, 대법원 1999. 7. 9. 선고 99도1695 판결 등 참조.

9) 대판 2010. 12. 9. 2010도12069; 2011. 3. 10. 2009도13080; 2012. 5. 9. 2011도11264. 양벌규정에서 법인에 대한 면책규정을 두지 아니하다가 법의 개정으로 면책규정을 추가하였다면 이는 범죄 후 법률의 변경에 의하여 그 행위가 범죄를 구성하지 아니하거나 형이 구법보다 경한 경우에 해당하므로 신법을 적용하여야 한다.

10) 대판 1968. 12. 17. 68도1324, 「직권으로 행위시법과 위 제1심 재판 당시의 법, 그리고 원심 재판 당시의 법, 이 세 가지 규정에 의한 형의 경중을 비교하여 그중 가장 형이 경한 법규정을 적용하여야 한다.」

법규정에 따른다.13)

Ⅲ. 조세범 처벌법의 개정과 시적 적용범위

조세범 처벌법은 2010. 1. 1. 법률 제9919호로 전부개정되면서 그 시행시기를 공포일인 2010. 1. 1.로 명시하였다. 따라서 원칙적으로 그 이전의 행위에 대해서는 구 조세범 처벌법이, 그 이후의 행위에 대해서는 개정된 조세범 처벌법이 적용된다.

개정으로 법정형, 특히 벌금형이 사회·경제적 발전을 반영함과 동시에 납세의무 해태에 대한 비난이 점차 강화되고 있는 국민의 법감정을 감안하여 대체적으로 상향조정되었다. 이러한 경우 법정형이 더 낮은 행위시법을 적용하는 데에 아무런 문제가 없다. 그러나 전부개정시 조세범 처벌법의 일부 규정은 폐지되거나 형량이 감축되기도 하였으므로, 구법 시행 당시의 행위에 대하여 개정 후 재판을 하게 되면 구법과 신법 중 어느 것을 적용하여야 하는지 문제된다.

구체적으로, 구 조세범 처벌법 제4조의 형법적용 일부배제 규정 중 형사미성년자 불처벌(형법 제9조)이나 심신미약자 및 농아자에 대한 감경(형법 제10조 제2항 및 제11조), 착오로 인한 책임조각(형법 제16조), 종범감경(형법 제32조 제2항) 부분이 삭제되어 위와 같은 감면규정들을 적용할 수 있게 되었고, 조세포탈범의 기본 처벌형량이 3년 이하의 징역 또는 포탈세액이나 환급·공제받은 세액의 3배 이하에 상당하는 벌금(구 조세범 처벌법 제9조 제1항 제3호)에서

---

11) 형법 부칙 <법률 제293호, 1953. 9. 18> 제2조 (형의 종류의 적용례) ④ 전3항의 경우에 형을 가중감경할 때에는 구형법 또는 본법에 의하여 형의 가중 또는 감경한 뒤에 형의 비교를 한다.

12) 형은 구체적으로 사건에 적용되는 단계에 따라 개개의 형벌규정에 기재된 법정형, 법정형에 법률상 및 재판상의 가중·감경을 한 처단형, 법원이 구체적으로 형을 양정하여 선고하는 선고형으로 분류된다.

13) 형법 제50조(형의 경중) ① 형의 경중은 제41조 기재의 순서에 의한다. 단, 무기금고와 유기징역은 금고를 중한 것으로 하고 유기금고의 장기가 유기징역의 장기를 초과하는 때에는 금고를 중한 것으로 한다.
　② 동종의 형은 장기의 긴 것과 다액의 많은 것을 중한 것으로 하고 장기 또는 다액이 동일한 때에는 그 단기의 긴 것과 소액의 많은 것을 중한 것으로 한다.
　③ 전 2항의 규정에 의한 외에는 죄질과 범정에 의하여 경중을 정한다.

2년 이하의 징역 또는 포탈세액이나 환급·공제받은 세액의 2배 이하에 상당하는 벌금(조세범 처벌법 제3조 제1항, 다만 고액포탈범의 경우 3년 이하의 징역 또는 포탈세액의 3배 이하)으로 하향조정되었다. 구 조세범 처벌법은 납세의무자가 정당한 사유없이 1회계 연도에 3회 이상 체납하는 경우 1년 이하의 징역 또는 체납액에 상당하는 벌금에 처하도록 하였으나, 2010년 전면개정시 위 규정이 삭제되어 현재 위와 같은 행위는 처벌되지 않는다. 또한 과거에는 과세관청의 명령사항을 위반하거나 직무집행을 거부 또는 기피한 자 등에 대하여 50만 원 이하의 벌금 또는 과료에 처하도록 하여 형법상의 형벌이 부과되었으나(구 조세범 처벌법 제13조), 2010년 전면개정시 과태료 부과규정으로 변경하였다가(2010년 개정된 조세범 처벌법 제17조) 이를 각 세법으로 이관한 뒤 규정을 삭제하였다. 또한 구법의 양벌규정은 행위자를 처벌하면서 영업주인 법인 등을 무조건 함께 처벌하도록 규정하였으나 2010년 전면개정시 법인 등의 면책에 관한 단서가 신설되어 법인 등이 행위자의 위반행위를 방지하기 위하여 상당한 주의와 감독을 게을리하지 않았다는 점을 입증할 경우 처벌에서 제외하도록 하였다(조세범 처벌법 제18조).

위와 같은 형의 폐지 내지 형량의 감축은 구법이 ① 형법 총칙의 감면규정을 배제하여 책임주의에 위배되고, ② 조세포탈범의 형량이 너무 높아 실질적으로 집행력을 담보하기 어려우며, ③ 재산을 보유하고 있음에도 정당한 사유없이 체납한다면 국세징수법상의 여러 가지 수단으로 체납세액을 징수할 수 있으므로 국가의 게으름에 대한 대가를 개인의 처벌로 전가하는 것은 적절하지 않은 데에다가, ④ 단순 명령위반행위에 대하여 형벌을 남발함으로써 전과자를 양산하는 것은 바람직하지 않다는 비판을 수용한 결과이다.

원칙적으로 위와 같은 경우는 모두 형법 제1조 제2항의 "범죄 후 법률의 변경에 의하여 그 행위가 범죄를 구성하지 아니하거나 형이 구법보다 경한 때"에 해당하므로 구법 시행당시의 행위가 위 구법 규정의 구성요건을 충족한다 하더라도 신법의 규정에 따른 형량범위 내에서 판결(형의 감축)하거나 면소(규정의 폐지)하여야 한다. 대법원 역시 마찬가지 입장이다.[14]

---

14) 대판 2010. 12. 9. 2010도12069; 2011. 3. 10. 2009도13080; 2012. 5. 9. 2011도11264, 「양벌규정에서 법인에 대한 면책규정을 두지 아니하다가 법의 개정으로 면책규정을 추가하였다면 이는 범죄 후 법률의 변경에 의하여 그 행위가 범죄를 구성하지 아니하거나 형이 구법보다 경한 경우에 해당하므로 신법을 적용하여야 한다」.

다만 조세범 처벌법이 2010. 1. 1. 법률 제9919호로 전부 개정되면서 부칙 제2조에서 "이 법 시행 전의 행위에 대한 벌칙의 적용은 종전의 규정에 따른다"라고 규정하였다. 신법에 이러한 경과규정을 둔 경우 신법의 적용 배제가 허용되므로 조세범의 경우 구법 시행당시의 행위에 대하여는 구법이 적용된다. 대법원 역시 구 조세범 처벌법 시행 당시에 행하여진 구 조세범 처벌법 제10조 위반 범죄에 대하여 구법을 적용하여 처벌하여야 한다고 판시한 바 있다.[15)]

Ⅳ. 세법의 변경 · 폐지

조세범 처벌법은 범죄성립에 관한 구성요건의 전부 또는 일부를 세법에 위임한 대표적인 백지형법이고, 세법은 그 구성요건을 완성하는 보충규범이다. 이하 이 절에서는 백지형법에 대하여 일관한 다음 행위시부터 재판시까지 사이에 조세범 처벌법의 보충규범인 세법규정이 변경 · 폐지될 경우 관련된 조세범 처벌법의 효력이 어떻게 되는지에 대하여 본다.

1. 백지형법의 의의

백지형법(白紙刑法)이란 범죄와 형벌을 규정한 형법규정 중 범죄의 성립 여부를 결정하는 구성요건의 전부 또는 일부를 공백으로 두고 이를 하위법령 또는 다른 법률에 위임한 형법을 말한다. 이러한 백지형법에서 위임받은 사항을 규정한 하위법령 또는 다른 법률을 보충규범(補充規範) 또는 충전규범(充塡規範)이라 한다. 백지형법은 행정법규 위반행위를 처벌대상으로 한 행정형법 또는 경제형법에서 많이 볼 수 있다. 세법을 위반한 자에 대한 형벌을 규정한 조세범 처벌법 역시 그 위반의 대상이 되는 의무내용을 세법에 위임하고 있

---

15) 대법원 2011. 7. 14. 선고 2011도1303 판결 : 개정된 조세범 처벌법 부칙 제2조에서 이 법 시행 전의 행위에 대한 벌칙의 적용은 종전의 규정에 따른다고 규정하고 있고, 구 조세범 처벌법 제10조의 삭제는 그 개정이유에 비추어 보면 경제 · 사회적 여건의 변화를 반영한 정책적 조치에 따른 것으로 보일 뿐이고 법률이념의 변천에 따른 반성적 고려에서 비롯된 것이라고는 보기 어려우므로, 원심이 구 조세범 처벌법 시행 당시에 행하여진 이 사건 각 조세범 처벌법 위반의 범행에 대하여 구 조세범 처벌법 제10조를 적용하여 처벌한 것은 정당하고 거기에 법리오해의 잘못이 없다.

으므로 백지형법에 속한다.

백지형법의 경우 당해 형법규정은 변경되지 않고 보충규범만이 변경·폐지되면 행위시와 재판시의 형벌규정 내용이 사실상 달라지는 문제가 발생한다. 보충규범이 불리하게 변경되었다면 원칙대로 행위시법을 따르면 된다. 그런데 보충규범이 유리하게 변경된 경우, 즉 행위시에는 의무를 부여하던 규정이 재판시에 폐지되거나 그 의무의 양이 축소된 때, ① 형법 제1조 제2항의 "범죄 후 법률의 변경에 의하여 그 행위가 범죄를 구성하지 아니하거나 형이 구법보다 경한 때"에 해당한다고 보아야 하는지, ② 아니면 당해 형법규정은 변동이 없으므로 "법률의 변경"에 해당하지 않는다고 보아 행위시의 형법규정대로 처벌하여야 하는지, ③ 설령 "법률의 변경"에 해당한다 하더라도 형법 제1조 제2항의 적용을 배제하고 한시법 이론에 따라 추급효를 인정할 것인지가 문제된다.

2. 보충규범의 변경·폐지가 "법률의 변경"에 해당하는지 여부

이에 관한 학설로 백지형법에 있어 보충규범의 개폐는 형법 제1조 제2항의 법률의 변경에 해당하지 않고 단지 그 전제인 구성요건의 내용의 변경에 지나지 아니하므로, 형법 제1조 제1항에 의하여 행위시법으로 처벌받아야 한다는 소극설[16]과 위 규정에서 정한 법률이란 총체적 법률상태(der gesamte Rechtszustand) 또는 전체로서의 법률(Gesetz als Ganzes)을 의미하므로 보충규범의 개폐 역시 법률의 변경에 해당하고, 따라서 재판시 면소판결을 해야 한다는 적극설[17]이 대립한다.

살피건대, 백지형법은 보충규범으로 공백이 충족되어야 법규로서의 효력을 지니는 불완전한 법률이다. 자족적인 일반형법과는 다르게 처벌을 규정한 당해 백지형법뿐 아니라 이와 결합하여 구성요건을 완성시키는 보충규범 또한 형법 제1조 제2항에서 말하는 '법률'에 해당한다고 보아야 한다. 따라서 조세범 처벌법의 경우 의무의 내용을 규정한 세법이 변경되면 형법 총칙에 규정된 '법률의 변경'에 해당한다.

16) 진계호, 신고 형법총론, 대왕사, 1984, 79면; 황산덕, 형법총론(제7정판), 방문사, 1982, 33면(이재상, 42면에서 재인용).
17) 신동운, 64면; 오영근, 49면; 이재상, 48면; 김일수/서보학, 31면; 배종대, 91면; 정성근/박광민, 66면.

3. 한시법의 추급효 인정 여부

백지형법에서 보충규범의 개정·폐지가 형법 총칙상의 법률의 변경에 해당한다고 볼 경우, 행위시에는 의무위반에 해당하였으나 재판시에 법률이 변경되거나 삭제되어 더 이상 의무를 위반한 게 아니라거나, 의무의 내용이 축소되어 처벌대상에서 제외되거나 처벌의 정도가 약해질 수 있다. 이때 형법 제1조 제2항과 달리 행위당시 의무위반에 해당하였던 구법을 적용하여 재판시 법에 의할 때보다 강화된 처벌을 할 것인가, 즉 개정 전 법의 추급효를 인정할 것인가가 문제되는데, 이는 한시법(限時法)의 추급효(追及效) 이론과 연결된다.

(1) 한시법의 의의

광의의 한시법은 일시적 사정에 대응하기 위한 것으로서 임시법을 포함하여 사실상 유효기간이 제한되어 있는 법률을 말하고, 협의의 한시법은 법규에 유효기간이 명시되어 있는 것을 말한다. 다만, 뒤에서 보는 바와 같이 법률이념의 변천 내지는 법적 견해의 변경으로 인한 처벌법규의 폐지는 한시법의 범주에서 제외한다. 우리나라의 다수설은 한시법의 개념을 협의로 파악하고 있으나[18] 일부 학설[19]은 광의의 한시법을 지지한다. 전자의 예로는 대통령의 긴급명령(헌법 제76조) 내지는 「부동산소유권이전등기 등에 관한 특별조치법」등을 들 수 있다. 목적세인 방위세, 농어촌특별세 등도 광의의 한시법에 속한다. 후자의 예로는 1988년의 「올림픽평화를지키기위한법률」[20]을 들 수 있겠다. 대법원은 한시법이라는 용어를 직접적으로 사용하지는 않아 입장이 불분명하나,[21] 광의의 한시법 개념을 따르는 것으로 보인다.

형벌법규에 유효기간이 명시적으로 정해져 있는 경우만을 한시법으로 파악한다면, 유효기간을 명시적으로 기재하지는 않았으나 일시적 사정에 대응

---

18) 김일수/서보학, 27면; 신동운, 61면; 오영근, 49면; 정성근/박광민, 60면.
19) 이재상, 43면.
20) 올림픽평화를지키기위한법률 부칙 <법률 제4014호, 1988. 8. 5>
　　①(시행일) 이 법은 공포한 날로부터 시행한다.
　　②(유효기간) 이 법은 1988년 10월 31일까지 그 효력을 가진다.
21) 다만 「부동산소유권이전등기 등에 관한 특별조치법」을 "한시적으로 제정된 법"이라 표현한 바 있다(대판 1988. 3. 22. 87도2678).

하기 위하여 제정된 형벌규정 중 처벌의 대상이나 내용이 축소되거나 폐지되는 모든 경우에 형법 제1조 제2항이 적용되므로 한시법의 추급효 인정여부에 관한 논의의 실익이 대폭 감소한다. 한시법의 추급효에 관한 논쟁은 폐지되거나 축소되는 형벌법규가 한시법에 해당할 경우에만 의미를 갖기 때문이다. 사실상 시행 당시 폐지일을 미리 예정해 놓은 법은 거의 없다. 광의의 한시법 개념을 지지한다.

(2) 한시법의 추급효 인정 여부

독일과 같이 형법 총칙이나 당해 한시법에 추급효를 명시적으로 규정[22]하였다면 아래와 같은 논의는 불필요하다. 그러나 우리 형법에는 이러한 규정이 없기 때문에, 한시법을 위반한 경우 행위 당시 유효하였던 한시법의 추급효를 인정하여 그 법이 실효된 후인 재판시에도 한시법을 적용하여 처벌할 것인지, 재판시의 법을 적용하여 처벌을 면제하거나 약하게 처벌할 것인지가 문제된다.

추급효 긍정설   한시법이 실효된 후에도 한시법의 효력이 지속되었던 기간 중의 행위에 대해서는 한시법 규정에 따라 처벌해야 한다는 견해이다.[23] 이 견해는 ① 한시법이 실효된 후에 추급효를 인정하지 않는다면 실효시기가 가까워질수록 위반행위가 속출할 우려가 있어서 법의 목적과 위신을 유지할 수 없으며, ② 행위시에는 처벌규정이 있고 행위의 범죄성과 반윤리성도 엄연히 존재하였으므로 재판시까지 추급효를 인정한다고 하더라도 죄형법정주의에 반하지 않는다고 한다.[24]

추급효 부정설   한시법이 실효된 이후에는 더 이상 효력을 인정하여서는 안 되므로 재판시법에 따라야 한다는 견해이다. 우리나라의 다수설[25]이다.

---

22) 독일형법 제2조 제4항은 "일정한 기간 동안 효력이 있는 법률은 그 법률이 실효된 경우에도 그 효력이 있는 기간 중에 행해진 행위에 대하여 적용한다. 다만 법률이 달리 규정하고 있는 때에는 그러하지 아니하다"라고 규정하고 있다.

23) 유기천, 개정 형법학(총론강의), 일조각, 1980, 37면; 이정원, 형법총론, 문영사, 1998, 148면(이상 이재상, 44면에서 재인용).
　　이재상, 47면. 다른 학자들은 동 저자가 동기설을 취한다고 분류하고 있으나 한시법을 광의로 파악할 경우 동기설보다는 한시법 추급효 긍정설에 가깝다고 보아야 한다.

24) 임웅, 80면 논거 인용.

25) 김일수/서보학, 29면; 배종대, 86면; 오영근, 50면; 임웅, 82면; 정성근/박광민, 62면.

이 견해는 ① 우리 형법은 한시법을 인정하는 명문규정이 없으므로 원칙으로 돌아가 형법 제1조 제2항에 따라야 하고, ② 추급효를 인정한다면 실효된 법률에 의하여 처벌하는 것이 되어 죄형법정주의에 반한다는 점을 논거로 든다.

동 기 설   동기설은 법률이 변경된 동기가 단순한 사실관계의 변화에 있으면 행위의 가벌성이 인정되므로 한시법의 추급효를 인정하여 처벌하고, 그 동기가 법률이념의 변화에 기인한 경우라면 행위의 가벌성이 소멸되었으므로 처벌할 수 없다는 입장이다. 대부분의 학자들은 대법원의 입장을 동기설로 해석한다.

그러나 한시법을 일시적 사정에 대응하는 법률로 이해하고 대법원 역시 동일하게 해석한다고 볼 경우, 아래에서 보는 바와 같이 대법원의 입장을 동기설로 분류할 수 없다. 오히려 추급효 긍정설로 보아야 한다. 이에 대하여 소결에서 의견을 밝힌다.

소   결   다수설의 주 논거는 한시법의 추급효를 인정할 명문의 규정이 없으므로, 이를 인정할 경우 효력 없는 법률에 의한 처벌이 되어 죄형법정주의에 반한다는 것이다. 그러나 죄형법정주의의 대원칙은 행위시법의 적용이다. 형벌은 행위자가 자신의 행위가 행위 당시의 법에 어긋난다는 것을 알면서 감히 그 행위로 나아간 데에 대한 책임을 묻는 것이다. 다만 어떠한 행위에 대한 가벌성이 약해지거나 소멸하였다고 구성원이 합의함으로써 동일한 행위에 대하여 형을 감축하거나 폐지하기로 하는 새로운 규정이 시행되면, 예외적으로 행위자에게 유리하게 신법을 적용하여도 오히려 국민의 법감정에 부합하기 때문에 형법 제1조 제2항과 같은 재판시법 적용규정을 둔 것이다.

한편, 일시적 사정에 대응하기 위하여 제정된 한시법은 그러한 사정이 변경되면 더 이상 존재할 필요가 없어 폐지된다. 일시적 사정이 존재하던 당시에는 형벌법규에 규정된 구성요건 충족행위가 처벌되어야 한다는 점에 대한 사회적·윤리적 정당성과 국민적 합의가 있었다. 다만 그러한 법적 감정이 변경되지 않은 채 사회·경제·문화·안보 등 여러 가지 상황의 변화로 더 이상 일시적 사정에 부합하는 의무의 준수가 불필요해진 경우 한시법이 폐지된다. 따라서 과거에 존재하였던 한시법 위반행위에 대한 가벌성은 여전히 존재한다.

예를 들어 앞서 본 1988년의 「올림픽평화를지키기위한법률」은 1988. 8. 5.부터 1988. 10. 31.까지만 시행되었는데, 이 법은 제24회 서울올림픽대회의 성공적 수행을 위해 올림픽평화구역을 설정하고 동 구역 내에서의 집회 및 시위 등을 금지하는 것을 내용으로 하였다. 올림픽은 세계 여러 국가의 선수와 사절들이 참석하는 행사이고, 우리나라에서 최초로 열린 세계적 행사였다. 그 기간중 올림픽 개최 장소 인근이나 선수들의 숙소 등지에서 집회 및 시위를 한다면 국가의 위신이 실추될 수 있다. 게다가 분단국가의 상황에서 위협을 느낀 외국의 참가자들이 이의를 제기한다면 대회 자체가 실패할 위험이 있었기 때문에 이를 법률로써 금지한 것이다.[26]

그런데 위 법의 효력기간중에는 이를 위반한 행위가 처벌받아 마땅한 것으로 평가되다가, 추후 위 법의 효력기간이 종료한 후에는 과거의 의무위반행위에 대한 비난이 감소하는 것인가? 아니다. 행위의 범죄성과 반사회성은 여전히 존재한다. 다만 올림픽 대회가 종료하였으므로 위 법의 전제가 되는 상황이 있을 수 없을 뿐이다. 올림픽평화구역에서의 시위는 국가의 명예와 안보를 위협하므로 처벌을 받아야 할 범죄라는 사회구성원의 합의가 유효하던 상황에서 위 법을 위반한 후, 재판 당시에는 그 법의 효력기간이 다하였다는 이유로 처벌하지 않는다면 오히려 위법임을 알고 행위로 나아간 것을 처벌하지 않는 결과가 되어 책임주의에 위배된다. 따라서 한시법의 효력이 유지되는 기간 중 동 법을 위반한 행위에 대하여는 재판시 한시법의 효력종료 여부와 무관하게 처벌을 하는 것이 타당하다.

대다수의 학자들은 대법원이 한시법의 추급효 인정여부에 대하여 동기설을 취하고 있다고 해석한다. 그러나 이러한 논의는 사실관계의 변화에 따른 것이든 법적 견해의 변경에 의한 것이든 불문하고 형벌규정이 축소되거나 폐지되는 모든 경우를 한시법으로 파악하는 때에 가능한 논의이다. 한시법을 일시적 사정에 대응하기 위하여 제한된 유효기간 동안 운용하는 법률로 이해하면, 즉 앞서 본 광의의 한시법으로 설명할 경우 대법원은 한시법의 추급효 긍정설의 입장에 가깝다고 볼 수 있다. 법률이념의 변천 내지는 법적 견해의 변경으로 인한 처벌법규의 폐지는 한시법의 범주에서 제외되므로 당연히 한시법의 추급효 논의에서 제외되고 형법 제1조 제2항이 적용될 뿐인 것이다.

우리 대법원은 「부동산소유권이전등기 등에 관한 특별조치법은 1985. 1.

---

26) 당시의 정권이 위 법을 악용하여 서울 전역을 올림픽평화구역으로 설정하고 전면적으로 집회 및 시위를 금지한 것은 논외로 한다.

1.부터 실효되었으나 (중략) 한시적으로 제정된 것이어서 그 폐지는 위 법제정의 이유가 된 법률이념의 변경에 따라 종래의 처벌 그 자체가 부당하였다는 '반성적 고려'에서 기인한 것이 아니라 그 제정목적을 다하여 위 법을 존속시킬 필요성이 없다는 고려에서 폐지된 것이므로 위 법 시행 당시에 행하여진 위반행위에 대한 가벌성을 소멸시킬 이유가 없어 위 법 시행기간 중의 위반행위는 그 폐지 후에도 행위 당시에 시행되던 위 법에 따라 처벌되어야 한다」[27]고 하여 한시법의 추급효를 인정하였다.

한편으로 대법원은 「형법 제1조 제2항의 규정은 형벌법령 제정의 이유가 된 법률이념의 변천에 따라 과거에 범죄로 보던 행위에 대하여 그 평가가 달라져 이를 범죄로 인정하고 처벌한 그 자체가 부당하였다거나 또는 과형이 과중하였다는 '반성적 고려'에서 법령을 개폐하였을 경우에 적용하여야 할 것이고, 이와 같은 법률이념의 변경에 의한 것이 아닌 다른 사정의 변천에 따라 그때그때의 특수한 필요에 대처하기 위하여 법령을 개폐하는 경우에는 이미 그 전에 성립한 위법행위를 현재에 관찰하여도 행위 당시의 행위로서는 가벌성이 있는 것이어서 그 법령이 개폐되었다 하더라도 그에 대한 형이 폐지된 것이라고는 할 수 없다」[28]면서 구 자동차관리법시행규칙(2003. 1. 2. 건설교통부령 제346호로 개정되기 전의 것) 제138조 제1항 제1호가 삭제된 것은 폐차시 원동기를 압축·파쇄 또는 절단하도록 한 종전의 조치가 부당하다는 데에서 나온 반성적 조치라고 보아 위 규칙 시행 당시 폐차요청을 받은 자동차의 원동기를 재활용한 피고인에 대하여 면소판결을 선고하였다.

위와 같이 대법원은 한시법에 관하여 "그때그때의 특수한 필요에 대처하기 위하여 법령을 개폐하는 경우"라는 표현을 사용하고 있다. 그 결과 법이 제정된 목적을 달성하기 위하여 한시적으로 시행되었고, 그 효용을 다하거나 전제되는 사실관계가 변화하여 폐지된 경우에는 폐지된 법의 추급효를 인정하여 재판시에도 폐지된 구법에 따라 처벌한 반면, 어떤 행위에 대하여 처벌하도록 규정한 것이 부당하였다거나 과형이 과중하였다는 반성적 고려에서 법령을 개폐하였다면 아예 한시법으로 보지 아니하고 형법 제1조 제2항에 따라 재판시법주의를 취하였다. 대법원의 입장에 찬동한다. 한시법이 폐지되었

---

27) 대판 1988. 3. 22. 87도2678.
28) 대판 2003. 10. 10. 2003도2770.

하여 그 법 시행중의 행위에 대한 처벌을 면제한다면 오히려 형평성에 반하고 범죄의 성립과 처벌에 관한 국민적 합의결과를 몰각하는 것이 될 뿐이다.

4. 세법의 변경·폐지시 조세범 처벌법에 의한 처벌 가부

조세범 처벌법이 대표적인 백지형법인 사실은 앞서 본 바와 같다. 그렇다면 보충규범인 세법이 변경되거나 폐지되어, 재판시에 행위시보다 의무의 양이 축소되거나 행위시 부여되었던 의무가 재판시에는 없게 되었다면 조세범 처벌법에 의한 처벌은 어떻게 되는가?

예를 들어 방위세와 같은 목적세의 경우 그 목적을 달성하면 폐지되기 때문에 일종의 한시법으로 볼 수 있다. 우리나라는 1975. 7. 16.자로 국방력을 강화하기 위한 재원을 확보하기 위하여 방위세를 신설하였는데, 제정 당시 부칙에서 그 유효기간을 1980. 12. 31.까지로 규정하였으나 기간이 연장되어 실제로는 1990년 말 폐지되었다. 이러한 방위세를 포탈하거나 그와 관련된 의무를 위반하여 조세범칙행위를 하였으나, 재판시에 방위세가 폐지되었다면 형법 제1조 제2항에 따라 범죄 후 법률의 변경에 의하여 그 행위가 범죄를 구성하지 않게 되었다고 볼 수 있는가?

방위세에 관한 규정이 비록 조세범 처벌법의 보충규범이기는 하나 형법 제1조 제2항의 '법률'은 총체적 법률상태를 의미한다는 점은 앞서 본 바와 같다. 따라서 행위 당시 유효했던 방위세가 재판 당시 폐지되었다면 위 조항에서 말하는 범죄 후 법률의 변경이 있었다고 보아야 한다. 그런데 방위세는 국방력 강화를 위한 재원조달이라는 목적을 달성하여 예정된 시한에 폐지된 것일 뿐 그 부과가 위법하였다거나 부당하였다는 반성적 고려로 폐지된 것이 아니다. 따라서 비록 재판시에 방위세 규정이 없어졌다 하더라도, 행위 당시 유효했던 방위세 관련 규정이 부과한 의무를 위반하였다면 당연히 그 위반을 처벌하도록 하였던 행위시의 법에 따라 처벌하여야 한다.

즉 세법이 변경·폐지된 경우라 하더라도, 그 변경·폐지가 부당한 법의 시행에 따른 반성적 고려에 따른 것이 아니라면 그 후 의무의 양이 축소되거나 의무가 폐지되었다 하더라도 당연히 행위시법에 따라 처벌되어야 하는 것이다.[29]

---

29) 대판 1985. 5. 14. 85도273(특별소비세법 시행령이 석유류를 사용하는 난방온풍기를 과세대상에서 제외하였다 하여도 가벌성이 소멸된 것은 아니라 하여 조세포탈의 책임을 물은 사

5. 특가법상 연간 포탈세액이 변경된 경우

1990. 12. 31. 변화하는 경제규모에 맞추어 특가법적용의 기준이 되는 연간 포탈세액을 5,000만 원에서 2억 원으로 상향조정하는 법 개정이 이루어졌다. 2005. 1. 29. 재차 상향조정되어 연간 포괄세액 5억 원 이상을 특가법의 적용대상으로 하였다. 조세범 처벌법상 조세포탈죄에 해당하면 2년 또는 3년 이하의 징역이나 포탈세액 등의 3배 또는 5배 이하의 벌금에 처해지는데, 연간 포탈세액이 일정액 이상에 이르게 되면 특가법이 적용되어 무기 또는 5년 이상의 징역에 그 포탈세액 등의 2배 이상 5배 이하에 상당하는 벌금이 병과된다. 그런데 조세범 처벌법상의 조세포탈죄와 특가법상의 조세포탈죄는 그 구성요건이 동일하고 다만 연간 포탈세액의 액수에 따라 가중처벌된다. 그러므로 특가법이 적용되는 연간 포탈세액의 기준이 상향조정되었다면 이는 범죄 후 법률의 개정에 의하여 법정형이 가벼워진 경우에 해당한다. 따라서 재판시에는 형법 제1조 제2항에 따라 개정된 특가법의 포탈세액을 기준으로 특가법 적용 여부를 판단하여야 한다.[30]

Ⅴ. 장소적·인적 적용범위

조세범 처벌법 역시 형법 총칙과 같이 속지주의(형법 제2조, 제4조)를 원칙으로 하되 속인주의(형법 제3조)를 가미한다. 따라서 대한민국 영역 내에서 조세범 처벌법 위반행위를 한 내국인과 외국인 및 대한민국 영역 외에서 죄를 범한 내국인에게 적용된다.

다만, 국적법상의 내국인과 세법상의 거주자[31]는 다른 개념임을 염두에

례); 대판 1984. 12. 26. 83도1988(조세채권의 성립요건이 충족된 후에 조세법이 개정되어 세율을 인하하였다 하더라도 그 구 조세법의 규정에 의하여 발생한 조세채권의 내용에는 아무 영향이 없고, 세율의 변경은 형의 변경이라고 할 수도 없어 포탈세액을 종전의 세율에 따라 산정한 것은 적법하다고 한 사례).

30) 동지 대판 1987. 12. 22. 87도84; 2008. 12. 11. 2008도4376「특가법의 개정으로 특가법 적용대상에서 제외되어 일반법인 관세법으로 의율받게 된 것은 범죄 후 법률의 개정으로 법정형이 가벼워진 때에 해당하므로 그 공소시효 역시 관세법의 법정형을 기준으로 한다.」

31) 소득세법 제1조의2(정의) ① 이 법에서 사용하는 용어의 뜻은 다음과 같다.
　　1. "거주자"란 국내에 주소를 두거나 183일 이상의 거소(居所)를 둔 개인을 말한다.

두어야 한다. 비록 대한민국 국적자라 하더라도 세법상 비거주자에 해당하고 국내원천소득이 없다면[32] 우리나라에 납세의무가 없다. 이러한 사람들은 자신의 소득에 대하여는 우리나라의 납세의무자가 아니므로 국내에 납세의무가 있는 법인의 대표자, 법인 또는 대리인, 사용인, 그 밖의 종업원으로서 조세범칙행위를 한 경우(조세범 처벌법 제18조) 또는 조세범의 공범으로서 처벌받는 경우가 아니라면 조세포탈에 관하여는 조세범 처벌법 위반행위에 해당하는 경우가 거의 없을 것으로 보인다.

---

32) 소득세법 제2조(납세의무) ① 다음 각 호의 어느 하나에 해당하는 개인은 이 법에 따라 각자의 소득에 대한 소득세를 납부할 의무를 진다.
   1. 거주자
   2. 비거주자로서 국내원천소득(國內源泉所得)이 있는 개인

제4장

조세범 처벌법의 기능

제1절 법익보호적 기능

　　형법의 보호적 기능으로 사회윤리적 행위가치 및 법익의 보호[1]를 들고 있는 견해가 일반적이다. 사회윤리적 행위가치의 보호적 기능이란 사회구성원에 의하여 반도덕적·반윤리적으로 평가받는 행위를 국가가 처벌함으로써 수범자로 하여금 의무를 준수하고 윤리적으로 행동하도록 하는 것을 말한다. 법익보호적 기능이란 '법에 의하여 보호되는 이익'인 법익(형법의 경우 사람의 생명, 명예, 재산 등을 예로 들 수 있다)을 수호하는 것을 말한다.

　　그렇다면 특별형법인 조세범 처벌법의 기능, 즉 조세범 처벌법이 수호하고자 하는 이익이 무엇인지를 살펴볼 필요가 있다. 그러한 법익의 침해자에 대하여 형벌을 가하는 것에 관한 사회적 공감대가 형성되어야만 조세범 처벌법의 존재가 정당화되기 때문이다.

Ⅰ. 학   설

　　아래의 논의는 행정상의 명령위반행위 및 협력의무 위반행위 등 형식적 조세범에 관한 부분은 제외하고 납세의무의 확정·부과·징수에 관한 세법의 위반행위, 즉 실질적 조세범에 관한 것으로 국한한다. 조세범 처벌법의 보호법익을 무엇으로 보는가에 따라 정당하게 세액이 확정된 후에 그 세액납부의

---

　1) 신동운, 32면; 오영근, 9면; 이재상, 7면; 임웅, 8면('사회윤리규범의 보호'라고 표현하고 있다).

이행해태 또는 징수침해행위 역시 조세범으로 형사처벌할 수 있는지가 결정
된다.[2]

1. 조세채권(租稅債權) 보호설

개개의 조세가 적시에 완전히 수입되는 것에 관한 국가의 이익이 조세범
처벌법의 존재근거라고 한다. 국가의 조세채권 침해라는 불법행위에 대한 손
해배상을 하도록 하여 국가의 재정손실을 벌충한다는 시각에 입각한 견해이
다. 이 견해에 의할 경우 조세채권의 확정과정에서뿐 아니라 징수절차에서 위
법행위를 하였을 때도 조세포탈죄가 성립할 수 있다. 납기일까지 조세를 납부
하지 아니함으로써 조세포탈이라는 결과반가치가 충족되고, 납기 이전의 적
극적 징수회피행위와 납기일의 도과라는 부작위의 결합에 의하여 행위반가치
및 인과관계가 성립된다고 본다.

2. 과세권(課稅權) 보호설

조세채권의 확정에 필요한 사실자료를 의무에 합치하게 제출하여 국가의
과세권이 올바르게 행사될 수 있도록 하는 데에 조세범 처벌법의 의의가 있
다는 견해이다. 국가의 정당한 조세채권 확정권이 보호법익이 되므로 과소신
고나 무신고에 관련된 행위만이 범칙행위로 되고 세액확정 이후의 징수절차
에서는 조세포탈죄가 성립할 여지가 없게 된다.

그 근거로 ① 신고납세방식 조세의 본질상 무납부 또는 과소납부행위는
무신고 또는 과소신고행위에 당연히 수반되는 결과에 지나지 않으므로, 정당
한 세액이 확정된 후 무납부 행위를 처벌하는 것은 신고납세방식의 본질에
반할 우려가 있고, ② 조세채권 보호설은 납세의무자의 책임재산 일반을 감소
시키는 행위도 조세범칙행위로 보게 되는 경우가 있어 조세포탈범의 구성요
건 요소인 '사기 기타 부정한 행위'의 범위가 지나치게 넓어지며, ③ 조세범
처벌법은 신고 · 납부기한을 기수시기로 규정하였으므로 그 이후의 행위를 처
벌하는 것은 죄형법정주의에 반하고, ④ 우리 세법은 납세의무자가 납부하여
야 할 조세채무가 정당하게 확정되기만 하면 이를 징수하는 과정에서 일반

---

[2] 조세범죄 보호법익에 관한 독일의 학설은 이천현, 조세범죄의 보호법익과 비범죄화 유형,
형사법연구 제23호, 한국형사법학회, 2005. 6., 254~263면 참조.

사법상의 채권에 비하여 우월적 지위를 부여하는데, 형벌까지 가한다면 조세
채권을 지나치게 과보호하게 된다는 점을 근거3)로 든다.

3. 절 충 설

조세포탈죄의 보호법익을 조세의 확정 또는 납부 어느 한 면으로 보지 아
니하고 조세의 적정한 부과·징수를 통한 국가의 조세수입 확보로 본다. 과세
표준을 제대로 신고하는 등 조세의 확정에는 지장을 초래하지 않았다 하더라
도 조세포탈죄의 기수시기를 기준으로 판단할 때 그 조세의 징수가 불가능하
거나 현저히 곤란하게 되었고, 그것이 조세의 징수를 면하는 것을 목적으로
하는 사기 기타 부정한 행위로 인하여 생긴 결과라면 조세포탈죄를 인정한다.
기본적으로 조세채권 보호설을 따르면서도 조세포탈범의 성립범위를 좁게 보
는 견해로서, 대법원4)의 입장이다.

Ⅱ. 판   례

조세범 처벌법의 보호법익에 관하여 정면으로 적시한 판례는 눈에 띄지
않는다. 대법원은 「조세범 처벌법에서 말하는 '사기 기타 부정한 행위'라 함
은 조세의 부과와 징수를 불가능하게 하거나 현저히 곤란하게 하는 위계 기
타 부정한 적극적인 행위를 말하고, 다른 어떤 행위를 수반함이 없이 단순히
세법상의 신고를 하지 아니하거나 허위의 신고를 함에 그치는 것은 여기에
해당하지 아니한다」라고 하여5) 단순한 무신고라면 조세포탈이 성립되지 않는
다고만 하였을 뿐 정상적인 신고를 수반한 무납부의 경우에 관하여는 언급이
없었다.

그러다가 위 절충설에서 본 2005도9546 전원합의체 판결에 이르러 정당
한 세액을 신고한 경우에도 사기 기타 부정한 행위가 수반된 무납부의 경우
라면 조세포탈죄에 해당한다6)고 하여 조세채권 보호설에 가까운 입장을 취하

---

3) 대판 2007. 2. 15. 2005도9546 판결의 별개의견 논거이다.
4) 대판 1994. 6. 28. 94도759; 2003. 2. 14. 2001도3797; 2007. 2. 15. 2005도9546(전합).
5) 대판 1988. 2. 9. 84도1102; 1988. 12. 27. 86도998; 1989. 9. 26. 89도283; 2000. 4. 21. 99도
5355 등.
6) 대판 2007. 2. 15. 2005도9546(전합) 「전체적, 객관적, 종합적으로 고찰할 때, 처음부터 조세

면서도 그 행위의 범위와 시기를 매우 좁게 해석하였다.[7] 다수의견은 결국 조세채권의 확정이 정당하게 이루어지는 한 그 이행·징수만의 침해행위에 대하여는 원칙적으로 처벌할 수 없다는 점을 강조한 것으로 이해된다는 견해도 있다.[8]

Ⅲ. 소　결

　조세채권이 정당하게 확정된 이후 자력부족 등 기타의 사유로 납부가 이루어지지 않은 것만으로는 조세포탈로 처벌할 수 없음이 자명하다. 법문언에서 조세포탈의 기수시기를 신고·납부기한으로 명시하였기 때문이다. 조세채권이 확정된 이후 그 체납처분을 면탈할 목적으로 재산을 은닉·탈루하거나 거짓 계약을 하여 과세관청의 징수권을 침해하였을 때에는 조세범 처벌법 제7조에 별도의 처벌규정을 두고 있다. 그러나 확정 이전 단계에서 의도적으로 책임재산을 산일하거나 은닉·탈루하였음에도 그 이후에 조세채권이 정당하게 확정되었다는 이유로 이를 처벌하지 않는다면 세법의 효율적 운용을 망치고 국민의 건전한 납세의식에 반하게 된다.

　과세권 보호설은 과세권이 과연 무엇을 위하여 존재하는 것인가를 간과한 것으로 보인다. 적정한 과세처분을 하기 위한 조세고권인 과세권은 궁극적으로 조세수입의 확보를 목표로 하기 때문이다. 판례 역시 지속적으로 조세범 처벌법이 말하는 '사기 기타 부정한 행위'를 "조세의 부과와 징수를 불가능하게 하거나 현저히 곤란하게 하는 위계 기타 부정한 적극적인 행위"라 하여 정확한 조세액의 측정뿐 아니라 수납까지도 조세포탈행위에 의한 침해의 대상,

---

의 징수를 회피할 목적으로 사기 기타 부정한 행위로써 그 재산의 전부 또는 대부분을 은닉 또는 탈루시킨 채 과세표준만을 신고하여 조세의 정상적인 확정은 가능하게 하면서도 그 전부나 거의 대부분을 징수불가능하게 하는 등으로 과세표준의 신고가 조세를 납부할 의사는 전혀 없이 오로지 조세의 징수를 불가능하게 하거나 현저히 곤란하게 할 의도로 사기 기타 부정한 행위를 하는 일련의 과정에서 형식적으로 이루어진 것이어서 실질에 있어서는 과세표준을 신고하지 아니한 것과 다를 바 없는 것으로 평가될 수 있는 경우이어야 한다.」

7) 이 판례의 해석 및 조세범 처벌법의 보호법익에 관한 비교법적 분석에 관한 상세한 설명은 최동열, 조세범 처벌법 제9조 제9항의 '조세포탈'의 의미, 대법원판례해설 제70호(2008. 1.), 법원도서관, 587면 참조.
8) 최동열, 위 논문, 617면.

즉 조세범 처벌법의 보호대상으로 보았다. 그리고 2010. 1. 1.자로 전면개정된 조세범 처벌법 제3조 제6항은 사기나 그 밖의 부정한 행위란 "조세의 부과와 징수를 불가능하게 하거나 현저히 곤란하게 하는 적극적 행위"라고 명문화함으로써 조세의 부과권뿐 아니라 징수권 역시도 본 법의 보호대상에 포함된다는 점을 명확히 하였다. 결론적으로는 절충설에 찬동한다.

　　그러나 절충설에 의할 경우 법에 규정된 기수시기와 조화를 이루면서 조세의 징수를 침해하는 행위를 어떻게 조세포탈행위로 포섭할 수 있는가의 문제가 발생한다. 최근 대법원은 그 분기점에 서서 징수에 관련된 조세포탈행위를 매우 좁게 제한하는 방법으로 이를 해결하고자 하였다. 그러나 대법원의 입장과 같이 실질에 있어서는 과세표준을 신고하지 아니한 것과 다를 바 없는 것으로 평가될 수 있는 행위가 과연 얼마나 있을지 의문이다.

　　결과적으로 기수시기인 신고·납부시기 이전부터 무납부를 예정하면서 사기 기타 부정한 행위로써 책임재산을 감소케 하여 기수시기에 조세포탈행위가 완료되었다고 볼 수 있다면 조세포탈범으로 처벌할 수 있다고 보아야 한다.[9)]

제 2 절   보장적 기능

　　조세범 처벌법은 형사처벌의 대상이 되는 세법상 의무위반행위 및 이에 대한 법정형을 정한 후, 그 범주에서만 의무위반자를 처벌한다. 이로써 조세범 처벌법에 규정되지 않은 행위에 관한 자유와 권리를 보장하는 기능을 한다. 또한 법에 규정된 형벌의 범위 내에서만 처벌하도록 함으로써 전단적인 처벌의 집행을 허용하지 않는다. 죄형법정주의라는 명제가 조세범 처벌법의 보장적 기능으로 구현되는 것이다.

　　조세범 처벌법의 보호적 기능과 보장적 기능은 반비례관계에 있다. 행위의 반윤리적·반사회적 측면에 분노하여 보호적 기능에 치우치게 되면 보장적

---

　9) 이 외에 조세범죄의 보호법익이 '조세제도에 대한 사회공동체의 신뢰'라는 견해로는 류전철, 조세범죄의 형사범화의 관점에서 조세포탈범의 고찰, 형사정책 제15권 제1호, 한국형사정책학회, 2003, 195면 참조.

기능이 적절히 작용하지 못하게 되고 이는 자칫 죄형법정주의의 침해를 야기할 수 있다.

제5장

조세범 처벌법과 법률주의

제1절 조세법률주의(租稅法律主義)

I. 조세범 처벌법과 조세법률주의

조세범 처벌법은 세법상의 의무위반행위에 대한 형사처벌을 규정하고 있다. 따라서 어떠한 경우가 세법에 위반되는 행위인지 정하는 절차가 선행되어야 하는데, 세법이 요구하는 의무위반 여부를 확정함에 있어 필요한 논리가 조세법률주의이다. 우리 헌법 제38조는 "모든 국민은 법률이 정하는 바에 의하여 납세의 의무를 진다"고 하면서 제59조에서 "조세의 종목과 세율은 법률로 정한다"고 하여, 국회에서 제정된 법률에서 구체적으로 규정한 때에만 납세의무가 있고, 과세권자 역시 법률에 근거하여서만 조세를 부과·징수할 수 있다는 조세법률주의를 천명하였다.

II. 조세법률주의의 내용

조세법률주의는 법치주의가 조세의 영역에서 구현된 것이다. 조세법률주의의 내용에는 과세요건 법정주의, 과세요건 명확주의, 소급과세 금지, 엄격해석의 원칙, 강행주의를 들 수 있다. 위와 같은 원칙에 어긋난 법령 또는 과세처분은 위헌 또는 위법이다. 위헌 또는 위법인 법령을 위반하였다면 위법행위에 해당하지 않는다.

조세법률주의는 세법책에서 서술하여야 할 영역이므로, 이 책에서는 위와 같이 간단히 언급하는 것에 그치기로 한다.

제 2 절 죄형법정주의(罪刑法定主義)

Ⅰ. 조세범 처벌법과 죄형법정주의

'법률 없으면 범죄 없고 형벌도 없다'는 죄형법정주의의 명제는 형법의
기본원리이다. 우리 헌법은 제12조 제1항에서 "누구든지 법률과 적법한 절차
에 의하지 아니하고는 처벌·보안처분 또는 강제노역을 받지 아니한다," 제13
조 제1항에서 "모든 국민은 행위시의 법률에 의하여 범죄를 구성하지 아니하
는 행위로 소추되지 아니한다"고 규정하여 죄형법정주의를 천명하였다. 형법
제1조 제1항의 "범죄의 성립과 처벌은 행위시의 법률에 의한다"는 규정 역시
죄형법정주의를 선언한 것으로 풀이된다. 형법 제8조는 "본법 총칙은 타법령
에 정한 죄에 적용한다. 단, 그 법령에 특별한 규정이 있는 때에는 예외로 한
다"고 하였으므로, 광의의 형사법인 조세범 처벌법 역시 죄형법정주의의 틀
안에서 이해되어야 한다.

Ⅱ. 죄형법정주의의 내용

1. 법률주의

범죄의 종류 및 구성요건과 그에 대한 형벌의 종류 및 범위는 국회에서
제정된 성문의 법률에 의하여 규정되어야 한다. 따라서 사인간의 생활관계를
규율하는 민사와는 달리 사회 일반에 의하여 자연적으로 형성·승인된 관습법
이 적용될 여지가 없다.

그러나 사회현상의 복잡다기화와 국회의 전문적·기술적 능력의 한계 및
시간적 적응능력의 한계로 인하여 형사처벌에 관련된 모든 사항을 형식적 의
미의 법률로써 규정한다는 것은 사실상 가능하지 않을 뿐 아니라 적절하지도
않다. 따라서 구성요건 또는 벌칙의 세부사항을 행정부 내지는 지방자치단체
에 의한 입법인 명령 또는 조례에 위임할 필요가 있다. 대법원 역시 수권법률

이 구성요건의 점에서는 처벌대상인 행위가 어떠한 것인지 이를 예측할 수 있을 정도로 구체적으로 정하고, 형벌의 점에서는 형벌의 종류 및 그 상한과 폭을 명확히 규정하는 것을 전제로 위임입법이 허용된다고 하였다.[1]

2. 소급효금지의 원칙

소급효금지의 원칙이란 범죄의 성립여부 및 형벌의 부과여부를 행위시의 법률에 의하여 판단하여야 하고 법률의 효력 발생 이전에 이루어진 행위에 대하여 시행 이후의 법률을 소급하여 적용할 수 없다는 원칙을 말한다. 법률의 소급적용을 금지함으로써 법적 안정성과 예측가능성을 담보하게 되고 국민의 법에 대한 신뢰를 부여하여 형법의 자유보장적 기능을 강화할 수 있다.

형법의 소급효를 금지하는 것은 국민에 대한 국가의 부당한 처벌을 금지하기 위한 것이므로, 이와 반대의 경우에는 소급효를 인정하여야 한다. 형법 제1조 제2항은 "범죄 후 법률의 변경에 의하여 그 행위가 범죄를 구성하지 아니하거나 형이 구법보다 경한 때에는 신법에 의한다"고 하고, 같은 조 제3항은 "재판확정 후 법률의 변경에 의하여 그 행위가 범죄를 구성하지 아니하는 때에는 형의 집행을 면제한다"고 하여 재판 및 형벌의 집행시에 행위시보다 유리하게 법이 개정된 경우 소급효를 허용하였다.

3. 명확성의 원칙

범죄의 구성요건과 그 형벌은 명확하게 일의적으로 규정되어야 한다. 형법의 내용이 불분명하여 여러 가지 의미로 해석되거나 규정하는 내용의 윤곽을 정할 수 없는 경우 국가형벌권의 자의적 행사가 가능하게 되어 개인의 자유와 권리를 보장할 수 없게 되고,[2] 국민으로서도 어떠한 행위가 금지되는지 예측할 수 없으므로 행위에 대한 의사결정의 범주가 축소되는 결과에 이르게 된다. 이에 관하여 영미에서는 '불명확하기 때문에 무효(void for vagueness)' 이론이 판례에 의하여 형성되어 왔다.

다만, 당해 조항이 적용될 수 있는 모든 경우를 예상하고 그러한 태양을 확정적·구체적으로 규정하는 것은 입법기술상 불가능한 데에다가, 복잡다단

---

[1] 대판 2001. 7. 27. 2001도2950.
[2] 헌재결 1995. 9. 28. 93헌바50.

하고 태동하는 사회현상에 적용하고 개별 사건의 구체적 타당성을 도모하기 위하여는 형법에 일반적·추상적 표현을 사용하는 것이 불가피한 면이 있다. 우리 대법원 역시 "일반적으로 법규는 그 규정의 문언에 표현력의 한계가 있을 뿐만 아니라 그 성질상 어느 정도의 추상성을 가지는 것은 불가피하다"고 하였다.[3]

그렇다면 형벌법규를 기술함에 있어 어느 정도로 추상적 개념을 사용하는 것이 허용되는지가 문제된다. 이에 대하여 헌법재판소는 "통상의 판단능력을 가진 사람이 그 의미를 이해할 수 있는 정도"[4]를, 대법원은 "사물의 변별능력을 제대로 갖춘 일반인의 이해와 판단으로써 그 구성요건에 해당하는 행위유형을 정형화하거나 한정할 합리적 해석기준을 찾을 수 있을 정도"[5]를 그 척도로 삼았다.

4. 유추해석금지의 원칙

유추해석이란 어떠한 사항에 관하여 규정하는 법률이 존재하지 않는 경우 그와 유사한 사항을 규율하는 법률을 적용하는 것을 말한다. 형법에서 이러한 유추해석을 하면 규율되지 않은 사항에 관하여 형벌을 과하는 것이 되므로 죄형법정주의에 정면으로 반한다. 명확성의 원칙에 따라 정상적인 판단능력을 가진 일반인이 인식할 수 있는 '문언의 가능한 의미'를 넘어서는 해석을 하는 경우 유추해석금지의 원칙에 위반될 것이므로, 유추해석금지의 원칙은 명확성의 원칙을 법 해석적 측면에서 선언한 것이라 할 수 있다.

우리나라의 통설은 객관적·목적론적 해석방법에 의한 확장해석은 허용되지만 유추해석은 금지된다고 보고 있다.[6] 그러나 허용되는 확장해석과 금지되는 유추해석의 경계선은 분명하지 않다. 법률해석의 한계인 '문언의 가능한 의미'를 넘는지 여부에 따라 양 자가 구별된 것이나, 최종적인 판단은 법관의 합리적 해석을 통하여 구현될 뿐이다.

---

3) 대판 1995. 6. 16. 94도2413.
4) 헌재결 1992. 2. 25. 89헌가104.
5) 대판 2002. 7. 26. 2002도1855.
6) 이재상, 34면.

5. 적정성의 원칙

범죄와 형벌은 법률에 의한다는 죄형법정주의의 형식적 측면만을 강조할 경우 법률에 의한 국민의 자유 침해가 발생할 수 있다. 법률로 제정만 된다면 그 내용의 적정여부에 상관 없이 범죄의 성립과 형벌의 부과가 이루어짐으로써 오히려 위헌적 법률에 의한 보장적 기능 침해가 이루어지는 것이다.

죄형법정주의에 있어 적정성의 원칙은 그 실질적 측면을 강조하여 법률의 내용이 합리적이고 적절할 것을 요구한다. 또한 이에 따를 경우 형벌부과의 필요성 및 범죄와 형벌사이의 균형이 요구되고, 형벌을 부과할 때에는 범죄자의 책임을 전제로 하여야 한다.

제6장

양벌규정(兩罰規定)

제18조(양벌규정) 법인(「국세기본법」 제13조에 따른 법인으로 보는 단체를 포함한 다. 이하 같다)의 대표자, 법인 또는 개인의 대리인, 사용인, 그 밖의 종업원 이 그 법인 또는 개인의 업무에 관하여 이 법에서 규정하는 범칙행위를 하 면 그 행위자를 벌할 뿐만 아니라 그 법인 또는 개인에게도 해당 조문의 벌 금형을 과한다. 다만, 법인 또는 개인이 그 위반행위를 방지하기 위하여 해 당 업무에 관하여 상당한 주의와 감독을 게을리하지 아니한 경우에는 그러 하지 아니하다.

제1절 서   설

오늘날 우리사회에서 법인[1]은 경제적인 영역뿐 아니라 사회·정치적 영 역을 비롯한 전 분야에서 중요한 역할을 차지하며 사회에 큰 영향을 미치고 있다. 법인의 비중 증가와 함께 법인의 이름으로 이루어지는 불법행위 역시 증가하고 있다. 그럼에도 불구하고 법인의 범죄능력을 부정하는 전통적인 형 법이론에 따른다면 행위자 책임원칙에 따라 법인을 처벌할 수 없게 되고, 오 히려 법인제도를 이용한 폐해를 눈감아주는 결과가 된다. 이에 따라 법인의 범죄능력에 관한 이론적 논의에도 불구하고 사실상 법인의 처벌 필요성이 대

---

1) 조세범 처벌법 제18조는 개인인 영업주와 법인인 영업주를 모두 규율하고 있으나 일반적으 로 법인인 영업주의 경우에 문제가 된다.

두되었고 이를 입법으로 해결한 것이 양벌규정이다.

　조세분야 역시 법인에 의한 조세포탈과 세법위반이 빈번하고 그 규모는 점점 확대되고 있다. 조세범 처벌법은 이러한 점을 감안하여 조세범칙 행위자의 사용주나 영업주[2]에게도 형법상의 벌금형을 부과함으로써 조세범 처벌의 실효성을 꾀하고자 양벌규정을 두었다. 또한 조세범 처벌법은 "행위자를 벌할 뿐만 아니라"라고 규정하여 행위자의 처벌을 당연한 것으로 전제하고 있다.

　이하에서 양벌규정의 연혁을 먼저 이해한 다음 법인처벌에 관한 정당성 논의와 함께, 각칙 본조에서 범죄주체를 납세의무자 등 일정한 신분자로 한정하고 있더라도 비신분자 역시 행위자로서 양벌규정에 근거하여 처벌될 수 있는 것인지 살펴본다. 이와 더불어 현행 양벌규정의 문제점과 개선방안에 대하여도 알아본다.

제 2 절   연혁 및 개정취지

　조세범 처벌법은 제정당시부터 양벌규정을 두어 왔다. 현행규정 단서의 면책규정을 제외하면 내용은 대동소이하다.[3] 그 후 1976. 12. 22. 개정시 단서의 행위자에 대한 임의적 감면규정을 "과점주주가 아닌 행위자"로 변경하는 외에는 동일한 내용을 견지하다가 2010년 전면개정시 현재와 같이 단서에 영업주의 면책규정을 두는 방향으로 개정되었다.

　행정형법에 산재해 있는 양벌규정[4]들은 대부분 제정 당시의 조세범 처벌법과 동일하게 "행위자가 영업주의 업무에 관하여 본법에 규정하는 범칙행위를 한 때에는 행위자를 벌하는 외에 그 영업주에 대하여서도 각 본조의 벌금

---

2) 이하 법인과 개인을 불문하고 사용주와 업무주를 통틀어 "영업주"라 칭한다.
3) 구 조세범 처벌법(1951. 5. 7. 법률 제199호로 제정된 것) 제3조
　　법인의 대표자, 법인 또는 개인의 대리인, 사용인 기타의 종업인이 그 법인 또는 개인의 업무 또는 재산에 관하여 본법에 규정하는 범칙행위를 한 때에는 행위자를 벌하는 외에 그 법인 또는 개인에 대하여서도 각 본조의 벌금형에 처한다. 단, 행위자에 대하여서는 정상에 의하여 그 형을 감면할 수 있다.
4) 2014. 12. 31. 현재 조세범 처벌법과 대동소이한 내용의 양벌규정이 총 428개 법률에 규정되어 있다.

형에 처한다"라고 규정하고 있었다. 이에 대하여 헌법재판소가 2007. 11. 29. 전원재판부에서 형사법의 기본원리인 책임주의에 반한다는 이유로 위헌결정 (2005헌가10)을 내렸는데 그 주요 내용은 다음과 같다.

헌법재판소 2007. 11. 29. 2005헌가10 전원재판부 결정

【판시사항】

　종업원의 위반행위에 대하여 양벌조항으로서 개인인 영업주에게도 동일하게 무기 또는 2년 이상의 징역형의 법정형으로 처벌하도록 규정하고 있는 '보건범죄단속에 관한 특별조치법' 제6조 중 제5조에 의한 처벌 부분(이하 '이 사건 법률조항'이라 한다)이 형사법상 책임원칙에 반하는지 여부(적극)

　가. 재판관 이강국, 재판관 김종대, 재판관 민형기, 재판관 목영준의 의견

　이 사건 법률조항이 종업원의 업무 관련 무면허의료행위가 있으면 이에 대해 영업주가 비난받을 만한 행위가 있었는지 여부와는 관계없이 자동적으로 영업주도 처벌하도록 규정하고 있고, 그 문언상 명백한 의미와 달리 "종업원의 범죄행위에 대해 영업주의 선임감독상의 과실(기타 영업주의 귀책사유)이 인정되는 경우"라는 요건을 추가하여 해석하는 것은 문리해석의 범위를 넘어서는 것으로서 허용될 수 없으므로, 결국 위 법률조항은 다른 사람의 범죄에 대해 그 책임 유무를 묻지 않고 형벌을 부과함으로써, 법정형에 나아가 판단할 것 없이, 형사법의 기본원리인 '책임없는 자에게 형벌을 부과할 수 없다'는 책임주의에 반한다.

　나. 재판관 이공현, 재판관 조대현, 재판관 김희옥, 재판관 송두환의 의견

　일정한 범죄에 대해 형벌을 부과하는 법률조항이 정당화되기 위해서는 범죄에 대한 귀책사유를 의미하는 책임이 인정되어야 하고, 그 법정형 또한 책임의 정도에 비례하도록 규정되어야 하는데, 이 사건 법률조항은 문언상 종업원의 범죄에 아무런 귀책사유가 없는 영업주에 대해서도 그 처벌가능성을 열어두고 있을 뿐만 아니라, 가사 위 법률조항을 종업원에 대한 선임감독상의 과실 있는 영업주만을 처벌하는 규정으로 보더라도, 과실밖에 없는 영업주를 고의의 본범(종업원)과 동일하게 '무기 또는 2년 이상의 징역형'이라는 법정형으로 처벌하는 것은 그 책임의 정도에 비해 지나치게 무거운 법정형을 규정하

것이므로, 두 가지 점을 모두 고려하면 형벌에 관한 책임원칙에 반한다.[5]

위와 같은 위헌결정 이후 법무부는 2008. 7. 24. 「행정형벌의 합리화 방안」을 수립하여 ① 종업원의 범죄행위를 방지하기 위해 관리·감독의무를 다한 경우에는 영업주의 형사책임을 면제하고, ② 관리·감독상의 과실이 있을 뿐인 영업주에게 징역형까지 부과(개인 영업주에 한정한다)하는 규정을 개선하여 징역형을 폐지하며, ③ 양벌규정의 적용범위를 '업무에 관한' 위반행위로 한정하여 업무와 무관한 종업원의 위반행위에 대하여는 영업주가 책임을 지지 않도록 하는 방안으로 전면적 개정을 추진[6]하였다. 이로 인하여 2008. 12. 26.자로 69개 법률의, 2010년 전반기에 약 110여 개의 법률의 양벌규정이 개정되었고 현재까지 대부분의 양벌규정이 개정되었다.

조세범 처벌법의 전면개정시 이루어진 양벌규정의 개정 역시 위와 같은 배경에서 이루어졌다. 이에 따라 조세범 처벌법 제18조는 단서에 영업주의 면책규정을 두어 책임주의와의 조화를 꾀하였다.

한편 조세범 처벌법이 2010. 1. 1. 전면개정된 이후에 헌법재판소는 2010. 10. 28. 2010헌가14 결정에서 구 조세범 처벌법(1974. 12. 24. 법률 제2714호로 개정되고 2010. 1. 1. 법률 제9919호로 개정되기 전의 것) 제3조 본문 중 "법인의 대리인, 사용인 기타의 종업원이 그 법인의 업무 또는 재산에 관하여 제10조에 규정하는 범칙행위를 한 때에는 그 법인에 대하여서도 본조의 벌금형에 처한다"는 부분 등 양벌규정이 책임주의에 반하여 헌법에 위반된다고 결정하였다.[7]

---

5) 보건범죄단속에 관한 특별조치법의 양벌규정은 '개인인 사업주'를 대상으로 하고 있어 징역형도 가능하였다. 그러나 법인이 영업주인 경우에도 헌법재판소는 동일한 취지로 수차에 걸쳐 위헌결정을 내렸다(헌재결 2009. 7. 30. 2008헌가16, 2008헌가17, 2008헌가18, 2008헌가24, 2008헌가14; 헌재결 2011. 4. 28. 2010헌가66 등).

6) 한성훈, 양벌규정에 의한 기업처벌의 문제점과 그 대안, 법제 4월호, 2013, 93면.

7) 결정요지: 「형벌은 범죄에 대한 제재로서 그 본질은 법질서에 의해 부정적으로 평가된 행위에 대한 비난이다. 만약 법질서가 부정적으로 평가한 결과가 발생하였다고 하더라도 그러한 결과의 발생이 어느 누구의 잘못에 의한 것도 아니라면, 부정적인 결과가 발생하였다는 이유만으로 누군가에게 형벌을 가할 수는 없다. 이와 같이 '책임 없는 자에게 형벌을 부과할 수 없다'는 형벌에 관한 책임주의는 형사법의 기본원리로서, 헌법상 법치국가의 원리에 내재하는 원리인 동시에, 헌법 제10조의 취지로부터 도출되는 원리이다. 그런데 이 사건 법률조항들은 법인이 고용한 종업원 등의 범죄행위에 관하여 비난할 근거가 되는 법인의 의

제3절 처벌근거

Ⅰ. 법인의 처벌에 대한 논의

1. 법인의 범죄능력

범죄란 구성요건에 해당하는 위법하고 책임있는 행위이다. 범죄는 행위로 이루어져 있는데 법인이 이러한 행위의 주체가 될 수 있는가에 관하여 많은 논쟁이 있어왔다. 전통적인 형법이론에서 행위의 주체는 자연인에 한하는 것으로 이해되었다. 그러나 산업과 사회의 발달로 개인보다는 법인의 사회적 역할이 커지고 특히 경제적 영역에서 법인을 매개로 한 법익침해가 증대하자, 법인의 처벌 필요성이 대두되면서 법인의 범죄능력을 인정할 것인가에 관한 논의가 활발해지게 되었다.

(1) 학   설

법인의 범죄능력을 인정하는 긍정설과 부정설, 부분적 긍정설이 대립한다. 긍정설은 ① 법인은 기관을 통하여 의사결정을 하고 행위할 수 있고, 이는 그 구성원의 것과는 구별되는 고유한 것이므로 법인에게도 의사능력과 행위능력이 인정되고, ② 법인의 기관의 행위는 개인의 행위임과 동시에 법인의 행위라는 양면성을 가지므로 법인을 처벌한다고 하여 이중처벌이 되는 것은 아니며, ③ 법인에 대하여 재산형과 자격형을 과할 수 있을 뿐 아니라, 생명형과 자유형에 해당하는 형벌로 법인의 해산과 업무정지를 생각할 수 있고, 법인의 사회적 위험에 대한 책임을 묻기 위해서는 법인의 범죄능력을 인정할 필요가 있다고 한다.[8]

부정설은 ① 의사와 육체가 없는 법인은 행위의 주체가 될 수 없고, ②

사결정 및 행위구조, 즉 종업원 등이 저지른 행위의 결과에 대한 법인의 독자적인 책임에 관하여 전혀 규정하지 않은 채, 단순히 법인이 고용한 종업원 등이 업무에 관하여 범죄행위를 하였다는 이유만으로 법인에 대하여 형사처벌을 과하고 있는바, 이는 다른 사람의 범죄에 대하여 그 책임 유무를 묻지 않고 형벌을 부과함으로써 법치국가의 원리 및 죄형법정주의로부터 도출되는 책임주의원칙에 반하여 헌법에 위반된다.」

8) 김일수/서보학, 88면; 정성근/박광민, 86면; 다만 긍정설을 취하는 학자들도 살인·강도·강간 등 자연인의 인격적 표현으로 이루어지는 자연범의 경우는 제외한다.

법인의 이름으로 행위하는 자연인을 처벌하면 족할 뿐 아니라, ③ 법인을 처벌하게 되면 범죄와 관계없는 사원이나 종업원을 처벌하는 결과가 되어 형법의 기본원리인 개인책임과 자기책임의 원칙에 반하는 데에다가 이중처벌이 될 수 있다. 게다가 ④ 형벌의 중심은 자유형이라 할 수 있는데 법인에게는 자유형을 부과할 수 없고, ⑤ 법인은 적법한 목적의 범위 안에서만 존재할 수 있으므로 범죄행위는 법인의 목적범위를 벗어난다고 한다.[9] 우리나라의 다수설이다.

　이에 대하여 부분적 긍정설은 법인의 형사범(자연범)에 관한 범죄능력은 부정하면서 행정범에 대하여는 이를 긍정한다. 행정범은 윤리적 요소가 약하고 합목적적·기술적 요소가 강하므로 행정형법 위반의 경우에는 법인의 범죄능력을 인정하여야 한다는 견해이다.[10] 부분적 긍정설은 법인을 처벌하는 양벌규정이 명문으로 규정된 현 상황에서 "범죄 없이 책임 없고 형벌 없다"는 원칙에 충실하려면 법인의 범죄능력을 인정하여야 한다고 한다.

(2) 판　례

　판례는 법인의 범죄능력을 부정하는 것으로 보인다. 「배임죄에 있어서 타인의 사무를 처리할 의무의 주체가 법인이 되는 경우라도 법인은 다만 사법상의 의무주체가 될 뿐 범죄능력이 없는 것이며, 그 타인의 사무는 법인을 대표하는 자연인인 대표기관의 의사결정에 따른 대표행위에 의하여 실현될 수밖에 없어 그 대표기관은 마땅히 법인이 타인에 대하여 부담하고 있는 의무내용대로 사무를 처리할 의무가 있다 할 것이므로, 법인이 처리할 의무를 지는 타인의 사무에 관하여는 법인이 배임죄의 주체가 될 수 없고, 그 법인을 대표하여 사무를 처리하는 자연인인 대표기관이 바로 타인의 사무를 처리하는 자, 즉 배임죄의 주체가 되는 것」[11]이라고 하면서, 「법인은 그 기관인 자연인을 통하여 행위를 하게 되는 것이기 때문에, 자연인이 법인의 기관으로서 범죄행위를 한 경우에도 행위자인 자연인이 그 범죄행위에 대한 형사책임을 지는 것이고, 다만 법률이 그 목적을 달성하기 위하여 특별히 규정하고 있는

---

　9) 배종대, 138면; 손동권, 109면; 정영일, 81면.
　10) 임웅, 106면.
　11) 대판 1984. 10. 10. 82도2595.

경우에만 그 행위자를 벌하는 외에 법률효과가 귀속되는 법인에 대하여도 벌금형을 과할 수 있을 뿐」[12]이라 판시하였다. 즉 법인의 대표자 등 기관의 행위가 범죄행위로 되는 경우 법인이 아니라 자연인인 기관만이 범죄의 주체가될 뿐이어서 형벌 또한 자연인에게 과하여야 한다는 것이다.

(3) 소   결

특별형법을 제정함에 있어 입법 이전에 법인을 처벌하는 규정을 두어야하는가를 논의할 때에는 법인의 범죄능력 유무에 관하여 숙고가 선행되어야하겠지만, 조세범 처벌법과 같이 양벌규정이 이미 제정된 마당에는 법인의 범죄능력 유무를 가리는 논의는 더 이상 의미가 없다.

다만, 현대화·산업화된 사회에서 법인이 유기적 조직체를 이용하여 불법행위를 저지르는 현실을 감안할 때, 그리고 그러한 불법행위가 해당 행위를한 구성원 개개인의 불법이 산술적으로 더해진 것이 아니라 독자적인 의미를가진다는 점을 감안할 때 적어도 경제적·행정적 영역에 있어서는 법인의 범죄능력을 인정하여야 할 것으로 보인다. 비록 자연적 의미에서의 의사결정이나 행동은 법인의 구성원인 개인이 한 행위라 할지라도 그러한 행위가 법인의 신용이나 구조체계, 운영시스템을 통하여 법인의 것으로 전환된다고 볼 수있기 때문이다. 부분적 긍정설에 찬동한다.

Ⅱ. 양벌규정에 의한 영업주의 처벌근거

1. 학   설

범죄능력과 형벌능력은 일치하여야 한다. 범죄 없이는 형벌 없기 때문이다. 따라서 법인의 범죄능력을 인정하는 입장에서는 법인의 형벌능력을 인정하는 것이, 범죄능력을 부정하는 입장에서는 법인의 형벌능력 역시 부정하는것이 이론적으로 일관성 있다. 그러나 현실적으로 수백 개의 행정형법에 양벌규정이 포진하여 있는 상태에서 이러한 양벌규정의 근거를 단순히 위와 같은

---

12) 대판 1994. 2. 8. 93도1483. 외국환관리법 위반행위에 관한 판결인데, 일응 법인의 무과실책임설을 취한 입장으로 보인다. 다만 뒤에서 보는 바와 같이 대법원은 최근의 헌법재판소 결정 이후로 법인의 벌금형에 대하여 과실책임에 기한 것으로 입장을 선회한 것으로 보인다.

도식으로 나누기는 부족하다. 또한 법인실재설을 따르는 대륙법계에서는 법인의 범죄능력을 부정하고 형벌이 아닌 질서위반금이라는 금전적 제재를 과하는 제도를 채택한 반면, 법인의제설을 따르는 영미법계에서는 법인의 범죄능력을 인정하여 법인에 대한 처벌을 명문화한 점을 보더라도 양벌규정의 근거를 일률적으로 판단하기는 어렵다.

　　우리나라에서도 행위자 외에 법인을 처벌하도록 하는 양벌규정의 근거에 대하여 무과실책임설[13]과 과실책임설이 대립하고, 과실책임설은 다시 과실추정설[14]과 진정 과실책임설로 나뉜다. 무과실책임설은 법인에게 범죄능력이 없기 때문에 형법상 책임주의 원칙의 예외로서 정책상 무과실책임을 인정한 것이라는 견해이다. 과실추정설에 의하면 임·직원이 법인의 업무에 관하여 위법행위를 하면 일단 법인의 감독상의 과실을 추정하지만, 법인이 과실 없음을 입증하면 그 추정이 깨진다고 한다. 한편 진정 과실책임설은 다시 과실행위의 종류에 따라 법인 자신의 기관에 대한 감독·단속의무 위반에 기한 책임이라는 감독책임설[15]과 법인의 대표자 등 일정한 구성원의 행위는 법인 자신의 행위이므로 자기행위책임을 지는 것이고, 기타 종업원에 대하여는 감독책임을 지는 것이라는 행위·감독책임 이원설[16]이 있다.

2. 판　　례

　　헌법재판소는 일관되게 양벌규정이 영업주의 선임·감독상의 책임을 묻는 것이라는 과실책임설의 입장을 견지해왔다.[17] 특히, 앞서 본 2007. 11. 29.자 2005헌가10 전원재판부 결정을 통해 영업주의 고의·과실 유무에 상관없이 양벌규정을 적용하는 것은 책임주의에 반한다는 입장을 공고히 하였다. 이

13) 배종대, 144면; 정영일, 83면.
14) 일본 판례의 태도이다. 일본 최고재판소 1957. 11. 27. 판결은 「양벌규정은 사업주로 하여금 행위자의 선임·감독 기타 위반행위를 방지하기 위하여 필요한 주의를 다하지 아니한 과실의 존재를 추정한 규정이라고 해석해야 하며, 따라서 사업주가 이에 관한 주의를 다하였다는 증명이 없는 한 사업주도 형사책임을 면할 수 없다는 법의라고 해석하는 것이 상당하다」고 판시하였다.
15) 오영근, 99면; 임웅, 111면, 정성근/박광민, 91면.
16) 김일수/서보학, 91면.
17) 헌법결 2006. 6. 1. 99헌바73. 「행정형벌법규에서 양벌규정으로 사업주인 법인 또는 개인을 처벌하는 것은 위반행위를 한 피용자에 대한 선임·감독의 책임을 물음으로써 행정규제의 목적을 달성하려는 것이므로 형벌 체계상 합리적인 근거도 있다.」

후에도 면책규정을 두지 아니한 양벌규정에 대한 위헌결정이 연이어 이루어졌고, 구 조세범 처벌법 제3조에 대하여도 위헌결정이 이루어졌음은 앞서 본 바와 같다. 이에 반하여 대법원은 종래 양벌규정에 관하여 무과실책임설과 과실추정설, 과실책임설이 혼재된 입장을 취하다가,[18] 위 2007년의 헌법재판소 결정 이후에는 당해 영업주가 상당한 주의 또는 관리감독 의무를 게을리한 때에 한하여 양벌규정을 적용함이 형벌의 자기책임원칙에 비추어 타당하다는 입장을 보임[19]으로써 과실책임설로 돌아선 것으로 보인다.

또한 헌법재판소와 대법원 모두 법인의 사용인이나 종업원이 아닌 대표자가 그 법인의 업무에 관하여 위법행위를 한 때 그 법인에 대하여도 벌금형을 과하는 양벌규정에 대하여, 「법인은 기관을 통하여 행위하므로 법인이 대표자를 선임한 이상 그의 행위로 인한 법률효과는 법인에게 귀속되어야 하고, 법인 대표자의 범죄행위에 대하여는 법인 자신이 자신의 행위에 대한 책임을

---

18) • 면책규정을 둔 양벌규정에 대하여 과실추정설을 취한 판결로는 대판 1995. 7. 25. 95도 391; 1992. 8. 18. 92도1395; 1980. 3. 11. 80도138. 「이는 법인의 경우 종업원의 위반행위에 대하여 행위자인 종업원을 벌하는 외에 업무주체인 법인도 처벌하고 이 경우 법인은 엄격한 무과실책임은 아니라 하더라도 그 과실의 추정을 강하게 하고, 그 입증책임도 법인에게 부과함으로써 양벌규정의 실효를 살리자는 데 그 목적이 있다.」
• 책임설을 취한 판결로는 대판 1987. 11. 10. 87도1213. 「종업원 등의 행정법규위반행위에 대하여 양벌규정으로 영업주의 책임을 묻는 것은 종업원 등에 대한 영업주의 선임·감독상의 과실책임을 근거로 하는 것.」 대판 1977. 5. 24. 77도412. 「식품위생법 제47조의 양벌규정은 실품영업주의 그 종업원에 대한 감독태만을 처벌하려는 규정.」
• 무과실책임설을 취한 판결로는 대판 1982. 9. 14. 82도1439. 「도로교통법의 양벌규정은 … 도로에서 발생하는 모든 교통상의 위해를 방지·제거하여 교통의 안전과 원활을 도모하기 위하여 도로교통법에 위반하는 행위자 외에 그 행위자와 위 법 소정의 관계에 있는 고용자 등을 아울러 처벌하는 이른바 질서벌의 성질을 갖는 규정이므로, 비록 행위자에 대한 감독책임을 다하였다거나 또는 행위자의 위반사실을 몰랐다고 하더라도 이의 적용이 배제된다고 할 수 없으므로 ….」
19) 대판 2010. 9. 9. 2008도7834. 「형벌의 자기책임원칙에 비추어 보면, 위반행위가 발생한 그 업무와 관련하여 법인이 상당한 주의 또는 관리감독 의무를 게을리한 때에 한하여 구 산업안전보건법(2007. 5. 17. 법률 제8475호로 개정되기 전의 것) 제71조의 양벌규정이 적용된다고 보아야 하며, 구체적인 사안에서 법인이 상당한 주의 또는 관리감독 의무를 게을리하였는지 여부는 당해 위반행위와 관련된 모든 사정 즉, 당해 법률의 입법 취지, 처벌조항 위반으로 예상되는 법익 침해의 정도, 그 위반행위에 관하여 양벌규정을 마련한 취지 등은 물론 위반행위의 구체적인 모습과 그로 인하여 실제 야기된 피해 또는 결과의 정도, 법인의 영업 규모 및 행위자에 대한 감독가능성 또는 구체적인 지휘감독 관계, 법인이 위반행위 방지를 위하여 실제 행한 조치 등을 전체적으로 종합하여 판단하여야 한다.」 같은 취지, 대판 2010. 2. 25. 2009도5824.

부담하여야 하는바, 법인 대표자의 법규위반행위에 대한 법인의 책임은 법인
자신의 법규위반행위로 평가될 수 있는 행위에 대한 법인의 직접책임으로서,
대표자의 고의에 의한 위반행위에 대하여는 법인 자신의 고의에 의한 책임을,
대표자의 과실에 의한 위반행위에 대하여는 법인 자신의 과실에 의한 책임을
부담하는 것이어서 대표자의 책임을 요건으로 하여 법인을 처벌하는 것이므
로 책임주의에 부합한다」"고 판단한 바 있다.[20] 대표자의 행위를 법인의 행위
로 보고 법인에게 자신의 행위에 대한 직접책임을 지운다는 논리이다.

　대법원의 경우 법인의 책임을 위와 같이 대표자와 동일한 행위책임으로
보든, 임·직원에 대한 감독책임으로 보든, 과거 법인의 범죄능력을 부인하던
입장을 적어도 행정법규분야에 있어서는 사실상 변경하여 법인의 범죄능력을
인정하게 된 것으로 판단된다.

3. 소　결

　법인은 행위능력 나아가 범죄능력이 없어 아무런 책임이 없음에도 행정
목적상 형벌을 진다는 무과실책임설은 '범죄 없이 형벌 없다'는 자기책임 원
칙에 위배되는 것으로서 따르기 어렵다. 이제 법인이 아무런 행위를 할 수 없
는 사유적 존재라는 전통적인 사고에서 벗어나 적어도 법인이 활동하는 경제
적·행정적 영역에서는 법인의 역할과 행위를 인정하여야 한다는 점은 앞에서
설명한 것과 같다. 따라서 양벌규정 역시 법인 자체의 행위에 따른 책임을 지
우는 것이라 본다.

　그렇다면 법인 자신의 고의·과실행위에 기인한 책임인가, 아니면 임·직
원의 선임·감독을 소홀히 한 과실행위에 따르는 책임인가를 가릴 차례다. 대
법원과 헌법재판소는 대표자와 사용인·종업원을 분리하여 대표자의 경우에
는 그의 행위와 동일하게 법인이 행위한 것으로 봄으로써 불법 또한 같다고
보면서도, 사용인이나 종업원의 경우에는 법인에게 선임·감독상의 책임만을
묻는 것으로 보인다. 그러나 이러한 견해는 행위자가 대표자인지 그 외의 대
리인이나 사용인인지에 따라(작위적으로 행위 당시의 직책을 변경하는 것은 얼마
든지 가능한 일이다) 동일한 행위에 대하여 법인의 책임을 달리 보게 되어 불합

20) 헌재결 2010. 7. 29. 2009헌가25; 대판 2010. 9. 30. 2009도3876. 이 판례들은 행위책임설 또
　　는 행위·감독책임 이원설에 부합하는 것으로 보인다.

리해진다. 법인의 기관은 의사집행기관의 일종인 대표자뿐 아니라 의사결정
기관인 사원총회, 감독기관인 감사 등 여러 종류가 있고, 이들의 행위 역시
법인에게 그 효과가 귀속됨에도 불구하고 유독 대표자의 행위에 대하여서만
법인 자신의 행위로 보아 책임을 지우는 것은 이론적 일관성이 없어 보인다.
게다가 법인의 조직적·유기체적·합의적 체제로 인하여 구성원의 행위와 구
별되는 법인 고유의 불법행위가 발생할 수 있는 점, 대표자의 불법행위를 바
로 법인의 행위로 보는 입장에 의하면 대표자 외에 그 법인도 해당 조문의 벌
금형을 과한다는 양벌조항은 동일한 행위에 대하여 대표자에게는 징역 또는
벌금형을, 법인에게는 벌금형만을 과하게 되어 비례원칙에 어긋난다는 점, 대
표자 역시 넓게 볼 경우 법인을 위하여 업무를 하고 법인으로부터 급여를 받
는 사용인으로서 다른 기관의 감독대상이 된다는 점, 조세범 처벌법 역시 행
위자를 "법인의 대표자, 법인 또는 개인의 대리인, 사용인 그 밖의 종업원"이
라고 표현하여 대표자와 사용인 등을 동일한 선상에 둔 점, 본조의 단서에서
영업주가 행위자의 위반행위를 방지하기 위하여 상당한 주의와 감독을 게을
리하지 않은 경우 면책하도록 규정하고 있는 점 등을 고려하여 볼 때 양벌규
정에서 법인을 처벌하는 근거는 법인의 그 구성원 등에 대한 선임·감독상의
책임에 근거한 것으로 보인다.

제4절 법인격 없는 단체의 처벌 가부

Ⅰ. 법인격 없는 단체에 대한 세법상 취급

국세기본법 제13조는 법인이 아닌 사단, 재단, 그 밖의 단체(이하 법인 아
닌 단체라 한다) 중 ① 주무관청의 허가, 인가를 받아 설립되거나 등록하였으
나 등기되지 아니한 것 또는 ② 공익을 목적으로 출연된 기본재산이 있는 재
단으로서 등기되지 아니한 것으로서 수익을 구성원에게 분배하지 아니하는
것은 법인으로 의제(제1항)하여 세법을 적용하고, 그 외의 법인 아닌 단체 중
① 단체의 조직과 운영에 관한 규정을 가지고 ② 대표자나 관리인을 선임하
고 있으며, ③ 단체 자신의 계산과 명의로 수익과 재산을 독립적으로 소유·

관리하고, ④ 수익을 구성원에게 분배하지 아니하는 경우로서 대표자나 관리인이 관할 세무서장에게 신청하여 승인을 받은 경우에도 법인으로 의제(제2항)하고 있다. 법인 아닌 단체의 성질, 조직, 태양, 활동에 따라 구성원과 분리하여 단체 자신을 세법상 하나의 단위로 다루어야 할 필요가 있는 경우 조세법률관계의 당사자 지위를 인정하는 것이다. 따라서 위와 같은 요건을 충족하지 못하면 비록 사법상으로는 권리능력 없는 사단 또는 재단에 해당한다고 하더라도 세법상 법인으로 보지 아니한다.[21)]

위와 같이 법인으로 의제되면 세법상 비영리법인으로 취급된다(법인세법 제1조 제2호의 다목). 비영리법인이 되면 법인세법에서 정한 일정한 수익사업 또는 수입에서 생긴 소득에 대한 법인세뿐 아니라(법인세법 제4조 제3항), 증여세(상속세 및 증여세법 제4조의2 제8항), 종합부동산세(종합부동산세법 제4조 제2항), 부가가치세(부가가치세법 제3조 제1항. 다만 법인으로 의제되지 않더라도 법인 아닌 단체는 부가가치세법상 사업자가 될 수 있다) 등의 납세의무를 지고, 세법이 비영리법인에게 부과하고 있는 각종 조세상의 의무(원천징수, 거래징수, 신고, 협력의무 등)의 수범자가 된다.

법인 아닌 단체로서 위와 같이 법인으로 의제되지 않은 것은 국내에 본점이나 주사무소 등이 있는지 여부에 따라 소득세법상 거주자 또는 비거주자로 보아 소득세를 부과하는데[22)](소득세법 제2조 제3항), 구성원간 이익의 분배방법이나 분배비율이 정하여져 있지 않거나 확인되지 않는 경우에는 해당 단체를 1거주자로 보아 그 단체에게 소득세를 과세하나, 구성원간 이익의 분배방법이나 분배비율이 정하여져 있거나 사실상 이익이 분배되는 것으로 확인되는 경우에는 해당 구성원이 공동으로 사업을 영위하는 것으로 보아 구성원별로 소득세를 과세한다(소득세법 제2조 제3항).

---

21) 대판 1984. 5. 22. 83누497(민법상 권리능력없는 사단인 종중을 법인이 아닌 소득세법상 1거주자로 보아 종중에게 양도소득세를 부과하여야 함에도 대표자에게 양도소득세를 부과하여 과세처분이 취소된 사안이다). 그 외에 학교 동창회, 직장공제조합, 등기하지 아니한 주택조합, 공동주택자치관리기구, 미인가 신용협동조합, 새마을공동사업장 등의 지역공동사업체 그 밖의 공제조합 등을 들 수 있다.

22) 거주자와 비거주자는 국내에 주소 또는 183일 이상 거소를 두었는지 여부에 따라 달라진다. 여기서는 그 구분이 중요하지 않으므로 편의상 양자를 합하여 '거주자'라고 칭한다.

Ⅱ. 법인 아닌 단체의 형사처벌에 관한 학설과 판례

양벌규정은 통상 행위자 외에 그 "법인 또는 개인"을 벌하는 구조로 규정되어 있기 때문에 법인도 개인도 아닌 법인 아닌 단체는 행정목적달성을 위하여 처벌이 필요한 경우라 하더라도 명문의 규정이 없는 한 처벌할 수 없다는 것이 학설과 판례[23]이다. 즉 법인격 없는 사단과 같은 단체가 사법상 권리의무의 주체가 되는 것은 별론으로 하고, 범죄의 주체가 될 수 없기 때문에 그 구성원 개개인을 행위자로서 처벌할 수 있을 뿐 법인 아닌 단체는 처벌적격이 없는 것이다.

다만, 이는 일반적인 행정형법에 규정된 양벌규정에 대한 논의로서 조세범 처벌법의 경우는 좀 다르다. 조세범 처벌법은 세법을 차용하는 백지형법의 구조를 띠고 있고, 세법은 법인 아닌 단체에 대하여 고유한 취급을 하고 있으므로 아래와 같이 일반적인 양벌규정과는 달리 법인 아닌 단체에 관하여 별도로 고려할 점이 발생한다.

Ⅲ. 조세범 처벌법상 법인 아닌 단체의 처벌

1. 국세기본법상 법인으로 의제되는 경우

구 조세범 처벌법 역시 여타의 양벌규정과 같이 제3조에서 단순히 "행위자를 벌하는 외에 그 법인 또는 개인에 대하여서도 각 본조의 벌금형에 처한다"라고만 규정하여 법인 아닌 단체의 처벌에 대한 언급이 없었다. 그리하여 해석론으로서, 조세범 처벌법은 국세기본법에 의하여 세법으로 분류되고(국세기본법 제2조 제2호) 국세기본법은 세법에 우선하여 적용되므로(국세기본법 제3조 제1항) 구 조세범 처벌법 제3조의 "법인"에는 국세기본법에 의하여 법인으

---

23) 대판 1995. 7. 28. 94도3325. 「자동차운수사업법 제74조는 이른바 양벌규정으로서 "법인의 대표자나 법인 또는 개인의 대리인, 사용인 기타의 종업원이 그 법인 또는 개인의 업무와 관련하여 같은 법 제72조의 위반행위를 한 때에는 행위자를 벌하는 외에 그 법인 또는 개인에 대하여도 각 해당 조항의 벌금형에 처한다"고 규정하고 있을 뿐이고 법인격 없는 사단에 대하여서도 위 양벌규정을 적용할 것인가에 관하여는 아무런 명문의 규정을 두고 있지 아니하므로, 죄형법정주의의 원칙상 법인격 없는 사단에 대하여는 같은 법 제74조에 의하여 처벌할 수 없다.」 같은 취지 대판 1997. 1. 24. 96도524.

로 의제되는 법인 아닌 단체도 포함된다고 보아 단체에게는 벌금형을 부과하고, 그 대표자나 관리인은 행위자로 처벌하면 된다고 결론지을 수 있을 따름이었다.

이러한 입법미비를 고려하여 2010. 1. 1. 법률 제9919호로 조세범 처벌법을 전면개정하면서 제18조의 양벌규정 적용대상을 "법인(「국세기본법」 제13조에 따른 법인으로 보는 단체를 포함한다. 이하 같다)"이라고 규정하여 법인 아닌 단체 중 국세기본법에 따라 법인으로 의제되는 단체를 조세범 처벌법에 의하여 처벌되는 법인의 범주에 포함함으로써 논란의 여지를 입법적으로 해결하였다.

2. 소득세법상 1거주자로 보는 법인 아닌 단체의 경우

법인 아닌 단체로서 구성원간 이익의 분배방법이나 분배비율이 정하여져 있지 않거나 확인되지 않는 경우에는 소득세법상 1거주자가 되고, 부가가치세법상 사업자가 되어 소득세와 부가가치세 납세의무자가 된다. 조세범 처벌법은 "그 행위자를 벌할 뿐만 아니라 그 법인 또는 개인에게도 해당 조문의 벌금형을 과한다"고 하면서, 법인(국세기본법상 법인으로 보는 단체를 포함한다)과 개인에 대하여만 규정하고 있을 뿐 법인 아닌 단체 중 국세기본법에 의하여 '법인으로 보는 단체' 이외의 단체에 대하여는 별도로 규정하지 않고 있다. 따라서 이 단체(소득세법상 1거주자로 보는 법인 아닌 단체가 대표적이다)를 양벌규정에 의하여 처벌할 수 있는지가 문제된다.

이에 대하여 법인 아닌 단체가 소득세법상 1거주자로 되어 소득세 납세의무자가 되면, 단체의 구성원으로서 조세범 처벌법 위반을 한 행위자는 그 단체의 대리인, 사용인 기타 종업원으로서 포탈행위의 책임을 지고 그 단체는 '개인'으로서 양벌책임의 주체가 된다는 견해가 있다. 소득세법상 개인에 준하여 납세의무를 인정하고 있으므로 그 포탈책임을 인정하여야 한다는 것이다.[24]

그러나 소득세법상 거주자가 되는 법인 아닌 단체라 하더라도 이를 조세범 처벌법의 '개인'으로 보아 양벌규정을 적용하는 것은 별개의 문제이다. 첫째로, 국가나 사회, 단체 등을 구성하는 낱낱의 사람을 뜻하는 '개인(個人)'의

---

24) 안대희, 262면.

사전적 의미에 비추어 볼 때, 기본적으로 단체는 사람을 전제로 하는 개인이라는 용어를 사용할 수 없다. 그렇기 때문에 법적으로 인격을 부여하면 법인(法人)이라 칭하고, 소득세법에서도 법인 아닌 단체에 소득세를 과세하기 위하여 '개인'이 아닌 '거주자(居住者)'라는 용어를 선택한 것이다. 둘째로, 소득세법은 제1조의2 제1항 제1호에서 "거주자란 국내에 주소를 두거나 183일 이상의 거소를 둔 개인을 말한다"라고 하면서, 제2조 제3항에서 "국세기본법 제13조 제1항에 따른 법인 아닌 단체 중 같은 조 제4항에 따른 법인으로 보는 단체 외의 법인 아닌 단체는 거주자로 보아 소득세법을 적용한다"고 하여 법인 아닌 단체를 거주자로 보는 경우를 소득세법에 한정하고 있다. 따라서 다른 법에 규정된 개인 또는 거주자를 소득세법상의 거주자와 동일시하여 같은 뜻으로 풀이할 수 없다. 일례로 상속세 및 증여세법 제2조 제8호는 "국내에 주소를 두거나 183일 이상 거소를 둔 사람"을 거주자라고 정의하여 거주자의 범주가 소득세법과 다르게 풀이된다. 셋째, 부가가치세법 제3조를 보더라도 부가가치세 납세의무자를 "개인, 법인, 법인격이 없는 사단·재단 또는 그 밖의 단체"라고 하여 개인과 법인 아닌 단체를 명백히 구분하였다.

위와 같은 점들을 종합하여 보면, 조세범 처벌법의 양벌규정에 국세기본법 제13조에 따라 법인으로 보는 단체 이외의 법인 아닌 단체에 대한 처벌을 언급하지 않고, 별도로 그러한 단체를 법인 또는 개인으로 간주하는 규정도 없는 이상, 법인 아닌 단체의 대표자, 대리인, 사용인 그 밖의 종업원이 영업주인 법인 아닌 단체의 업무에 관하여 조세범칙행위를 하였다 하더라도, 그 법인 아닌 단체를 조세범 처벌법상 '개인'으로 보아 처벌할 수는 없다. 아무리 관련 조문을 전체적·종합적으로 해석하여 보더라도 조세범 처벌법에서 법인 아닌 단체를 '개인인 영업주'로 보기는 어려운 것이다. 그렇게 볼 경우 법규정의 가능한 의미를 벗어나 법형성이나 법창조행위에 이르는 유추해석이 되어 죄형법정주의에 어긋난다. 따라서 법인 아닌 단체 중 국세기본법상 법인으로 보는 단체 이외의 단체의 업무에 관하여 조세범칙행위가 발생하면 처벌할 수 없다.

입법론적으로, 양벌규정의 대상을 정비하여 '법인'에 국세기본법 제13조에 따라 법인으로 보는 단체를 포함하고, '개인'에 법인 아닌 단체로서 국세기본법에 의하여 법인으로 보는 단체 외의 단체 중 구성원과 독립하여 납세의무를 지는 단체를 포함하거나, 아예 양벌규정의 적용 대상을 「법인 또는 세법상 독립적으로 의무를 부담하는 법인 아닌 단체, 개인」으로 법문언을 개정한다면 처벌의 공백이 없게 된다. 그렇게 되면 소득세법상 1거주자로 보는 법인 아닌 단체의 경우도 영업주로서 양벌책임의 주체가 될 수 있다.

3. 소득세법상 공동사업에 해당하는 경우

법인 아닌 단체로서 위와 같이 법인으로 의제되지 않은 것은 소득세법상 거주자로 보아 소득세를 부과하는데(소득세법 제2조 제3항), 구성원간 이익의 분배방법이나 분배비율이 정하여져 있지 않거나 확인되지 않는 경우에는 해당 단체를 1거주자로 보아 그 단체에게 소득세를 과세하나, 구성원간 이익의 분배방법이나 분배비율이 정하여져 있거나 사실상 이익이 분배되는 것으로 확인되는 경우에는 해당 구성원이 공동으로 사업을 영위하는 것으로 보아 구성원별로 소득세를 과세한다(소득세법 제2조 제3항). 따라서 그 지분 또는 손익 분배의 비율에 의하여 분배되었거나 분배될 소득금액에 따라 각 거주자별로 납세의무를 부담하고, 조세범칙행위가 있다면 각 거주자별로 책임을 지게 될 뿐이다.

대법원 역시 비록 소득세에 관한 사안은 아니나, 공동사업자로서 동업관계인 주조협회를 조직한 피고인들에게 공동업무집행자의 주세포탈행위에 대한 선임·감독상의 과실을 인정하여 조세범 처벌법상의 양벌규정에 따라 기소한 사안에서, 「피고인들이 양조사업을 운영하기 위하여 전주주조협회를 조직하였다 하여 그 협회가 권리 의무의 주체성이 있다 할 수 없을 뿐더러 이 협회는 주세법상의 약주 제조면허 대상자이거나 약주 제조자이거나 납세의무자가 아니고 내부적인 동업계약 관계에 불과하다 할 것이므로 이와 같은 견지에서 그 동업자인 피고인들 각자에게 본건 탈세 책임을 인정」한다고 판시[25] 하여 공동사업 단체에 대한 양벌규정 적용을 부인하고 구성원 각자에게 책임을 물었다. 또한 「건축법 제81조 제2항에서 정한 '법인 또는 개인'의 '개인'에는 민법상 조합의 구성원인 조합원들도 포함되는 것이므로 민법상 조합의 대표자로서 조합의 업무와 관련하여 실제 위반행위를 한 자는 위 양벌규정에 의한 죄책을 면할 수 없다」[26]고 하여 민법상 조합의 경우에도 조합 자체가

---

25) 대판 1969. 8. 26. 69도1151.

아닌 조합원 개개인에게 책임을 부과하였다.

제5절 행위자 처벌 ― 수범자의 확대

I. 양벌규정의 수범자 확대기능

1. 문제의 제기

조세범 처벌법은 납세의무자 또는 사업자 등 일정한 신분을 가진 자만을 처벌하는 경우가 많아, 해당 조문에서 요구하는 신분에 있지 않은 자는 구성요건에 해당하지 않으므로 해당 조문의 정범이 될 수 없고 처벌되지 않는 것이 원칙이다. 그런데 조세범 처벌법 제18조는 종업원 등이 영업주의 업무에 관하여 조세범 처벌법에서 규정하는 범칙행위를 하면 "그 행위자를 벌할 뿐만 아니라" 영업주에게도 해당 조문의 벌금형을 과한다고 규정하고 있다. 위와 같이 신분을 언급하지 않은 채 "행위자"를 벌한다고 하였으므로, 신분범 처벌규정에 있어서 신분이 없는 자 역시 범칙행위를 하면 양벌규정에 근거하여 신분범과 동일하게 정범으로 처벌할 수 있는지가 문제된다.

2. 학   설

신분범을 처벌하는 규정에 있어서 양벌규정에 의하여 신분이 없는 자도 처벌이 가능하도록 하는 것을 양벌규정의 수범자 확대기능, 또는 양벌규정의 창설적 효력이라 한다. 이러한 수범자 확대기능을 인정할 것인가에 관하여 긍정설과 부정설이 대립한다. 긍정설은 ① 법인이 신분자인 경우 실제 행위자를 처벌하는 것이 행정목적 및 처벌목적에 부합하고, ② 규정의 해석상 "행위자"는 신분 유무를 불문하고 실제 업무를 처리한 사람을 말한다고 보아야 하기 때문에 이를 인정하여야 한다고 한다.[27] 범죄주체적격을 영업주의 대리인, 사용인, 그 밖의 종업원까지로 확대하였기 때문에 신분범의 구성요건 중 주체요

---

26) 대판 2005. 12. 22. 2003도3984.

27) 김대휘, 양벌규정의 해석, 형사판례연구10, 116면; 정금천, 양벌규정과 법인의 형사책임, 형사판례의 연구 1, 151면; 손동권, 법인의 범죄능력과 양벌규정, 안암법학 제3호, 안암법학회, 1995, 325~350면; 신동운, 118면.

건을 수정하였다고 하여 구성요건수정설이라 하기도 한다.

　이에 반하여 부정설은 ① 우리나라는 벌칙 본조가 요구하는 신분요소를 갖추지 못한 행위자를 처벌한다는 독일 형법 제14조 제1항과 같은 규정이 없고, ② 양벌규정은 이미 성립한 자연인 행위자의 범죄를 전제로 법인의 처벌을 규정한 것이지 자연인 행위자의 처벌을 규정한 것이 아니라는 이유로 수범자 확대기능을 부정한다. 형벌권이 부당하게 확대된다는 것이다.[28] 이에 의하면 신분범 처벌규정인 벌칙 본조에 실제 행위자를 처벌하도록 하는 규정이 없는 이상 양벌규정에 의하여 신분자 아닌 자를 처벌할 수 없게 된다.

3. 판 례

　대법원은 일관되게 양벌규정은 행위자에게까지 처벌조항의 적용대상자를 확장하는 규정이라고 판시하고 있다. 대표적인 것으로서 1999. 7. 15. 선고된 95도2870 전원합의체 판결의 요지는 다음과 같다.

　대법원 1999. 7. 15. 95도2870 전원합의체 판결

　[다수의견] 구 건축법(1991. 5. 31. 법률 제4381호로 전문 개정되기 전의 것) 제54조 내지 제56조의 벌칙규정에서 그 적용대상자를 건축주, 공사감리자, 공사시공자 등 일정한 업무주(業務主)로 한정한 경우에 있어서, 같은 법 제57조의 양벌규정은 업무주가 아니면서 당해 업무를 실제로 집행하는 자가 있는 때에 위 벌칙규정의 실효성을 확보하기 위하여 그 적용대상자를 당해 업무를 실제로 집행하는 자에게까지 확장함으로써 그러한 자가 당해 업무집행과 관련하여 위 벌칙규정의 위반행위를 한 경우 위 양벌규정에 의하여 처벌할 수 있도록 한 행위자의 처벌규정임과 동시에 그 위반행위의 이익귀속주체인 업무주에 대한 처벌규정이라고 할 것이다.

　[보충의견] 생략

　[반대의견] (생략) ⋯ 구 건축법의 양벌규정에서처럼 단지 그 소정의 '행위

---

28) 이재상, 108면; 한성훈, 앞의 논문, 97면; 이천현, 법인의 범죄주체능력과 형사책임, 형사법연구 제22호, 2004, 66면.

자를 벌하는 외에'라고만 규정하여 그 규정에서 행위자 처벌을 새로이 정한 것인지 여부가 명확하지 않음에도 불구하고 형사처벌의 근거 규정이 된다고 해석하는 것은 죄형법정주의의 원칙에 배치되는 온당치 못한 해석이라는 점, 종래 대법원판례가 구 건축법의 양벌규정이 행위자 처벌의 근거 규정이 될 수 없다고 일관되게 해석하여 옴으로써 국민의 법의식상 그러한 해석이 사실상 구속력이 있는 법률해석으로 자리잡게 되었다고 할 수 있음에도 불구하고 단지 다른 법률의 양벌규정과 해석을 같이 하려는 취지에서 국민에게 불이익한 방향으로 그 해석을 변경하고 그에 따라 종전 대법원판례들을 소급적으로 변경하려는 것은 형사법에서 국민에게 법적안정성과 예측가능성을 보장하기 위하여 소급입법 금지의 원칙을 선언하고 있는 헌법의 정신과도 상용될 수 없는 점 등에 비추어 구 건축법의 양벌규정 자체가 행위자 처벌의 근거 규정이 될 수는 없다.

Ⅱ. 소   결

양벌규정의 "그 행위자를 벌할 뿐만 아니라"는 문언을 보면 양벌규정은 사실행위를 한 자를 처벌하도록 의도하고 있다고 해석된다. 게다가 그 행위자의 범위를 법인 또는 개인의 대리인, 사용인, 그 밖의 종업원으로 규정한 것은 납세의무자 등 신분범이 아닌 자를 지칭한 것임이 분명하다. 신분범이 아니라는 이유로 실제로 행위를 한 자가 처벌을 빠져나가는 것을 방지하기 위하여 비록 처벌 본조의 신분이 없다 하더라도 그러한 범칙행위를 한 자를 처벌할 것도 규정하고 있는 것이다.

판례의 반대의견과 같이 해석하면 영업주 몰래 대리인이나 직원이 조세범칙행위를 저지른 경우 영업주는 해당 범칙행위에 대한 고의가 없기 때문에 처벌 본조로 처벌되는 대신 양벌규정에 의하여 벌금형을 받는 정도에 그치게 될 것이고, 가장 비난받아야 할 실제 행위자는 처벌을 면하게 된다.

만일 양벌규정의 창설적 효력을 부정한다면 명문규정을 무시하는 것이 되어 오히려 죄형법정주의에 반할 뿐 아니라 사실상 책임있는 자에 대한 처벌이 이루어지지 않게 되어 국민 일반의 법감정과 형벌의 책임주의에 반하는 결과가 된다. 따라서 양벌규정이 신분자 아닌 행위자에 대한 처벌의 근거가 된다는 입장에 찬동한다. 따라서 벌칙 본조의 신분자가 아닌 행위자를 처벌하는 경우 그

근거가 되는 법조문인 조세범 처벌법 제18조를 공소장과 판결문에 적시하여
야 한다. 다만, 입법론으로는 논란이 있을 수 있는 현재의 법문안을 수정하여
행위자에 대한 처벌을 요구하는 규정임을 명백히 하여야 한다고 본다.

제 6 절 행위요건

Ⅰ. 업무관련성

업무(業務)란 사회생활상의 지위에 기하여 계속 또는 반복하여 행하는 사
무를 말한다. 일반적으로 업무는 사회상규(社會常規)상 보호할 가치가 있는 것
이면 되고, 반드시 그 업무의 기초가 된 계약, 행정행위 등이 적법하여야 하
는 것은 아니다. 따라서 양벌규정이 적용되려면 실제 행위자가 적법하든 위법
하든 사회상규상 보호할 가치가 있는 영업주의 업무에 관하여 조세범칙행위
를 하여야 한다. 법인의 경우 그 업무가 정관에 정하여진 목적범위를 벗어난
다 하더라도 외견상 객관적으로 법인의 업무에 관한 것이라면 업무관련성이
인정된다.

일본의 판례에 의하면 업무에 관한 행위는 외형상 업무와 관련된 행위로
서 어떠한 경제상의 영향이 영업주에 미치는 것으로 족하고 반드시 영업주를
위한다는 의사가 필요하지는 않다고 한다.[29] 우리 대법원은 「객관적 외관상
으로 영업주의 업무에 관한 행위이고 종업원이 그 영업주의 업무를 수행함에
있어서 위법행위를 한 것이라면 그 위법행위의 동기가 종업원 기타 제3자의
이익을 위한 것에 불과하고 영업주의 영업에 이로운 행위가 아니라 하여도
영업주는 그 감독해태에 대한 책임을 면할 수 없다」라고 하여 같은 입장이
다.[30] 따라서 비록 영업주의 의사와 이익에 반한다 하더라도 사용인 등의 행
위가 외관상 영업주의 업무와 관련되고 그 효과가 영업주에게 귀속된다면 업
무관련성이 인정된다고 보인다. 영업주가 사용인의 행위에 대하여 알지 못했
다거나 그러한 위법한 결과를 의도하지 않았다 하더라도, 양벌규정에서 영업

---

29) 일본 최고재판소 소화 37(1962). 2. 22. 판결.
30) 대판 1977. 5. 24. 77도412; 1987. 11. 10. 87도1213.

주의 책임은 자신의 지휘하에 있는 사용인 등에 대한 선임·감독책임이기 때문에 위와 같이 사용인 등의 행위에 대한 고의 없음을 이유로 책임을 면할 수는 없다.

Ⅱ. 행위자의 범칙행위

영업주에게 양벌규정을 적용하려면 대리인 등 행위자의 조세범칙행위가 전제되어야 한다. 영업주의 책임을 묻기 위한 대리인 등의 행위는 구성요건에 해당하고 위법성이 있으면 충분하고 반드시 책임이 있을 필요까지는 없다.

행위자는 고의에 의한 조세범칙행위의 정범이 되고,[31] 영업주는 행위자를 선임·감독함에 있어 행위자가 불법행위에 이르도록 주의의무를 다하지 않은 과실에 기한 독자적 위법행위의 정범이 된다.[32] 그러므로 개인책임주의 원칙에 따라 영업주에 대한 처벌을 함에 있어 행위자의 책임 유무에 구애받지 않는다. 책임이란 위법한 행위에 대하여 행위자 개인을 비난할 수 있는가의 문제이기 때문이다. 따라서 행위자가 책임능력이 없거나 책임이 조각된다 하더라도 영업주가 이를 이유로 자신의 죄가 없음이나 책임없음을 주장할 수는 없다.

제 7 절   영업주의 면책

Ⅰ. 면책규정 — 입증책임의 전환

조세범 처벌법 제18조는 단서에서 "다만, 법인 또는 개인이 그 위반행위를 방지하기 위하여 해당 업무에 관하여 상당한 주의와 감독을 게을리하지

---

31) 정범이란 범죄를 스스로 실행하고 불법구성요건의 주관적 요소와 객관적 요소를 충족한 자를 말한다.

32) 대판 1987. 11. 10. 87도1213; 2006. 2. 24. 2005도7673 「양벌규정에 의한 영업주의 처벌은 금지위반행위자인 종업원의 처벌에 종속하는 것이 아니라 독립하여 그 자신의 종업원에 대한 선임감독상의 과실로 인하여 처벌되는 것이므로 종업원의 범죄성립이나 처벌이 영업주 처벌의 전제조건이 될 필요는 없다.」

아니한 경우에는 그러하지 아니하다"고 하여 대리인 등 행위자의 범칙행위가
있다 하더라도 영업주에게 과실이 없다는 증명이 있으면 책임을 면하는 길을
열어놓고 있다.

그 입증책임은 조문의 구조상 영업주에게 있다. 즉, 행위자의 범칙행위가
있으면 영업주의 과실이 일응 추정되고, 영업주가 자신에게 과실이 없었음을
증명한 경우에만 그 추정이 번복되어 영업주가 책임을 면하게 되는 것이다.
대법원 역시 「이 경우 법인은 엄격한 무과실책임은 아니라 하더라도 그 과실
의 추정을 강하게 하고, 그 입증책임도 법인에게 부과함으로써 양벌규정의 실
효를 살리자는 데 그 목적이 있다」고 판시[33]하여 사실상 과실추정설의 입장
인 것으로 보인다.

이러한 입증책임의 전환은 형사소송법상 거증책임의 분배원칙에 반하므
로 타당치 못하다는 견해가 있다. 영업주에게 과실책임이 있다는 것을 검사가
입증하여야 한다는 것이다.[34] 그러나 외부인인 검사가 영업주의 감독과실을
입증하기는 사실상 매우 어렵다. 또한 조세범 처벌법은 행정형법으로서 그 기
술성과 전문성에 비추어 일반형법의 원리가 어느 정도 수정될 수 있다고 보
여진다. 양벌책임을 지움에 있어 입증책임을 전환하는 것이 형법의 일반원리
를 과다하게 침해하는 것으로서 허용될 수 없는 정도에 이른다고는 보이지
않는다. 증거를 사실상 지배하고 사용인 등이 자신의 업무에 관하여 위법행위
를 하지 않도록 하여야 할 감독의무를 지는 영업주가 본인의 책임없음을 적
극적으로 입증하는 것이 합리적으로 보일 뿐 아니라 책임원칙과도 조화를 이
루는 것으로 보인다.

Ⅱ. 면책사유의 입증정도

그렇다면 영업주가 대리인 등 행위자의 위법행위를 방지하기 위하여 해
당 업무에 관하여 어느 정도의 주의와 감독을 하여야 양벌책임을 벗어날 수
있는지가 문제된다.[35]

---

33) 대판 1995. 7. 25. 95도391; 1992. 8. 18. 92도1395; 1980. 3. 11. 80도138.
34) 임웅, 111면.
35) 일본의 경우 "기업의 구조상 행위자의 위반행위가 생기지 아니하도록 방지체제가 철저하게
    행하여지고 있고, 업무감독기구가 정비되어 건전한 세무회계가 지켜지는 체제하에서 행위

　　대법원은 구체적인 사안에서 법인이 상당한 주의 또는 관리감독의무를 게을리하였는지 여부는 당해 위반행위와 관련된 모든 사정, 즉 당해 법률의 입법 취지, 처벌조항 위반으로 예상되는 법익 침해의 정도, 위반행위에 관하여 양벌규정을 마련한 취지 등은 물론 위반행위의 구체적인 모습과 그로 인하여 실제 야기된 피해 또는 결과의 정도, 법인의 영업 규모 및 행위자에 대한 감독가능성이나 구체적인 지휘감독 관계, 법인이 위반행위 방지를 위하여 실제 행한 조치 등을 전체적으로 종합하여 판단하여야 한다는 입장이다.[36] 그리하여 대리인 등 행위자가 영업주의 관세환급 및 상계신청업무를 담당하던 자이고 그가 영업주인 회사의 실질적인 대표자에게 알리지도 아니한 채 부정 상계행위를 혼자 범하였다는 사실[37]이나, 영업주인 법인이 종업원들에게 위법행위를 하지 않도록 교육을 시키고, 또 입사시에 그 다짐을 받는 각서를 받는 등 일반적이고 추상적인 감독을 하였다는 사실만으로는 면책사유에 해당하지 않는다[38]고 하였다. 대리인 등 행위자가 일상업무의 수행과정에서 영업주 모르게 해당 업무에 관한 범칙행위를 저지르거나, 당해 업종의 특성상 흔히 발생할 수 있는 위법행위에 관하여 요식적이고 추상적인 정도의 다짐과 교육에 그쳤다면 감독상의 책임을 다하지 못하였다는 것이다.

　　따라서 영업주가 자신의 선임·감독책임에서 벗어나려면 종업원이 당해 업무를 적법하게 수행하도록 지속적으로 교육을 하여야 할 뿐 아니라, 종업원이 업무를 수행하는 과정에 있어서도 개개의 업무별로, 또는 일정 단위의 기간별로 수행한 업무의 적법성을 검증하는 내부시스템을 구축하고 동 시스템을 올바르게 작동하는 등 적극적이고 정기적이며 구체적인 감독이 이루어져 선량한 관리자로서의 주의의무를 다하였음을 입증하여야 한다.

　　자에 대하여 법령준수교육이 철저히 이행"되었다면 면책사유가 인정될 수 있다는 견해가 있다. 松澤 智, 72면; 伊藤榮樹 등, 244면(안대희, 259면에서 재인용).

36) 대판 2010. 4. 15. 2009도9624; 2010. 4. 29. 2009도7017; 2012. 5. 9. 2011도11264 등 참조.

37) 대판 1995. 7. 25. 95도391(관세법 위반에 관한 사건이다).

38) 대판 1992. 8. 18. 92도1395(유흥업소의 종업원이 윤락알선행위를 하여 영업주인 유흥업소에게 양벌책임을 물은 공중위생법 위반 사건이다).

제 8 절 자수감경(自首減輕)의 적용여부

형법 제52조 제1항은 죄를 범한 후 수사책임이 있는 관서에 자수한 때 그 형을 감경 또는 면제할 수 있도록 규정하였다. 자수란 범인이 수사관서에 자신의 범죄사실을 알려 처벌을 구하는 의사표시이다. 자수에 의하여 후회와 개전의 정이 객관적으로 드러나기 때문에 이를 장려하고 수사기관의 부담을 덜어주기 위하여 자수한 자에 대하여는 형을 임의적으로 감면하도록 규정한 것이다.

양벌규정의 적용을 받는 영업주의 경우에도 이러한 자수감경이 적용될 수 있는 것인시가 문세될 수 있다. 이에 대하여 대법원은 「법인의 직원 또는 사용인이 위반행위를 하여 양벌규정에 의하여 법인이 처벌받는 경우, 법인에게 자수감경에 관한 형법 제52조 제1항의 규정을 적용하기 위하여는 법인의 이사 기타 대표자가 수사책임이 있는 관서에 자수한 경우에 한하고, 그 위반행위를 한 직원 또는 사용인이 자수한 것만으로는 위 규정에 의하여 형을 감경할 수 없다」고 하였다.39) 따라서 대표자 등이 행위자가 되고 그가 자수를 행한 경우에는 행위자와 영업주 모두 자수감경을 받을 수 있지만, 대표자가 아닌 자가 행위자라면 이사나 대표자 등 영업주 본인의 자수행위가 별도로 있어야 한다.

제 9 절 특가법과 양벌규정

특정범죄 가중처벌 등에 관한 법률(특가법) 제8조 제1항은 포탈세액 등이 연간 5억 원 이상인 경우 조세범 처벌법보다 가중된 징역형 및 벌금형을 법정형으로 정하고, 반드시 벌금형을 병과하도록 규정하고 있다. 특가법은 포탈행위를 직접 수행한 행위자에게만 적용된다. 행위자가 특가법에 의하여 가중처벌되는 경우에 있어서도 특가법에 양벌규정이 별도로 규정되어 있지 않은 이상 영업주는 특가법에 의하여 가중처벌되지 않고 조세범 처벌법 제18조의 양벌규정에 따라 조세범 처벌법 각칙 본조에서 정한 벌금형에 따라 처벌될 뿐이다.40) 영업주는 공소장의 죄명도 특가법위반이 아닌 조세범처벌법위반으로

---

39) 대판 1995. 7. 25. 95도391.

기재하여야 한다.[41)]

제10절 개인인 영업주의 사망 및 법인인 영업주의 해산

Ⅰ. 의   의

형사소송법 제328조 제1항은 피고인이 사망하거나 피고인인 법인이 존속하지 아니하게 되었을 때에는 결정으로 공소를 기각하도록 규정하고 있다. 양벌규정을 적용함에 있어서도 개인인 영업주가 사망한 때에는 공소기각의 결정을 하게 된다.

영업주가 법인이라면 사안이 약간 다르다. 법인은 개인과는 달리 물리적인 사망을 상정할 수 없고 법인격의 소멸만이 있을 뿐이다. 법인의 해산사유로는 합병·분할·파산·법원의 해산명령 또는 해산판결·주주총회의 해산결의로 나뉘는바(상법 제517조) 이하 그 각각의 경우에 양벌책임이 어떻게 되는지 본다.

Ⅱ. 청산법인

주식회사가 해산등기를 하면 분할, 합병, 분할합병 또는 파산의 경우를 제외하고는 청산을 하여야 한다(상법 제531조 제1항). 청산은 회사의 존립중에 발생한 일체의 대내적·대외적 법률관계를 종국적으로 처리하기 위한 절차를 말한다. 분할, 합병, 분할합병을 원인으로 해산하는 경우에는 그 권리의무가 포괄적으로 신설 또는 존속회사에 승계되며, 파산의 경우 파산관재인이 「채무자회생 및 파산에 관한 법률」의 규정에 따라 처리하여야 하므로 상법상의 청산절차를 거치지 않는다.

청산법인은 청산의 목적범위 내에서 해산 전의 법인과 동일한 인격체로

---

40) 대판 1973. 8. 21. 73도1148; 1992. 8. 14. 92도299.
41) 다만, 행위자는 특가법에 따라 처벌되므로, 행위자에 대한 공소장의 죄명은 '특가법위반(조세)'이 된다.

서 권리능력을 유지한다. 따라서 해산 전의 조세범칙행위와 관련한 양벌책임
은 청산법인이 부담한다. 청산중의 회사라 하더라도 해산 전 법인과 관련된
민사소송 및 형사소송에서의 당사자능력이 유지되고, 회사해산 및 청산등기
전에 업무 또는 재산에 관한 위반행위로 인하여 재산형에 해당하는 사건으로
소추를 받는 것은 청산인의 현존사무(상법 제254조 제1항 제1호)의 범위에 해당
하기 때문이다.

　　회사의 청산등기가 경료되었다면 그 법인격이 소멸하여 회사의 당사자능
력 및 권리능력이 상실되었다고 보아 형사소송법 제328조 제1항 제2호에 따
라 공소기각의 결정을 함이 원칙이다. 그러나 형사소송이 계속중 회사의 청산
종료의 등기가 경료되었다면 그 피고사건이 종결되기 전까지는 회사의 청산
사무가 종결되지 않았다고 보아야 한다. 따라서 공소기각의 결정을 할 것이
아니라 양벌책임을 그대로 부담시켜야 한다.[42]

Ⅲ. 합병, 분할, 분할합병

　　합병의 본질에 관하여 인격합일설과 현물출자설이 대립하는데 우리나라
와 일본의 대다수 학자들은 인격합일설을 택하고 있다.[43] 합병을 2개 이상의
회사가 합하여 하나의 회사로 되는 것이라고 정의하는 인격합일설에 따를 경
우 합병이 이루어짐에 따라 당사회사 중 일부 또는 전부가 소멸하되 종전의
인격을 토대로 한 모든 외부적 법률관계가 존속회사 또는 신설회사로 승계된
다. 분할 및 분할합병 역시 동일한 논의가 가능하다.

　　그러나 합병 및 분할은 회사의 해산사유로서[44] 이로 인하여 이전 회사의
법인격은 법률상 소멸한다. 해산등기 이후의 존속회사 또는 신설회사는 이전
회사의 권리와 의무를 승계할 뿐이다. 여기서 양벌규정으로 인한 형사책임이
존속회사 또는 신설회사가 승계하는 의무의 범위에 포함되는가 하는 문제가
제기된다.

　　이에 대하여 대법원은 회사가 공정거래법 위반행위를 한 후 분할되어 신

---

　42) 대판 1982. 3. 23. 81도1450.
　43) 이철송, 122면.
　44) 상법 제227조 제4호, 제269조, 제287조의38, 제517조 제1호, 제517조 제1호의2, 제609조 제
　　 1항 제1호.

설회사에게 과징금이 부과된 사안에서 「분할하는 회사의 분할 전 법 위반행위를 이유로 과징금이 부과되기 전까지는 단순한 사실행위만 존재할 뿐 그 과징금과 관련하여 분할하는 회사에게 승계의 대상이 되는 어떠한 의무가 있다고 할 수 없으므로, 특별한 규정이 없는 한 신설회사에 대하여 분할하는 회사의 분할 전 법 위반행위를 이유로 과징금을 부과하는 것은 허용되지 않는다」[45]고 하였다. 분할로 인하여 설립되는 신설회사와 존속회사는 회사분할시 분할되는 회사의 채권자를 보호하기 위하여 분할 전의 회사채무에 관하여 연대책임을 지는 것이 원칙이다(상법 제530조의9 제1항). 그러나 회사분할시 당사자들의 회사분할 목적에 따른 자산 및 채무 배정의 자유를 보장하기 위하여 소정의 특별의결 정족수에 따른 결의를 거친 경우에는 신설회사가 분할되는 회사의 채무 중에서 출자한 재산에 관한 채무만을 부담할 것을 정할 수 있다고 규정하고 있다(상법 제530조의9 제2항). 신설회사 또는 존속회사는 분할되는 회사의 권리와 의무를 분할계획서가 정하는 바에 따라서 승계하도록 규정하고 있는 등(상법 제530조의10) 신설회사 또는 존속회사가 승계하는 것은 분할하는 회사의 권리와 의무에 한정될 뿐 그 인격이 동일하다고 볼 수 없다는 것이 그 이유이다.

위 판례는 금전적 행정상 제재처분인 과징금 부과처분에 관한 것이기는 하나 금전적 형벌인 양벌규정의 벌금형에도 동일한 이론구성이 될 것으로 보인다. 벌금형은 형벌이기 때문에 일신전속적 성질이 있다는 점에서 더욱 그러하다. 또한 합병·분할일 현재 납세의무가 성립되었다면 존속회사 또는 신설회사에 그 의무가 승계되는 것과는 달리, 양벌책임의 경우 재판이 확정되기 전까지는 의무가 성립한 것이 아니라 사실행위만이 존재하기 때문이다.

다만 위 대법원 판례의 논리를 엄격하게 적용할 경우 회사의 합병·분할 제도를 이용하여 양벌규정을 사실상 무력화 할 수 있는바[46] 이에 대한 대책 마련이 필요하다 하겠다.

---

45) 대판 2007. 11. 29. 2006두18928; 2009. 6. 25. 2008두17035; 2011. 5. 26. 2008두18335.
46) 강수진·이승민, 회사분할과 공정거래법 위반행위에 대한 책임의 승계, BFL 제49호(2011. 9), 51면.

제7장

형법 총칙 적용의 일부배제

제20조(「형법」적용의 일부배제) 제3조부터 제6조까지, 제10조, 제12조부터 제
   14조까지의 범칙행위를 한 자에 대해서는 「형법」 제38조 제1항 제2호 중 벌
   금경합에 관한 제한가중규정을 적용하지 아니한다.

제 1 절 서   론

조세범 처벌법 역시 행정형법으로서 특별한 규정이 없는 한 형법 및 형사
소송법의 일반이론이 적용된다는 점은 앞서 본 바와 같다. 우리 형법 제8조는
형사법에 관한 일반법의 위치에 입각하여 "본법 총칙은 타법령에 정한 죄에
적용한다"고 규정하고 있다.

그러나 특수한 유형의 범죄와 형벌을 규정한 특수형법에 있어 각 법이 제
정된 고유의 목적을 효과적으로 달성하기 위하여 형법 총칙을 배제할 필요성
이 있는 경우가 있다. 형법 제8조는 "법령에 특별한 규정이 있는 때에는 예외
로 한다"라는 단서를 두어 당해 특별법에서 별도의 규정을 둔 경우 이를 우선
적용하도록 하였다. 이에 따라 형법 총칙의 적용을 명시적으로 배제하도록 둔
법률의 예로, 담배사업법 제31조,[1] 구 인삼사업법(1996. 7. 1. 법률 제5022호로

---

1) 담배사업법 제31조(형법의 적용제한) 이 법에 정한 죄를 범한 자에 대하여는 형법 제9조·
   제10조 제2항·제11조·제16조·제32조 제2항·제38조 제1항 제2호 중 벌금경합에 관한 제
   한가중규정과 동법 제53조의 규정은 이를 적용하지 아니한다. 다만, 징역형에 처할 경우 또

폐지) 제27조,[2] 관세법 제278조,[3][4] 조세범 처벌법 제20조를 들 수 있다.

그렇다면 타법령에 특별한 규정이 있는 경우에는 무제한으로 형법 총칙을 배제할 수 있는 것인가? 다시 말해 범죄와 형벌이 법률로 규정되기만 한다면 죄형법정주의가 충족된다고 볼 수 있는가? 물론 아니다. 형벌은 기본적으로 국가에 의한 국민의 기본권 침해를 전제로 한다. 따라서 형벌법규의 제정 및 개정은 헌법의 기본권 침해에 관한 테두리 내에서 이루어져야 한다. 진정한 의미의 죄형법정주의는 범죄와 그에 대한 형벌이 법률로 규정되어야 할 뿐 아니라 그 법률이 적절하여야 할 것까지 요구한다. 타법령에 규정된 형법 총칙의 배제가 국민의 기본권 침해를 강화하는 경우, 책임주의와 같은 형법의 일반원리에 부합하는지, 헌법상 인간의 존엄과 가치존중의 원칙(헌법 제10조)과 비례의 원칙 및 과잉금지의 원칙(헌법 제37조 제2항)이 준수된 것인지 검토되어야 한다. 이러한 원칙들은 비록 입법자라 할지라도 침해할 수 없다.

그런데 조세범 처벌법은 제20조에서 형법 총칙규정의 일부 적용배제를 규정하고 있으므로, 이러한 규정이 위와 같은 형법 및 헌법의 일반원리를 위반하고 있는 것은 아닌지 살펴볼 필요가 있다.

제2절 형법 총칙 적용 일부배제 규정의 축소

Ⅰ. 구 조세범 처벌법 규정의 비판 및 삭제

구 조세범 처벌법은 제4조에서 무면허주류제조(제8조), 조세포탈(제9조),

는 징역형과 벌금형을 병과할 경우에 있어서의 징역형에 대하여는 그러하지 아니하다.
2) 위 담배사업법 제31조와 동일한 내용이다.
3) 관세법 제278조(「형법」 적용의 일부 배제) 이 법에 따른 벌칙에 위반되는 행위를 한 자에게는 「형법」 제38조 제1항 제2호 중 벌금경합에 관한 제한가중규정을 적용하지 아니한다.
4) 구 관세법(2010. 1. 1. 법률 제9910호로 개정되기 전의 것) 제278조(「형법」규정의 배제)는 아래와 같이 구 조세범 처벌법처럼 형법 총칙 배제범위가 매우 넓었다.
　① 이 법에 의한 벌칙에 위반되는 행위를 한 자에 대하여는 「형법」 제9조·제10조 제2항·제11조·제32조 제2항·제38조 제1항 제2호와 제53조의 규정을 적용하지 아니한다.
　②「형법」 제16조를 적용하는 경우에 있어서는 법률의 착오에 정당한 이유의 유무를 불문한다.
　③ 제1항 및 제2항의 규정은 징역형에 처하는 때에는 예외로 한다.

체납(제10조), 원천징수의무위반(제11조), 납세증명표지의 불법사용(제12조의2), 결손금 과대계상(제12조의3 제3항)범을 벌금형에 처할 경우 형법 총칙의 형사미성년자 불처벌(형법 제9조)이나 심신미약자 및 농아자에 대한 감경(형법 제10조 제2항 및 제11조), 착오로 인한 책임조각(형법 제16조), 종범감경(형법 제32조 제2항) 규정들의 적용을 배제하였다. 조세범 처벌법 제정 당시의 일본 조세범 처벌에 관한 특례규정을 그대로 답습한 것이다. 그 당시 이 규정은 조세범죄에 대한 처벌이 조세에 관한 의무 위반행위의 반사회성, 반윤리성이나 주의의무의 해태를 벌하기 위한 것이 아니라 국가에 대한 금전채무 불이행에 따른 국가의 손실을 보전히기 위한 것이라는 사상에 기초하였다. 따라서 조세범의 처벌에 그 범정을 고려할 필요가 없었기 때문에 작량감경을 할 필요가 없는 것은 물론, 미성년자나 금치산자 또는 농아자도 그 책임을 면할 필요가 없다는 것이다.[5]

그러나 오늘날에는 조세범죄가 국가의 조세채권을 침해할 뿐만 아니라 다른 납세자에게 부담을 전가시켜 조세부담의 공평성을 침해하는 반사회적·반윤리적 행위로 이해되기 때문에 구 조세범 처벌법의 형법 총칙 배제규정이 형벌의 책임원칙에 반한다는 비판을 받았다. 이에 따라 개정법은 제20조에서 벌금경합에 관한 제한가중규정을 제외한 형법 총칙의 적용 배제규정을 삭제하였다.

위 삭제된 규정에 대한 비판의 논거는 다음과 같다.

1. 형사미성년자 불처벌 및 심신미약자와 농아자에 대한 감경 배제

14세 이하의 형사미성년자들은 통찰능력과 조종능력이 없다고 보기 때문에 위법한 행위를 저질러도 이를 비난할 수 없다는 것이 일반적인 견해이다. 너무 어린 나이에 전과자라는 낙인을 찍어 건전한 사회진입을 차단하는 것은 옳지 않다는 형사정책적 측면에서 보더라도 그렇다. 형사미성년자는 행위자의 지적·육체적·사회적 발육상태의 고려 없이 생물학적 나이만으로 획일적으로 정하여진다. 형법은 이러한 형사미성년자를 절대적 책임무능력자로 규정하여 형벌을 과하지 않는다.

심신미약자 및 농아자 역시 마찬가지이다. 심신의 장애로 사물을 변별할

---

5) 장한철, 조세범 처벌법의 체계와 문제점, 법과 정책연구, 제3집 제2호(2003. 12.), 70면.

능력이나 의사를 결정할 능력이 미약한 자와 청각기능과 발음기능의 장애로 사회에 대한 인지적 발육이 뒤처진 자는 책임능력이 저하되었다[6]고 보기 때문에 책임에 상응하는 형벌이 되도록 필요적으로 형을 감경하도록 규정한 것이다.

그런데 위와 같은 책임무능력자 또는 한정책임능력자들이 일반 형사범과는 달리 조세범칙행위에 관하여는 통찰능력과 조종능력이 있다거나 책임능력이 회복된다고 보기는 어렵다. 조세행정의 합목적성 및 기술적 특성을 고려한 특별규정이라 하더라도, 형벌에 있어서는 책임비례의 한계를 넘어설 수 없는 것이다. 이들의 책임없음을 이용하여 조세범칙행위를 한 자가 별도로 있는 경우 형법상 간접정범[7] 또는 교사범[8] 규정에 의하여 처벌하면 된다. 따라서 위와 같이 책임능력이 없거나 미약한 자에게 정상인과 동일한 형벌을 부과하여서는 안 된다.

2. 법률의 착오로 인한 책임조각 배제

형법 제16조는 "자기의 행위가 법령에 의하여 죄가 되지 아니하는 것으로 오인한 행위는 그 오인에 정당한 이유가 있는 때에 한하여 벌하지 아니한다"고 규정하였다. 이는 행위의 위법성에 대한 인식이 없고 그 불인식에 정당한 이유가 있다면 고의범으로서의 책임을 물을 수 없다는 사상에 근거한다. 인식하지 못한 데에 과실이 없으므로 과실범으로도 처벌할 수 없다.

이에 대하여 대법원은 형법 제16조를 「단순한 법률의 부지의 경우를 말하는 것이 아니고 일반적으로 범죄가 되는 행위이지만 자기의 특수한 경우에는 법령에 의하여 허용된 행위로서 죄가 되지 아니한다고 그릇 인식하고 그와 같이 그릇 인식함에 있어서 정당한 이유가 있는 경우에는 벌하지 아니한다는 취지이다」라고 일관되게 판시하여, 단순히 금지규범의 부지는 법률의

---

6) 그러나 농아자의 경우 현대사회의 농아교육이 발달하여 일률적으로 책임능력이 부족하다고 단언하기 어렵다. 학자들 사이에서는 형법 제11조를 삭제하고, 구체적인 사안별로 심신미약에 관한 형법 제10조 제2항을 적용하여야 한다는 의견이 지배적이다.

7) 형법 제34조(간접정범, 특수한 교사, 방조에 대한 형의 가중) ① 어느 행위로 인하여 처벌되지 아니하는 자 또는 과실범으로 처벌되는 자를 교사 또는 방조하여 범죄행위의 결과를 발생하게 한 자는 교사 또는 방조의 예에 의하여 처벌한다.

8) 형법 제31조(교사범) ① 타인을 교사하여 죄를 범하게 한 자는 죄를 실행한 자와 동일한 형으로 처벌한다.

착오로 볼 수 없다는 입장을 고수하고 있다.[9]

오인에 정당한 이유가 있는지 여부는 행위자가 오인을 회피할 수 있었는가 여부로 판단한다. 첫째, 행위자에게 자신의 행위의 위법성에 대하여 심사숙고할 계기가 있었는가, 둘째, 계기가 존재하는 경우에 위법성을 인식하기 위하여 진지하게 확인과 조회의 노력을 다하였는가, 셋째, 행위자가 충분한 노력을 다했다면 위법성을 인식할 수 있었는가가 그것이다.[10][11]

그런데 구 조세범 처벌법에서는 벌금형에 처할 경우에는 형법 제16조의 적용을 배제함으로써 법률의 착오에 정당한 이유가 있는지 여부를 불문하고 조세범 처벌법에 규정된 세법을 위반하기만 하면 처벌한다고 규정되어 있었다. 위와 같은 규정은 ① 벌금형과는 달리 징역형에 처할 경우 법률의 착오가 적용되므로, 동일한 세법위반행위에 대하여 법관이 벌금형을 선택하는지, 징역형을 선택하는지에 따라 처벌과 불처벌로 나뉘게 되는 모순이 발생하고, ② 특히 세법과 같은 전문법규는 분량이 방대할 뿐 아니라 내용이 전문적이고 개정이 빈번하여 규범에 관한 착오가 발생하기 쉽기 때문에 행위자에게 책임을 물을 수 없는 경우가 많음에도 예외를 두지 않고 처벌하게 된다는 문제점이 있었다. 성실한 납세의무자가 세무대리인이나 세무공무원의 잘못된 조언으로 자신의 경우에 의무가 없다고 오인하였고 이를 비난할 수 없는 경우에도 조세범으로 처벌한다면 이는 형법상 책임원칙을 부정하는 결과가 된다. 따라서 형벌법규에 형법 제16조의 적용을 배제하는 것은 부당하다.

3. 종범감경 배제

종범은 구성요건을 직접 실행하지는 않았으나 정범의 구성요건 실행을 가능 또는 용이하게 하거나 정범에 의한 법익침해를 강화하는 것을 말한다.

---

9) 대판 1985. 4. 9. 85도25; 1992. 10. 13. 92도1267.
10) 신동운, 451면; 오영근, 301면; 이재상, 366면; 임웅, 355면; 정성근/박광민, 277면.
11) 대판 2008. 2. 28. 2007도5987; 2006. 3. 24. 2005도5717; 2006. 9. 28. 2006도4666. 「이러한 정당한 이유가 있는지 여부는 행위자에게 자기 행위의 위법의 가능성에 대해 심사숙고하거나 조회할 수 있는 계기가 있어 자신의 지적능력을 다하여 이를 회피하기 위한 진지한 노력을 다하였더라면 스스로의 행위에 대하여 위법성을 인식할 수 있는 가능성이 있었음에도 이를 다하지 못한 결과 자기 행위의 위법성을 인식하지 못한 것인지 여부에 따라 판단하여야 할 것이며, 이러한 위법성의 인식에 필요한 노력의 정도는 구체적인 행위정황과 행위자 개인의 인식능력 그리고 행위자가 속한 사회집단에 따라 달리 평가되어야 한다.」

종범은 구성요건을 직접 실행한 정범에 비하여 위법성이나 가벌성이 약하기 때문에 정범보다 약하게 처벌하는 것이 일반적이다. 따라서 형법 제32조 제2항은 종범의 형을 정범의 형보다 필요적으로 감경한다. 그런데 조세범의 경우에만 특수하게 종범의 가벌성이 정범과 동일하다고 볼 아무런 근거가 없다. 게다가 벌금형에 처할 경우에만 감경을 배제하는 것도 불균형하다. 이러한 비난에 따라 구 조세범 처벌법의 종범감경 배제규정도 전면개정시 삭제되었다.

Ⅱ. 현행 조세범 처벌법 제20조

형법 제38조 제1항 제2호는 "각 죄에 정한 형이 사형 또는 무기징역이나 무기금고 이외의 동종인 형인 때에는 가장 중한 벌에 정한 장기 또는 다액에 그 2분의 1까지 가중하되 각 죄에 정한 형의 장기 또는 다액을 합산한 형기 또는 액수를 초과할 수 없다"라고 하여 수 죄를 범한 경우 각 조의 형을 합산하는 병과형을 원칙으로 두면서도 그 가중에 한계를 정하였다. 그런데 조세범 처벌법 제20조는 조세포탈(조세범 처벌법 제3조), 면세유 부정유통(제4조), 가짜석유제품제조(제5조), 무면허 주류의 제조 및 판매(제6조), 세금계산서 발급의무 위반(제10조), 납세증명표지의 불법사용(제12조), 원천징수의무 위반(제13조), 거짓으로 기재한 근로소득원천징수영수증 발급(제14조)의 범죄에 대하여 형법 총칙상의 벌금 제한가중규정을 배제한다. 따라서 판결이 확정되지 아니한 수개의 조세범 처벌법 위반죄에 대하여 벌금을 병과하는 경우 각 죄마다 벌금형을 따로 양정하여 이를 합산한 액수의 벌금형을 선고하여야 한다.[12]

이에 대하여 헌법재판소는 「수개의 조세범 처벌법위반행위에 대한 처벌에 있어서 형법상의 벌금제한가중규정을 준용할 것인가의 문제는 결국 법정형에 관한 문제이고, 국가의 입법정책에 속하는 문제로서, 조세포탈범의 처벌에 있어서 그 행위의 반사회성, 반윤리성에 터잡아 그에 대한 징벌의 강도를 높이기 위해 위와 같이 일부 형법규정의 적용을 배제한 입법자의 의도는 우리의 경제현실이나 사회실정 및 국민의 법감정을 고려할 때 합리적인 것이라 할 수 있고 그것이 형벌체계상의 균형을 잃고 형벌 본래의 목적과 기능을 넘

12) 대판 2009. 7. 23. 2009도3131.

어선 과잉처벌이라고 볼 수 없으므로, 헌법상 평등의 원칙이나 비례의 원칙, 과잉금지의 원칙에 위배된다 할 수 없다」[13]고 하여 위헌이 아니라고 판단하였다. 다만 최근 하급심 판결은, 조세범 처벌법 제18조는 "법인의 대표자, 법인 또는 개인의 대리인, 사용인, 그 밖의 종업원이 그 법인 또는 개인의 업무에 관하여 이 법에서 규정하는 범칙행위를 하면 그 행위자를 벌할 뿐만 아니라 그 법인 또는 개인에게도 해당 조문의 벌금형을 과한다."라고 규정하고 있는데, 조세범 처벌법 제20조가 적용되는 사람은 '범칙행위를 한 자', 즉 '행위자'에 국한될 뿐 '행위자와 함께 벌금형이 부과되는 사람'에까지 확장되는 것은 아니고, 양벌규정에 의해 벌금형이 부과된다고 하여 그를 '행위자'라고 평가할 수 없는 점, 양벌규정에 따라 벌금형이 부과되는 사람에게까지 조세범 처벌법 제20조를 적용하는 것은 죄형법정주의의 원칙상 허용되지 않는 확장해석 또는 유추해석인 점 등을 종합하면, 양벌규정에 따라 벌금형이 부과되는 법인에 대하여 조세범 처벌법 제20조를 적용하는 것은 허용될 수 없다고 판시하였다.[14] 타당한 설시이다.

제 3 절 입 법 론

I. 현행 조세범 처벌법 제20조의 의의

현행 조세범 처벌법이 구 조세범 처벌법의 형법 총칙 배제규정의 적용범위를 대폭 축소하여 조세범 처벌법의 특별형법으로서의 지위를 공고히 하고 범죄와 형벌의 책임비례원칙에 한층 다가간 점은 매우 고무적이다. 비록 구 조세범 처벌법이 징역형의 경우에는 형법 총칙을 그대로 적용하고 벌금형에 관하여만 형법 총칙규정을 배제하였다고 하나, 같은 행위에 대하여 어떠한 형의 종류를 선택하였느냐에 따라 형법 총칙 적용여부가 달라진다는 점은 국고주의사상에 편중되어 개별 범죄의 구체적인 상황이나 경위를 도외시한 채 행정능률만을 추구하였다는 비판을 면치 못하였다. 위와 같은 불균형은 일반 형

---

13) 헌재결 1998. 5. 28. 97헌바68.
14) 서울고등법원 2021. 5. 20. 2020노63(확정).

사범과 구별되는 조세범의 특수한 악성 내지는 반윤리성에 비례하여 형벌을 과한다는 주장으로도 정당화될 수 없다.

그러나 현행 조세범 처벌법은 벌금 제한가중에 관한 한 형법 총칙의 적용을 배제하여 전액 병과주의를 존치하였다. 형법이 제38조 제1항 제2호에서 벌금경합에 관한 제한가중 규정을 둔 까닭은, 형벌의 효과는 그 기간 또는 금액에 비례하지 않고 누진적(progressive)이어서 개별 법정형을 산술적으로 합산한다면 가중된 위력을 보이기 때문이다.15) 범죄는 처벌의 중과주의에 의해 예방되는 것이 아니며 오히려 지나치게 무거운 형벌로 인해 범죄인의 사회복귀가 불가능해질 수 있다.16) 따라서 각 죄에서 정한 형벌을 산술적으로 합산한 병과형은 형벌목적을 달성하는 데에 적절치 않다. 이는 일찍이 이탈리아의 형법학자 Ferri가 범죄포화의 법칙으로 주장한 바 있다. 오히려 형벌의 예방효과를 극대화 하려면 처벌의 강도를 적절하게 하면서 범법자를 예외없이 색출·처벌하여 법의 실효성을 제고해야 한다.17)

벌금형과 징역형이 선택적으로 규정되어 있는 형벌규정이 적용되는 사안에서, 법관이 범죄인의 재산을 박탈하는 벌금형을 선고할 것인지, 자유를 박탈하는 징역형을 선고할 것인지는 구체적인 사건에 임하여 ① 범인의 연령, 성행, 지능과 환경, ② 피해자에 대한 관계, ③ 범행의 동기·수단과 결과, ④ 범행 후의 정황(형법 제51조)에 당해 행위가 일어난 시대의 법감정, 효율적인 예방수단에 대한 고려 등을 종합하여 이루어진다. 행위의 불법성과 책임이 징역형에 처해질 때와 벌금형에 처해질 때 달라지는 것은 아니다. 그렇다면 조세범 처벌법이 벌금경합에 관한 제한가중규정을 둔 근거는 오로지 국가의 재정수입 증대에서 찾을 수밖에 없다. 특히 오늘날에는 단기자유형이 오히려 수형자에게 범죄를 학습하는 계기를 부여하고 사회생활의 중단으로 인한 복귀불능이라는 악영향을 미친다는 우려에 따라 벌금형의 선고 빈도가 높아지고 있다. 이러한 점에 비추어 벌금형의 전액 병과주의는 행위자의 책임보다 더 큰 형벌이 될 수 있다는 점에서 더욱 염려스럽다.

15) 신동운, 822면; 이재상, 579면.
16) 오영근, 489면.
17) 최명근, 조세범 처벌법 개정(안)의 평가, 월간조세 138호, 111면.

Ⅱ. 사   례

수죄를 범한 조세범이 벌금형에 처해질 경우의 예시를 들어보자. 어느 사업자가 ① 재화 또는 용역을 공급받지 아니하고 10억 원 상당의 매입세금계산서를 발급받고(조세범 처벌법 제10조 제3항 제1호 위반), ② 이에 관한 조세를 2억 원 포탈(조세범 처벌법 제3조 제1항 위반)한 데에다가, ③ 직원들로부터 징수한 원천세액을 납부하지 않았다(조세범 처벌법 제13조 제2항). 법원이 위 조세범에 대하여 법정형의 최고형을 선고(③죄에 대하여는 벌금형 선택)한다고 하자. ①죄와 ②죄는 징역형과 벌금형의 병과가 가능하므로, ①죄는 징역 3년 및 벌금 3억 원,[18] ②죄는 징역 2년 및 벌금 4억 원, ③죄는 벌금 2천만 원이 선고된다. 조세범 처벌법 제20조에 의해 징역형은 형법 총칙이 적용되어 가중주의에 따라 형을 정하고, 벌금형은 형법 총칙이 배제되어 병과주의에 따라 형을 정하여야 하므로, 위 조세범은 최종적으로 징역 4년 6월(징역 3년 + 징역 3년의 2분의 1인 징역 1년 6월) 및 벌금 7억 2천만 원(3억 원 + 4억 원 + 2천만 원)을 선고받는다. 만일 조세범 처벌법에 형법 총칙의 벌금 제한가중 규정의 배제규정이 없었다면 위 조세범은 징역 4년 6월에 벌금 6억 원(4억 원 + 4억 원의 2분의 1인 2억 원)을 선고받았을 것이다.

조세범은 일반적으로 집행할 재산이 없는 경우가 대부분이다. 행위 당시 재산이 있었다 하더라도 국가기관이 탈루한 세액과 가산세를 징수하여 재판 시에는 무자력인 경우도 많다. 이러한 조세범에게 벌금형의 차이는 신체의 자유와 직결된다. 벌금을 납부하지 않으면 벌금액을 1일당 얼마로 환산하여 납부하지 않은 금액에 상당하는 기간 동안 노역장에 유치하기 때문이다. 벌금을 1일 10만 원으로 환산한다면 위와 같은 벌금 1억 2천만 원의 차이는 노역장 유치기간 1,200일의 증가로 나타난다.[19] 설령 위 조세범에게 자력이 있어 이를 납부하였다 하더라도 자력이 없는 조세범과의 형평성 문제가 대두될 것이고, 가족이 벌금을 대납하여 줄 경우 형벌의 일신전속성에도 반한다. 게다가 징역형은 수죄를 범하더라도 장기의 2분의 1까지만 가중하는 것과의 형평성

---

18) 그 세금계산서에 기재된 공급가액 10억 원에 부가가치세의 세율 10%를 적용하여 계산한 세액인 1억 원의 3배(조세범 처벌법 제10조 제3항 제1호).

19) 형법 제69조에 의하면 노역장 유치기간은 최장 3년이나, 논의의 편의를 위하여 고려하지 않았다.

침해를 설명할 수 없다.

Ⅲ. 배액벌금형제도와의 관계

일부 실무가들은 형법 제38조 제1항 제2호가 적용되어 그 결과 수개의 조세범 처벌법 위반행위를 범한 자에게 가장 중한 형의 다액에 2분의 1까지만 가중한다면 벌금형이 너무 경하게 되므로 현행 조세범 처벌법 제20조를 존치하여야 한다고 주장한다. 게다가 작은 금액으로 수회 조세포탈행위를 범한 자와 큰 금액으로 조세포탈행위를 범한 자와의 형평이 침해된다는 것이다. 예를 들어 1억의 조세포탈을 1,000만 원씩 10회에 걸쳐 범한 경우 형법 제38조 제1항 제2호를 적용하면 벌금의 법정형이 3,000만 원 이하가 되나(조세범 처벌법 제3조 제2항, 포탈세액의 2배 이하인 2,000만 원 + 2,000만 원의 2분의 1), 1회에 1억 원의 조세포탈을 한 자는 벌금의 법정형이 2억 원 이하가 되기 때문에, 각 죄에 정한 벌금액을 제한가중 없이 전액합산하지 않을 경우 처벌의 형평을 기할 수가 없다는 것이다.

이러한 주장은 현행의 배액벌금형제도에 기인한다. 포탈액의 몇 배를 벌금액으로 양정하게 되면 이렇게 행위에 비하여 과다하거나 과소한 처벌이 이루어질 수밖에 없다.[20] 행위의 불법정도와 포탈세액이 정확히 비례관계에 있지는 않기 때문이다. 앞서 본 바와 같이 배액벌금형제도는 그 법정형 산정이 부당하므로 삭제되고 확정벌금형제도로 전환되어야 한다. 그럴 경우 위 실무가들이 제기하는 문제점이 해결될 수 있다. 즉 각각의 포탈행위 또는 의무위반행위의 위법성에 상응하는 확정액을 벌금형으로 정한 후 그 내에서 양형하면 작은 금액의 수 죄를 범한 자와 큰 금액의 죄를 범한 자 사이의 불균형이 해소되는 것이다. 위의 예에서 벌금액이 3,000만 원 이하의 확정액이라고 가정하고 법정형에서 정한 최고액의 벌금형을 부과할 경우 형법 제38조 제1항 제2호를 적용하면 1,000만 원씩 10회의 조세포탈행위를 한 자는 4,500만 원 이하(3,000만 원 + 3,000만 원의 2분의 1)의, 1회에 걸쳐 1억 원의 포탈행위를 한 자는 3,000만 원 이하의 벌금형에 처해지게 되어 처벌의 균형을 도모할 수 있게 된다.

---

20) 배액벌금형제도에 대한 비판 및 입법론에 대하여는 앞 1편 2장 제3절 Ⅰ. 참조.

Ⅳ. 결   어

현행 조세범 처벌법이 구 조세범 처벌법의 형법 총칙 적용배제규정을 대거 삭제한 것은 형벌의 책임비례원칙에 비추어 볼 때 매우 진일보한 입법으로 판단된다. 그러나 위에서 본 바와 같이 형법 제38조 제1항 제2호의 적용배제를 존치함으로써 책임원칙에 상응하지 않는 과도한 처벌이라는 비판과 함께 징역형과의 불균형이라는 과제를 남겼다. 실무가들의 과소처벌에 대한 우려는 형법의 일반원칙을 도외시한 과거의 엄벌주의 내지는 국고주의 사상에 기인한 것으로 보인다. 그러한 문제는 형법 총칙의 적용배제가 아닌 앞서 본 바와 같이 배액벌금형제도를 확정벌금형제도로 전환함으로써 해결하여야 한다. 따라서 조세범 처벌법 제20조는 삭제되는 것이 바람직하다.[21]

---

21) 동지 김상희, 조세범 처벌법상 형법총칙적용 배제조항에 관한 고찰, 인권과 정의 통권 제192호, 대한변호사협회, 109면.

제8장

고발 전치주의

제21조(고발) 이 법에 따른 범칙행위에 대해서는 국세청장, 지방국세청장 또는 세무서장의 고발이 없으면 검사는 공소를 제기할 수 없다.

제1절 의   의

고발이란 검사 또는 사법경찰관 등 수사기관에 범죄사실을 알려 범죄자의 소추를 구하는 의사표시이다. 조세범은 국세청장, 지방국세청장 또는 세무서장의 고발이 있어야 처벌할 수 있다(조세범 처벌법 제21조). 형사소송법은 공무원이 그 직무를 행함에 있어 범죄가 있다고 사료하는 때에는 고발하도록 규정하고 있으나(형사소송법 제234조 제2항) 이때의 고발은 직무상 고발일 뿐 소송요건으로서의 고발은 아니다. 이에 비하여 조세범 처벌법은 소추요건 및 소송요건으로서 세무서장 등의 고발을 요구하여 이를 흠결할 경우 공소제기의 절차가 법률의 규정에 위반하여 무효가 된다.

구 조세범 처벌법은 세무에 종사하는 공무원도 고발권자에 포함하였으나 개정시 삭제되었다. 또한 구법은 납세증명표지의 위조 또는 변조(구 조세범 처벌법 제12조의2 제2호)와 세무공무원으로서 형법 중 공무원의 직무에 관한 죄를 범하였을 경우(구 조세범 처벌법 제15조) 그 범칙행위에 대하여는 고발 없이 공소를 제기할 수 있는 예외를 두었으나(구 조세범 처벌법 제6조 단서) 위 조항

들 역시 개정시 삭제되었다. 특히 특가법에 해당하는 조세포탈범은 고발이 없는 경우에도 공소를 제기할 수 있는바(특가법 제16조), 이에 대하여는 세무서장 등의 통고처분이 불가능하며 즉시고발하여야 한다(조세범 처벌절차법 제17조). 이때의 고발은 소송요건으로서의 고발이 아닌 직무상 고발에 해당한다.

조세범 처벌법이 고발을 소추요건으로 둔 것은 조세행정의 전문성과 특수성을 고려하여, 조세업무 전문행정기관에 그 1차적 조사업무를 맡기는 것이 효율적이고 전문적이며, 그 이전의 통고처분과 결합하여 조세행정 목적의 달성에도 적합하다는 고려에 의한 것으로 보인다.[1]

제 2 절   고발의 방법 및 효과

I. 고발의 요건

고발의 효력이 인정되려면 법이 정한 고발권자가 법이 정한 요건에 맞게 고발하여야 한다. 따라서 국세청장, 지방국세청장, 세무서장이 아닌 자가 한 고발은 조세범의 소추요건으로서의 효력이 없다.

고발장에 범칙사실의 기재가 없거나 범칙사실의 특정이 없는 경우 그 고발은 부적법하다. 그러나 고발장에 반드시 공소장과 동일한 범죄의 일시·장소를 표시하여 사건의 동일성을 특정할 수 있을 정도로 표시하여야 하는 것은 아니고, 조세범 처벌법이 정하는 어떠한 태양의 범죄인지를 판명할 수 있을 정도의 사실을 일응 확정할 수 있을 정도로 표시하면 족하다. 이러한 고발사실의 특정은 고발장에 기재된 범칙사실과 세무공무원의 보충진술 기타 고발장과 같이 제출된 서류 등을 종합하여 판단하여야 한다.[2] 또한 법인세·종합소득세·부가가치세와 같이 일정한 기간을 단위로 과세표준과 세액을 산정하여 신고·납부하도록 하는 기간과세에 있어서 조세포탈로 인한 조세범 처벌법위반의 공소사실은 일정한 기간에 속하는 과세표준과 세액에 관하여 그

---

[1] 고발 전치주의의 폐지론과 존치론에 관하여는 정승헌, 조세범죄에 대한 조세형법 적용상의 문제점, 법학연구 제19집, 한국법학회, 2005. 10., 268면, 269면.

[2] 대판 2009. 7. 23. 2009도3282; 동지 대판 2000. 4. 21. 99도3403(친고죄인 출입국관리법위반의 고발에 관한 판결이다).

납기에 과소 신고·납부하여 이를 포탈하였다는 것이지 과세기간 내의 물품거래 등 개별적 행위 그 자체가 공소사실은 아니므로, 과세기간 동안의 물품거래에 관한 개별적인 거래일시, 장소 및 가액은 이를 구체적으로 명시할 필요가 없다.[3]

고발사유의 기재와 관련하여 대법원은 「조세범 처벌절차법에 즉시고발을 할 때 고발사유를 고발서에 명기하도록 하는 규정이 없을 뿐만 아니라, 원래 즉시고발권을 세무공무원에게 부여한 것은 세무공무원으로 하여금 때에 따라 적절한 처분을 하도록 할 목적으로 특별사유의 유무에 대한 인정권까지 일임한 취지라고 볼 것이므로, 조세범칙사건에 대하여 관계 세무공무원의 즉시고발이 있으면 그로써 소추의 요건은 충족되는 것이고, 법원은 본안에 대하여 심판하면 되는 것이지 즉시고발 사유에 대하여 심사할 수 없다. 따라서 고발사유를 고발장에 기재하지 아니하거나 세무서장 등이 아무런 범칙조사를 거치지 아니하고 고발하더라도 고발이 적법하다」[4]고 판단하고 있다.

그런데 고발사유가 없음이 명백하거나 그 판단에 오류가 있음이 명백한 경우에도 고발이 있기만 하면 소추요건을 충족한다고 보는 것은 범칙혐의자에게 지나치게 불리한 결과를 초래한다. 불필요한 수사 및 소송절차를 거치게 하는 것은 과도한 희생을 요구하는 것일 뿐 아니라 조세행정의 전문성과 특수성을 고려하여 1차적 조사를 조세행정기관에 맡기고자 한 조세범 처벌법상 고발 전치주의의 취지를 무색하게 한다. 따라서 고발사유가 없거나 고발사유의 오류가 있음이 객관적으로 명백하고 그 정도가 중대한 경우 당해 고발의 효력을 인정하지 아니하는 방안의 모색이 필요하다. 이로써 수사기관의 전횡을 방지하고 국민의 자유보장적 기능을 담보할 수 있다.

한편 대법원은 법 위반 혐의에 관한 행정처분이 위법하여 행정소송에서 취소된다 하더라도 이러한 사정만으로는 그와 관련된 고발을 기초로 이루어진 공소제기 등 형사절차의 효력에 영향을 미치지 아니한다고 보고 있는바,[5] 위 대법원 판시에 의한다면 조세사건의 경우 관련 과세처분이 행정소송에서 취소된다 하더라도 과세관청의 고발은 여전히 유효하다. 이러한 경우 고발을

---

3) 대판 1983. 2. 22. 81도2460; 2010. 9. 9. 2008도11254.
4) 대판 1996. 5. 31. 94도952; 2007. 11. 15. 2007도7482; 2014. 10. 15. 2013도5650.
5) 대판 2015. 9. 10. 2015도3926.

취소하거나 공소제기를 취하하는 등의 방법으로 무용한 소송절차의 진행을 중단하는 등의 조치를 취할 것이 요청된다. 조세의 부과처분을 취소하는 행정판결이 확정된 경우 이는 조세포탈에 대한 무죄를 인정하는 명백한 증거에 해당하며 형사소송법 제420조 제5호에 정한 재심사유에 해당하기 때문이다.[6][7]

Ⅱ. 고발의 효력범위

1. 객관적 효력범위

고발은 범죄사실에 대한 소추를 요구하는 의사표시로서 그 효력은 고발장에 기재된 범죄사실과 동일성이 인정되는 사실 모두에 미친다. 범칙사건에 대한 고발이 있는 경우 그 고발의 효과는 범칙사건에 관련된 범칙사실의 전부에 미치고 한 개의 범칙사실의 일부에 대한 고발은 그 전부에 대하여 효력이 생긴다. 이를 가분적으로 취급하면 한 개의 범칙사건에 관하여 처벌의 범위가 고발권자에 의하여 한정되기 때문이다.

이에 따라 대법원은 동일한 부가가치세의 과세기간 내에 행하여진 조세포탈기간이나 포탈액수의 일부에 대한 조세포탈죄의 고발이 있는 경우 그 고발의 효력은 그 과세기간 내의 조세포탈기간 및 포탈액수 전부에 미친다고 보아 기본적 사실관계의 동일성이 인정되는 범위 내에서 조세포탈기간이나 포탈액수를 추가하는 공소장변경은 적법하다고 하였다.[8] 또한 법인세는 사업연도를 과세기간으로 하는 것이므로 그 포탈 범죄는 각 사업연도마다 포괄하여 1죄가 성립한다고 보아야 하고, 포괄일죄의 일부에 대한 공소 제기의 효력은 포괄일죄 전부에 대해서 미치므로, 포괄일죄의 범죄사실에 대한 공판 심리 중에 포괄일죄의 일부를 이루는 범죄사실이 추가로 발견된 경우 검사는 공소장 변경 절차에 의하여 그 범죄사실을 공소사실로 추가할 수 있다고 하였다.[9]

---

6) 대판 2015. 10. 29. 2013도14716.
7) 그러나 이와 반대로, 형사사건의 재판절차에서 납세의무의 존부나 범위에 관한 판단을 기초로 판결이 확정되었다 하더라도, 형사사건의 판결은 조세법상 후발적 경정청구 사유에 해당하지 않으므로 당초의 과세처분을 경정하는 것은 허용되지 않는다. 대판 2020. 1. 9. 2018두61888.
8) 대판 2009. 7. 23. 2009도3282.
9) 대판 1996. 10. 11. 96도1698; 1999. 11. 26. 99도3929, 99감도97; 2000. 3. 10. 99도2744.

반대로 과세기간이 다르다면 별개의 범죄사실이 되므로 어느 한 과세기간에 대한 고발은 비록 동일한 세목이라 하더라도 다른 과세기간에 대한 고발로서의 효력이 없다.

　　다만 세무서장 등이 어느 과세기간에 대한 고발을 한 데에 대하여 검사의 불기소결정이 있은 후 다시 다른 과세기간에 대한 고발을 하여 검사가 이에 대한 공소를 제기하면서 종전에 불기소결정을 한 과세기간에 대하여도 공소를 제기한 경우 기왕의 고발이 검사의 불기소결정으로 효력을 잃는 것은 아니므로 위와 같은 공소제기는 적법하다.[10)

　　상상적 경합의 관계에 있는 경우 범죄사실의 동일성이 인정되므로, 어느 한 죄에 대한 고발은 상상적 경합관계에 있는 다른 죄에 대하여도 효력이 미친다.

2. 주관적 효력범위 — 공범 및 양벌규정의 경우

　　형사소송법은 "친고죄의 공범 중 그 1인 또는 수인에 대한 고소 또는 그 취소는 다른 공범자에 대하여도 효력이 있다"(형사소송법 제233조)고 규정하여 고소에 관하여 주관적 불가분의 원칙을 적용하고 있다. 그러나 고발에 관하여는 이러한 규정이 없는바, 고발의 경우에도 고소에 관한 규정을 준용하여 주관적 불가분의 원칙이 적용되는지 여부가 문제된다.

　　이에 관하여 우리 대법원은 「조세범 처벌법에 의한 고발의 경우 이른바 고소·고발 불가분의 원칙이 적용되지 아니하므로 고발의 구비여부는 양벌규정에 의하여 처벌받는 자연인인 행위자와 법인에 대하여 개별적으로 논해야 하고, 대상자가 특정되어야 한다」고 하면서 「고발장에 피고발인으로 법인만을 기재하면서 그 등록번호에 더하여 대표자의 인적사항을 기재하였다 하더라도 자연인인 대표자 개인까지를 피고발자로 표시한 것으로 볼 수 없으므로, 행위자인 대표자 개인에 대하여는 고발 없이 공소가 제기된 것이어서 그 절차가 법률의 규정에 위반하여 무효인 때에 해당하므로 공소를 기각하여야 한다.」[11)라고 판시하였다.

　　판례의 결론에는 찬동하나, 법인과 대표이사 등 행위자는 양벌규정의 수

---

10) 대판 2009. 10. 29. 2009도6614.
11) 대판 2004. 9. 24. 2004도4066; 1973. 9. 25. 72도1610.

범자 확대기능에 따라 각자 정범으로서 감독책임 및 행위책임을 지는 것이어서 공범이 아니므로 고발의 주관적 불가분원칙의 적용 여부가 고려될 여지가 없다.

조세범의 공범의 경우 조세범의 고발은 통고처분을 이행하지 아니한 자에 대하여 이루어지므로 고발의 주관적 불가분의 원칙을 적용한다면 통고처분을 이행한 자에 대하여도 고발의 효력이 미친다는 불합리한 점이 있다. 게다가 고발의 경우는 고소와는 달리 주관적 불가분의 원칙에 관한 명문의 규정이 없다. 또한 고발권자가 조세전문행정기관으로 한정되어 있어 행정적 목적을 달성하기 위하여 공범 중 일부만을 고발하는 경우가 있을 수 있는데 그 결정을 일응 존중할 필요도 있다. 따라서 조세범의 소추요건으로서의 고발에 있어서는 주관적 불가분의 효력이 미치지 않는다고 봄이 타당하다.

Ⅲ. 고발의 취소 및 추완

형사소송법 제239조는 고소, 고발의 방식과 사법기관의 처리에 관하여 규정한 같은 법 제237조 및 제238조의 규정을 고소 또는 고발의 취소에 관하여 준용한다고 규정하고 있어 고발의 취소가 허용되는 것을 당연한 전제로 한다. 행정기관의 잘못된 고발이 있었음에도 그 취소를 제한한다면 무용한 절차의 공전 및 당사자의 권리 침해가 예상되고, 친고죄의 경우에도 고소의 취소를 허용하고 있으므로 고발 역시 그 취소를 허용하는 것이 타당하다. 고발의 취소가 허용되는 기한은 친고죄에 있어 고소의 취소와 같이 제1심 판결 선고 전까지로 보아야 한다. 고발권자의 의사에 따라 제1심 판결의 효력을 좌우하는 것은 재판의 농락이 될 수 있고 당사자의 법적 안정성을 해치기 때문이다.

한편 고발 없이 공소가 제기되었다가 그 후 고발이 있는 경우 공소제기의 절차적 하자가 치유되어 다시 그 공소가 유효하게 될 수 있는가의 문제가 있을 수 있다. 대법원은 친고죄에 있어 고소의 추완이 허용되지 않는 것과 동일하게 고발 없이 공소가 제기된 후에는 고발이 보완되어도 그 공소절차의 무효가 치유되지 않는다는 입장을 취하고 있다.[12]

---

12) 대전고법 2014. 9. 26. 2014노140; 대판 1970. 7. 28. 70도942.

　　이것은 비친고죄인 특가법에 해당하는 조세범으로 기소하였다가 심리결과 친고죄인 조세포탈로 인정되는 경우에도 마찬가지다. 고발권자의 고발이 없이 특가법에 해당하는 조세범으로 기소되었다가 심리 결과 포탈세액이 감축되어 일반 조세범 처벌법위반죄로 인정된다면 이는 공소의 절차가 법률의 규정에 위반하여 무효인 때에 해당하므로 공소기각되어야 한다.13) 이러한 경우를 대비하여 실무상 검사는 특가법상 조세범으로 기소하더라도 고발권자에게 고발을 의뢰하여 이를 첨부하여 기소하기도 한다.

---

13) 대판 2008. 3. 27. 2008도680. 「특정범죄가중처벌 등에 관한 법률 제8조 제1항 제1호 위반죄는 같은 법 제16조에 의하여 기소함에 있어서 고발을 요하지 아니한다고 할 것이나, 조세범 처벌법 제9조 제1항 제3호 위반죄는 같은 법 제6조에 의하여 국세청장 등의 고발을 기다려 논할 수 있는 죄인바, 국세청장 등의 고발이 없음에도 불구하고 이를 조세범 처벌법 제9조 제1항 제3호 위반죄로 인정한 원심의 조치에는 조세범 처벌법상 고발에 관한 법리를 오해하여 판결 결과에 영향을 미친 위법이 있다.」

제9장

공범론(共犯論)

제1절 총   설

형벌규정은 한 사람이 구성요건을 실현하는 것을 기본으로 규정하고 있으나 범죄는 단독이 아닌 공동으로 범해지는 경우도 빈번하다. 대규모 탈루행위가 수반되는 조세범은 여러 사람이 함께 범하는 경우가 더 많다.

형법은 제30조 내지 제34조에서 다수인에 의한 범죄의 형태를 규정하고 있다. 형법상 범죄는 그 참가형태에 따라 정범(正犯)과 공범(共犯)으로 나뉜다. 정범은 스스로 또는 타인을 도구로 이용하여 주관적·객관적 범죄구성요건을 실현하는 자를 말하는데, 행위의 직접성을 기준으로 직접정범(直接正犯)과 간접정범(間接正犯)으로 나뉘고, 행위자의 수(數)를 기준으로 단독정범(單獨正犯)과 공동정범(共同正犯)으로 나뉜다. 공동정범은 다시 전원이 실행행위를 하였는지 여부에 따라 실행공동정범과 공모공동정범(共謀共同正犯)으로 나뉜다.

공범은 정범의 범죄에 가담하는 것으로서, 타인의 범죄를 야기한 교사범(敎唆犯)과 정범을 방조하여 범죄 실행을 용이하게 한 종범(從犯, 방조범)이 있다. 고유한 의미의 공범은 교사범과 종범(방조범)만을 지칭하지만, 2인 이상의 자가 관여하여 범죄를 실행하는 경우인 공동정범, 교사범, 종범을 모두 포괄하여 광의의 공범이라고도 한다. 단독정범이 가능한 범죄를 전제로 형법 총칙상의 공범규정이 적용되는 경우를 임의적 공범(任意的 共犯)이라 하고, 범죄의 구성요건에 2인 이상의 실행이 예정되어 있어 단독범이 불가능한 경우를 필요적 공범(必要的 共犯)이라 한다. 이 책에서의 공범은 별도의 언급이 없는 한 고유한 의미의 임의적 공범을 의미한다.

조세범 처벌법에서 문제되는 것은 주로 공동정범과 방조범이다. 또한 신분범인 조세범에 비신분자가 공범으로 가공한 경우에 범죄의 성립 및 책임의 범위도 논의의 대상이 된다. 고발 전치주의와 관련하여 조세범의 공범에 고발의 주관적 불가분의 원칙이 적용되지 않는 관계로 일부 공범에 대한 고발의 효력이 다른 공범에 대하여 미치지 않아 공범 전체에 대한 고발이 필요하다는 점도 주의할 필요가 있다. 이 외에도 조세범 처벌법은 납세의무자로 하여금 신고를 하지 아니하게 하거나 거짓으로 신고하게 하거나 조세의 징수나 납부를 하지 않을 것을 선동하거나 교사한 자를 납세의무자와 별개의 정범으로 처벌하도록 함으로써(조세범 처벌법 제9조) 형법상 공범에 관한 일종의 특례를 규정하고 있다.

이하에서는 형법상 공범에 대한 간단한 이론을 먼저 살펴보고 조세범 처벌법과 관련된 부분을 자세히 논하도록 한다.

제 2 절   정범과 공범

Ⅰ. 정범과 공범의 구별

정범(正犯)을 어떻게 정의할 것인가에 관한 명문 규정은 없다. 독일 형법 제25조는 '① 범죄를 스스로 또는 타인을 이용하여 죄를 범한 자는 정범으로 처벌한다(직접정범, 간접정범). ② 다수인이 공동하여 죄를 범한 때에는 각자를 정범으로 처벌한다(공동정범)'고 하여 정범의 개념을 명문으로 규정하고 있는데, 어떠한 의사로 범죄의 어느 부분을 어느 정도로 범하였는가에 관한 해석이 필요하다는 문제는 여전히 남아 있다.

이에 관하여 결과에 필연적인 행위를 한 자가 정범이고 조건을 제공한 것에 불과하다면 공범이라는 객관설(客觀說), 정범으로서 구성요건을 실현하고자 할 의사로 또는 자기의 목적이나 이익을 위하여 행위한 자를 정범으로 보고, 타인의 범죄를 야기하거나 촉진할 의사로서 또는 타인의 이익이나 목적을 위하여 행위한 자를 공범으로 구분하는 주관설(主觀說)이 있다. 그러나 범죄의 객관적 요소와 주관적 요소를 모두 고려하여 '구성요건에 해당하는 사건의 핵

심을 계획·장악하여 이를 주도적으로 형성하는 자,' '범죄의 실현에 나아갈
때 그 진행 여부를 좌우할 수 있는 지위에 있는 자'를 정범으로, '정범의 행위
를 촉진하거나 야기하여 실행을 용이하게 하는 자'를 공범으로 분류하는 행위
지배설(行爲支配說)이 통설이다.[1]

　　대법원은 방조범에 관하여 「형법상 방조행위는 정범이 범행을 한다는 정
을 알면서 그 실행행위를 용이하게 하는 직접·간접의 행위를 말하므로, 방조
범은 정범의 실행을 방조한다는 이른바 방조의 고의와 정범의 행위가 구성요
건에 해당하는 행위인 점에 대한 인식인 정범의 고의가 있어야 한다. 이와 같
은 고의는 내심적 사실이므로 피고인이 이를 부정하는 경우에는 사물의 성질
상 고의와 상당한 관련성이 있는 간접사실을 증명하는 방법에 의하여 입증
할 수밖에 없다. 이때 무엇이 상당한 관련성이 있는 간접사실에 해당할 것인
가는 정상적인 경험칙에 바탕을 두고 치밀한 관찰력이나 분석력에 의하여
사실의 연결상태를 합리적으로 판단하는 외에 다른 방법이 없다. 또한 방조
범에 있어서 정범의 고의는 정범에 의하여 실현되는 범죄의 구체적 내용을
인식할 것을 요하는 것은 아니고 미필적 인식 또는 예견으로 족하다」[2]고 판
시한 바 있다.

　　그러나 조세범은 행위지배만으로 정범을 설명할 수 없다. 신분범의 경우
구성요건 자체에서 특수한 신분을 요구하므로 정범요소에 이러한 사항이 추
가되어야 하는데, 조세범 처벌법은 납세의무자, 원천징수의무자, 부가가치세
법상 사업자 등 범죄주체로서 신분범을 규정한 경우가 많기 때문이다. 이로
인하여 신분이 없는 행위지배자 역시 처벌할 수 있도록 조세범 처벌법 제18
조를 마련하였다.[3]

　　특히 조세포탈에 관하여는 조세를 포탈하게 된 동기, 조세포탈 계획의 수
립 및 실행에 대한 가담 정도, 조세포탈로 인한 이익의 향유 정도 등을 종합
적으로 고려하여, 계획 수립 단계부터의 전 과정을 주도적으로 장악하고 형성
하는 자는 정범으로, 단지 조건을 부여하거나 행위를 용이하게 하는 정도에
불과한 자는 공범으로 보아야 한다.

---

　1) 신동운, 607면; 오영근, 367면; 이재상, 458면; 김일수/서보학, 420면; 배종대, 403면; 정성
　　근/박광민, 397면.
　2) 대판 2005. 4. 29. 2003도6056.
　3) 양벌규정의 수범자 확대기능에 대하여는 제1편 제6장 제5절 참조.

Ⅱ. 공범의 종속성

공범은 정범의 범죄를 야기하거나 정범의 실행행위를 용이하게 하거나 강화하여 범죄를 방조하는 것인데, 이러한 공범의 성립이 정범에 종속하는가 정범과는 무관하게 독립적인가 하는 문제에 관하여 공범종속성설과 공범독립성설이 대립되어 왔다. 형법은 "타인을 교사하여 죄를 범하게 한 자는 실행한 자와 동일한 형으로 처벌한다"(형법 제31조 제1항), "타인의 범죄를 방조한 자는 종범으로 처벌한다"(형법 제32조 제1항)고 규정하고 있다. 이는 정범이 성립하였음을 전제로 하여 공범의 성립여부가 정범에 종속한다고 명시한 것으로 이해된다. 대법원 역시 공범종속성설을 취하고 있다.4)

조세범의 경우에도 공범의 성립은 정범의 성립에 종속된다. 정범이 특가법위반에 해당하면 공범도 같은 죄로 처벌받게 되므로 공범에 대하여도 고발이 불요하고, 특가법상 형의 가중도 동일하게 적용된다. 다만 특가법위반의 공범이 정범의 포탈세액 중 일부에 대하여만 관여한 경우 그 범죄와 책임의 성립범위가 문제되는바, 이에 관하여는 후술한다.

종범의 처벌에 관하여 형법은 "종범의 형은 정범의 형보다 감경한다"(제2항)고 규정하고 있다. 종범은 정범의 범죄를 용이하게 한 것에 불과하므로 그 위법의 정도와 책임이 정범에 미치지 못한다고 보아 필요적으로 형을 감경하도록 한 것이다. 구 조세범 처벌법은 제8조 내지 제11조, 제12조의2와 제12조의3 제3항의 조세범을 벌금형으로 처벌하는 경우에는 형법 총칙상의 감경규정을 배제하여 종범의 경우에도 정범과 동일한 벌금형으로 처벌하도록 하는 특례를 두었으나(구 조세범 처벌법 제4조), 형법의 책임주의원칙에 위배된다는 비판에 따라 2010년 개정시 위와 같은 감경배제규정을 삭제하였다.

---

4) 대판 1978. 2. 28. 77도3406.「형법 제32조 1항의 타인의 범죄를 방조한 자는 종범으로 처벌한다는 규정의 타인의 범죄라 함은 정범이 범죄를 실현하기 위하여 착수한 경우를 말하는 것이라 할 것이므로 종범이 처벌되기 위하여는 정범의 실행의 착수가 있는 경우에만 가능하고 정범이 실행의 착수에 이르지 아니한 예비의 단계에 그친 경우에는 이에 가공하는 행위가 예비의 공동정범이 되는 경우를 제외하고는 이를 종범으로 처벌할 수 없다.」; 대판 1976. 5. 25. 75도1649; 2000. 2. 25. 99도1252 등.

Ⅲ. 공동정범(共同正犯)

1. 일반적 공동정범

(1) 의   의

형법 제30조는 "2인 이상이 공동하여 죄를 범한 때에는 각자를 그 죄의 정범으로 처벌한다"고 규정하였다. 각자가 모든 구성요건을 충족하는 경우 각자 정범이 되는 것은 당연하다. 위 규정은 각 공동행위자가 협력하여 분업적으로 구성요건을 실현한 경우에 각자가 구성요건의 일부만 실현한 때에도 그 전체에 대한 책임을 지게 하는 데에 존재의의가 있나. 분업의 원리에 입각하여 다수관여자가 역할을 분담하면 범죄를 대규모적으로 신속하게 실현시킬 수 있고, 그 시너지 효과로 범죄피해가 급속하게 확산될 우려가 있기 때문에 공동의 범죄실현에 관여한 각 사람에게 실현된 범죄 전체에 대하여 형사책임을 묻는 것이다.[5] 그러나 공동정범은 단순히 행위의 부분을 실행하는 것에 그치는 것이 아니라 타인의 행위를 포함하여 전체 범죄행위에 대한 지배를 할 것이 필요하다. 공동의 결의 아래 전체 구성요건을 협력하여 실현함으로써 유기적 일체를 이루고, 자신이 담당하지 않은 부분에 대하여도 행위지배를 인정하여 전체에 대한 책임을 지우는 것에 공동정범의 특수성이 있다.

이러한 공동정범이 성립하려면 주관적 요건으로서 공동가공의 의사가, 객관적 요건으로서 공동가공의 사실이 필요하다. 공동가공의 의사는 명시적 의사연락을 요하는 것이 아니라 공범자 상호간에 직접 또는 간접으로 암묵적인 의사연락이 있으면 족하고,[6] 전체적인 모의과정 없이 수인 사이에 순차적으로 의사의 결합이 이루어지더라도 무관하며,[7] 반드시 사전공모를 요하지 아니하고 범죄행위시에 존재하면 족하다.[8] 공동가공의 사실은 반드시 구성요건에 해당하는 행위를 실행하는 것에 제한되지 아니하고, 결과를 실현하는 데에 필수적인 기능을 분담하였는가로 판단한다.

5) 신동운, 613면; 오영근, 370면; 이재상, 486면.
6) 대판 2002. 6. 28. 2002도868.
7) 대판 2002. 4. 10. 2001모193.
8) 대판 1961. 7. 21. 4294형상213.

(2) 조세범의 공동정범

공동으로 조세포탈행위 등의 실행을 결의하고 그 실행행위의 일부를 기능적으로 분담함으로써 조세포탈 등의 결과에 책임을 지우는 것이 타당하다면 공동정범으로, 그 이외의 경우에는 종범으로 본다.

신분범인 조세범에 비신분자가 가공하면 형법 제33조에 따라 공동정범이 성립할 수 있다. 따라서 비신분자가 신분 있는 조세범과 공모하여 조세포탈의 결과실행에 주도적 관여를 한 경우에는 공동정범으로 처벌된다.

한편, 조세범 처벌법 제18조는 법인의 대표자, 법인 또는 개인의 대리인, 사용인, 그 밖의 종업원이 그 법인 또는 개인의 업무에 관하여 조세범칙행위를 하면 그 행위자를 벌한다고 규정하고 있다. 이는 신분범인 조세범에 있어 해당 신분자가 범칙행위에 대한 고의가 없기 때문에 처벌 본조로 처벌되지 않아 실제 행위자 역시 공동정범 등으로 처벌할 수 없는 경우를 방지하기 위한 것이다. 이 경우 행위자 등은 공동정범으로서가 아니라 조세범 처벌법 제18조의 수범자 확대기능에 의거하여 단독정범으로 처벌된다. 만일 납세의무자 등 벌칙 각 조가 규정하고 있는 신분자에게 고의가 인정되어 정범으로 처벌된다면, 위 행위자 등은 조세범 처벌법 제18조가 아닌 형법 제30조 및 제33조에 따라 공동정범으로 처벌된다.

(3) 판례의 사례

• 승려가 신도와 공모하여 허위의 기부금영수증을 158회에 걸쳐 발급함으로써 근로소득세를 포탈한 사례(울산지방법원 2015. 11. 19. 2015고단2424).

• 회사의 이사, 감사, 부사장의 직에 있고 실질적 경영자의 조세포탈행위를 알고 있었다 하더라도 허위장부작성이나 매출누락행위를 모의하거나 그 실행에 직접 가담하지 않은 경우 공동정범으로서의 죄책을 지울 수 없다(서울고법 1998. 3. 3. 97노1138, 대판 1998. 6. 23. 98도869 상고기각).

• 피고인이 허위의 장부를 작성하는 등 법인세 포탈을 위하여 적극적인 행위를 하지 않고 단지 위와 같이 대표이사 취임 후에 인계받은 회계장부 등을 토대로 법인세 신고를 하면서 외화외상매출금을 계상하고 외화평가손실 18,803,902,143원을 손금으로 처리하였을 뿐이므로, 피고인이 대표이사와

공모하여 재고자산을 수출하는 방법으로 유출하였음을 인정할 만한 아무런 증거가 없는 이상, 위와 같은 행위는 '사기 기타 부정한 행위'에 해당한다고 볼 수 없다. 이와 같은 법리는 설사 피고인이 이 사건 법인세 신고 전에 대표이사의 위와 같은 재고자산 유출행위를 알았다고 하더라도 마찬가지이다(서울고법 2003. 6. 20. 2002노654, 대판 2003도4228 상고기각 확정).

• 피고인 명의로 사업자등록을 하였지만 실제로는 피고인의 친형이 자금을 대고 영업을 하며 매출가액의 과소신고로써 조세를 포탈한 경우 사업자등록을 피고인 명의로 하였다는 사실만으로는 피고인에게 조세포탈의 목적이 있다고 볼 수 없다(대판 1983. 11. 8. 83도510).

• 조세포탈범의 범죄주체는 국세기본법 제2조 제9호 소정의 납세의무자와 조세범 처벌법 제3조 소정의 법인의 대표자, 법인 또는 개인의 대리인, 사용인, 기타의 종업원 등의 법정책임자이고, 이러한 신분을 가지지 아니한 자는 비록 원천징수의무자라 하더라도 납세의무자의 조세포탈에 공범이 될 수 있을 뿐, 독자적으로 조세포탈의 주체가 될 수는 없다. 따라서 1인의 원천징수의무자가 수인의 납세의무자와 공모하여 조세를 포탈한 경우에도 조세포탈의 주체는 어디까지나 각 납세의무자이고 원천징수의무자는 각 납세의무자의 조세포탈에 가공한 공범에 불과하다(대판 1998. 5. 8. 97도2429).

• 재화 등을 공급하거나 공급받은 자가 제3자의 위임을 받아 제3자의 사업자등록을 이용하여 제3자를 공급하는 자로 기재한 세금계산서를 교부하거나 제3자가 공급받는 자로 기재된 세금계산서를 교부받은 경우 및 제3자 명의로 재화 등의 공급에 관한 세금계산서 합계표를 작성하여 정부에 제출한 경우에는, 제3자가 위 세금계산서 수수 및 세금계산서 합계표 작성·제출행위를 한 것으로 볼 수 있으므로 그 제3자가 재화 등을 공급하거나 공급받지 아니한 이상 구 조세범 처벌법 제11조의2 제4항 제1호 및 제3호 범행의 정범이 되고, 재화 등을 공급하거나 공급받은 자는 가담 정도에 따라 그 범행의 공동정범이나 방조범이 될 수 있을 뿐 그 범행의 단독정범이 될 수 없다(대판 2012. 5. 10. 2010도13433).

• 조세범 처벌법 제10조 제3항 제3호는 재화 또는 용역을 공급하지 아니하거나 공급받지 아니하고 부가가치세법에 따른 매출·매입처별 세금계산서합계표를 거짓으로 기재하여 정부에 제출한 행위를 처벌하도록 규정하고 있다. 위와 같이 '재화 또는 용역을 공급하는 자가 허위의 매출처별 세금계산서합계표

를 정부에 제출하는 행위'와 '재화 또는 용역을 공급받는 자가 허위의 매입처별 세금계산서합계표를 정부에 제출하는 행위'가 서로 대향된 행위의 존재를 필요로 하는 대향범의 관계에 있다고 할 수 없고,9) 위 두 행위가 별도로 처벌된다고 하여 재화 또는 용역을 공급받는 자가 이를 공급하는 자의 허위 매출처별 세금계산서합계표 제출행위에 가담하는 경우에 공범에 관한 형법총칙의 규정이 적용될 수 없는 것은 아니므로, 재화 또는 용역을 공급받는 자가 이를 공급하는 자의 허위 매출처별 세금계산서합계표 제출행위에 가담하였다면 그 가담 정도에 따라 그 범행의 공동정범이나 교사범 또는 종범이 될 수 있다(대판 2014. 12. 11. 2014도11515).

2. 공모공동정범(共謀共同正犯)

(1) 의   의

공모공동정범이란 다수인이 범죄를 공모하였으나 그중 일부만이 범죄의 실행행위를 하였을 때 실행행위를 담당하지 않은 자에 대하여도 전체 범죄에 대한 책임을 지워 공동정범으로 처벌하는 것을 말한다. 공모공동정범의 인정 여부에 관하여, 대다수의 학자들은 공동정범의 객관적 요소인 실행행위의 분담이 없으므로 이를 정범으로 처벌할 수 없고 다만 교사 또는 방조의 책임을 지우는 것만이 가능하다는 부정설의 입장을 취하나,10) 대법원은 일관되게 「공모가 이루어진 이상 실행행위에 직접 관여하지 아니한 자라도 다른 공모자의 행위에 대하여 공동정범으로서의 형사책임을 진다」11)고 하여 공모공동정범을 인정하고 있다. 공모공동정범의 성립을 부정한다면 직접 실행행위에 참여하지 아니하면서 배후에서 범행을 조종하는 자는 그 행위의 기여도가 강력함에도 불구하고 정범으로 처벌받지 아니하는 불합리한 현상이 나타날 수 있기 때문이다.12) 다만 공모공동정범이 성립하기 위하여는 단순히 공모에 그치는

---

9) 필요적 공범이란 어느 구성요건을 실현함에 있어서 반드시 2인 이상이 관여해야 하는 범죄 유형을 말한다. 필요적 공범 중 대향범은 2인 이상의 관여자가 동일한 목표를 추구하되 서로 다른 방향에서 서로 다른 행위를 행함으로써 하나의 범죄실현에 관여하는 경우이다. 필요적 공범에는 형법총칙상의 임의적 공범규정(공동정범, 교사범, 방조범)이 적용되지 아니하므로 별도의 처벌규정이 없다면 처벌할 수 없다.
10) 김일수/서보학, 455면; 배종대, 436면; 손동권, 552면; 오영근, 383면.
11) 대판 1967. 9. 19. 67도1027; 2006. 2. 23. 2005도8645; 2008. 4. 24. 2007도11258 등 다수.
12) 대판 1998. 5. 21. 98도321(전합).

것이 아니라 범죄에 관하여 본질적 기여를 통한 기능적 행위지배가 존재해야
한다.[13] 그리고 이에 해당하는지 여부는 행위 결과에 대한 각자의 이해 정도,
행위 가담의 크기, 범행지배에 대한 의지 등을 종합적으로 고려하여 판단하여
야 한다.[14]

(2) 조세범과 공모공동정범

조세범에 있어서도 공모공동정범이 인정된다. 예를 들어 기업의 실질적
경영자가 임·직원과 조세포탈을 공모한 후 그 실행행위는 실무를 담당하는
직원 등이 전담한 경우에도 아무런 실행행위를 분담하지 아니한 실질적 경영
자를 공동정범으로 처벌할 수 있다. 판례 역시 일관되게 조세범의 공모공동정
범을 인정하고 있다.

(3) 판례의 사례

• 2인 이상이 범죄에 공동 가공하는 공범관계에서 공모는 법률상 어떤 정형
을 요구하는 것이 아니고 2인 이상이 공모하여 어느 범죄에 공동 가공하여 그
범죄를 실현하려는 의사의 결합만 있으면 되는 것으로서, 비록 전체의 모의과
정이 없었다고 하더라도 수인 사이에 순차적으로 또는 암묵적으로 상통하여
그 의사의 결합이 이루어지면 공모관계가 성립하고, 이러한 공모가 이루어진
이상 실행행위에 직접 관여하지 아니한 자라도 다른 공모자의 행위에 대하여
공동정범으로서의 형사책임을 진다. 피고인이 공모의 점과 함께 범의를 부인
하는 경우에는 이러한 주관적 요소로 되는 사실은 사물의 성질상 범의와 상당
한 관련성이 있는 간접사실 또는 정황사실을 증명하는 방법에 의하여 이를 입
증할 수밖에 없으며, 이때 무엇이 상당한 관련성이 있는 간접사실에 해당할
것인가는 정상적인 경험칙에 바탕을 두고 치밀한 관찰력이나 분석력에 의하여

---

13) 대판 2007. 4. 26. 2007도235. 「형법 제30조의 공동정범은 공동가공의 의사와 그 공동의사
에 기한 기능적 행위지배를 통한 범죄 실행이라는 주관적·객관적 요건을 충족함으로써 성
립하는바, 공모자 중 구성요건 행위 일부를 직접 분담하여 실행하지 않은 자도 경우에 따
라 이른바 공모공동정범으로서의 죄책을 질 수도 있는 것이기는 하나, 이를 위해서는 전체
범죄에 있어서 그가 차지하는 지위, 역할이나 범죄 경과에 대한 지배 내지 장악력 등을 종
합해 볼 때, 단순한 공모자에 그치는 것이 아니라 범죄에 대한 본질적 기여를 통한 기능적
행위지배가 존재하는 것으로 인정되는 경우여야 한다.」
14) 대판 2006. 12. 22. 2006도1623.

사실의 연결상태를 합리적으로 판단하는 방법에 의하여야 한다. 위 피고인들은 각 폭탄업체, 영세도관업체, 과세도관업체 및 바닥업체 등의 운영자, 바지사장, 직원으로 있으면서 개별 폭탄업체의 운영자 등과 공모하여 그 폭탄업체의 조세포탈범행을 하였거나 이에 적극 가담하였으므로 각 그 폭탄업체의 조세포탈범행에 대한 공동정범이 된다(대판 2008. 4. 24. 2007도11258).

• 회사의 대주주이자 실질적 경영자인 남편이 사망하기 전부터 피고인이 회사의 대표이사 및 관계임직원들과 공모하여 조세포탈을 하여 왔고, 남편의 사망 후에도 이러한 조세포탈행위는 계속되어 왔는데, 피고인은 남편의 사망 후 사실상 그의 지위를 승계하여 회장으로 처우받으면서 실질적으로 경영에 관여하고 각 회사의 경영상태를 보고받음으로써 각 회사에서 조세포탈행위가 이루어지고 있는 사실을 알았으며, 나아가 돈을 주며 세무공무원 등의 자문을 받는 등 그 조세포탈행위가 이루어지도록 가공하여 그로 인한 이익금의 일부를 분배받은 바 있으므로, 피고인이 조세포탈을 새로이 모의한다거나 구체적인 실행행위를 분담한 바가 없다고 하더라도 조세포탈을 한 회사의 대표이사 및 관계임직원들과 피고인 사이에 조세포탈의 공범관계가 성립된다(대판 1987. 12. 22. 87도84).

• 처가 구속된 남편을 대행하여 그의 지시를 받아 회사를 운영하면서 조세포탈행위를 하다가 협의이혼하고 스스로 회사를 경영한 사안: 남편은 처와 조세포탈의 공범관계에 있으며 협의이혼 후 처가 허위신고를 함으로써 이루어진 조세포탈에 관하여도 마찬가지이다(대판 2008. 7. 24. 2007도4310).

3. 공동정범의 책임범위

공동정범은 각자를 그 죄의 정범으로 처벌한다(형법 제30조 제1항). 따라서 공동의 범죄사실 전부에 관하여 각자가 정범으로서 책임을 진다.

조세범은 각 의무위반별로 1죄가 성립한다. 예를 들어 조세포탈죄의 경우 각 납세의무가 발생하는 세목별, 과세기간별로 별개의 범죄가 성립한다. 그런데 한 개의 조세포탈은 수 개의 계정과목에 걸쳐 수 개의 행위가 결합한 결과로 이루어질 수 있는바, 하나의 조세포탈 중 일부의 행위에만 관여한 공동정범의 경우에 그 처벌범위를 어느 정도까지 인정하여야 하는가의 문제가 발생한다. 일부의 실행에만 가담한 공범자가 전체의 실행행위에 관하여 모의를 한 경우라면 공모공동정범으로서 전체에 대하여 책임을 지는 것이 당연하다. 다른 공범자가 관여한 부분의 일부실행행위에만 고의가 국한될 때 논의의 여지가 있다.

　이에 대하여 조세포탈죄는 과세기간별로 단순일죄가 성립하지만 사실상 포괄일죄와 같은 성격을 지니므로 형법상의 자기책임의 원칙에 따라 행위자가 관여한 계정과목과 관련된 조세포탈액에 한정하여 책임을 인정하여야 한다는 견해가 있을 수 있다.

　조세포탈죄는 각 계정과목의 유기적 결합에 의하여 최종적으로 산출된 조세액의 탈루행위가 범죄 구성요건이 된다. 구체적인 납세의무는 세액이 확정되기 전에는 성립하지 않는다. 포탈행위가 여러 계정에 걸쳐 이루어졌다 하더라도 각 계정은 구성요건 내의 구체적 사실에 불과하므로 이를 분리하여 별개의 범죄로 보는 것은 불가능하다. 포괄일죄가 이를 이루는 범죄의 부분부분이 완결적으로 단순일죄를 구성하는 데에 비하여, 조세포탈죄는 납세의무별로 단일한 범죄가 성립될 뿐이기 때문이다. 각 계정과목에 관한 개개의 실행행위는 각자 별개의 범죄로 성립할 수 없다. 따라서 조세범칙행위의 일부에 가담한 공범자의 책임은 해당 조세범죄의 결과 전체에 관하여 미친다고 보아야 한다.15) 대법원은 회사의 임원이 사주의 부외자금 조성 등 사기 기타 부정한 행위가 일부 이루어진 이후 부임하였으나 그 사실을 알면서도 법인세 신고에 관여한 이상 각각의 부정행위에 관여한 바 없다 하더라도 해당 사업연도 포탈세액 전체에 관하여 공동정범으로서 책임이 있다고 한 바 있다.16)

　다만 일부의 실행에만 가담한 공범자가 인식하지 못한 행위에 관한 부분은 양형시 정상으로 참작되어야 한다.

　한편, 1인이 수인의 납세의무자와 공모하여 조세를 포탈하였다면, 그 죄수는 각 납세의무자별로 각각 1죄가 성립한다. 납세의무 자체가 수개이기 때문이다.17) 이를 반대로 해석한다면 공모상대방인 각 납세의무자는 자신의 납세

---

15) 동지 안대희, 464면.

16) 대판 2015. 9. 10. 2014도12619.

17) 대판 1998. 5. 8. 97도2429(1인의 원천징수의무자가 수인의 법인세 납세의무자와 공모하여 법인세 납세의무를 포탈한 사안에서 수죄의 성립을 인정하였다); 대판 2008. 4. 24. 2007도11258(수인의 사업자로부터 재화를 공급받는 자가 각 그 납세의무자와 공모하여 부가가치세를 포탈한 경우 재화를 공급받는 자는 각 납세의무자의 조세포탈에 가공한 공범으로서

의무와 관련된 부분의 책임만을 부담한다. 납세의무자별로 구분가능한 수죄
가 성립함에 있어 1인의 납세의무자에게 수인의 납세의무자와 공모한 1인의
수죄 전체에 관하여 책임을 지는 것은 부당하기 때문이다.

　　또한 조세포탈죄의 정범이 다수의 세목 및 과세기간에 걸쳐 조세포탈행
위를 함으로써 그 포탈세액을 합산한 결과 특가법상 조세포탈죄가 성립하는
경우라 할지라도, 위 조세포탈 행위 중 일부 세목 또는 일부 과세기간에 가공
한 공범은 자신이 관여한 부분에 관한 책임만 부담하므로, 자신이 관여한 부
분의 포탈세액을 합산하여도 특가법의 기준에 미달하는 경우라면 특가법위반
죄가 아닌 조세범처벌법위반죄로 처벌되어야 한다.

Ⅳ. 간접정범(間接正犯)

　　형법 제34조 제1항은 간접정범이라는 표제로 "어느 행위로 인하여 처벌
되지 아니하는 자 또는 과실범으로 처벌되는 자를 교사 또는 방조하여 범죄
행위의 결과를 발생케 한 자는 교사 또는 방조의 예에 의하여 처벌한다"고 규
정하고 있다. 행위자에게 범죄의 성립요건인 구성요건 해당성, 위법성 또는
책임이 없어 범죄가 성립하지 않는 것을 이용하여 그를 도구로 범죄를 실현
한 자를 처벌하기 위한 것이다.

　　조세범의 경우에도 형법총칙의 간접정범이론이 인정된다. 유의할 점은
조세범 중 신분범죄에서 신분 있는 자가 신분 없는 자를 도구로 이용한 경우
간접정범으로 처벌되나, 신분 없는 자는 신분 있는 자를 도구로 이용하여 간
접정범이 될 수 없다는 점이다. 이용자에게 정범적격이 없기 때문이다. 신분
있는 자에게 고의가 인정될 경우에만 공동정범 또는 교사범이나 종범으로 의
율될 수 있을 뿐이다.

　　대법원은 특별소비세의 담세자인 자동차의 실질구입자가 이를 면탈할 목
적으로 피고인인 렌트카회사와 공모하여 피고인의 명의로 자동차를 구입함으
로써 그 정을 모르는 특별소비세 납세의무자인 자동차 공급회사로 하여금 특
별소비세를 징수·납부하지 아니하게 하였다면 위와 같은 일련의 행위는 그로
인하여 처벌받지 아니하는 자동차회사를 이용하여 결과적으로 특별소비세 등

───────────────
각 납세의무자별로 각각 1죄가 성립하고 포괄하여 1죄가 성립하는 것이 아니라고 하였다).

의 부담을 면한 것이라는 이유로 납세의무자 아닌 자인 공급받는 자(렌트카회사)에게 간접정범으로서의 책임을 물었는바, 조세포탈죄는 납세의무자라는 신분을 요구하는 신분범으로서 신분없는 자는 신분있는 자를 도구로 이용하여 간접정범이 될 수 없다는 점을 간과한 판시로 보인다.[18]

특히 신분 있는 자가 법인일 경우 실제 행위자에 대한 처벌의 공백이 일어날 수 있는데, 조세범 처벌법은 이를 방지하기 위하여 제18조에서 비록 신분없는 자라 하더라도 실제 행위자를 처벌할 수 있는 방안을 마련하고 있다.[19]

제 3 절   교사범(敎唆犯)

I. 의   의

교사란 타인으로 하여금 범죄를 결의하여 실행하게 하는 것을 말한다.

형법 제31조 제1항은 "타인을 교사하여 죄를 범하게 한 자는 죄를 실행한 자와 동일한 형으로 처벌한다"고 규정하고 있다. 교사범은 행위지배에 관여하지 않는다는 점에서 비록 직접적으로 실행행위를 하지는 않으나 공범자와의 역할분담을 통하여 기능적 행위지배를 하는 공동정범과 구별된다. 또한 정범의 존재를 전제로 한다는 점에서 실행행위자에게 범죄가 성립하지 아니하는 간접정범과도 구분된다. 조세범의 경우에도 형법상의 교사범 규정이 적용된다.

II. 불성실한 신고의 교사

조세범 처벌법 제9조 제2항은 성실신고 방해행위라는 표제하에 "납세의무자로 하여금 과세표준의 신고를 하지 아니하게 하거나 거짓으로 신고하게 한 자 또는 조세의 징수나 납부를 하지 않을 것을 선동하거나 교사한 자"를 1년 이하의 징역 또는 1천만 원 이하의 벌금에 처하도록 규정하고 있다.

납세의무자의 무신고, 허위신고, 부징수, 불납부가 별도의 범죄를 구성한

---

18) 대판 2003. 6. 27. 2002도6088.
19) 제1편 제6장 제5절 참조.

다면 형법상 그 교사범 또한 성립하므로 위 각 범죄의 교사범과 조세범 처벌법 제9조 제2항의 범죄는 법조경합으로서 법정형이 중한 형으로 처벌된다. 위 조항은 납세의무자의 무신고, 허위신고, 부징수, 불납부가 별도의 범죄를 구성하지 않는 경우에(사기나 그 밖의 부정한 행위에 대한 고의가 없는 단순 무신고나, 조세포탈의 결과가 발생하지 않은 경우를 예로 들 수 있다)도 성실신고의 방해행위 자체의 반사회성·위험성에 주목하여 이를 별도의 범죄로 구성한다는 데 의의가 있다.[20]

제 4 절   종범(從犯)

형법은 제32조에서 "타인의 범죄를 방조한 자는 종범으로 처벌한다"고 하면서(제1항), "종범의 형은 정범의 형보다 감경한다"고 하여 필요적 감경규정을 두었다. 종범은 방조범이라고도 한다. 방조란 정범의 범죄실행을 야기하거나 용이하게 하거나 촉진하거나 정범에 의한 법익침해를 강화하는 것을 말한다.

정범과 종범의 구별 및 종범의 종속성에 대하여는 앞서 본 바와 같으므로 이에 대한 서술은 생략한다.

---

20) 자세한 내용은 제2편 제3장 제7절 참조.

제10장

공소시효 특례와 과태료의 시효

제22조(공소시효 기간) 제3조부터 제14조까지에 규정된 범칙행위의 공소시효
는 7년이 지나면 완성된다. 다만, 제18조에 따른 행위자가 「특정범죄가중처
벌 등에 관한 법률」 제8조의 적용을 받는 경우에는 제18조에 따른 법인에
대한 공소시효는 10년이 지나면 완성된다.

제1절 서 설

공소시효(公訴時效)란 검사가 범죄자에 대하여 공소를 제기하지 않은 채
일정기간이 지날 경우 그에 대한 국가의 형사소추권을 소멸시키는 것을 말한
다. 일정한 시간이 경과한 후에는 현재의 사실관계를 존중하여 개인과 사회의
안정을 도모하고자 함에 의의가 있다. 시간이 경과할수록 행위자에 대한 가벌
적 감정이 소멸되고 범죄행위로 인한 피해가 치유되거나 망각되기 때문이다.
형사소송법 제249조는 범죄의 형량에 따라 1년부터 25년까지의 공소시효를
정하고 있다.[1]

---

1) 형사소송법 제249조(공소시효의 기간) ① 공소시효는 다음 기간의 경과로 완성한다.
　　1. 사형에 해당하는 범죄에는 25년
　　2. 무기징역 또는 무기금고에 해당하는 범죄에는 15년
　　3. 장기 10년 이상의 징역 또는 금고에 해당하는 범죄에는 10년
　　4. 장기 10년 미만의 징역 또는 금고에 해당하는 범죄에는 7년
　　5. 장기 5년 미만의 징역 또는 금고, 장기10년 이상의 자격정지 또는 벌금에 해당하는 범

조세범 처벌법은 위와 같은 형사소송법 규정과는 별도로 제22조에서 조세범의 공소시효기간을 정하고 있는바 그와 같이 정한 이유와 타당성에 관하여 살펴본다.

제 2 절   연   혁

조세범 처벌법 제정 당시에는 재정범에 대하여 오랫동안 불확정한 상태에 두는 것은 너무 가혹하다는 이유로 형사소송법의 공소시효를 적용하지 않고 2년의 단기시효제를 채택하였다.[2][3] 그런데 국세기본법상의 국세부과제척기간 및 국세징수권 소멸시효가 5년인 점과 비교하여 볼 때 공소시효가 너무 단기라는 비판이 제기되자 1994. 12. 22. 제17차 개정시에 기존에 부칙에 규정하던 공소시효를 법률로 규정하여 조세범의 공소시효를 원칙적으로 5년으로 연장하되, 행정질서범적 성격이 강하고 경미한 범죄에 대하여는 2년으로 구분하게 되었다.[4] 당시의 형사소송법에 의하면 최대 3년 이하의 징역형인 조세범의 형량에 해당하는 범죄의 공소시효는 3년이었기 때문에[5] 이와 같은

　　죄에는 5년
　　　6. 장기 5년 이상의 자격정지에 해당하는 범죄에는 3년
　　　7. 장기 5년 미만의 자격정지, 구류, 과료 또는 몰수에 해당하는 범죄에는 1년
　　　② 공소가 제기된 범죄는 판결의 확정이 없이 공소를 제기한 때로부터 25년을 경과하면 공소시효가 완성한 것으로 간주한다.
　2) 구 조세범 처벌법 부칙 <법률 제199호, 1951. 5. 7>
　　　제17조 제8조 내지 제14조에 규정한 범칙행위의 시효는 2년을 경과하므로써 완성한다. 단, 범칙자가 국외로 도피한 때에는 그 기간을 5년으로 한다.
　3) 이창규, 조세범 처벌요론, 대한재무협회출판부, 1951, 76면(이천현, 조세범 처벌법상의 형벌 규정의 문제점, 월간조세 제152호, 46면에서 재인용).
　4) 구 조세범 처벌법(1994. 12. 22. 법률 제4812호로 일부 개정된 것) 제17조(공소시효기간) 제8조 내지 제12조ㆍ제12조의2ㆍ제12조의3 제2항 및 제3항과 제14조에 규정한 범칙행위의 공소시효는 5년, 제12조의3 제1항과 제13조에 규정한 범칙행위의 공소시효는 2년을 경과함으로써 완성한다.
　5) 구 형사소송법(2007. 12. 21. 법률 제8730호로 개정되기 전의 것) 제249조(공소시효의 기간)
　　　① 공소시효는 다음 기간의 경과로 완성한다.
　　　1. 사형에 해당하는 범죄에는 15년
　　　2. 무기징역 또는 무기금고에 해당하는 범죄에는 10년
　　　3. 장기10년이상의 징역 또는 금고에 해당하는 범죄에는 7년
　　　4. 장기10년미만의 징역 또는 금고에 해당하는 범죄에는 5년

개정으로 일반 형사범보다 조세범의 공소시효가 연장되는 결과가 되었다. 그러나 2007. 12. 21. 형사소송법 공소시효 규정의 개정으로 일반 형사범과 조세범의 기본적인 공소시효가 5년으로 동일하게 되었다. 이후 2010년 전부개정시 조세질서범에 대하여 과하던 형사처벌을 과태료로 전환하게 됨에 따라 공소시효 2년 부분을 삭제하고, 제18조에 규정된 법인의 양벌규정에 있어 행위자가 특가법에 따라 10년의 공소시효를 적용받는 경우에는 법인 역시 공소시효를 10년으로 하도록 하여 행위자 처벌과의 균형을 도모하였다. 또한 2015. 12. 29. 법률 제13627호로 조세범 처벌법을 일부개정하면서 조세범칙행위에 대한 공소시효를 5년에서 7년으로 연장하였다.

제 3 절   공소시효 특례규정에 대한 찬반론과 평가

1994년 공소시효를 5년으로 연장한 개정에 대하여, 통상 조세범은 기수시기 후 부과제척기간 또는 소멸시효기간 전에 세무조사기간을 통하여 혐의를 확인하고 고발하는 경우가 많으므로 당시의 형사소송법상 3년의 공소시효를 적용한다면 처벌의 실효성을 거두지 못한다면서 연장에 찬성하는 입장과,[6) 조세범죄와 일반 재산범죄는 기본적으로 차이가 없고, 권리를 중심으로 하는 법률관계를 조속히 종결시키기 위한 제도인 국세부과 제척기간 및 국세징수권 소멸시효와는 그 인정이유가 다르기 때문에 이들 제도와 조세범 처벌제도의 균형을 도모할 이유가 없으므로 형사소송법과 별도로 조세범 처벌법에 공소시효에 관한 특별규정을 둘 필요가 없다면서 반대하는 입장이 대립되었다.[7)

5. 장기5년미만의 징역 또는 금고, 상기10년이상의 자격정지 또는 다액 1만원이상의 벌금에 해당하는 범죄에는 3년
6. 장기5년이상의 자격정지에 해당하는 범죄에는 2년
7. 장기5년미만의 자격정지, 다액 1만원 미만의 벌금, 구류, 과료 또는 몰수에 해당하는 범죄에는 1년
② 공소가 제기된 범죄는 판결의 확정이 없이 공소를 제기한 때로부터 15년을 경과하면 공소시효가 완성한 것으로 간주한다.
6) 안대희, 209면; 김진성, 조세범 처벌법규의 문제점, 월간 조세, 제19호(1989. 12), 38면(이천현, 앞의 논문, 46면에서 재인용).

세법을 위반한 자를 형벌로써 처벌하는 이유는 공평과세에 대한 사회의 윤리가치를 침해하고 조세행정질서를 교란하였기 때문으로 그 행위의 반윤리성·반사회성에 기인한다. 그런데 조세범의 경우 일반 형법상의 범죄보다 가벌성이 더 크다고 평가할 아무런 근거가 없다. 게다가 조세채권의 일반적 징수권 소멸시효인 5년이 지나 조세채권이 소멸한 상태임에도 불구하고(사기나 그 밖의 부정한 행위로 조세를 포탈한 경우는 논외로 한다) 처벌할 필요가 여전히 남아있다고 보기도 어렵다. 따라서 조세범 처벌법에 형사소송법과 별도로 공소시효에 관한 특별규정을 둘 필요는 없어 보인다. 다만, 단서와 같이 양벌규정에 있어서 행위자가 특가법을 적용받는 경우 그 법인의 공소시효 또한 10년으로 연장한다는 규정은 동일한 범죄의 행위자와 법인 처벌의 균형을 이룬다는 점에서 존재의의가 있을 수 있으나, 벌금형만 부과되는 법인에 대하여 그렇게 장기의 공소시효를 제정할 필요가 있는지는 의문이다. 조세범 행위자의 행위 당시에 당해 법인이 위반행위를 방지하기 위하여 상당한 주의와 감독을 게을리한 점이 인정된다 하더라도 10여 년 전에 기수가 된 행위자의 조세범죄행위에 대하여 법인이 10여 년 동안 형벌의 위험에 노출된다는 것은 과한 것으로 보인다. 결론적으로 조세범 처벌법 제22조는 삭제되어도 무방하다.

제 4 절   과태료의 제척기간과 소멸시효

Ⅰ. 과태료와 시효

과태료(過怠料)란 행정법규에 규정된 의무를 위반한 경우 법률에 따라 행정기관이 부과하는 금전적 징계를 말한다. 과태료는 형벌이 아니므로 형법 총칙 및 형사소송법이 적용되지 않고, 개별 법률에 특별한 규정이 없는 한 질서위반규제법 및 비송사건절차법(비송사건절차법 제247조 내지 제250조)에 따른다. 따라서 과태료에는 국가의 형사소추권 소멸시기에 관한 공소시효가 적용되지 않는다. 과태료는 행정벌이기 때문에 그 부과의 제척기간과 소멸시효가 있을

---

7) 이천현, 앞의 논문, 47면; 김용준, 조세범 처벌법상 조세포탈죄의 형사범적 성격과 그 개선방안에 관한 연구, 고려대학교 석사학위논문, 2005, 115면.

뿐이다. 대법원 역시 과태료의 제재는 범죄에 대한 형벌이 아니므로 그 성질 상 처음부터 공소시효(형사소송법 제249조)나 형의 시효(형법 제78조)에 상당하 는 것은 있을 수 없다고 하였다.[8]

Ⅱ. 과태료의 제척기간과 소멸시효

질서위반행위의 성립과 과태료 처분에 관한 법률관계를 명확히 하여 국 민의 권익을 보호하고, 개별법령에서 통일되지 못하고 있던 과태료의 부과·징수절차를 일원화함으로써 과태료 제도의 효율성을 제고하기 위하여 2007. 12. 21. 법률 제8725호로 질서위반행위규제법이 공포되었다. 위 법에 따르면 행정청은 질서위반행위가 종료된 날부터 5년이 경과한 경우에는 해당 질서위 반행위에 대하여 과태료를 부과할 수 없고(질서위반행위규제법 제19조), 행정청 의 과태료 부과처분이나 법원의 과태료 재판이 확정된 후 5년간 징수하지 아 니하거나 집행하지 아니하면 시효로 인하여 소멸하는데, 그 소멸시효의 중단 ·정지 등에 관하여는 국세기본법을 준용하도록 하였다(같은 법 제15조). 따라 서 과태료의 경우 그 부과제척기간과 소멸시효기간이 5년이다. 중단·정지 제 도를 채택하였으므로 과태료 처분 후 독촉 등이 있으면 소멸시효가 중단하고 그 시점부터 다시 기산하게 된다.

---

8) 대결 2000. 8. 24. 2000마1350. 다만 이 결정은 질서위반행위규제법이 제정되기 이전의 것 으로서 당시에는 현행법과 달리 과태료의 부과 제척기간에 관한 규정이 별도로 없었기 때 문에 제척기간을 제한하지 않는 한편, 징수에 관하여는 예산회계법을 적용하여 5년의 소멸 시효가 적용된다고 판시하였다.
「과태료의 제재는 범죄에 대한 형벌이 아니므로 그 성질상 처음부터 공소시효(형사소송 법 제249조)나 형의 시효(형법 제78조)에 상당하는 것은 있을 수 없고, 이에 상당하는 규정 도 없으므로 일단 한번 과태료에 처해질 위반행위를 한 자는 그 처벌을 면할 수 없는 것이 며, 예산회계법 제96조 제1항은 "금전의 급부를 목적으로 하는 국가의 권리로서 시효에 관 하여 다른 법률에 규정이 없는 것은 5년간 행사하지 아니할 때에는 시효로 인하여 소멸한 다."고 규정하고 있으므로 과태료결정 후 징수의 시효, 즉 과태료 재판의 효력이 소멸하는 시효에 관하여는 국가의 금전채권으로서 예산회계법에 의하여 그 기간은 5년이라고 할 것 이지만, 위반행위자에 대한 과태료의 처벌권을 국가의 금전채권과 동일하게 볼 수는 없으 므로 예산회계법 제96조에서 정해진 국가의 금전채권에 관한 소멸시효의 규정이 과태료의 처벌권에 적용되거나 준용되지는 않는다.」

제11장

죄수론(罪數論)

제 1 절 총 설

I. 의 의

1인의 행위자가 한 개 또는 수개의 행위로 1개의 구성요건을 충족하였는 가, 같은 구성요건을 수회 충족하였는가, 수개의 구성요건을 충족하였는가를 구분하는 문제가 죄수론이다.

구성요건을 1회 충족함으로써 1개의 죄가 성립한다. 어떠한 죄가 몇 개 성립하는가에 관한 죄수를 명확히 함으로써 범죄의 종류와 수를 가리게 되고, 이를 어떻게 처벌할 것인가가 해결된다. 1인의 행위가 수개의 범죄구성요건 을 충족하였다는 이유로 그 결과인 각 형벌을 단순합산한다면 지나치게 과중 한 처벌이 될 수 있으므로, 입법자는 죄수에 따라 부과될 형벌의 완화책을 마 련하고 있다.[1] 이러한 의미에서 죄수론은 범죄의 수, 형태 및 효과에 관한 것 이므로 범죄론과 형벌론 모두에 관련된 문제이며, 범죄론과 형벌론의 중간에 위치하는 이론이다.[2] 죄수론은 그 중요성 때문에 형법 총칙 이론에서 매우 비중있고 심도있게 다루어지는 영역이다.

죄수론의 학문적 이론에 관한 자세한 설명은 형법 이론서의 서술영역이 다. 이 책에서는 죄수의 구분 및 죄수에 따른 처벌방법에 관하여 일반론을 간

---

1) 신동운, 778면.
2) 오영근, 460면; 이재상, 542면. 죄수론과 경합론을 분리하여 전자는 범죄론의 영역에, 후자 는 형벌론의 영역에 있다는 견해로는 정성근/박광민, 498면.

단히 서술한 후, 조세범 처벌법에서의 죄수 문제를 자세히 다루기로 한다.

Ⅱ. 일죄(一罪)와 수죄(數罪)의 구분

1죄는 1개 또는 수개의 행위가 1개의 구성요건을 충족하는 경우에 성립한다.

법조경합(法條競合)은 1개 또는 수개의 행위가 외관상 수개 죄의 구성요건을 충족하는 것 같아 보이지만 1개의 형벌법규만 적용되고, 적용되는 형벌법규에 불법내용이 완전히 포섭되는 다른 형벌법규는 적용이 배척되는 것을 말하는데, 법조경합은 법률상 1죄에 해당한다. 법조경합에는 어느 구성요건이 다른 구성요건의 모든 요소를 포함하고 그 이외의 다른 요소를 구비하는 경우에 성립하는, 즉 가중적 구성요건 또는 감경적 구성요건과 기본적 구성요건의 관계에 있는 특별관계(特別關係), 미수범 등 경과범죄나 불가벌적 사전행위와 같이 어떤 형벌법규가 다른 형벌법규의 적용이 없을 때에 보충적으로 적용되는 보충관계(補充關係), 불가벌적 수반행위나 불가벌적 사후행위와 같이 어떤 구성요건에 해당되는 행위의 불법과 책임내용이 다른 구성요건에 포섭되나 특별관계나 보충관계가 인정되지 않는 경우에 적용되는 흡수관계(吸收關係)가 있다.

포괄일죄(包括一罪)는 별도로 떼놓고 보면 각기 1죄를 구성할 수 있는 수개의 행위가 당해 구성요건을 한 번 충족함으로써 성립한다. 포괄일죄는 본래적으로 1죄이다. 결합범, 계속범, 접속범, 연속범, 영업범, 상습범 등이 포괄일죄에 해당한다. 단일한 범의로 동종의 행위를 반복하고 그 피해법익이 동일할 경우에 비록 행위가 수개일지라도 이를 통틀어 포괄일죄로 인정한다.

수죄는 1개 또는 수개의 행위가 수개 벌칙규정의 구성요건을 충족하는 경우에 성립한다. 1개의 행위가 수개의 죄에 해당하는 경우를 상상적 경합이라고 하고, 판결이 확정되지 아니한 수개의 죄 또는 금고 이상의 형에 처한 판결이 확정된 죄와 그 판결확정 전에 범한 죄를 실체적 경합이라 한다.[3] 실체적 경합범 중 전자는 동시적 경합범, 후자는 사후적 경합범이다.

---

3) 형법 제37조(경합범).
　　판결이 확정되지 아니한 수개의 죄 또는 금고 이상의 형에 처한 판결이 확정된 죄와 그 판결확정 전에 범한 죄를 경합범으로 한다.

Ⅲ. 논의의 실익 ― 처벌과 절차

1인의 행위가 1죄에 해당한다면 개별 벌칙규정에 따라 처벌하면 된다.

법조경합은 1죄이므로 배척되는 법률규정은 아예 공소장과 판결문에서 논의되지 않는다. 다만 법조경합에 있어 배척되는 범죄에 해당하는 행위에만 가담한 경우 그 범죄에 한하여 공범이 성립할 수 있다.

포괄일죄 역시 1죄이므로 그 사이에 법률의 개정이 있었다면 범죄실행 종료시의 법인 신법을 적용한다.[4] 포괄일죄가 되는 개개의 행위 중간에 다른 종류의 죄의 확정판결이 끼어 있는 경우에도 죄가 분리되지 않고 확정판결 후인 최후의 범죄행위시에 1죄가 완성된다.[5] 만일 동종의 죄에 대한 확정판결이 있다면 확정판결 전후의 죄로 분리된다. 포괄일죄의 일부분에 대한 공범 성립 역시 가능하다. 포괄일죄는 소송법상으로도 일죄이므로 공소제기의 효력과 판결의 기판력은 항소심 판결선고시까지 범하여진 포괄일죄를 이루는 개개의 범죄사실에 대하여 미친다. 따라서 항소심 판결선고 전에 행해진 포괄일죄의 일부를 이루는 행위에 관하여 별도로 공소가 제기되었다면 면소의 판결을 하여야 한다. 다만 포괄일죄로 기소되어야만 위와 같은 결론이 가능하고[6] 단순일죄로 기소된 후 그에 대한 판결이 있었다면 그 판결 전후에 이루어진 포괄일죄를 이루는 나머지 행위에 대하여는 포괄일죄로 처벌이 가능하다.

한편, 1인의 행위가 수개의 범죄에 해당한다면 그 처벌과 소송법적 효과가 달라진다. 형법 제5절은 제37조부터 제40조에 걸쳐 1인의 행위가 수개 죄의 구성요건을 충족한 경우의 처벌에 대하여 다루고 있다.[7]

---

4) 대판 1998. 2. 24. 97도183.
5) 대판 2001. 8. 21. 2001도3312; 2002. 7. 12. 2002도2029.
6) 대판 2004. 9. 14. 2001도3206.
7) 형법 제38조(경합범과 처벌례)
    ① 경합범을 동시에 판결할 때에는 다음의 구별에 의하여 처벌한다.
    1. 가장 중한 죄에 정한 형이 사형 또는 무기징역이나 무기금고인 때에는 가장 중한 죄에 정한 형으로 처벌한다.
    2. 각 죄에 정한 형이 사형 또는 무기징역이나 무기금고 이외의 동종의 형인 때에는 가장 중한 죄에 정한 장기 또는 다액에 그 2분의 1까지 가중하되 각 죄에 정한 형의 장기 또는 다액을 합산한 형기 또는 액수를 초과할 수 없다. 단 과료와 과료, 몰수와 몰수는 병과할 수 있다.
    3. 각 죄에 정한 형이 무기징역이나 무기금고 이외의 이종의 형인 때에는 병과한다.

수개의 죄가 상상적 경합이라면 가장 중한 죄에 정한 형으로 처벌한다. 행위가 단일하기 때문이다. 이때 가장 중한 형은 법정형을 말하며, 형의 경중은 형법 제50조에 따른다. 상상적 경합은 수죄이므로 공소장과 판결문에 이를 적시하여야 한다. 상상적 경합에 있는 수죄 중 일부가 친고죄일 경우, 고소가 없거나 취소되었다 하더라도 비친고죄의 처벌에는 영향을 미치지 않는다.[8]

수개의 죄가 실체적 경합범 중 동시적 경합범이라면 형법 제38조 제1항에 따라 처벌된다. 사후적 경합범이라면 형법 제39조 제1항에 따라 처벌된다. 다만 동시적 경합범이라도 조세범 처벌법 제20조는 형법 제38조 제1항 제2호 중 벌금경합에 관한 가중제한규정을 적용하지 아니하도록 규정하고 있다. 따라서 벌금형을 선고할 경우 형법 총칙의 규정대로 수개의 죄 중 가장 중한 죄에서 정한 다액의 2분의 1까지 가중(수개의 죄에 규정된 벌금형을 모두 합산한 액수가 더 적을 때에는 그 합산금액)하면 안 되고, 수개의 죄에 규정된 벌금형을 모두 합산하여야 한다.

실체적 경합 관계에 있는 각 죄에 대하여 공소가 제기되어야 하는데, 조세범 처벌법은 고발 전치주의를 채택하고 있으므로 각 죄에 대한 고발이 선행되어야 공소가 적법해진다. 예를 들어 조세범 처벌법 제10조 제1항 소정의 무거래 세금계산서 교부죄는 각 세금계산서마다 하나의 죄가 성립한다[9]고 할 것이므로, 세금계산서마다 그 공급가액이 공소장에 기재되어야 개개의 범죄사실이 구체적으로 특정되었다고 볼 수 있다.

---

② 전항 각호의 경우에 있어서 징역과 금고는 동종의 형으로 간주하여 징역형으로 처벌한다.

형법 제39조(판결을 받지 아니한 경합범, 수개의 판결과 경합범, 형의 집행과 경합범)
① 경합범중 판결을 받지 아니한 죄가 있는 때에는 그 죄와 판결이 확정된 죄를 동시에 판결할 경우와 형평을 고려하여 그 죄에 대하여 형을 선고한다. 이 경우 그 형을 감경 또는 면세할 수 있다.
② 삭제
③ 경합범에 의한 판결의 선고를 받은 자가 경합범 중의 어떤 죄에 대하여 사면 또는 형의 집행이 면제된 때에는 다른 죄에 대하여 다시 형을 정한다.
④ 전 3항의 형의 집행에 있어서는 이미 집행한 형기를 통산한다.

형법 제40조(상상적 경합)
1개의 행위가 수개의 죄에 해당하는 경우에는 가장 중한 죄에 정한 형으로 처벌한다.

8) 대판 1968. 3. 5. 68도105.
9) 대판 2003. 8. 22. 2003도2626; 2005. 11. 10. 2005도6084.

제 2 절 조세범 처벌법과 죄수

앞서 본 바와 같이 1인의 행위가 1죄를 구성하는가, 수죄를 구성하는가에 따라 처벌과 절차가 달라지게 된다. 조세범의 벌칙 각 조의 행위는 단독으로도 범해질 수 있지만 조세포탈의 결과를 발생시키는 과정에서 서로 연관지어 이루어지는 경우도 많다. 이를 1죄로 보는가, 수죄로 보는가, 수죄라면 상상적 경합인가, 실체적 경합인가에 따라 법정형이 달라지므로 그 죄수의 구분은 매우 중요하다.

이 절에서는 조세범 중 가장 빈번하게 발생하며 심도있게 다루어지는 조세포탈범 및 세금계산서 관련범의 죄수에 관하여 중점적으로 서술하고, 나머지의 조세범 및 형법상의 범죄와의 관계에 대하여 간단히 서술한다. 여기 언급되지 않은 간접적 탈세범 및 조세질서범 등 여타의 조세범의 죄수에 관하여는 이 절에서 서술하지 아니하고 각론 해당 범죄의 서술 부분에서 논하는 것으로 그친다.

I. 조세포탈범의 죄수

1. 산정기준

조세포탈범의 죄수는 위반사실이 조세범 처벌법 제3조 제1항에 규정된 구성요건을 몇 회 충족하는가를 기준으로 하여 정한다. 조세포탈죄는 주관적 구성요건요소로 고의가 필요하고, 객관적 구성요건요소로 납세의무자 또는 대리인 등 행위자라는 신분요건 및 납세의무의 존재, 사기나 그 밖의 부정한 행위, 포탈의 결과, 부정행위와 포탈의 결과 사이의 인과관계가 필요하다. 따라서 위와 같은 구성요건요소들이 모두 실현되어야 조세포탈죄가 성립하고, 구성요건요소의 실현 횟수가 수회에 이른다면 죄수도 그에 따른다.

납세의무자로서 본인의 납세의무에 관하여 조세포탈을 한 경우와 대리인 등 행위자로서 법인이나 사용자의 납세의무에 관하여 조세포탈을 한 경우에 두 사안은 별개의 납세의무에 관한 조세포탈죄로 다루어지며, 법률상 행위도 다르므로 실체적 경합이 된다.

납세의무는 세목별로, 그리고 그 세법이 정한 과세기간별로 또는 거래사실별로 확정된다. 예를 들어 법인세는 사업연도별로, 소득세는 각 과세연도별로, 부가가치세는 과세기간인 매년 1월 1일부터 6월 30일까지(제1기), 7월 1일부터 12월 31일까지(제2기)를 단위로 성립·확정된다. 또한 상속세는 상속이 개시되는 때, 증여세는 증여에 의하여 재산을 취득하는 때 그 납세의무가 성립하고, 상속개시일이 속하는 달의 말일부터 6개월 이내 및 증여받은 날이 속하는 달의 말일부터 3개월 이내에 과세표준 및 세액을 신고·납부하여야 한다.[10] 위와 같은 단위별로 각 1죄의 조세포탈죄가 성립한다.

따라서 어느 납세의무자 또는 대리인 등 행위자가 수개의 세목 및 과세기간에 걸쳐 조세포탈을 하였다면 세목별, 같은 세목 내에서도 과세기간별로 확정되는 납세의무의 수만큼 죄수가 결정되고, 각 죄는 실체적 경합의 관계에 있다.[11] 그러나 본세에 부가하여 부과되는 농어촌특별세, 교육세는 세목이 다르므로 별죄가 성립하지만, 본세의 납세의무의 성립과 동시에 성립하고[12] 본세에 부가하여 하나의 문서로서 과세표준과 세액의 신고가 이루어지므로 상상적 경합의 관계에 있다.[13]

다만 소득세법상 거주자의 소득은 종합소득과 퇴직소득, 양도소득으로 구분되는데[14] 위와 같이 구분된 소득별로 과세표준의 산정방법 및 세율이 모두 다르고 신고서도 별도로 작성하여 제출하여야 하기 때문에 별도의 납세의무가 성립한다고 보아야 하므로, 별개의 죄가 성립하고 각 죄는 실체적 경합의 관계에 있다.

원천징수하는 소득세·법인세 등은 대가를 지급하는 때에 납세의무가 성립·확정되는데 조세포탈죄의 기수시기는 신고·납부기한인 대가를 지급하는 달의 다음 달 10일이므로 그때마다 1개의 죄가 성립한다.[15] 인지세는 해당 문

---

10) 상속세 및 증여세법 제67조, 제68조, 제70조.
11) 다만 대법원은 특가법 제8조 제1항 위반죄에 해당하는지 가리는 데 있어서는 대리인 등 행위자가 조세포탈죄의 주체로서 포탈한 세액을 납세의무자가 아니라 행위자를 기준으로 산정하여야 한다고 하면서 납세의무자가 다르다 하더라도 동일한 행위자에 해당한다면 포탈세액을 합산하여야 한다는 입장이다. 대판 2011. 6. 30. 2010도10968 등. 자세한 내용은 제2편 제1장 제8절 Ⅱ. 3. 인적 합산단위 참조.
12) 국세기본법 제21조 제1항 제8호, 제9호.
13) 동지 안대희, 497면.
14) 소득세법 제4조.
15) 대판 2011. 3. 24. 2010도13345.

서를 작성할 때에 납세의무가 성립·확정되고, 그 문서에 수입인지를 첨부하는 방법으로 납부하게 되므로,[16] 작성하는 문서의 수에 따라 죄수가 결정되며 각 죄는 실체적 경합의 관계에 있다.

• 수인의 사업자로부터 재화를 공급받는 자가 각 그 납세의무자와 공모하여 부가가치세를 포탈한 경우에도 조세포탈의 주체는 어디까지나 각 납세의무자이고 재화를 공급받는 자는 각 납세의무자의 조세포탈에 가공한 공범에 불과하므로, 그 죄수는 각 납세의무자별로 각각 1죄가 성립하고 이를 포괄하여 1죄가 성립하는 것은 아니다. 따라서 피고인이 과세도관업체로부터 수개의 폭탄업체를 거친 금지금을 매입한 부분에 관하여 각 납세의무자인 수개의 폭탄업체별로 각각 1죄가 성립한다(대판 2008. 4. 24. 2007도11258).

• 조세범 처벌법상 조세포탈범의 죄수는 위반사실의 구성요건 충족 횟수를 기준으로 하여 예컨대, 소득세포탈범은 각 과세년도의 소득세마다, 법인세포탈범은 각 사업년도의 법인세마다, 그리고 부가가치세의 포탈범은 각 과세기간인 6월의 부가가치세마다 1죄가 성립하는 것이 원칙이다(대판 2000. 4. 20. 99도3822(전합)).

• 조세범 처벌법상 조세포탈범의 범죄주체는 국세기본법 제2조 제9호 소정의 납세의무자와 조세범 처벌법 제3조(현행 제18조) 소정의 법인의 대표자, 법인 또는 개인의 대리인, 사용인, 기타의 종업원 등의 법정책임자이고, 이러한 신분을 가지지 아니한 자는 비록 원천징수의무자라 하더라도 납세의무자의 조세포탈에 공범이 될 수 있을 뿐, 독자적으로 조세포탈의 주체가 될 수는 없다. 따라서 1인의 원천징수의무자가 수인의 납세의무자와 공모하여 조세를 포탈한 경우에도 조세포탈의 주체는 어디까지나 각 납세의무자이고 원천징수의무자는 각 납세의무자의 조세포탈에 가공한 공범에 불과하므로, 그 죄수는 각 납세의무자별로 각각 1죄가 성립하고 이를 포괄하여 1죄가 성립하는 것은 아니다(대판 1998. 5. 8. 97도2429).

---

16) 국세기본법 제21조, 제22조; 인지세법 제1조, 제8조.

2. 특가법 제8조의 죄수산정과 조세범 처벌법상 조세포탈범의 관계

조세범 처벌법상 조세포탈범의 죄수는 위반사실의 구성요건 충족 횟수를 기준으로 하여, 각 납세의무자별, 세목별, 과세기간별 또는 거래별로 1죄가 성립하는 것이 원칙이다. 그런데 특가법 제8조 제1항은 연간 포탈세액이 일정액 이상이라는 가중사유를 구성요건화하여 조세범 처벌법 제3조 제1항의 행위와 합쳐서 하나의 범죄유형으로 하고 그에 대한 법정형을 규정한 것이므로, 조세의 종류를 불문하고 1년간 포탈한 세액을 모두 합산한 금액이 특가법 제8조 제1항 소정의 금액 이상인 때에는 조세범 처벌법상 조세포탈죄는 성립하지 아니하고 특가법 제8조 제1항 위반의 1죄만이 성립한다. 흡수관계에 있기 때문이다. 또한 같은 항 위반죄는 1년 단위로 하나의 죄를 구성하며 그 상호간에는 경합범 관계에 있다.[17]

판례의 사례

• 조세범 처벌법 제9조의3(현행 제3조 제5항)은 같은 법 제9조(현행 제3조 제1항)에 규정하는 포탈범칙행위의 기수시기는 납세의무자의 신고에 의하여 부과징수하는 조세에 있어서는 당해 세목의 과세표준에 대한 정부의 결정 또는 심사결정을 한 후 그 납부기한이 경과한 때, 이에 해당하지 아니하는 조세에 있어서는 그 신고·납부기한이 경과한 때로 규정하고 있으므로, 내국법인의 각 사업연도 소득에 대한 법인세 포탈의 범칙행위는 법인세법 제60조 제1항 및 제64조 제1항의 각 규정에 의하여 각 사업연도의 종료일부터 3월이 경과한 때 기수에 이르고, 부가가치세 포탈의 범칙행위는 부가가치세법 제3조 제1항 및 제19조의 각 규정에 의하여 제1기분인 1. 1.부터 6. 30.까지와 제2기분인 7. 1.부터 12. 31.까지의 각 과세기간별로 그 각 과세기간 종료 후 25일의 신고·납부기한이 경과함으로써 기수에 이르며, 한편 특가법 제8조 제1항에서 말하는 '연간 포탈세액 등'은 각 세목의 과세기간 등에 관계없이 각 연도별(1. 1.부터 12. 31.까지)로 포탈한 또는 부정 환급받은 모든 세액을 합산한 금액을 의미한다.
피고인 주식회사의 1996년도분 부가가치세 중 제1기분(1996. 1. 1.부터 같은 해 6. 30.까지) 부가가치세 포탈은 그 신고·납부기한인 1996. 7. 25.이 경과함

---

17) 대판(전합) 2000. 4. 20. 99도3822.

으로써, 제2기분(1996. 7. 1.부터 같은 해 12. 31.까지) 부가가치세 포탈은 그 신고·납부기한인 1997. 1. 25.이 경과함으로써 각 기수에 이르고, 피고인 주식회사의 1996년도분 법인세 포탈은 그 신고·납부기한인 1997. 3. 31.이 경과함으로써 기수에 이른다고 할 것이므로, 피고인 주식회사의 1996년도분 부가가치세 포탈은 제1기분과 제2기분별로 각각 별개의 죄가 성립하고, 그중 제1기분 부가가치세 포탈은 제2기분 부가가치세 포탈 및 1996년도 법인세의 포탈과는 그 연도를 달리하여, 위 1996년도 분 법인세 및 부가가치세 포탈 전부를 포괄하여 특가법 제8조 제1항 위반죄로 처벌할 수 없다(대판 2002. 7. 23. 2000도746).

• 조세의 종류를 불문하고 1년간 포탈한 세액을 모두 합산한 금액이 특가법 제8조 제1항에서 정한 금액 이상인 때에는 같은 항 위반의 1죄만이 성립하고, 같은 항 위반죄는 1년 단위로 하나의 죄를 구성하며 그 상호간에는 경합범 관계에 있다. 한편 특가법 제8조 제1항에서 정한 '연간'은 역법상의 한 해인 1월 1일부터 12월 31일까지의 1년간을 의미하므로, 같은 항에서 말하는 '연간 포탈세액등'은 각 세목의 과세기간 등에 관계없이 각 연도별(1월 1일부터 12월 31일까지)로 포탈한 또는 부정 환급받은 모든 세액을 합산한 금액을 의미한다(대판 2011. 6. 30. 2010도10968).

Ⅱ. 세금계산서 관련범[18]과 죄수[19]

1. 서   설

세금계산서는 부가가치세법상 사업자가 재화 또는 용역을 공급하는 경우에 발급하기 때문에[20] 세금계산서에 관한 조세범 처벌법 위반행위는 통상 1회로 끝나는 경우보다는 상당기간에 걸쳐 수회 발생하는 경우가 대부분이다. 또한 이렇게 위법하게 발급하거나 발급받은 세금계산서는 매출·매입처별 세금계산서합계표에 거래처별로 그 매수 및 가액이 합산되어 기재된 후 해당

---

18) 본 책에서는 세금계산서 미발급, 미수취, 거짓 세금계산서 수수, 재화나 용역의 공급 없이 이루어진 세금계산서 수수, 거짓 기재된 매출·매입처별 세금계산서합계표의 제출 등 세금계산서 및 그 합계표와 관련된 조세범 처벌법 제10조 및 특가법 제8조의2에 규정된 모든 범죄를 일괄하여 칭할 경우 '세금계산서 관련범'이라 하기로 한다.

19) 이 부분은 저자가 2016. 6. 24. 한국세법학회 – 조세전문검사 커뮤니티 공동학술대회에서 발표한 논문(조세범 처벌법상 세금계산서 관련범과 죄수)을 수정·편집한 것이다.

20) 부가가치세법 제32조 제1항.

사업자의 부가가치세 예정신고 또는 확정신고시 신고서와 함께 과세관청에
제출된다.[21] 이러한 경우 각 세금계산서 수수행위 사이의 죄수, 세금계산서
수수 및 그에 관한 합계표의 제출행위 사이의 죄수가 문제될 수 있다. 또한
영리를 목적으로 조세범 처벌법 제10조 제3항의 죄를 범한 사람으로서 그 공
급가액 등의 합계액이 30억 원 이상인 경우에 특가법 제8조의2가 적용되는데,
위 공급가액 등의 합계액을 산정할 때 어떠한 단위로 이를 구분하여 죄수를
산정하여야 하는지도 문제된다. 한편 사실과 다른 세금계산서를 이용하여 부
가가치세 매입세액을 공제받는다면 조세포탈범이 성립할 수 있는데 이 경우
조세포탈범과 세금계산서 관련범과의 관계도 문제될 수 있다.

　세금계산서 관련범에 있어 이러한 죄수의 구분은, 조세범 처벌법이 형법
제38조 제1항 제2호의 벌금경합에 관한 제한가중규정을 적용하지 아니하여 각
죄에 정한 벌금형을 모두 합산하는 데에다가 그 벌금형 규정도 정액이 아닌
'포탈세액의 몇 배', '공급가액에 부가가치세의 세율을 적용하여 계산한 세액의
몇 배'라는 형식의 배액벌금제도를 택하고 있기 때문에 특히 중요하다.[22][23]

　이하에서 자세히 살펴본다.

2. 조세포탈범과 세금계산서 관련범 사이의 죄수

(1) 개　　요

　부가가치세법은 과세표준과 세액의 신고와 함께 첨부서류로 세금계산서
합계표를 제출하도록 규정하고 있다. 세금계산서상의 공급가액 및 세액을 기
준으로 납부하여야 할 부가가치세가 확정될 뿐 아니라 법인세 또는 소득세의
세액 산출시에도 세금계산서의 공급가액이 매출 또는 매입으로 계상된다.

　매입세금계산서가 사실과 다르다면 매입세액을 공제받을 수 없음[24]에도
불구하고 사실과 다른 매입세금계산서를 기초로 매입세액을 공제받은 경우

---

21) 부가가치세법 제54조 제1항.
22) 배액벌금제도에 관한 설명으로는 이천현, 벌금형의 규정방식에 관한 고찰, 형사정책연구, 제
　18권 제3호(2007년 가을).
23) 배액벌금제도에 대한 비판에 관하여는 제1편 제2장 제3절 Ⅰ. 부분 참조. 배액벌금제도의
　대안으로 이른바 'slide벌금형'을 지지하는 견해로는 이천현, 배수벌금형제도, 형사정책연구
　소식, 제66호, 한국형사정책연구원, 2001, 34면.
24) 부가가치세법 제39조 제1항 제2호.

조세포탈의 결과가 발생한다. 따라서 세금계산서 관련 위법행위는 부가가치세 및 관련 법인세 또는 소득세의 포탈에 수반되는 행위이기는 하다. 그러나 어떠한 범죄에 수반되는 행위가 모두 법조경합의 관계에 있는 것은 아니다. 조세포탈범에 관한 조세범 처벌법 제3조 제1항 및 같은 조 제6항 제5호는 '세금계산서 등의 조작'을 조세포탈죄의 구성요건인 행위태양으로 나열하고 있는데, 이러한 경우에 조세포탈범과는 별도로 세금계산서 관련범이 성립하는지 여부가 문제된다.

(2) 학   설[25]

1) 일죄설(흡수설)

세금계산서 관련 위법행위는 조세포탈의 직접적인 수단으로서 그에 수반하여 행하여지므로, 조세포탈죄에 흡수되어 조세포탈죄만이 성립하고 세금계산서 관련범은 별도로 성립하지 않는다는 견해이다.

일죄설은 그 논거로서 다음과 같은 점을 든다.

① 거짓세금계산서 수수 또는 거짓 세금계산서합계표의 제출행위는 조세포탈죄의 구성요건적 행위인 '사기나 그 밖에 부정한 행위'의 전형적인 행위태양이므로 조세포탈죄의 구성요건은 조세포탈의 수단이 되는 세금계산서 관련 위법행위의 불법과 책임 내용을 모두 포함하고 있다.

② 조세포탈죄와 세금계산서 관련범죄는 모두 조세범 처벌법이라는 동일한 법률에 규정되어 있고, 조세의 적정한 부과 · 징수를 통한 조세수입의 확보 또는 과세자료의 정상적인 수수 또는 제출을 통한 세정질서 또는 거래질서의 확립이라는 국가적 법익을 보호하는 범죄유형이라는 공통점을 가지고 있다.[26]

③ 세금계산서 관련범을 조세포탈범과는 별도로 처벌하는 규정을 둔 취지는 세금계산서 관련 위법행위가 발생하였지만 조세포탈의 결과로 이어지지 않아 조세포탈죄로 처벌할 수 없는 경우에 그 처벌의 공백을 차단하기 위한

---

25) 견해 대립에 관한 다른 논의는 신종열, 허위기재 세금계산서합계표 제출 행위와 조세포탈 행위의 관계, 대법원 판례해설, 제90호(2011 하반기), 법원도서관, 2012, 991~997면 참조.

26) 이 견해는 보호법익이 다른 경우에도 수단 · 목적, 원인 · 결과의 관계에 있는 경우에는 법조경합이 인정된다는 근거 중 하나로서 개인적 법익을 보호하는 흉기상해의 죄가 국가적 법익을 보호하는 특수공무집행방해치상죄에 흡수되어 후자의 죄만 성립한다는 대판 2008. 11. 27. 2008도7311을 들고 있다.

것으로서, 세금계산서 관련 위법행위로 인해 조세포탈이라는 결과가 발생한 경우에는 조세포탈죄로만 처벌하면 충분하다.

④ 수입면허 없이 유세품을 수입한 경우 무면허 수입죄가 관세포탈죄에 흡수된다고 본 대법원 1984. 6. 26. 선고 84도782 판결,[27] 사문서 위조의 수단이 된 인장위조 행위는 사문서위조죄에 흡수된다고 본 대법원 1978. 9. 26. 선고 78도1787 판결 역시 동일한 취지이다.

2) 수죄설(비흡수설)

세금계산서 관련범과 조세포탈범이 별개의 죄를 구성한다는 입장이다.[28] 수죄설은 그 논거로서 다음과 같은 점을 든다.

① 세금계산서 관련범은 거짓으로 세금계산서를 수수하거나 거짓 기재된 세금계산서합계표를 제출한 행위를 구성요건으로 하지만, 조세포탈죄는 그 외에도 허위로 과세표준과 세액을 신고하는 방법으로 조세포탈의 결과를 발생시키는 것을 필요로 하므로 양 죄는 구성요건적 행위의 태양이 서로 다르다.

② 조세포탈죄는 '조세의 적정한 부과·징수를 통한 국가의 조세수입 확보'를 보호법익으로 하지만 세금계산서 관련범죄는 '허위로 작성된 과세자료 유통의 근절을 통한 세정질서 및 거래질서의 확립'을 보호법익으로 하므로 양 죄의 보호법익이 다르며 그 경중 또한 쉽게 가릴 수 없다.

③ 1976년 부가가치세 제도를 도입하면서 기존의 조세포탈죄에 더하여 세금계산서 관련범죄에 관한 별도의 처벌조항을 두고 그 법정형을 조세포탈죄에 버금가는 수준으로 정하였는바, 이는 허위 과세자료의 수수 또는 제출이 전단계세액공제 방식을 채택한 우리나라 부가가치세제의 근간을 흔드는 중대

---

27) 대판 1984. 6. 26. 84도782. 「유세품에 대하여 수입면허없이 수입함으로써 관세를 포탈한 경우, 수입면허없이 수입하는 행위는 관세포탈죄의 구성요건인 사위의 방법에 해당하므로 관세포탈죄의 구성요건적 평가에 무면허수입죄의 구성요건적 평가도 완전히 포함된다고 볼 수 있을 뿐 아니라, 관세법의 목적에 비추어 관세법의 보호법익은 유세품에 관한 한 관세의 확보라고 할 것이므로 관세포탈죄는 물론 유세품에 대한 무면허수입죄의 보호법익도 궁극적으로는 관세의 확보로서 유세품에 대한 무면허수입죄의 법익은 관세포탈죄의 법익 중에 포함되어 있어 관세포탈죄의 법익침해 외에 따로 무면허수입죄의 법익침해를 거론할 필요가 없다면, 유세품에 관한 무면허 수입행위는 외관상관세포탈죄와 무면허수입죄에 해당하는 것처럼 보이나 실질적으로는 무면허 수입죄는 관세포탈죄에 흡수되어 오로지 관세포탈죄만을 구성하고 따로 무면허수입죄를 구성하지 않는다고 봄이 타당하다.」

28) 안대희, 184면; 신종열, 앞의 논문, 1001면.

한 범죄로서 조세포탈과는 별개의 독자적 위법성을 지녔다고 본 입법자의 판단에 근거한다.

④ 세금계산서 관련 범죄와 조세포탈죄는 거의 유사한 수준의 법정형이 규정되어 있어 조세포탈 과정에서 행하여진 세금계산서 관련 위법행위가 조세포탈죄와 별도로 고려되지 않아도 될 만큼 경미한 것이라고 할 수는 없다.

⑤ 사기의 수단으로 위조사문서를 행사한 경우 위조사문서행사죄와 사기죄가 별도로 성립한다고 본 대법원 1991. 9. 10. 선고 91도1722 판결,[29] 절취한 신용카드를 사용하여 현금인출기에서 현금을 인출한 경우 신용카드부정사용죄와 절도죄가 별도로 성립한다고 본 대법원 1995. 7. 28. 선고 95도997 판결, 절도를 목적으로 주거에 침입하여 재물을 절취한 경우 주거침입죄와 절도죄가 별도로 성립한다고 본 대법원 2008. 11. 27. 선고 2008도7820 판결 등은 세금계산서 관련 위법행위로 조세포탈의 결과가 발생한 경우에 관한 죄수에 있어 원용될 수 있다.

(3) 판 례

대법원은 "법조경합은 1개의 행위가 외관상 수개의 죄의 구성요건에 해당하는 것처럼 보이나 실질적으로 일죄만을 구성하는 경우를 말한다"라고 하면서, 실질적으로 일죄인가 또는 수죄인가 여부를 구성요건적 평가와 보호법익의 측면에서 고찰하여 판단하고 있다.[30]

그러나 세금계산서 관련범과 조세포탈범 사이의 죄수에 관하여는, 비록 대법원 2006. 11. 23. 선고된 2006도5973 판결에서 "허위세금서를 교부받은 후 이를 기초로 매입세액을 공제받아 조세를 포탈한 경우 허위세금계산서를 교부받은 행위는 조세포탈 행위와 별개의 죄를 구성한다"라는 판시가 있기는 하였지만, 위 쟁점이 중점적으로 다루어지지 않은 사안이어서 관련된 법리를 명확히 하기에는 부족하였다고 보인다. 이에 따라 그 이후에도 하급심에서는 일죄설을 취하는 경우[31]와 수죄설을 취하는 경우[32]가 혼재하였다.

---

29) 위조통화행사죄와 사기죄에 관한 대판 1979. 7. 10. 79도840 역시 마찬가지이다.
30) 대판(전합) 2002. 7. 18. 2002도669; 대판 2004. 1. 15. 2001도142 등 참조.
31) 대전고법 2009. 5. 20. 2008노477(대판 2009. 9. 10. 2009도5138로 심리불속행 기각되어 확정), 대구지법 2011. 2. 18. 2010노911(대판 2011. 7. 28. 2011도3560로 심리불속행 기각되어 확정).「이 사건과 같이 '재화 또는 용역을 공급받은 사실이 없으면서도 부가가치세를

그 후 대법원은 2011. 12. 8. 선고한 2011도9242 판결로, 「세금계산서합계표를 허위기재하여 정부에 제출하는 행위를 처벌하는 구 조세범 처벌법(2010. 1. 1. 법률 제9919호로 전부 개정되기 전의 것, 이하 같다) 제11조의2 제4항 제3호(현행법 제10조 제3항 제3호)의 죄와 사기 기타 부정한 행위로써 부가가치세 등의 조세를 포탈하거나 조세 환급·공제를 받는 행위를 처벌하는 구 조세범 처벌법 제9조 제1항 제3호(현행법 제3조 제1항)의 죄는 구성요건적 행위 태양과 보호법익이 서로 다를 뿐 아니라 어느 한 죄의 불법과 책임 내용이 다른 죄의 불법과 책임 내용을 모두 포함하고 있지 아니하므로, 세금계산서합계표를 허위기재하여 정부에 제출하는 방법으로 부가가치세를 포탈하거나 부가가치세의 환급·공제를 받는 경우 구 조세범 처벌법 제11조의2 제4항 제3호의 죄와 같은 법 제9조 제1항 제3호의 죄는 별개로 성립한다」라고 하여 수죄설을 채택하였다는 입장을 명백히 하였다. 그리고 이러한 법리는 특가법 제8조의2 제1항 위반죄와 같은 법 제8조 제1항 위반죄 사이에도 그대로 적용된다.[33]

(4) 소결 — 수죄설

사실과 다른 세금계산서를 이용하여 조세포탈의 결과가 발생한 경우 조

포탈하기 위하여 매입처별 세금계산서합계표를 허위기재하여 제출하는 행위'는 조세범 처벌법 제9조 제1항에 정한 '사기 기타 부정한 행위'의 하나로서 조세포탈의 직접적인 수단일 뿐만 아니라 그에 수반하여 행하여지는 것이므로, 그 행위의 불법과 책임내용은 구성요건적 평가와 보호법익의 측면에서 고찰할 때 조세포탈죄의 구성요건에 포섭되어 그 죄에 흡수되는 것이라고 봄이 상당하다. 따라서 부가가치세를 포탈하기 위하여 매입처별 세금계산서합계표를 허위기재하여 제출한 행위가 외관상으로는 매입처별 세금계산서합계표 허위기재 제출의 구성요건 및 조세포탈의 구성요건에 각각 해당하는 것처럼 보이더라도 실질적으로는 조세포탈죄만을 구성하는 것이라고 보아야 한다.」

32) 대전지법 2011. 6. 2. 2011노481(상고하지 아니하여 확정), 서울중앙지법 2011. 6. 22. 2010노4575(대법원에서 피고인이 상고를 취하하여 원심판결 확정).「조세포탈은 기본적으로 과세기간 내의 납세의무가 있는 조세를 사전은닉행위와 허위신고 또는 불신고로 포탈하여 신고기한의 도과 등으로 기수가 되는 데 반하여, 세금계산서 관련범죄는 허위세금계산시의 교부 등에 의하여 즉시 성립하여 성립시기와 기수시기에 있어 전혀 별개의 범죄이다. 그리고 조세포탈은 허위신고 또는 미신고가 주된 구성요건이 되므로 그 수단이 된 세금계산서의 미교부와 미수취, 허위기재 등이 조세포탈에 있어 사전은닉행위 등에 해당하는 경우라도 조세포탈의 주된 구성요건인 신고 또는 미신고행위와 직접 연결되는 것이 아니다. 따라서 조세포탈과 세금계산서 관련범죄는 별개의 죄에 해당하는 실체적 경합 관계에 있다고 해석함이 상당하다.」

33) 대판 2016. 2. 18. 2015도13727.

세포탈범과 세금계산서 관련범과의 관계에 관하여 일죄설과 수죄설이 대립하고 법원은 수죄설을 택하고 있다. 일죄설과 수죄설 모두 기존의 법리와 판례에 부합하는 면이 있을 뿐 아니라 합리적인 논거도 지니고 있다고 보인다. 다만, 일죄설의 경우 법조경합 중 흡수관계의 불가벌적 수반행위를 주장하고 있는 것으로 보이나, 불가벌적 수반행위는 그 흡수되는 행위의 불법과 책임이 흡수하는 행위의 불법과 책임내용에 포함되어 따로 평가할 필요가 없을 때 인정되는 것인데, 조세포탈죄의 경우 세금계산서 관련 위법행위에 더하여 신고행위 및 조세포탈의 결과라는 면을 추가로 요구하고 있고 그 불법과 책임의 내용은 주로 조세포탈의 결과에 집중되어 있는 반면, 세금계산서 관련범은 허위의 세금계산서를 수수하거나 거짓 세금계산서합계표를 제출하였다는 행위 자체에 불법과 책임내용이 집중되어 있으며, 보호되는 법익도 '국가의 조세수입 확보'와 '세정질서 및 거래질서의 확립'으로 서로 달라 어느 한 행위가 다른 행위의 불법 및 책임내용을 모두 포섭하고 있다고 보기 어렵다. 입법자 또한 이러한 점을 감안하여 조세포탈죄와 별도로 세금계산서 관련범죄를 규정하면서 그 법정형을 비슷한 수준으로 정한 것으로 보인다. 결론적으로 최근의 판례동향 및 입법자의 의도에 더욱 충실한 수죄설에 찬동한다.

(5) 경합론의 문제

한편 수죄설을 택한 경우에도 이를 상상적 경합으로 볼 것인지 실체적 경합으로 볼 것인지의 논란이 있을 수 있다.[34] 특히 세금계산서합계표의 경우 부가가치세 신고시 부속서류로서 함께 과세관청에 제출되기 때문에 일응 하나의 행위가 수개의 죄에 관한 구성요건을 충족하는 것으로 볼 여지도 있기 때문이다. 그러나 어떠한 행위가 서로 연관되어 있다거나 동시에 이루어진다 하더라도 구성요건적 평가가 달라 규범적으로 다른 행위로 볼 수 있는 경우에는 실체적 경합범으로 보아야 한다. 조세포탈죄의 경우 세금계산서 관련 위법행위에 더하여 신고서 제출행위라는 추가적인 행위요소를 요구하고 있고,

---

34) 실체적 경합으로 본 하급심의 판결로는 위 대전지법 2011. 6. 2. 2011노481; 서울중앙지법 2011. 6. 23. 2010노4575 등, 상상적 경합으로 본 하급심의 판결로는 서울지법 1996. 9. 17. 96노4431.

비록 세금계산서합계표와 신고서가 일괄하여 제출된다 하더라도 이는 법률상 2개의 행위가 병행적으로 행하여진 것으로 보아야 하므로[35] 실체적 경합범으로 보는 것이 타당하다. 신용카드부정사용죄와 절도죄, 주거침입죄와 절도죄, 위조통화행사죄와 사기죄를 별개의 범죄로 보고 있는 대법원의 판례들 역시 동일한 취지로 보이며, 앞서 본 2011도9242 판결 역시 「구 조세범 처벌법 제9조 제1항 제3호의 죄가 성립하기 위해서는 세금계산서합계표를 조작하여 제출하는 행위 외에 과세표준과 세액에 관한 허위 신고를 하고 그에 근거하여 조세를 포탈하거나 조세의 환급·공제를 받는 행위가 있어야 하므로, 부가가치세를 포탈하거나 부정하게 환급·공제받는 범죄와 허위기재 세금계산서합계표를 정부에 제출하는 범죄는 법률상 1개의 행위로 볼 수 없다」라고 하여 실체적 경합설을 택하였다.

3. 세금계산서 미발급, 미수취, 거짓(가공) 세금계산서 발급·수취시의 죄수

(1) 개 요

조세범 처벌법 제10조 제1항 제1호는 사업자가 재화나 용역을 공급하고 세금계산서를 발급하지 아니하거나 거짓으로 기재하여 발급한 경우를 처벌하도록 규정하고 있고, 같은 조 제2항 제1호는 공급받는 자 측면에서 세금계산서를 발급받지 아니하거나 거짓으로 기재한 세금계산서를 발급받은 경우의 처벌을 규정하고 있다. 또한 조세범 처벌법 제10조 제3항 제1호는 재화나 용역을 공급하지 아니하거나 공급받지 아니하고 세금계산서를 발급하거나 발급받은 행위를 처벌하도록 규정하고 있다.

그런데 수회의 세금계산서 관련 위법행위가 있는 경우에 이를 포괄하여 일죄로 보아야 하는지, 각 행위별로 별죄로 보아야 하는지가 문제된다.

(2) 논리적 대립

이에 관하여 일죄설과 수죄설로 나누어 생각하여 볼 수 있는바, 일죄설의 경우 ① 단일하고 계속된 범의 아래 동종의 범행을 일정기간 반복하여 행하고 그 피해법익도 동일한 경우에는 연속범[36]으로서 각 범행을 통틀어 포괄일

---

35) 신종열, 앞의 논문, 1000면.

36) 연속된 수개의 행위가 동종의 범죄에 해당하는 것으로서, 연속범으로 인정되기 위하여는 연속

죄로 보아야 한다는 의견,[37] ② 세금계산서 관련 위법행위는 사업자의 경제적
·직업적 활동의 일환으로 이루어진 것이므로 영업성 또는 직업성이 규범적
측면에서 볼 때 수회의 위법행위를 하나의 행위로 통일하는 기능을 하게 되
어 포괄하여 일죄로 보아야 한다는 의견[38]이 있을 수 있다.

수죄설의 경우 세금계산서가 각 거래단위로 발급된다는 점, 자연적 의미
의 행위가 수회라는 점, 거래상대방이 모두 다를 수 있다는 점 등을 논거로
삼을 수 있을 것이다.

(3) 판   례

조세범 처벌법 제10조 제1항, 제2항 소정의 '재화나 용역을 공급하고 세
금계산서를 발행하지 아니하거나 거짓 기재한 세금계산서를 수수한 행위가
수차례인 경우'의 죄수에 관한 판례는 찾을 수 없었다. 다만 대법원은 조세범
처벌법 제10조 제3항에 정한 '실물거래 없이 세금계산서를 수수한 경우'의 죄
수에 관하여 일관되게 「무거래 세금계산서 교부 및 수수로 인한 조세범 처벌
법 위반죄는 각 세금계산서마다 하나의 죄가 성립한다」[39]라고 하여 수죄설을
택하고 있음을 명백하게 밝히고 있고, 위와 같은 논리는 조세범 처벌법 제10
조 제1항, 제2항에도 동일하게 적용할 것으로 보인다. 다만 대법원은 위와 같
이 판단한 근거에 대하여는 설시하고 있지 않다.

(4) 소결 ─ 포괄일죄설

연속범과 집합범(상습범, 영업범, 직업범)이 일죄인가 수죄인가에 관하여
다툼이 있기는 하나 판례는 일관하여 포괄일죄로 다루고 있고, 학설도 대체적
으로 포괄일죄라는 견해에 동조하고 있다. 집합범의 범죄요소가 되는 영업성
·상습성 및 직업성이 행위자의 개별적인 행위들을 하나의 행위로 통일하는

된 행위에 관하여 범의와 기간의 계속성, 범행방법의 유사성, 피해법익의 동일성이 요구된다.

37) 연속범에 관한 판례로는 대판 2000. 1. 21. 99도4940; 2002. 7. 12. 2002도2029(동일한 피해
자에 대하여 수회에 걸쳐 기망행위를 하여 금원을 편취한 경우 포괄하여 일죄의 사기죄가
성립한다고 본 사안).

38) 영업범에 관한 판례로는 대판 1984. 2. 28. 83도3313(무면허 의료행위에 관한 사안); 대판
2001. 8. 21. 2001도3312(약국개설자 아닌 자의 의약품 판매로 인한 약사법 위반에 관한
사안).

39) 대판 2006. 10. 26. 2006도5147; 2007. 6. 29. 2007도2076; 2010. 1. 14. 2008도8868 등.

기능을 가진다는 것이다.[40]

그런데 세금계산서에 관련된 위법행위는 일반적으로 부가가치세법상 사업자에 의하여 이루어진다.[41] 부가가치세법상 '사업자'란 사업상 독립적으로 재화 또는 용역을 공급하는 자로서, 사업행위의 연속성과 영업성을 전제로 하고 있다. 이러한 사업자의 영업성은 개별 세금계산서 수수행위를 하나의 행위로 통일하는 기능을 한다. 또한 부가가치세 신고시 해당 과세기간 내에 수수한 세금계산서를 집계한 세금계산서합계표를 과세관청에 제출하게 되는데, 세금계산서합계표의 경우 여러 매의 위법한 세금계산서에 관한 내용을 담고 있다 하더라도 일죄로 취급되는 반면, 그 세부내용을 이루는 세금계산서의 경우 각 매수마다 1개의 별죄가 성립한다는 것은 처벌의 불균형을 초래한다.

예를 들어 甲은 2015년 1기에 실물거래 없이 공급가액 100만 원의 세금계산서를 2매 발급하고, 乙은 2015년 1기에 실물거래 없이 공급가액 200만 원의 세금계산서 1매를 발급하였다면, 甲과 乙 모두 조세범 처벌법 제10조 제3항 위반죄에 해당하여 3년 이하의 징역 또는 벌금에 처해지게 된다. 그런데 甲과 乙이 한 행위의 보호법익과 불법의 정도가 다르지 않음에도, 실체적 경합설에 의할 경우 甲은 2개의 조세범 처벌법 제10조 제3항 위반죄를 범한 것이 되어 그 처단형은 4년 6월 이하가 되고, 乙은 1개의 조세범 처벌법 제10조 제3항 위반죄를 범한 것이 되어 그 처단형은 3년 이하가 되기 때문에 형평에 어긋난다.[42]

따라서 이러한 불균형을 해소하고, 세금계산서 관련 위법행위가 대체로 단일한 의사로 계속된 기간 동안 발생하며, 영업성의 표지 하에 각 세금계산서 수수 행위들을 통합한다는 점을 감안할 때, 수회의 세금계산서 관련 위법행위가 있는 경우에 이를 포괄하여 일죄로 보는 것이 타당하다고 본다. 다만 세금계산서합계표 제출 관련 범죄와의 형평성을 제고하여야 한다는 점, 부가가치세가 각 과세기간별로 묶어 세액을 산정하는 기간과세제도를 채택한다는 점, 사업자의 경우 부가가치세 신고의무에 관하여 충분히 인지하고 있고 부가가치세 과세기간별로 당해 기간에 발행한 세금계산서를 합산하여 신고한다는

---

40) 김일수/서보학, 530면.

41) 조세범 처벌법 제10조 제3항의 무거래 세금계산서 수수에 관한 범죄는 사업자가 주체임을 명시하고 있지는 않다.

42) 배액벌금제도를 취하고 있으므로 벌금형의 경우는 법정형이 동일하다.

점을 고려할 때 각 과세기간별로 의사의 연속성이 차단된다고 보는 것이 일
응 타당하므로, 과세기간별로 수수한 세금계산서를 포괄하여 각각 일죄로 처
단하는 것이 합리적인 결론이라고 생각된다.

4. 세금계산서합계표 제출의무 위반시의 죄수

조세범 처벌법 제10조 제1항 제3호는 거짓으로 기재한 매출처별 세금계
산서합계표를 제출한 경우를, 같은 조 제2항 제3호는 거짓으로 기재한 매입처
별 세금계산서합계표를 제출한 경우를, 같은 조 제3항 제3호는 재화 또는 용
역을 공급하지 아니하거나 공급받지 아니하고 매출·매입처별 세금계산서합
계표를 거짓으로 기재하여 정부에 제출한 행위를 처벌하도록 규정하고 있다.

세금계산서합계표는 사업자가 부가가치세법상 어느 과세기간 동안 수수
한 세금계산서에 관하여 각 거래처별로 세금계산서의 매수 및 그 공급가액의
합계액 및 세액의 합계액을 기재한 표로서[43] 여러 거래에 관한 내용을 한 장
의 문서로 작성한다는 특징이 있다.

이에 관하여 세금계산서합계표에 거짓으로 기재된 거래의 수가 여럿인
경우 여러 가지 사항에 관하여 병행하여 거짓된 행위를 한 것이므로 규범적
측면에서 볼 때 수죄가 성립하되 단일한 행위에 의한 것이므로 상상적 경합
이 가능할 수 있다는 의견을 상정할 수 있을 것이다. 그러나 판례는 일관되게
「하나의 매출·매입처별 세금계산서합계표에 여러 가지 사항에 관하여 허위
의 사실을 기재하였더라도 전체로서 하나의 매출·매입처별 세금계산서합계
표를 허위로 작성하여 정부에 제출하는 것이므로 하나의 조세범 처벌법위반
(세금계산서교부의무위반등)죄가 성립한다」[44]고 하여 일죄설을 택하고 있다. 일
죄가 성립하는 경우 상상적 경합인지 실체적 경합인지는 논할 필요가 없다.
자연적 의미로서의 행위 측면이나 그 침해법익적 측면이나 앞서 본 세금계산
서 수수에 관한 포괄일죄 논리와의 일관성 측면에서 볼 때 대법원의 판시가
타당한 것으로 보인다.

한편 대법원은, 「재화 또는 용역을 공급하는 자가 허위의 매출처별 세금
계산서합계표를 정부에 제출하는 행위와 공급받는 자가 허위의 매입처별 세

---

43) 부가가치세법 제54조 제1항.
44) 대판 2009. 8. 20. 2008도9634; 2010. 5. 13. 2010도336.

금계산서합계표를 제출하는 행위는 대향범의 관계에 있다고 볼 수 없으므로 일방이 타방의 행위에 가담하였다면 형법총칙의 규정이 적용되어 공동정범이나 교사범 또는 종범이 될 수 있다」고 하였다.[45] 세금계산서합계표 제출의 상대방이 거래상대방이 아닌 정부이기 때문에 필요적 공범이 아니라고 본 것이다. 따라서 자신의 세금계산서합계표를 제출한 자가 거래상대방의 세금계산서합계표 제출에 가담하였다면 두 개의 범죄가 각각 성립하고 두 죄는 실체적 경합관계에 있다.

5. 실물공급을 하고 타인 명의 세금계산서를 발급한 경우의 죄수

조세범 처벌법 제10조 제3항은 "재화 또는 용역을 공급하지 아니하거나 공급받지 아니하고 세금계산서를 발급하거나 발급받은 행위"를 처벌하고 있는데, 여기에는 재화 또는 용역의 공급 없이 세금계산서만을 발급하거나 발급받는 행위뿐만 아니라, 재화 또는 용역을 공급받은 자가 재화 또는 용역을 실제로 공급한 자가 아닌 다른 사람이 작성한 세금계산서를 발급받은 경우도 포함된다.[46] 이는 공급자의 측면 또한 마찬가지이다. 그리고 재화 또는 용역을 공급한 자가 재화 또는 용역을 실제로 공급받은 자에게 세금계산서를 발급하지 아니한 행위에 대해서는 조세범 처벌법 제10조 제1항 제1호에서 정한 세금계산서 미발급으로 인한 죄가 별개로 성립한다.[47] 즉 두 죄는 실체적 경합의 관계에 있다.

6. 세금계산서 수수에 관한 범죄와 세금계산서합계표 제출에 관한 범죄 사이의 죄수

(1) 개   요

사업자가 세금계산서를 발급하거나 발급받은 경우에는 부가가치세 신고 시 그 내역을 거래처별로 합산한 표인 매출·매입처별 세금계산서합계표를 신고서와 함께 제출한다. 이러한 경우 동일한 거래에 관한 세금계산서 수수에 관한 범죄와 세금계산서합계표 제출에 관한 범죄가 별도로 성립하는지 문제

45) 대판 2014. 12. 11. 2014도11515.
46) 대판 2010. 1. 28. 2007도10502.
47) 대판 2014. 7. 10. 2013도10554.

된다. 특히 과거 실무상 행정청은 하나의 거래에 관한 세금계산서 수수에 관한 위법행위와 세금계산서합계표 제출에 관한 위법행위를 실체적 경합범으로 보아 범칙행위에 관한 공급가액 등의 합계액을 거래금액의 두배로 산정하도록 하여 논란이 일었었다.[48][49] 위 두 행위를 일죄로 볼 것인가 실체적 경합으로 볼 것인가에 따라 징역형의 처단형 범위뿐 아니라 통고처분 기준 및 벌금형의 산정기준이 두배로 되는지 여부가 결정되므로, 이 부분에 관한 죄수의 산정은 국민의 권리와 의무에 심각한 영향을 미치게 된다.

이러한 논의는 행위의 개수 판단에 선행되는 개념이다. 자연적 의미의 행위가 여러 개이더라도 법조경합(특별관계, 보충관계, 흡수관계), 포괄일죄(결합범, 계속범, 접속범, 연속범, 집합범)와 같이 일죄가 성립하는 경우는 얼마든지 있으므로,[50] [행위의 개수 = 죄수]라는 공식은 성립하지 않는다. 종래의 논의 및 대법원의 입장은 죄수의 문제와 경합의 문제를 크게 구분하지 않고 일괄하여 판단하는 경향이 주를 이루었지만, 최근 학계에서는 죄수의 문제와 경합의 문제를 단계별로 구분하여 구성요건 충족의 횟수, 즉 성립하는 범죄의 수를 먼저 살핀 다음 수개의 범죄가 몇 개의 행위에 의한 것인가를 밝혀서 한 개의 행위에 의한 것이면 상상적 경합으로, 수개의 행위에 의한 것이면 실체적 경합으로 판단하는 수순을 밟아야 한다는 의견이 유력하고, 그러한 의견이 타당해 보인다.[51]

만일 세금계산서 수수에 관한 위법행위와 세금계산서합계표 제출에 관한 위법행위를 일죄로 보게 된다면 그 후의 경합 문제는 논의될 필요가 없다. 1개의 행위가 여러 범죄에 동시에 해당하는 경우인 상상적 경합 역시 수개의 범죄를 전제로 하기 때문이다.

이하에서 자세히 살펴보기로 한다.

---

48) 감사원의 서울지방국세청 기관운영감사에 관한 2016. 4. 6.자 시정요구문; 국세청, 세금계산서 수수의무 위반 업무처리지침(2015. 8. 1.).
49) 이후 국세청과 기획재정부의 내부 질의회신을 통해 전자세금계산서의 경우 세금계산서합계표에 관한 범죄가 성립하지 않는다는 결론을 내렸다. 그러나 일반세금계산서에 관하여는 입장표명을 유보하고 있다. 기재부 조세법령운용과-525, 2016. 9. 29.
50) 법조경합과 포괄일죄에 관한 상세한 설명은 이재상, 앞의 책, 549~565면 참조.
51) 김성돈, 앞의 논문, 196 내지 199면; 류전철, 앞의 논문, 320, 321면; 신종열, 허위기재 세금계산서합계표 제출 행위와 조세포탈 행위의 관계, 대법원 판례해설 90호(2011 하반기), 2012, 법원도서관, 988~990면 참조.

(2) 학 설

1) 수죄설(실체적 경합설)

조세범 처벌법 제10조 제1항 제1호, 같은 조 제2항 제1호, 같은 조 제3항 제1호는 세금계산서 수수에 관한 위법행위를, 같은 조 제1항 제3호, 같은 조 제2항 제3호, 같은 조 제3항 제3호는 거짓으로 기재한 매출·매입처별 세금계산서합계표를 제출한 행위를 처벌하도록 규정하고 있는데, 세금계산서 수수에 관한 위법행위와 세금계산서합계표 제출에 관한 위법행위는 일시, 장소, 상대방, 행위객체(수단) 등을 달리하므로 실체적 경합이라는 견해이다.[52] 과거 국세청은 조세범칙조사를 하면서 통고처분 또는 고발조치 등을 함에 있어 이 학설을 따른 것으로 보인다. 이 견해는 그 근거로서 대법원 2014. 10. 15. 선고 2013도5650 판결,[53] 대법원 2011. 5. 26. 선고 2010도16138 판결,[54] 대법원 2011. 9. 29. 선고 2009도3355 판결[55]을 들고 있다.

2) 일 죄 설

세금계산서를 수수한 후에 이에 관한 세금계산서합계표 제출이 예정되어 있으므로 두 행위는 연결된 일련의 선상에 있고 일반적·전형적으로 결합되어 있을 뿐 아니라, 그 불법과 책임내용이 서로 중복되며 보호법익도 동일하므

---

[52] 신종열, 특정범죄 가중처벌 등에 관한 법률 제8조의2 제1항 소정의 '공급가액 등의 합계액'의 의미, 대법원판례해설 90호(2011 하반기), 법원도서관, 2012, 1021면; 안대희, 183면.

[53] 「검사는 피고인을 '허위기재한 매입처별 세금계산서합계표를 성남세무서 담당공무원에게 제출한 행위'로만 기소하였는데 이 사건 고발서의 기재에 의하면 중부지방국세청장은 '허위 세금계산서 수취행위'를 범칙사실로 하여 피고인을 고발하였음이 분명하고, 달리 '허위기재한 매입처별 세금계산서합계표를 성남세무서 담당공무원에게 제출한 행위'를 범칙사실로 하여 고발하였음을 인정할 만한 자료가 없다. 따라서 위 고발된 범칙사실과 이 사건 공소사실은 동일성이 인정되지 않으므로 위 범칙사실에 대한 고발의 효력은 이 사건 공소사실에 미칠 수 없고, 결국 이 사건 공소는 중부지방국세청장의 고발 없이 제기된 것으로서 공소제기의 절차가 법률의 규정에 위반되어 무효라고 볼 수밖에 없다.」

[54] 검사가 세금계산서 교부행위에 관하여 기소하면서 그 일시 장소를 부가가치세 신고일로 기재하였는데 원심은 개개의 행위에 관한 공소사실을 특정하지 아니하였다 하여 공소기각하였다. 이에 검사는, 원심법원이 직권으로 다른 범죄사실(본 사건에서는 세금계산서합계표 제출에 관한 위법행위)을 인정하지 아니하였으므로 위법이라는 취지로 상고하였으나 기각되었다.

[55] 「특가법 제8조의2 제1항에서 규정한 '공급가액등의 합계액'을 산정할 때에는 구 조세범 처벌법(2010. 1. 1. 법률 제9919호로 전부 개정되기 전의 것) 제11조의2 제4항(현 조세범 처벌법 제10조 제3항) 제1호에서 정한 세금계산서와 같은 항 제3호에서 정한 매입처별 세금계산서합계표상의 공급가액을 합산하여야 한다.」

로, 법조경합 중 흡수관계에 해당하여 1죄로 보아야 한다는 견해이다.

(3) 판   례

대법원은 「동일한 거래에 대한 허위 세금계산서 발급·수취행위와 허위의 매출·매입처별 세금계산서합계표 제출행위는 서로 구별되는 별개의 행위로서 각 행위에 따른 결과라고 할 수 있는 '공급가액' 역시 별도로 산정하여야 하며, 특정범죄 가중처벌 등에 관한 법률 제8조의2에 따라 가중처벌을 하기 위한 기준인 '공급가액 등의 합계액'을 산정할 때에도 위와 같이 별도로 산정된 각 '공급가액'을 합산하는 것이 타당하다」[56)]라고 하여 수죄설의 입장이다.

(4) 소결 ― 법조경합의 일죄

아래와 같은 이유로 두 행위가 법조경합의 관계에 있다고 보아 일죄로 보는 것이 타당하다.

1) 개정연혁과 입법취지

1976. 12. 22. 법률 제2934호로 부가가치세법이 제정되었는데, 위 법률은 제16조에서 재화 또는 용역을 공급하는 때 세금계산서를 교부하도록 하면서 제20조 제1항에서 부가가치세 신고시 교부하였거나 교부받은 세금계산서 자체를 신고서와 함께 제출하도록 하였다.[57)] 이에 조세범 처벌법 역시 1976. 12. 22. 법률 제2932호로 개정되어 그 11조의2에서 세금계산서 미교부, 미수취, 거짓기재 세금계산서 교부 및 수취행위에 대하여 처벌하도록 규정하였다.[58)]

---

56) 대판 2017. 12. 28. 2017도11628. 위 판결에 대한 평석은 하태한, "동일한 가공거래 또는 전자세금계산서 발급분인 경우 특정범죄 가중처벌 등에 관한 법률 제8조의2 제1항의 적용 요건으로서 "공급가액 등의 합계액" 산정 대상 및 방법", 대법원판례해설 제114호, 법원도서관, 2018. 6.

57) 제20조(세금계산서의 제출)
   ① 사업자는 제16조 제1항 및 제3항의 규정에 의하여 교부하였거나 교부받은 세금계산서를 당해 예정신고 또는 확정신고와 함께 정부에 제출하여야 한다.

58) 제11조의2
   ① 부가가치세법의 규정에 의하여 세금계산서를 작성하여 교부하여야 할 자가 고의로 세금계산서를 교부하지 아니하거나 세금계산서에 허위의 기재를 한 때에는 1년 이하의 징역 또는 공급가액에 부가가치세의 세율을 적용하여 계산한 세액의 2배 이하에 상당하는 벌금에 처한다.

1993. 12. 31. 법률 제4663호로 부가가치세법이 개정되면서 세금계산서합계표 제도가 신설되었고, 위 법 제20조 제1항은 부가가치세 신고시 세금계산서와 세금계산서합계표를 함께 제출하도록 규정하였다.[59]

이후 1994. 12. 22. 법률 제4808호로 부가가치세법이 개정되면서 세금계산서 제출제도가 폐지되고 세금계산서합계표 제출의무만이 남게 되었다.[60]

부가가치세법이 위와 같이 [세금계산서 제출→세금계산서와 세금계산서합계표 모두 제출→세금계산서합계표만 제출] 순서로 세금계산서에 관한 의무내용이 개정되는 동안에도 조세범 처벌법은 계속 세금계산서 수수에 관한 행위만을 처벌하도록 규정하다가, 2004. 12. 31. 법률 제7321호로 개정되어 세금계산서 수수에 관한 위법행위 및 거짓 기재 세금계산서합계표 등 제출에 관한 행위를 모두 처벌하도록 규정하게 되었다. 그 내용은 현행 조세범 처벌법 제10조와 유사하다. 그리고 그 개정이유를 "투명한 세금계산서 수수질서를 확립하고 조세포탈을 방지하기 위하여 실물거래 없이 허위로 작성된 매출·매입처별 세금계산서합계표를 정부에 제출하는 자료상의 경우에도 처벌할 수 있도록 (중략) 하려는 것임"이라고 밝히고 있다.

미루어 짐작컨대, 입법자가 세금계산서 자체의 제출의무가 있던 시기 및 세금계산서와 그 합계표를 함께 제출할 의무가 있던 시기에 세금계산서 수수에 관한 위법행위를 처벌하는 규정만 두고 세금계산서 및 합계표의 제출에 관한 위법행위를 처벌하지 않았던 것은, 거래상대방 사이의 거짓 세금계산서 수수행위 또는 과세관청에 대한 세금계산서(또는 세금계산서합계표)의 제출행위 모두 보호법익이 동일하기 때문에 그 결과반가치에 관한 이중평가를 방지하기 위하여 두 행위 중 하나만 처벌하면 충분하다는 의도였던 것으로 보인다. 그러다가 부가가치세법이 세금계산서의 제출의무를 폐지하면서, 실제로

---

59) 제20조(세금계산신서등의 제출<개징 1993.12.31.>)
　　① 사업자는 제16조 제1항 및 제3항의 규정에 의하여 세금계산서를 교부하였거나 교부받은 때에는 다음 각호의 사항을 기재한 매출처별 세금계산서합계표와 교부받은 세금계산서를 당해 예정신고 또는 확정신고와 함께 제출하여야 한다. (이하 생략)

60) 제20조(세금계산서합계표의 제출<개정 1993.12.31, 1994.12.22>)
　　① 사업자는 제16조 제1항 및 제3항의 규정에 의하여 세금계산서를 교부하였거나 교부받은 때에는 다음 각호의 사항을 기재한 매출처별 세금계산서합계표와 매입처별 세금계산서합계표(이하 "매출·매입처별 세금계산서합계표"라 한다)를 당해 예정신고 또는 확정신고와 함께 제출하여야 한다.(이하 생략)

세금계산서를 수수하지 않고 과세관청에 거짓 기재된 세금계산서합계표만을 제출한다면 이를 제재하는 규정이 없어 처벌에 공백이 생기게 되므로 이를 보완하기 위하여 세금계산서합계표 제출의무 위반에 관한 규정이 신설된 것이다.

위와 같은 부가가치세법과 조세범 처벌법의 개정연혁 및 입법이유를 볼 때, 입법자의 의도는 세금계산서 수수에 관한 위법행위 또는 세금계산서합계표 제출에 관한 위법행위 둘 중 하나만 처벌하는 것을 예정한 것으로 보아야 한다.

2) 보호법익

세금계산서 수수에 관한 위법행위와 세금계산서합계표 제출에 관한 위법행위의 보호법익은 모두 국가적 법익으로서 '세금계산서 수수질서 확립을 통한 건전한 세정질서와 유통질서 유지'이다. 두 행위가 침해하는 법익은 동일하고, 세금계산서 수수에 관한 위법행위를 한 후 동일한 거래에 관한 거짓기재 세금계산서합계표 제출행위를 한다고 하여 침해법익이 증대되는 것도 아니다. 따라서 두 가지 행위를 각각 처벌할 필요가 없다.

3) 이중평가금지

이중평가금지 원칙이란 형법해석에 있어서 평가요소로서 한 번 고려되었던 행위반가치 및 결과반가치는 재차 평가요소로 고려되어서는 안 된다는 원칙이다.[61] 세금계산서 수수에 관한 위법행위와 그 합계표 제출에 관한 위법행위는 동일한 보호법익을 침해하고 있으므로 동일한 거래에 관한 것이라면 두 행위의 결과반가치는 동일하다. 따라서 동일한 거래에 관하여 세금계산서를 수수하고 그 결과를 세금계산서합계표에 기재하여 과세관청에 제출하였다고 하여 두 행위를 모두 처벌한다면 '세금계산서 수수질서 위반'이라는 결과반가치가 중복하여 평가되는 문제가 발생한다.

4) 수죄설의 '수개의 행위'라는 주장에 관한 고찰

수죄설은 실체적 경합이라는 근거로 세금계산서 수수에 관한 위법행위와

---

61) 임웅, 38면. 위 책은 이중평가금지의 원칙의 예로서 '불가벌적 사후행위'를 들고 있는데 주행위에 의하여 한 번 처벌될 것으로 평가된 결과반가치가 사후행위에 의하여 재차 결과반가치의 평가를 받아 처벌되어서는 안 된다는 것이다.

세금계산서합계표 제출에 관한 위법행위는 일시, 장소, 상대방, 행위객체(수단) 등을 달리한다는 점을 들고 있다. 이는 '자연적 의미의 행위가 여러 개이므로 수죄이다'라는 주장인데, 법조경합이나 포괄일죄의 경우와 같이 자연적 의미의 행위가 수개에 해당함에도 일죄로 평가되는 경우는 얼마든지 있으므로 죄가 한 개인지 수개인지를 판단하는 데에 있어 자연적 의미의 행위 개수는 의미가 없다.[62] 예를 들어 살인에 수반된 재물손괴행위, 사문서위조와 인장위조행위, 감금의 수단으로 행한 폭행·협박행위, 절취한 재물을 손괴한 행위는 모두 자연적 의미에서는 별개의 행위이고 각 행위별로 별죄의 구성요건을 충족하지만, 전형적 수반행위이기니 불가벌적 사후행위에 해당하여 흡수관계에 놓이게 되고 일죄로 평가된다.

5) 수죄설이 들고 있는 판례의 의미

수죄설이 들고 있는 판례는 두 가지 종류이다. 첫째로, 세금계산서 수수에 관한 위법행위로 기소되었으나 공소사실이 특정되지 아니하였다는 이유로 공소를 기각하면서 세금계산서합계표 관련 범죄로 공소장을 변경하도록 하거나 직권판단하지 않았다 하더라도 이를 위법하다고 할 수 없다는 것이거나, 세금계산서합계표 제출의무 위반죄로 기소하였으나 고발이 세금계산서 수수행위에 관한 것이어서 고발전치의 소송요건을 결하였으므로 위법하다고 하면서 공소를 기각한 것이다. 그런데 이는 고발전치주의 및 불고불리의 원칙과 법원의 판단범위에 관한 판시내용일 뿐 세금계산서 수수 관련 위법행위와 세금계산서합계표 제출의무 위반행위를 실체적 경합으로 본 것이라고 하기 어렵다. 오히려 판시내용 중 '공소장 변경', '직권판단'을 언급한 것은 위 두 행위의 기본적 사실관계가 규범적 측면에서 볼 때 동일한 범주 내에 있다는 점을 전제로 한다.

둘째로, 특가법 제8조의2를 적용함에 있어서 '공급가액 등의 합계액'을 산정할 때에는 세금계산서, 계산서, 그 각 합계표에 기재된 공급가액 등을 모두 합산하라는 것이다. 그런데 이는 각기 다른 거래에 관한 위 각 문서의 공급가액을 더하라는 의미이지 동일한 거래에 관한 세금계산서와 그 합계표의 금액을 더하라는 것이라고 보기는 어렵다. 수죄설에서 들고 있는 대법원

---

62) 법적·규범적 관점에서 포괄일죄를 하나의 행위로 보는 견해도 있다.

2011. 9. 29. 선고 2009도3355 판결 역시 2006년 2기의 가공세금계산서에 관한 공급가액과 2007년 1기의 거짓 기재 세금계산서합계표상 공급가액을 합산하라는 것으로서, 서로 다른 결과반가치를 합쳐서 처벌하여야 한다는 것이므로 위 판례를 수죄설의 근거로 들기는 어렵다.

6) 부가가치세법상 가산세 규정과의 형평성

부가가치세법 제60조 제2항은 세금계산서를 발급하지 아니하거나 지연발급한 경우, 같은 조 제3항은 재화 또는 용역을 공급하거나 공급받지 아니하고 세금계산서를 수수하거나, 실제 거래상대방이 아닌 자와 세금계산서를 수수한 경우 0.3퍼센트 내지 최대 3퍼센트의 가산세를 납부세액에 더하도록 하고 있다. 또한 부가가치세법 제60조 제6항 및 제7항은 세금계산서합계표 제출의무를 위반한 경우 0.3퍼센트 내지 1%의 가산세를 납부세액에 더하도록 하고 있다.

다만 부가가치세법 제60조 제9항은 같은 조 제2항 또는 제3항과 제6항 및 제7항을 중복하여 적용하지 않도록 규정하여, 동일한 거래에 관한 세금계산서 수수에 관한 위법행위와 세금계산서합계표 제출의무 위반행위가 있을 경우에 어느 하나의 행위에 관하여만 가산세를 부과하도록 하고 중복 부과를 배제하고 있다.

조세범 처벌법은 세법을 위반한 자에 대한 처벌을 규정하고 있는바,[63] 세법에서 가산세의 중복부과를 배제하고 있는 규정과의 형평 및 그 입법취지를 감안하여 볼 때 조세범 처벌법에서의 세금계산서 관련 범죄 역시 동일한 거래에 관하여는 세금계산서 및 그 합계표에 관한 위법행위에 대하여 1회만 처벌하는 것이 타당하다.

7. 전자세금계산서 및 세금계산서합계표에 관한 추가적인 고찰

(1) 개   요

2008. 12. 26. 법률 제9268호로 부가가치세법이 개정되면서 전자세금계산서 제도가 신설되었다. 이후 2010. 1. 1. 법률 제9915호로 부가가치세법이 개정되면서 법인 이외에 일정규모 이상의 개인사업자까지 전자세금계산서를 발

---

[63] 조세범 처벌법 제1조.

급하도록 그 범위가 확대되어 이제 대부분의 거래에 관하여 전자세금계산서가 수수되고 있다. 또한 2013. 1. 1. 법률 제11608호로 부가가치세법이 개정되면서 위 법 제20조에서 전자세금계산서를 발급하거나 발급받고, 발급자가 전자세금계산서 발급명세를 국세청장에게 전송한 경우에는 세금계산서합계표 제출의무를 면제하도록 규정하였다(현행 부가가치세법 제54조).[64]

위와 같은 전자세금계산서에 관한 규정에 비추어 볼 때 허위의 전자세금계산서를 수수한 사업자에게 그 세금계산서합계표 제출의무 위반행위에 관한 범죄가 별도로 성립하는지가 문제된다.

(2) 소결 ― 합계표에 관한 범죄가 성립하지 아니함

세금계산서 수수에 관한 위법행위와 세금계산서합계표 제출의무 위반행위가 법조경합의 관계로서 일죄를 구성한다는 점에 관한 이론적 논거는 전자세금계산서의 경우에도 동일하다. 이에 추가하여 아래와 같은 이유로 전자세금계산서의 경우에는 더욱 세금계산서합계표 제출의무 위반행위가 성립되지 않는다고 보는 것이 타당하다.[65] 즉, 현행법 하에서는 사실과 다른 내용의 전자세금계산서를 수수한 경우 그 즉시 세금계산서 수수에 관한 죄만이 성립할

---

64) 제20조(세금계산서합계표의 제출)

① 사업자는 제16조 제1항 · 제2항 · 제4항 및 제5항에 따라 세금계산서를 발급하였거나 발급받은 경우에는 다음 각 호의 사항을 적은 매출처별 세금계산서합계표와 매입처별 세금계산서합계표(이하 "매출 · 매입처별 세금계산서합계표"라 한다)를 해당 예정신고 또는 확정신고(제18조 제2항 본문이 적용되는 경우에는 해당 과세기간의 확정신고)와 함께 제출하여야 한다. <개정 2010.1.1, 2013.1.1>

　1. 공급하는 사업자 및 공급받는 사업자의 등록번호와 성명 또는 명칭

　2. 거래기간

　3. 작성 일자

　4. 거래기간의 공급가액의 합계액 및 세액의 합계액

　5. 제1호부터 세4호까지의 사항 외에 대통령령으로 성하는 사항

② 제16조 제2항 또는 제4항에 따라 전자세금계산서를 발급하거나 발급받고 제16조 제3항 및 제4항에 따른 전자세금계산서 발급명세를 해당 재화 또는 용역의 공급시기가 속하는 과세기간(예정신고의 경우에는 예정신고기간) 마지막 날의 다음 달 11일까지 국세청장에게 전송한 경우에는 제1항에도 불구하고 해당 예정신고 또는 확정신고(제18조 제2항 본문이 적용되는 경우에는 해당 과세기간의 확정신고) 시 매출 · 매입처별 세금계산서합계표를 제출하지 아니할 수 있다. <신설 2013.1.1>

65) 기획재정부 역시 최근 동일한 취지의 해석을 내린 바 있다. 기재부 조세법령운용과−525, 2016. 9. 29.

뿐 세금계산서합계표에 관한 범죄는 성립하지 않는다고 보아야 하는 것이다. 이러한 의미에서 전자세금계산서의 경우에는 일반세금계산서 및 그 합계표 사이의 죄수에 관한 논의에서 언급된 법조경합의 이론도 적용될 여지가 없다.

　　대법원 역시 「거래징수 방식인 부가가치세와 관련한 과다한 납세협력비용 및 조세행정비용을 절감하고 거래의 투명성을 제고할 목적으로 전자세금계산서 제도를 도입 (중략) 취지와 아울러 국세청장에게 발급명세가 전송된 전자세금계산서 발급분에 대하여는 매출·매입처별 세금계산서합계표를 제출할 의무가 없을 뿐만 아니라 이를 제출하더라도 부가가치세법에서 정한 세금계산서합계표의 필수적 기재사항이 기재되지 않는 점에 비추어 볼 때, 세금계산서합계표를 제출할 필요가 없는 전자세금계산서 발급분에 관하여 세금계산서합계표를 제출하였다고 하더라도 부가가치세법에 따른 세금계산서합계표를 기재하여 제출한 것으로 평가하기 어렵다」라고 하여 같은 입장이다.[66]

1) 세금계산서합계표 기재·제출행위의 존부

　　형사처벌의 대상이 되는 '범죄'는 「구성요건에 해당하는 위법하고 유책한 행위」를 의미한다. 따라서 범죄는 행위의 존재를 전제로 하고, 행위 없는 범죄는 성립될 수 없다. 형법상 행위는 일반적으로 「인간의 의사에 의하여 지배될 수 있는 사회적 의미 있는 행태」로 설명된다. 동일한 맥락에서 조세범 처벌법 제10조 제3항은 "실물거래 없이 다음 각 호의 어느 하나의 행위를 한 자"를 처벌하도록 하면서 제1호에서 '세금계산서를 발급받은 행위'를, 제3호에서 '매입처별 세금계산서합계표를 거짓으로 기재하여 정부에 제출한 행위'를 규정하고 있다.

　　그런데 전자세금계산서를 발급하고 국세청장에게 전자세금계산서 발급명세를 전송하면, 국세청 시스템(과거 '이세로', 현재 '홈텍스' 시스템) 내에서 위 전자세금계산서 발급명세에 관한 내역이 사업자별로 자동으로 분류·합산되어 세금계산서 합계표 서식의 '전자세금계산서 발급분(또는 수취분) 합계액'란에 기재되어 나타나기 때문에 전자세금계산서를 수수하는 사업자는 별도의 세금계산서합계표 제출행위를 할 수 없다. 또한 위와 같이 자동으로 생성되는 전자세금계산서 발급분 합계액란의 기재내용은 사업자가 임의로 수정·삭제

할 수 없다.

위와 같이 전자세금계산서의 경우 세금계산서합계표 기재·제출에 관하여 그 사업자의 의사에 의해 지배되는 행위가 존재하지 않기 때문에 세금계산서합계표 제출의무 위반죄로 처벌하는 것은 타당하지 않다.

2) 의무 없는 행위에 대한 처벌 가부

조세범 처벌법은 세법을 위반한 자에 대한 처벌을 규정하고 있으므로 그 전제로서 세법의 위반행위가 있어야 한다. 그런데 부가가치세법 제54조 제2항은 '전자세금계산서를 발급한 자가 국세청장에게 전자세금계산서 발급명세를 전송한 경우에 그 거래당사자는 매출·매입처별 세금계산서합계표를 제출하지 아니할 수 있다'고 규정하여 세금계산서합계표 제출의무를 면제하고 있다. 수동으로 발급하는 일반세금계산서의 경우 세금계산서합계표를 제출하기 이전에는 과세관청이 거래당사자간에 수수된 세금계산서에 관한 정보를 알 수 없지만, 전자세금계산서의 경우 이미 과세관청에 그 발급내역이 저장되어 있기 때문에 별도로 세금계산서합계표를 제출받을 필요가 없기 때문이다. 게다가 국세청 시스템에서 납세자가 임의로 전자세금계산서 발급내역에 관한 정보를 수정하는 것도 불가능하다. 결론적으로 법에서 의무를 규정한 바가 없다면 의무의 위반행위 역시 있을 수 없고, 그 결과 전자세금계산서의 경우에 그 합계표 제출의무 위반에 관한 범죄는 성립할 수 없다.

3) 전자세금계산서의 경우에도 세금계산서합계표에 관한 규정을 적용할 경우의 죄형법정주의 위반 여부

부가가치세법 제54조 제1항은 세금계산서합계표에 관하여 규정하면서 그 필요적 기재사항으로 '공급하는 사업자 및 공급받는 사업자의 사업자등록번호와 성명 또는 명칭', '해당 사업자와 거래한 공급가액 및 세액의 합계액' 등을 규정하고 있다.[67] 거래하는 사업자별로 발급하였거나 발급받은 세금계산

---

67) 제54조(세금계산서합계표의 제출)
  ① 사업자는 세금계산서 또는 수입세금계산서를 발급하였거나 발급받은 경우에는 다음 각 호의 사항을 적은 매출처별 세금계산서합계표와 매입처별 세금계산서합계표(이하 "매출·매입처별 세금계산서합계표"라 한다)를 해당 예정신고 또는 확정신고(제48조 제3항 본문이 적용되는 경우는 해당 과세기간의 확정신고를 말한다)를 할 때 함께 제출하여야 한다.
  1. 공급하는 사업자 및 공급받는 사업자의 등록번호와 성명 또는 명칭
  2. 거래기간

서의 매수와 합계액을 나열한 것이 세금계산서합계표이고, 그 서식의 정식 명칭 또한 '매출처별 세금계산서합계표, 매입처별 세금계산서합계표'이다.

그런데 전자세금계산서가 도입된 이후의 세금계산서합계표 서식은 다음과 같다(부가가치세법 시행규칙 별지 제39호 서식).

매입처별 세금계산서합계표(갑)
년 제 기 (월 일 ~ 월 일)

※ 아래의 작성방법을 읽고 작성하시기 바랍니다. (앞쪽)

1. 제출자 인적사항(표 생략)

2. 매입세금계산서 총합계

구 분		⑦ 매입처수	⑧ 매수	⑨ 공급가액	⑩ 세 액
합 계					
전자 세금계산서 발급받은 분	사업자등록번호 발급받은 분				
	주민등록번호 발급받은 분				
	소 계				
위 전자 세금계산서 외의 발급받은 분	사업자등록번호 발급받은 분				
	주민등록번호 발급받은 분				
	소 계				

3. 과세기간 종료일 다음 달 11일까지 전송된 전자세금계산서 외 발급받은 매입처별 명세
(합계금액으로 적음)

⑪ 번호	⑫ 사업자 등록번호	⑬ 상호 (법인명)	⑭ 매수	⑮ 공급가액	⑯ 세액	비고
1						
2						

3. 작성 연월일

4. 거래기간의 공급가액의 합계액 및 세액의 합계액

5. 그 밖에 대통령령으로 정하는 사항

위 서식을 보면 전자세금계산서의 경우 거래처를 구분하지 아니하고 발급받은 전자세금계산서의 총 매수와 공급가액의 합계액을 기재하도록 되어 있고(위 서식 2.란), 전자세금계산서 외의 일반세금계산서의 경우에는 거래처의 사업자등록번호, 상호를 쓰고 해당 거래처와 수수한 세금계산서의 매수와 공급가액의 합계액을 기재하도록 규정하고 있음을 알 수 있다(위 서식 3.란). 게다가 전자세금계산서 수수에 관한 2.란은 전자적 방식으로 자동으로 기재되어 시스템에 현출되므로 사업자가 이를 임의로 고칠 수도 없다.

위와 같이 전자세금계산서에 관하여는 세금계산서합계표에 관한 법정 필요적 기재사항을 기재할 수 없도록 되어 있는데, 이는 선자세금계산서의 경우에 세금계산서합계표 제출의무를 면제하는 부가가치세법 제54조 제2항과 관련이 있다. 위 2.란은 행정편의를 도모하기 위한 참고사항에 불과하며, 그 아래의 3.란이 법정 세금계산서합계표이다.

따라서 위와 같이 필요적 기재사항을 원천적으로 기재할 수 없는 서식을 제출하였다 하여 이를 두고 전자세금계산서에 관한 세금계산서합계표를 제출하였다고 보기는 어렵다. 만일 위 전자세금계산서를 수수받은 공급가액의 총 합계액을 기재하는 2.란이 사실과 다르다고 하여 이를 두고 세금계산서합계표 제출의무 위반행위로 처벌한다면 이는 법에서 규정하지 아니한 행위를 처벌하는 것으로서 죄형법정주의 원칙에 위반된다.

8. 특가법 제8조의2와 죄수

특가법 제8조의2 제1항은 '영리의 목적'으로 조세범 처벌법 제10조 제3항의 죄를 범한 경우 세금계산서나 매출 · 매입처별 세금계산서합계표에 기재된 공급가액 등의 합계액이 30억 원 이상이면 조세범 처벌법보다 가중하여 처벌하도록 규정하고 있다. 또한 같은 조 제2항은 공급가액 등의 합계액에 부가가치세의 세율을 적용하여 계산한 세액의 2배 이상 5배 이하의 벌금을 필요적으로 병과하도록 규정하고 있다. 대법원은「조세범 처벌법 제10조 제3항 소정의 무거래 세금계산서 교부죄는 각 세금계산서마다 하나의 죄가 성립되나 특가법 제8조의2에 의하여 처벌되는 경우에는 각 세금계산서에 기재된 공급가액의 합계액에 따라 가중처벌되므로 이 경우에는 세금계산서 1개마다 1개의 죄가 성립한다고 볼 수 없다」[68]고 하여, 설령 수 개의 무거래 세금계산서 수수행위가 있어 수개의 조세범 처벌법 제10조 제3항 위반죄가 성립한다 하더라도 그 금액을 합산하여 일정액을 상회할 경우에는 특가법 제8조의2 위반의 1죄만이 성립한다고 하였다. 법조경합의 특별관계적 입장을 취하고 있는 것으로 보인다.

그런데 위 조항은 "세금계산서, 계산서, 매출·매입처별 세금계산서합계표에 기재된 공급가액 또는 매출·매입금액의 합계액"(이하 통틀어 말할때는 '공급가액 등의 합계액'이라 한다)이라고 규정하고 있는바, 위 조항을 적용하여 죄수를 구분함에 있어서 세금계산서 또는 세금계산서합계표의 각 문서마다 구분하여 공급가액 등의 합계액을 산정한 후 그 각각의 문서별로 별죄를 구성하는 것으로 보아야 하는지 아니면 모두 합산하여 일죄로 보아야 하는지, 또한 그 기간 획정을 어떻게 하여야 하는지, 즉 공급가액 등의 합계액을 어떠한 단위로 구분하여 죄수를 산정하여야 하는지가 문제된다.[69]

이에 관하여 대법원은 「특가법 제8조의2 제1항은 '영리의 목적'과 공급가액 등의 합계액이 일정액 이상이라는 가중사유를 구성요건화하여 조세범 처벌법 제10조 제3항의 행위와 합쳐서 하나의 범죄유형으로 하고 그에 대한 법정형을 규정한 것이므로, 세금계산서, 계산서, 매출·매입처별 세금계산서합계표에 기재된 공급가액을 모두 합산한 금액이 이 사건 법률조항 소정의 금액 이상인 때에는 이 사건 법률조항 위반의 1죄만이 성립한다」[70]고 하여 전체합산설의 입장에 있다. 또한 대법원은 「조세범 처벌법 제10조 제3항의 각 위반행위가 영리를 목적으로 단일하고 계속된 범의 아래 일정기간 계속하여 그 행위들 사이에 시간적·장소적 연관성이 있으며 범행의 방법 간에도 동일성이 인정되는 등 하나의 이 사건 법률조항(특가법 제8조의2 제1항) 위반행위로 평가될 수 있고, 그 행위들에 해당하는 문서에 기재된 공급가액을 모두 합산한 금액이 이 사건 법률조항에 정한 금액에 해당하면, 그 행위들에 대하여 포괄하여 이 사건 법률조항 위반의 1죄가 성립한다」라고 하여 고의의 단일성, 시간적·장소적 연관성 등을 단위로 공급가액 등의 합계액 합산단위를 구획지어야 한다는 취지의 입장을 표명하였다.[71]

---

68) 대판 2010. 5. 13. 2010도336; 2011. 9. 29. 2009도3355; 2015. 6. 24. 2014도16273; 2015. 6. 23. 2015도2207 등.

69) 이 부분에 관한 자세한 논의는 제2편 제2장 제6절 Ⅲ. 참조.

70) 대판 2011. 9. 29. 2009도3355; 2013. 9. 26. 2013도7219 등.

Ⅲ. 기타의 조세범 처벌법 위반죄와 세금계산서 관련범과의 관계

1. 조세범 처벌법 제4조·제5조 소정의 범죄와 세금계산서 관련범과의 관계

조세범 처벌법 제4조는 면세유의 부정 유통으로 인한 조세포탈범을, 조세범 처벌법 제5조는 가짜석유제품의 제조로 인한 조세포탈범을 처벌하도록 규정하고 있다. 위 두 범죄 역시 조세포탈범의 일종이지만, 석유제품에 부가가치세, 개별소비세, 교통세, 교육세, 자동차세 등 고액의 조세가 부과되는 점을 이용하여 행정목적상 특별히 면세유로 정한 석유류를 과세대상 거래에 제공하고 관련 조세를 탈루하는 행위 또는 가짜석유제품을 제조·판매하고 매출 관련 자료를 신고하지 아니하는 방법으로 관련 조세를 탈루함으로써 석유류의 유통질서를 어지럽히고 국가의 조세채권을 침해하는 행위를 더욱 엄중하게 처벌할 필요가 있다는 정책적 고려하에 일반적 조세포탈죄인 조세범 처벌법 제3조와는 별도로 법정형을 상향하여 별죄로 규정한 것이다.

그런데 석유제품의 공급은 원칙적으로 부가가치세 과세대상거래로서 세금계산서 수수가 수반되어야 하는데 면세유 또는 가짜석유제품의 무자료 거래시에는 세금계산서를 수수하지 아니하는 것이 일반적이므로, 위 면세유 부정 유통 및 가짜석유제품의 제조로 인한 조세포탈죄와 세금계산서 관련범죄가 불가벌적 수반행위로서 법조경합의 관계에 있어 일죄를 이루는지 아니면 별죄를 이루는지, 별죄라면 상상적 경합인지 아니면 실체적 경합인지가 문제된다.

이에 관한 논의는 앞서 조세포탈범과 세금계산서관련범과의 관계에서 본 것과 동일하다. 비록 세금계산서 관련 위법행위가 면세유 부정 유통 및 가짜석유제품의 제조로 인한 조세포탈죄와 관련성을 보인다 하더라도, 그 법정형에 현격한 차이가 있을 뿐 아니라 보호법익도 다르므로 별도의 불법과 책임내용이 인정되는 별죄의 관계에 있다고 보아야 한다. 게다가 면세유 부정 유통 및 가짜석유제품의 제조로 인한 조세포탈죄는 결과범이지만 세금계산서 관련범은 결과 발생을 요하지 않는 위태범이다. 따라서 양 죄에 관한 위법사실을 법률상 1개의 행위로 평가할 수 없으므로 실체적 경합의 관계에

71) 대판 2015. 6. 23. 2015도2207.

있다.

2. 무면허 주류 제조·판매죄와 조세포탈죄 및 세금계산서 관련 범죄와의 관계

조세범 처벌법 제6조는 주세법에 따른 면허를 받지 아니하고 주류를 제조하거나 판매하는 경우를 처벌하고 있다. 그런데 무면허 주류 제조·판매행위는 필연적으로 관련 주세 및 부가가치세의 탈루 및 무자료 거래를 수반하는바, 그 각 행위들의 죄수 및 관계가 문제된다.

무면허 주류 제조·판매죄는 주류 유통질서의 확립과 음주에 관한 건전한 국민보건생활의 함양을 목적으로 하므로 조세포탈죄 및 세금계산서 관련 범죄와 그 보호법익이 다르다. 게다가 행위의 일시·장소 또한 다르고 어느 한 죄가 다른 죄의 불법과 책임내용을 모두 포섭한다고 보기 어려우므로 별개의 죄가 성립하며 각각 실체적 경합의 관계에 있다. 구 조세범 처벌법이 제8조에서 무면허 주류제조·판매하는 행위를 처벌하는 규정을 둔 것과는 별도로 제9조 제1호에서 주세포탈범을 처벌하도록 한 점에 비추어 보아도 그러하다. 다만 무면허 주류 제조·판매죄는 그 제조·판매행위별로 1죄를 이루나, 동일한 범의하에 동일한 행위가 계속적으로 반복되는 영업범의 경우가 대부분이므로, 이러한 때에는 포괄하여 1죄의 무면허 주류 제조·판매죄가 성립한다.

Ⅳ. 다른 형사 범죄와 조세포탈죄와의 관계

1. 횡령죄와 조세포탈죄

회사의 대표자 등이 회사자금을 인출하여 횡령함에 있어 경비지출을 과다계상하여 장부에 기장하고 나아가 이를 토대로 법인세 등의 조세를 과소납부하였다면 조세포탈죄가 성립한다. 회사의 대표자 등이 장부에 아무런 기재를 하지 않은 채 금원을 횡령한 경우라면 회사는 행위자에 대하여 그에 상당하는 손해배상청구권 내지 부당이득반환청구권을 갖게 되므로 이를 장부에 기재하지 아니한 행위는 곧 익금의 과소계상으로 이어지고 그만큼 납부할 세액이 적어져[72] 이 경우 역시 조세포탈죄가 성립한다.

---

72) 대판 1984. 6. 26. 82누518.

그런데 횡령죄는 개인의 재산권을 보호법익으로 하는 반면, 조세포탈죄는 국가의 조세 부과·징수권을 그 보호법익으로 하므로, 위와 같은 조세포탈행위가 횡령의 불가벌적 사후행위라고는 볼 수 없다. 따라서 두 죄는 별개로 성립하며 그 구성요건과 보호법익이 달라 실체적 관계에 있다.[73]

한편, 부가가치세는 사업상 독립적으로 재화 또는 용역을 공급하는 자, 즉 사업자가 이를 납부할 의무를 지는 것으로서, 사업자가 재화 또는 용역을 공급하는 때에는 과세표준에 세율을 적용하여 계산한 부가가치세를 그 공급을 받는 자로부터 징수한다. 부가가치세법상 사업자만이 부가가치세의 납세의무자이고 그 거래 상대방인 공급을 받는 자는 이른바 재정학상의 담세사에 불과할 뿐 조세법상의 납세의무자가 아니다. 그런데 사업자가 매출세액을 징수하는 경우에 부가가치세의 납부의무자도 아닌 거래 상대방을 위하여 이를 보관하는 관계에서 징수하는 것이라고 할 수는 없고, 사업자는 일정한 과세기간 종료 후에 그 기간 동안 발생한 매출세액과 매입세액 여하에 따라 매출세액의 징수 여부에 관계없이 자신의 책임하에 부가가치세 납부의무를 이행하는 것이므로 일단 징수한 매출세액은 공급자의 소유로 귀속된다. 이는 부가가치세 부과대상이 아닌 거래에 관하여 착오나 법리오해로 매출세액을 징수한 경우에도 마찬가지이다. 그와 같은 경우에 사업자가 상대방에게 이를 반환하여야 할 의무가 성립하더라도 민사상 채무에 불과하고, 만약 사업자가 부가가치세 과세대상이 아님을 알면서 상대방을 기망하고 징수한 경우에는 사기죄를 구성할 뿐이다. 따라서 부가가치세법상 사업자가 공급받는자로부터 부가가치세 명목으로 징수한 매출세액을 다른 용도로 사용하였다 하더라도 이는 그 상대방에 대한 횡령죄에 해당한다고 볼 수 없다.[74]

2. 문서위조 및 동행사죄와 조세포탈죄

조세포탈죄의 구성요건상 행위태양인 '사기나 그 밖의 부정한 행위'의 일환으로 문서를 위조하고 이를 행사하였다면 조세포탈죄와 별도로 형법상 위조 및 동 행사죄가 성립하는지가 문제된다. 예를 들어 명의신탁을 한 후 신탁자가 수탁자 명의의 문서를 위조하여 거래하였다든지, 제3자의 사업자등록명

---

73) 대판 1992. 3. 10. 92도147.
74) 대판 1999. 11. 26. 99도1969.

의를 차용한 자가 제3자로부터 문서작성에 관한 위임을 받지 아니한 채 제3자를 공급하는자 또는 공급받는 자로 기재한 세금계산서를 수수한 경우 또는 제3자 명의의 세금계산서합계표를 작성하여 정부에 제출한 경우에 문제된다.

문서위조 및 동행사죄는 조세포탈죄와 보호법익이 다른 점, 조세포탈죄는 문서위조 및 동 행사 행위에 더하여 조세포탈의 결과를 요구하는 점, 양 죄는 구성요건 및 보호법익이 달라 조세포탈죄가 문서위조죄의 불법과 책임 내용을 모두 포섭하고 있다고 보기 어려운 점, 세금계산서 관련 위법행위를 수단으로 조세포탈죄가 성립한다 하더라도 조세범 처벌법은 제10조에서 조세포탈죄와 별도로 세금계산서 관련범을 처벌하도록 규정하고 있는 점 등을 종합하여 볼 때 문서위조 등을 수단으로 하여 조세포탈의 결과가 발생하였다 하더라도 양 죄는 별죄를 구성하며, 실체적 관계에 있다고 보는 것이 타당하다. 대법원 역시 「사문서위조 및 동행사죄가 사기 기타 부정한 행위로써 조세를 포탈하기 위한 수단으로 행하여졌다고 하더라도 조세포탈죄에 흡수된다고 볼 수 없다」[75]고 하여 같은 입장이다.

3. 사기죄와 조세포탈죄

기망행위에 의하여 국가적 또는 공공적 법익을 침해한 경우라도 그와 동시에 형법상 사기죄의 보호법익인 재산권을 침해하는 것과 동일하게 평가할 수 있는 때에는 사기죄가 성립할 수 있다는 것이 대법원의 입장이다.[76] 그렇다면 기망행위로 조세를 포탈한 경우에 조세포탈죄와 별도로 사기죄가 성립하는지 문제된다. 이에 대하여 대법원은 「기망행위에 의하여 조세를 포탈한 경우에는 조세범 처벌법에서 이를 처벌하는 규정을 별도로 두고 있을 뿐 아니라 보호법익이 다르므로 조세범 처벌법 위반죄가 성립함은 별론으로 하고 형법상 사기죄는 성립하지 않는다」고 하였다.[77] 타당한 결론으로 보인다.

---

75) 대판 1989. 8. 8. 88도2209.

76) 대판 2008. 11. 27. 2008도7303. 그러나 통설은 사기죄가 개인적 법익에 관한 죄이기 때문에 국가적·사회적 법익이 침해되었다 하더라도 사기죄가 성립하지 않는다고 본다.

77) 대판 2008. 11. 27. 2008도7303. 위 판결에 관한 평석은 서경환, 기망행위에 의한 조세포탈과 사기죄의 성립 여부, 대법원판례해설 제78호(2008. 11.), 법원도서관, 591~602면.

4. 특별법령상 범죄와 조세포탈죄

대외무역법 위반죄는 대외무역의 진흥을 통한 국제수지의 균형과 통상 확대를 보호법익으로 하고 있음에 비하여 조세범 처벌법 위반죄는 조세의 적정한 징수·부과를 통한 국가 조세수입의 확보를 보호법익으로 하고 있고, 위 대외무역법 위반죄는 법률이 예정하고 있는 외화획득행위를 하지 않음으로써 처벌되는 것임에 비하여 조세범 처벌법 위반죄는 조세의 부과 및 징수를 불가능하게 하거나 현저히 곤란하게 하는 위계 기타 부정한 적극적인 행위를 처벌 대상으로 삼는 것이므로, 양자는 그 직접적인 보호법익, 위반행위의 내용 및 태양, 가벌성의 근거 및 정도 등을 달리하는 별개의 행위로 인한 범죄이다.[78]

---

78) 대판(전합) 2007. 2. 15. 2005도9546.

제2편 조세범 처벌법 각론

조세범 처벌법은 세법을 위반한 자에 대한 형벌 및 과태료를 규정한 법이다. 앞서 본 조세범 처벌법 총론이 조세범 처벌법의 의의에 관한 이론적 고찰 및 벌칙 각조에 공통적으로 적용되는 부분에 관한 논의라면 조세범 처벌법 각론은 어떠한 요건이 충족되어야 조세범죄를 구성하는지와 그 형량은 어떠한지에 관한 논의이다.

이하 조세범 처벌법 각론에서 가장 중요하고 빈번하게 다루어지는 조세포탈범(제3조)과 세금계산서관련범(제10조)에 관하여는 별도의 장(章)을 할애하여 자세히 살펴보고, 이에 관하여는 특정범죄 가중처벌 등에 관한 법률(이하 '특가법'이라 칭한다) 제8조 및 제8조의2에서 가중처벌하고 있으므로 함께 서술한다. 나머지 조세범 처벌법 위반의 범죄는 기타의 범죄로 묶어 벌칙 각조의 각 범죄를 설명한다.

제1장

조세포탈범(제3조)

제3조(조세 포탈 등) ① 사기나 그 밖의 부정한 행위로써 조세를 포탈하거나 조세의 환급·공제를 받은 자는 2년 이하의 징역 또는 포탈세액, 환급·공제 받은 세액(이하 "포탈세액등"이라 한다)의 2배 이하에 상당하는 벌금에 처한다. 다만, 다음 각 호의 어느 하나에 해당하는 경우에는 3년 이하의 징역 또는 포탈세액등의 3배 이하에 상당하는 벌금에 처한다.

1. 포탈세액등이 3억원 이상이고, 그 포탈세액등이 신고·납부하여야 할 세액(납세의무자의 신고에 따라 정부가 부과·징수하는 조세의 경우에는 결정·고지하여야 할 세액을 말한다)의 100분의 30 이상인 경우

2. 포탈세액등이 5억원 이상인 경우

② 제1항의 죄를 범한 자에 대해서는 정상(情狀)에 따라 징역형과 벌금형을 병과할 수 있다.

③ 제1항의 죄를 범한 자가 포탈세액등에 대하여 「국세기본법」 제45조에 따라 법정신고기한이 지난 후 2년 이내에 수정신고를 하거나 같은 법 제45조의3에 따라 법정신고기한이 지난 후 6개월 이내에 기한 후 신고를 하였을 때에는 형을 감경할 수 있다.

④ 제1항의 죄를 상습적으로 범한 자는 형의 2분의 1을 가중한다.

⑤ 제1항에서 규정하는 범칙행위의 기수(旣遂) 시기는 다음의 각 호의 구분에 따른다.

1. 납세의무자의 신고에 의하여 정부가 부과·징수하는 조세: 해당 세목의과 세표준을 정부가 결정하거나 조사결정한 후 그 납부기한이 지난 때.

　　　다만, 납세의무자가 조세를 포탈할 목적으로 세법에 따른 과세표준을 신고
　　　하지 아니함으로써 해당 세목의 과세표준을 정부가 결정하거나 조사결정
　　　할 수 없는 경우에는 해당 세목의 과세표준의 신고기한이 지난 때로 한다.
　　2. 제1호에 해당하지 아니하는 조세: 그 신고 · 납부기한이 지난 때
　　⑥ 제1항에서 "사기나 그 밖의 부정한 행위"란 다음 각 호의 어느 하나에
　　해당하는 행위로서 조세의 부과와 징수를 불가능하게 하거나 현저히 곤란하
　　게 하는 적극적 행위를 말한다.
　　1. 이중장부의 작성 등 장부의 거짓 기장
　　2. 거짓 증빙 또는 거짓 문서의 작성 및 수취
　　3. 장부와 기록의 파기
　　4. 재산의 은닉, 소득 · 수익 · 행위 · 거래의 조작 또는 은폐
　　5. 고의적으로 장부를 작성하지 아니하거나 비치하지 아니하는 행위 또는
　　　계산서, 세금계산서 또는 계산서합계표, 세금계산서합계표의 조작
　　6.「조세특례제한법」 제5조의2 제1호에 따른 전사적 기업자원관리설비의 조
　　　작 또는 전자세금계산서의 조작
　　7. 그 밖에 위계(僞計)에 의한 행위 또는 부정한 행위

제 1 절 총   설

Ⅰ. 조세포탈의 개념

1. 조세포탈

　　조세범 처벌법 제3조는 "조세 포탈 등"이라는 표제하에 제1항에서 "사기
나 그 밖의 부정한 행위로써 조세를 포탈하거나 조세의 환급 · 공제를 받은
자"를 처벌하도록 규정하였다.

　　위 규정 중 협의의 조세포탈은 납세의무자가 납부할 의무가 있는 조세를
납부하지 아니하거나 정당한 세액보다 과소납부함으로써 국가의 납세의무자
에 대한 조세채권을 침해하는 행위, 즉 직접적으로 세수의 감소를 초래하는
행위를 지칭한다.

　　한편 납세의무자가 납세의무가 없음에도 조세를 잘못 납부하거나, 납부

하여야 할 세액을 초과하여 납부하거나, 세법에 따라 환급하여야 할 환급세액이 있을 때 국가는 그 잘못 납부한 금액, 초과하여 납부한 금액 또는 환급세액을 결정하여 납세의무자에게 되돌려 주어야 한다(국세기본법 제51조 제1항). 이때 사기나 그 밖의 부정한 행위로써 조세를 환급받거나 정당한 금액보다 더 많은 금액을 환급받으면 조세범 처벌법 제3조 제1항의 '부정환급'이 된다.

또한 납부할 세액을 산출하는 과정에서 법이 허용한 세액공제제도를 악용하여 공제요건이 되지 아니함에도 공제를 받거나 공제받아야 할 금액을 초과하여 공제받는 것을 '부정공제'라 한다. 법문언상 소득공제는 부정공제에 해당하지 않는다. 부정한 소득공제로 인하여 조세가 포탈되는 결과가 발생하는 경우 협의의 조세포탈범으로 규율하면 되기 때문이다.

이에 대하여 세액공제는 세액산정의 한 과정에 불과하고 포탈행위의 한 태양에 지나지 아니하므로 독립된 탈세범의 유형으로 규정할 필요가 없다고 하는 견해[1]가 있다. 부정세액공제의 결과 조세포탈 또는 부정환급의 결과가 발생하므로 부정공제를 별도로 언급할 실익이 없다는 것이다. 이는 세액공제와 소득공제를 유사한 개념으로 파악하였기 때문으로 보인다.

그러나 소득공제와 세액공제는 제도의 운용이 다르다. 소득공제는 세액산출의 근간이 되는 소득금액을 산출한 후 소득금액에서 차감하는 항목을 말한다. 소득공제는 필요경비의 성격을 지니거나 정책적 목적으로 세부담을 경감하기 위한 것들이 대부분이어서 공제액이 소득금액을 상회하면 그 잔여액이 소멸되고 이월공제되지 않아 해당 과세기간의 조세포탈로 의율하면 그만이다. 이에 반해 세액공제는 정책적 목적에서 규정된 세액공제[2]와 이중과세를 방지하기 위한 목적으로 고안된 세액공제[3]로 나뉘는데 이 중 일부는 세액공제 전단계에서 산출된 세액이 공제액에 미달하거나 없는 경우 공제잔여액을 차기로 이월하여 공제[4]하거나 환급[5]하여 준다. 특히 이월공제의 경우 당

---

1) 안대희, 215면.
2) 소득세법상 기장세액공제, 소득세법 및 법인세법상 재해손실세액공제와 중소기업투자세액공제, 연구 및 인력개발비에 대한 세액공제 등 조세특례제한법상 각종 세액공제가 대표적이다.
3) 소득세법 및 법인세법상 배당세액공제, 외국납부세액공제와 상속세 및 증여세법상 증여세액공제 등이 대표적이다.
4) 예를 들어, 외국납부세액공제 및 투자세액공제 등은 이월공제가 허용되나 재해손실세액공제는 이월공제가 허용되지 않는다.

해 과세기간에는 납부할 세액 또는 환급할 세액의 변동이 없는 관계로 국가의 세수감소가 이루어지지 않고 차기에 공제를 받을 때 국가의 조세채권이 실질적으로 침해된다. 이와 같은 차이점으로 인해 세액공제를 협의의 조세포탈 또는 부정환급의 범주에 함께 담을 수가 없어 별도로 규정한 것이다.

그러나 협의의 조세포탈과 부정환급, 부정공제는 궁극적으로 국가의 세수감소를 초래한다는 점에서 조세범 처벌에 있어 이를 크게 구별할 실익은 없다. 따라서 이 책에서는 별도의 설명이 없는 한 위 세 가지 태양을 묶어 '조세포탈'이라 지칭하기로 한다.

2. 조세포탈과의 구별개념

(1) 조세의 탈루(脫漏)

조세의 탈루는 고의의 유무 및 행위태양에 있어서 부정한 방법의 사용 유무를 불문하고, 법에 위반하여 납부의무가 있는 조세를 납부하지 않거나 과소납부하는 모든 경우를 가리킨다. 즉 부정한 방법에 의한 조세의 포탈 및 고의 또는 과실로 인한 단순무신고·과소신고에 따른 조세의 누락을 모두 포함하는 개념이다.

(2) 조세회피(租稅回避)

조세회피행위는 특정한 경제목적을 달성하기 위하여 일정한 행위를 취함에 있어 정상적인 상황이었다면 채택하였을 행위 대신 우회적인 방법 또는 비정상적인 방법을 통하여 조세부담을 경감하는 행위를 말한다. 조세의 탈루는 정면으로 조세법 규정을 위반하는 행위인 데에 비하여, 조세회피는 형식상 조세법 규정을 위반하지 아니하나 법이 과세대상으로 의도한 본질을 변경하여 과세요건을 비켜가도록 조작한다는 점에서 구별된다.

이러한 조세회피행위는 형식적인 과세요건을 흠결하였으므로 조세법률주의에 따라 원칙적으로 과세대상이 되지 아니한다. 가장행위가 아닌 한 명문의 근거 없이 사법상의 거래형식을 부인하고 그 효력을 재구성할 수는 없기 때

---

5) 부가가치세법상 매입세액공제가 대표적이다. 부가가치세법은 당해 사업자의 거래단계에서 창출된 부가가치에 상응하는 세액을 납부하는 것을 주요 골자로 하고 있기 때문에 당해 거래단계의 매출세액보다 매입세액이 많을 경우 잔여 매입세액을 환급하게 된다.

문이다. 그러나 세법에서 조세회피행위를 명문으로 규정하고 이를 과세대상으로 삼을 경우에는 이에 관한 납세의무가 발생한다. 이렇게 조세회피행위를 과세대상으로 삼는 규정으로는 「법인세법」상 부당행위계산부인, 「국제조세조정에 관한 법률」 제6조의 정상가격에 의한 과세조정, 「국세기본법」 제14조,6) 「국제조세조정에 관한 법률」 제3조에 규정된 실질과세규정을 들 수 있다.

국세기본법 제14조 제3항(간접거래, 우회거래에 관한 실질과세 원칙)은 2007년 신설되었는데 그 전에는 국세기본법 제14조 제1항 및 제2항만으로 사법상의 형식을 부인하고 조세목적상 거래를 재구성할 수 있는지, 즉 국세기본법 제14조는 창설적 기능을 갖는지 아니면 단지 과세의 기본원칙을 천명하는 선언적 의미만을 부여하는 것에 그치는지에 관한 논란이 있었다. 이에 대하여 대법원은 일부 예외7)는 있지만 대부분의 사건에서 당사자가 선택한 법률관계에 대하여 그것이 가장행위에 해당하지 않는 한 개별적이고 구체적인 부인규정 없이 실질과세의 원칙에 의하여 조세회피행위에 해당한다는 이유로 그 효력을 부인할 수 없다는 입장8)을 견지하여 왔다. 그러나 이러한 논란은 2007년 국세기본법 제14조 제3항이 신설되면서 입법적으로 해결되었다고 보인다. 즉 오로지 세부담 경감만을 위하여 비정상적이고 부당한 거래형식을 취하는 경우에 부당행위계산 부인 내지는 정상가격에 의한 과세조정과 같은 개별적 부인규정 없이도 국세기본법 등의 실질과세규정에 근거하여 과세목적상 사법상의 거래를 부인하고 경제적 실질에 따라 과세할 수 있는 기틀이 마련된 것이다.

따라서 소득, 수익, 재산, 행위, 거래에 관하여 그것이 조세회피행위로 인정됨으로써 납세의무가 발생하였고 그와 같은 조세회피행위가 사실관계의 은

---

6) 국세기본법 제14조(실질과세) ① 과세의 대상이 되는 소득, 수익, 재산, 행위 또는 거래의 귀속이 명의(名義)일 뿐이고 사실상 귀속되는 자가 따로 있을 때에는 사실상 귀속되는 자를 납세의무자로 하여 세법을 적용한다.

② 세법 중 과세표준의 계산에 관한 규정은 소득, 수익, 재산, 행위 또는 거래의 명칭이나 형식에 관계없이 그 실질 내용에 따라 적용한다.

③ 제3자를 통한 간접적인 방법이나 둘 이상의 행위 또는 거래를 거치는 방법으로 이 법 또는 세법의 혜택을 부당하게 받기 위한 것으로 인정되는 경우에는 그 경제적 실질 내용에 따라 당사자가 직접 거래를 한 것으로 보거나 연속된 하나의 행위 또는 거래를 한 것으로 보아 이 법 또는 세법을 적용한다.

7) 대판 1997. 6. 13. 95누15476; 2003. 6. 13. 2001두9394 등.

8) 대판 1989. 7. 25. 87누55; 1991. 5. 14. 90누3027; 1996. 5. 10. 95누5301 등.

폐나 조작에 의한 것이라면 조세범 처벌법상 '사기나 그 밖의 부정한 행위'에 해당하여 조세포탈죄가 성립한다. 반면, 결과적으로 조세회피행위임은 인정되나 조세포탈의 고의가 인정되지 않는 경우 또는 관념상의 조세회피행위는 맞지만 이를 규제하는 규정에 포섭되지 아니하여 과세대상이 되지 아니하는 경우나, 거래의 가장 등의 개입 없이 단순히 법형식을 남용한 경우라면 조세포탈이 성립하지 않는다. 이에 대하여 부당행위계산의 부인은 공평과세를 위하여 인정된 것이므로 조세포탈범이 성립하지 않는다는 견해가 있다.9) 조세포탈의 고의가 인정되지 않는다는 것이다. 이에 관하여 대법원은 부당행위계산에 해당하는 거래임을 은폐하기 위하여 적극적으로 서류를 조작하고 장부상 허위기재하는 경우에는 법인세법상 부당행위계산 부인으로 인한 세무조정금액이 발생하였다고 하더라도 이는 조세포탈에 해당한다고 판단한 경우도 있고,10) 특수관계인에 대한 대여사실을 감추기 위하여 분개전표 및 결산장부를 허위기재한 행위만으로는 조세포탈에 이를 정도의 부정한 행위라고 보기 어렵다고 판단한 경우도 있다.11) 형식상·외형상 조세회피행위라 할지라도 거래 과정에서 가장행위 등이 개입하고 그 정도가 사기에 비견된다면 조세회피를 넘어서는 조세포탈로 보아야 한다는 것으로 풀이된다.

(3) 절세(節稅)

절세는 실정법이 허용하는 범주 내에서 선택할 수 있는 여러 가지 방법 중에서 세부담이 가장 적은 것을 선택함으로써 합법적으로 조세부담을 절감하는 것을 말한다. 조세부담을 최소화하려는 의도는 그것만으로는 비난할 것이 못된다. 합리적이고 경제적인 판단의 일환일 뿐이다. 다만 오로지 조세를 경감할 목적으로 법이 의도한 바를 넘어서 비정상적인 거래 방법을 채택하면 조세회피로 분류될 수 있다.

---

9) 최명근, 137면; 진성철, 조세포탈범에 있어서의 조세포탈의 결과와 고의, 대법원 조세법연구(Ⅰ), 1995, 184면.
10) 대판 2002. 6. 11. 99도2814; 2013. 12. 12. 2013두7667.
11) 대판 2006. 6. 29. 2004도817.

Ⅱ. 조세포탈죄 성립 개관

전통적인 범죄론에 따르면 구성요건에 해당하고 위법, 유책한 행위여야 범죄가 성립한다. 구성요건이란 형벌의 대상이 되는 행위의 유형을 기술한 것이다. 구성요건은 법이 금지하는 행위의 불법내용을 대표하는 것이어서 정형적이고 추상적이다. 특정한 행위가 법문에 기술된 구성요건에 부합하는 것을 두고 '구성요건 해당성이 충족된다'라고 한다.

구성요건은 주관적인 것과 객관적인 것으로 대별된다. 주관적 구성요건요소로 범의 내지는 목적, 경향, 불법영득의사 등을 들 수 있고, 객관적 구성요건요소에는 행위의 주체, 객체, 행위의 태양 및 결과의 발생과 인과관계 등이 있다. 객관적 구성요건요소는 주관적 구성요건요소인 고의의 대상이 된다.

조세포탈죄의 구성요건은 무엇인가. 우선 주관적 구성요건요소인 고의가 인정되어야 하고, 객관적 구성요건요소로서 해당 조문에서 요구하는 주체가 사기나 그 밖의 부정한 행위를 함으로써 기수시기 현재 조세의 포탈, 환급·공제의 결과가 발생하여야 한다. 또한 부정한 행위와 포탈의 결과 사이에 인과관계가 있어야 한다. 조세를 포탈하려면 그 전제로 납세의무가 존재하여야 하는데, 추상적인 납세의무의 성립을 넘어 구체적으로 조세채권이 확정되는 절차를 거쳐야 한다. 적법한 조세채권이 존재하지 않는다면 조세포탈죄의 구성요건을 충족하지 못하여 범죄가 성립하지 않는다.[12] 또한 포탈의 결과는 포탈세액으로 표시되는데 세액이 연간 5억 원을 넘으면 조세범 처벌법이 아닌 특가법이 적용된다.

납세의무의 성립과 확정은 개별세법이 관장하는 분야이다. 이는 세법책에서 서술할 영역이므로 이 책에서는 생략하기로 하고, 이하 별도의 절에서 조세범죄 성립에 필요한 각각의 구성요건 요소에 관하여 분설하기로 한다.

---

12) 대판 1989. 9. 29. 89도1356; 2005. 6. 10. 2003도5631; 2020. 10. 29. 2020도3972.

제 2 절 고의(故意)

I. 고의의 의미

1. 일 반 론

범죄성립의 구성요건요소 중 행위자의 지적·정신적 측면에 속하는 상황을 주관적 구성요건요소라 한다. 조세포탈범은 고의범이지 목적범이 아니므로[13] 여기서는 고의에 관하여만 논하도록 한다.

형법상 고의의 본질에 관하여 의사설(意思說)과 인식설(認識說)이 대립하고 있었다. 의사설이 구성요건 요소를 실현하고자 하는 의지적 측면을 강조한 데 비하여, 인식설은 구성요건적 상황을 인식하고 있으면 고의를 인정할 수 있다는 입장이다. 의사설을 강조할 경우 구성요건적 상황이 실현되고 있다는 사실을 알고 있음에도 이를 적극적으로 의욕하지 않으면 고의가 인정되지 아니하여 형벌의 범위가 부당하게 축소될 수 있고, 인식설을 강조하면 과실로 어떠한 결과를 초래한 경우에도 그 과정과 행위에 대한 인식만 있다면 고의를 인정할 수 있게 되어 책임주의에 반할 수 있는 결과가 초래된다. 따라서 이 둘을 절충하여 구성요건요소를 인식하고 이를 실현하고자 하는 의사결정을 고의라고 하는 입장, 즉 '구성요건 실현의 인식과 의사'라고 정의하는 것이 우리나라의 통설이다.[14]

2. 조세포탈의 고의

조세포탈범은 고의범이다. 따라서 조세포탈의 객관적 구성요건요소인 행위주체, 납세의무의 존재, 조세포탈의 방법으로서 사기 그 밖의 부정한 행위, 조세포탈의 결과, 사기 그 밖의 부정한 행위와 포탈결과 사이의 인과관계에 대한 인식과 함께 위 구성요건요소들을 실현하고자 하는 의지적 요소가 필요하다. 대법원 역시 「조세포탈범은 고의범이지 목적범은 아니므로 피고인에게 조세를 회피하거나 포탈할 목적까지 가질 것을 요하는 것이 아니고, 이러한 조세포탈죄에 있어서 범의가 있다고 함은 납세의무를 지는 사람이 자기의 행

---

13) 대판 1999. 4. 9. 98도667; 2006. 6. 29. 2004도817.
14) 신동운, 211면; 오영근, 123면; 이재상, 183면; 임웅, 180면; 정성근/박광민, 144면.

위가 사기 기타 부정한 행위에 해당하는 것을 인식하고 그 행위로 인하여 조세포탈의 결과가 발생한다는 사실을 인식하면서 부정행위를 감행하거나 하려고 하는 것이다」15)라고 일관되게 판시하고 있다.

Ⅱ. 고의의 정도

형법상 고의는 구성요건적 결과의 실현을 확실히 예견하는 확정적 고의와 결과의 발생이 불확실하다고 인식하는 불확정적 고의로 나뉜다. 불확정적 고의는 미필적 고의와 택일적 고의, 개괄적 고의 등으로 나뉘는데, 고의를 인정하기 위하여 어느 정도의 확실성이 요구되는가의 문제는 주로 미필적 고의의 영역에서 논의된다.

미필적 고의란 '구성요건적 결과를 적극적으로 희망하지는 않았으나 결과발생의 가능성을 인식하고도 행위로 나아가는 것'을 말한다. 결과발생의 가능성을 인식하지 못하였다면 고의의 성립을 인정할 수 없으므로 인지적 요소가 필요함은 당연하다. 이 외에 의지적 요소가 어느 정도 요구되는가에 관하여 크게 ① 행위자가 결과발생의 개연성을 인식하면 족하다는 개연성설(蓋然性說), ② 행위자가 구성요건적 결과발생을 승인·용인하여 행위로 나아간 경우에 고의를 인정할 수 있다는 용인설(容認說), ③ 구성요건 실현의 위험을 감수하면서 행위한 때에 미필적 고의를 인정할 수 있다는 감수설(甘受說, 또는 묵인설)이 대립한다.

우리 대법원은 일반적인 형사범에 관하여 「범죄구성요건의 주관적 요소로서 미필적 고의라 함은 범죄사실의 발생 가능성을 불확실한 것으로 표상하면서 이를 용인하고 있는 경우를 말하고, 미필적 고의가 있었다고 하려면 범죄사실의 발생 가능성에 대한 인식이 있음은 물론 나아가 범죄사실이 발생할 위험을 용인하는 내심의 의사가 있어야 한다」16)고 하여 용인설의 입장이다. 대법원이 조세포탈범의 고의에 관하여 「납세의무를 지는 사람이 자기의 행위가 사기 기타 부정한 행위에 해당하는 것을 인식하고 그 행위로 인하여 조세

---

15) 대판 1999. 4. 9. 98도667; 2006. 6. 29. 2004도817.
16) 대판 1985. 6. 25. 85도660; 1987. 2. 10. 86도2338; 2004. 2. 27. 2003도7507; 2004. 5. 14. 2004도74.

포탈의 결과가 발생한다는 사실을 인식하면서 부정행위를 감행하거나 하려고 하는 것」이라고 한 것도 용인설에 입각한 것이다.

Ⅲ. 고의의 범위

1. 총   설

조세포탈죄는 결과범으로서 조세포탈의 결과가 발생하여야 한다. 예를 들어 법인세의 납부할 세액은 기업회계상 수입과 비용(세무회계상 익금과 손금)의 계정과목에 관하여 세무조정을 한 후 복잡한 공제·가산의 과정을 거쳐 산출된다. 조세포탈은 위와 같은 산출과정을 거쳐 확정된 세액을 포함하거나 조세의 환급·공제를 받음으로써 이루어진다. 그런데 세법에 위반된 수개의 항목 중 일부 계정과목은 조세포탈의 의도로 사실과 다르게 계상하였으나, 일부 계정과목에 관하여는 법률의 부지나 단순히 오산, 부주의로 인한 것일 뿐 포탈의 고의가 없었을 경우 전체 포탈의 결과에 대한 고의책임을 물을 수 있는지가 문제된다.

형사범죄에 있어 고의는 1개의 범죄에 대하여 불가분적이므로 당해 범죄결과 전체에 관하여 미치는 것이 원칙이다. 그런데 조세의 경우 세액을 확정함에 있어 일부 계정과목에 관한 결과를 산술적으로 분리하는 것이 가능하기 때문에 단일한 납세의무를 위반한 경우에도 이를 나누어 고의가 인정되는 부분에 관하여만 책임을 물어야 하는가의 논의가 제기될 수 있는 것이다. 우리나라에서 이러한 점을 명시적으로 다룬 판례는 아직 없는 것으로 보인다. 일본에서는 고의의 범위에 관한 개별적인식설과 개괄적인식설이 대립되어 왔는바 이에 관하여 살펴보고 논의의 실익은 무엇인지, 조세포탈죄에 있어 고의의 범위를 어떻게 잡아야 하는지 알아본다.

2. 개별적인식설과 개괄적인식설[17]

개별적인식설은 발생한 포탈의 결과 중 고의가 없다고 인정되는 부분을 공제한 액수만을 포탈결과로 인정하여야 한다는 입장이다. 개별적인식설에

---

17) 일본의 학설에 관한 자세한 설명은 안대희, 430~439면; 진성철, 조세포탈범에 있어서 조세 포탈의 결과와 고의, 대법원 조세법연구(Ⅰ), 1995, 180면 참조.

의하면 포탈세액의 기초가 되는 소득의 누락에 대한 인식이 있으면 고의의 내용으로 충분하고 소득을 구성하는 개개의 계정과목에 관한 구체적인 포탈세액까지 알 필요는 없다고 하나, 다만 그 회계적 사실에 대한 개별적 인식은 필요하다고 한다. 개별적인식설은 포탈의 고의가 인정되지 아니하는 부분에 대하여도 범죄성립을 인정한다면 형법상 책임주의에 반한다는 점을 근거로 든다.

개괄적인식설은 조세포탈의 고의는 실제의 소득금액이 신고한 소득금액을 상회한다는 대강의 인식만 있으면 그 포탈세액 전체에 대한 고의가 인정되고 다만 부정행위와 상당인과관계가 없다고 인정될 경우에 포탈결과에서 그 부분을 공제하면 된다는 입장이다. 1개 범죄에 대한 고의는 관념적으로 불가분이라는 점을 근거로 든다. 일본에서는 과거 개별적인식설에 근거한 판례도 있었으나 현재의 주류적인 판례는 개괄적인식설에 근거하는 것으로 보인다.

3. 소   결

조세포탈은 각 납세의무별로 1죄가 성립한다. 조세포탈죄의 고의가 인정되려면 객관적 구성요건요소인 행위주체, 납세의무의 존재, 조세포탈의 방법으로서 사기 그 밖의 부정한 행위, 조세포탈의 결과, 사기 그 밖의 부정한 행위와 포탈결과 사이의 인과관계에 대한 인식 모두가 필요하고 그중 일부라도 인정되지 않으면 조세포탈죄의 책임을 물을 수 없다. 그런데 객관적 구성요건요소에 대한 인식은 인정되나 그 하나의 구성요건요소 중 일부의 사실행위에 관한 인식이 없는 경우를 상정한 개별적인식설과 개괄적인식설은 결론적으로 그 결과에 차이가 없다. 어느 설에 의하더라도 포탈결과의 인정범위는 같다. 개별적인식설은 인식이 없는 부분에 관한 고의를 부정하여 포탈의 결과를 산정할 때 그에 관한 소득을 제외하여야 한다는 입장이고, 개괄적인식설은 정당한 세액과 신고한 세액의 차액 전액에 대한 탈루결과를 인정하되 인식이 없는 부분에 관하여는 부정행위와의 상당인과관계를 부인하여 책임을 물을 수 없다는 입장이므로 결국 책임을 묻는 범위는 동일하다. 실질적으로 두 학설의 구별의 실익이 없으므로 여기에서는 인식이 미치는 범위에 대하여만 책임을 인정하는 것으로 결론을 내리기로 한다.

Ⅳ. 고의의 대상

1. 총   설

범죄의 고의를 인정하려면 객관적 구성요건요소에 대한 인식이 필요하다. 따라서 범죄성립에 앞서 행위의 주체, 객체, 구성요건적 결과, 행위의 태양 등 구성요건적 사실에 대한 인식이 있었는지를 확인하는 과정이 선행되어야 한다. 고의는 위와 같이 사실의 인식에 한정되므로 그 행위가 위법하다는 것까지 인식할 필요는 없다. 이는 책임의 영역에 해당하기 때문이다. 예를 들어 조세포탈죄에 있어서 객관적 구성요건요소 중 하나인 '사기 기타 부정한 행위'에 대한 인식은 행위태양 및 사실행위 자체에 대한 인식을 말하는 것이지 그 행위의 법률적 평가에 관한 인식을 말하는 것이 아니다. 따라서 사기나 그 밖의 부정한 행위 역시 고의의 대상에 포함된다. 또한 행위와 결과 사이에 인과관계가 없다면 그 행위로 인한 결과책임을 물을 수 없다. 구성요건적 사실과 결과 사이의 인과관계 역시 구성요건요소를 이루기 때문에 인과관계 역시 고의의 대상이다. 그러나 소추조건, 처벌조건은 범죄구성요건에 해당하지 않으므로 고의의 대상에 포함되지 않는다.

결론적으로 조세포탈의 고의의 대상은 객관적 구성요건요소인 행위주체, 납세의무의 존재, 조세포탈의 방법으로서 사기 그 밖의 부정한 행위, 조세포탈의 결과, 사기 그 밖의 부정한 행위와 포탈결과 사이의 인과관계가 된다.

2. 주체의 인식

조세포탈죄는 국세기본법 제2조 제9호에 규정된 납세의무자 및 조세범 처벌법 제18조에 규정된 법인의 대표자, 법인 또는 개인의 대리인, 사용인, 기타의 종업원(이하 경우에 따라 통틀어 '대리인 등 행위자'라고도 한다)만이 법정책임자가 되는 신분범이다.[18] 위와 같은 지위에 있는 자가 스스로 포탈행위를 하는 경우에는 주체의 인식에 관한 논의의 여지가 없다. 스스로의 납세의무 유무(대리인 등 행위자의 경우 법인 등의 납세의무 유무)에 대한 인식만 있으면 되는 것이다. 다만 신분 없는 자가 신분자에게 가공하는 공동정범, 교사범, 방조

---

18) 대판 2006. 6. 29. 2004도817; 2004. 11. 12. 2004도5818; 1998. 5. 8. 97도2429, 1992. 8. 14. 92도299 등.

범 등 공범의 경우에는 정범인 납세의무자 또는 대리인 등 행위자의 존재에 대한 인식이 요구된다.[19)]

3. 납세의무의 인식

조세포탈죄의 주체는 납세의무자 또는 조세범 처벌법 제18조에 규정된 대리인 등 행위자이고, 납세의무자는 자신의 납세의무에 관한, 대리인 등 행위자는 납세의무자의 납세의무에 관한 인식이 있어야 한다. 납세의무자에게 조세의 신고·납부의무가 있다는 사실에 관한 인식이 없이 한 행위가 조세포탈의 결과를 초래하였다 하더라도 고의가 인정되지 않으므로 조세포탈죄로 의율할 수 없다. 납세의무의 인식은 누락하거나 과소신고한 소득 또는 과세대상 거래가 있다는 인식이면 족하며 구체적인 세액의 인식에까지 이르지 않아도 된다.

대법원은, 세무대리인으로부터 게임장 사업주가 경품으로 제공하는 상품권은 부가가치세 과세대상에 해당하지 아니한다는 설명을 듣고서 게임기 이용제공 용역부분에 관한 부가가치세만 신고·납부를 하여 왔고 과세관청도 이에 관하여 아무런 의견표명을 하지 않던 상태에서 사행성 게임장 사업이 사회문제로 대두되자 과세관청이 그제서야 비로소 경품으로 지급된 상품권 가액이 부가가치세 과세표준에 포함된다는 견해를 밝힌 사안에서, 피고인에게 조세포탈의 고의가 인정되지 않는다고 하였다.[20)] 또한 대법원은「법인의 대표자가 법인의 자금을 횡령하는 과정에서 법인의 장부를 조작하는 등의 행위를 한 것은 그 횡령금을 빼돌린 사실을 은폐하기 위한 것일 뿐, 그 횡령금에 대하여 향후 과세관청의 소득처분이 이루어질 것까지 예상하여 그로 인해 자신에게 귀속될 상여에 대한 소득세를 포탈하기 위한 것으로 보기 어려우므로, 국세기본법 제26조의2 제1항 제1호에서 정한 '납세자가 사기 기타 부정한 행

---

19) 범죄주체의 인식과 관련하여, 조세범 처벌법 제18조에 규정된 대리인 등 행위자는 누가 납세의무자인지를 인식하고 포탈행위를 하여야 한다는 견해가 있다(안대희, 424면). 그러나 조세범 처벌법 제18조에 의해 대리인 등 행위자 스스로 조세포탈죄의 주체가 되므로 대리인 등 행위자의 납세의무자에 대한 인식은 범죄주체에 대한 인식이 아닌 납세의무의 인식에 관한 문제이다.

20) 대판 2008. 4. 10. 2007도9689. 위 판결에 관한 평석은 조성권, 피고인에게 조세포탈의 고의가 있었는지 여부, 대법원판례해설 제76호(2008. 4.), 법원도서관.

위로써 국세를 포탈한 경우'에 해당하지 않는다」고 한 바 있다.[21] 모두 납세의무 존재에 관한 인식이 없었던 점이 인정되어 고의를 조각한 것으로 보인다.

반면 정치자금 명목으로 받은 현금에 대하여 증여세가 부과된 사안에서, 정치자금에 대하여는 세금이 부과되지 않는 것이 관행화 되었고, 또 그것이 세무 당국이나 수사 당국에 의하여 과세 대상에서 제외되어 왔으므로 피고인으로서는 세금을 납부하여야 한다는 사실을 알지 못하였다는 주장에 대하여 법원은, 「'납세의무를 인식한다'함은 납세의무의 내용이 되는 소득 등이 존재한다는 사실에 대한 인식이 있음을 의미하는데, 피고인의 학력·경력·사회적 지위에 비추어 볼 때 증여 또는 이자소득이 있을 경우 납세의무가 성립한다는 사실을 알고 있었음을 인정할 수 있다」라고 하여 고의를 인정하였다.[22]

4. 사기나 그 밖의 부정한 행위의 인식

조세포탈죄는 '사기나 그 밖의 부정한 행위로써' 조세를 포탈하는 경우에만 성립하므로 조세를 포탈하기 위한 행위태양 역시 구성요건요소로서 고의의 대상에 속한다. '사기나 그 밖의 부정한 행위'는 조세의 부과와 징수를 불가능하게 하거나 현저히 곤란하게 하는 위계 기타 부정한 적극적인 행위를 말하고, 어떤 다른 행위를 수반함이 없이 단순히 세법상의 신고를 하지 아니하거나 허위의 신고를 함에 그치는 것은 여기에 해당하지 않는다.[23]

현행 조세범 처벌법 제3조 제6항은 제1호 내지 제6호를 두어 사기나 그 밖의 부정한 행위에 대한 유형을 구체적으로 나열하고 제7호에서 "그 밖에 위계(僞計)에 의한 행위 또는 부정한 행위"라는 일반조항을 두어 제1호 내지 제6호에서 나열한 유형에는 해당하지 않으나 그에 준하는 행위로써 위계 등에 의하여 조세를 포탈한 행위 역시 부정행위로 봄으로써 법이 미처 규율하지 못한 행위유형에 대한 처벌의 공백을 방지하였다.

여기서 인식의 대상은 '사기나 그 밖의 부정한 행위'인 사실이다. 예를 들

---

21) 대판 2010. 1. 28. 2007두20959. 위 판결에 관한 평석은 최선집, 횡령사실 은폐를 위한 장부 조작 행위의 '조세포탈' 여부, 국세 제526호, 국세청세우회, 2010. 12.

22) 서울고법 1998. 2. 17. 97노2368, 대판 1999. 4. 9. 98도667 상고기각 확정. 뇌물이 소득세법상 기타소득으로 규정되기 전의 판례이다. 2005. 5. 31. 법률 제7528호로 소득세법 제21조가 개정되어 '뇌물'이 과세대상이 됨을 명확히 하였다.

23) 대판 1988. 2. 9. 84도1102; 1988. 12. 27. 86도998.

어 조세범 처벌법 제6조 제1항 제1호는 "이중장부의 작성 등 장부의 거짓 기
장"을 행위유형으로 들고 있다. 행위자는 자신이 장부를 사실과 다르게 기장
하고 있다는 사실을 인식하면 되는 것이지 그와 같은 행위가 조세범 처벌법
이 정한 '사기나 그 밖의 부정한 행위'에 해당한다는 인식까지 할 필요는 없
다. 그와 같은 판단은 행위주체가 인식하여야 할 고의의 대상이 아니라 사후
의 평가사항이다.

5. 포탈결과의 인식

조세포탈범은 조세의 포탈 또는 조세의 환급·공제를 받는 결과발생이 요
구되는 결과범이다. 따라서 사기나 그 밖의 부정한 행위로써 ① 국가에 대하
여 납부할 의무가 있는 조세를 납부하지 아니하거나 정당한 세액보다 과소납
부하거나, ② 환급대상이 아님에도 조세를 환급받거나 정당한 금액보다 더 많
은 금액을 환급받거나 ③ 공제요건이 충족되지 아니함에도 공제를 받거나 공
제받아야 할 금액을 초과하여 공제받는다는 인식이 필요하다.

다만 포탈세액의 정확한 액수까지 확정적으로 인식할 필요까지는 없고,
대략적으로 포탈의 결과가 발생한다는 인식이 있으면 족하다고 본다.

대법원은, 「납세의무자가 자신에게 납세의무가 있는 소득세를 납부하지
아니하였다 하더라도 그 소득 상당액을 다른 공동사업자의 소득액에 합산하
여 타인의 명의로 납부하였다면 결과적으로 그와 같이 납부한 세액에 관하여
는 조세포탈의 고의를 인정할 수 없다」고 하여,[24] 비록 본인 명의의 조세탈루
가 있다 하더라도 결과적으로 그 세액 상당액의 납부가 있다는 인식을 하였
다면 조세포탈이 아니라고 보았다. 또한 부가가치세 납세의무와 관련하여 「공
급자로부터 받은 과다계상된 세금계산서를 제출하고 매입세액을 공제받은 경
우, 과다계상된 세금계산서에 의하여 매입세액의 공제를 받는다는 인식 이외
에, 공급자가 과다계상된 분에 대한 부가가치세의 매출세액 납부의무를 면탈
함으로써 결과적으로 자기가 과다계상분에 대한 매입세액의 공제를 받는 것
이 국가의 조세수입의 감소를 가져오게 될 것이라는 인식이 있어야 조세포탈
의 고의가 인정되고 그렇지 아니하다면 조세포탈의 고의를 인정할 수 없다」
고 하였다.[25] 물론 매입을 과다계상한 경우 회계장부상 비용의 증가가 예상되

---

24) 대판 1994. 6. 28. 94도759. 투전기업소를 공동으로 경영한 피고인에 관한 사안이다.

므로 부가가치세 이외에 소득세 또는 법인세의 조세포탈은 성립 가능하다. 동일한 맥락에서, 「과다계상된 매입세금계산서에 의거하여 매입세액을 공제받은 피고인이 그 공급자가 과다계상분에 대한 매출세액을 신고 납부하지 아니하거나 일단 납부하였다가 다시 환급받을 수도 있다는 점에 대하여 적어도 미필적으로라도 인식하였다면 조세포탈의 범의가 인정된다」고 하였다.[26] 조세포탈의 결과에 대한 인식 유무에 따라 조세포탈의 범의 유무를 인정한 것으로 보인다.

6. 인과관계의 인식

납세의무자 등이 부정행위를 하였고 조세포탈의 결과가 발생했다는 사실만으로는 그 결과의 책임을 행위자에게 돌리기 부족하다. 발생한 결과가 행위자의 행위 때문이라는 연관성이 인정되어야 한다. 이를 인과관계라 한다. 인과관계는 결과의 발생을 구성요건요소로 하는 결과범에 있어서만 문제된다.

행위와 결과 사이의 인과관계에 대한 인식은 구체적일 필요는 없고 대체적으로 본질적인 점을 인식하는 정도 즉 상당인과관계에 있으면 족하다. 자신의 행위로 인하여 조세포탈의 결과가 발생한다는 정도만을 인식하면 되는 것이다. 세세한 계산오류나 산정방법의 착오 등은 인과관계의 인식 유무에 영향을 미치지 아니한다.

V. 고의의 입증(立證)

고의는 행위자의 지적·심리적 영역에 속하므로 객관적인 자료로 확정적 입증을 하는 것은 불가능하다. 특히 행위자가 고의를 부인한다면 그 입증은 더욱 어려워진다. 따라서 행위자가 범죄사실이 발생할 가능성을 용인하고 있었는지의 여부는 행위자의 진술에 의존하지 아니하고 외부에 나타난 행위의 형태와 행위의 상황 등 구체적인 사정을 기초로 하여 일반인이라면 당해 범죄사실이 발생할 가능성을 어떻게 평가할 것인가를 고려하면서 행위자의 입장에

---

25) 대판 2001. 2. 9. 99도2358; 1990. 10. 16. 90도1955; 2010. 1. 14. 2008도8868; 2011. 4. 28. 2011도527.

26) 대판 1992. 3. 10. 92도147.

서 그 심리상태를 추인하는 수밖에 없다. 이와 같은 경우에도 공소가 제기된 범죄사실의 주관적 요소인 고의의 존재에 대한 입증책임은 검사에게 있다.[27]

Ⅵ. 고의와 착오(錯誤)

1. 총 설

착오란 주관적 인식과 객관적 실재가 일치하지 않는 것을 말한다. 원칙적으로 착오가 발생하면 객관적 실재에 대한 고의가 인정되지 않는다. 형법은 제15조에서 '사실의 착오'를, 제16조에서 '법률의 착오'를 규정하고 있다. 일반적으로 사실의 착오는 객관적 구성요건요소에 관한 착오를, 법률의 착오는 자신의 행위가 법률상 허용되는 것인지 여부에 관한 착오를 의미한다고 해석한다. 법률의 착오를 '금지착오'라고도 한다. 법률의 착오는 아래에서 보는 바와 같이 주관적 구성요건요소인 고의의 영역이 아닌 책임의 영역에 속한다. 조세포탈에 있어서는 사실의 착오는 거의 논할 바가 없으므로 이 책에서는 일반적인 형법책과는 달리 법률의 착오를 이 장에서 함께 다룬다.

2. 사실의 착오와 법률의 착오

사실의 착오는 고의의 대상인 객관적 구성요건요소에 관한 인식이 없는 경우를 의미한다. 원칙적으로 사실의 착오가 발생하면 고의가 조각된다.[28]

법률의 착오는 금지규범을 인식하지 못하거나 금지규범에 대한 해석을 그르쳐 자신의 행위가 위법하지 않다고 오인하는 것을 말한다. 법률의 착오가 발생하면 고의가 조각되는 것이 아니라 경우에 따라 책임이 조각될 뿐이다.

일반적인 자연범과는 달리 조세포탈범에 있어서는 사실의 착오로 인한 고의의 조각이 드문 것으로 보인다. 고의의 대상으로서 객관적 구성요건요소인 주체, 납세의무의 존재, 조세포탈의 결과, 인과관계에 관한 인식이 없는 것이 아니라 주로 당해 행위 또는 상황에 대한 인식은 있으나 그것이 위법하다는 인식을 하지 못하는 것, 즉 사실관계의 평가에 관한 착오인 경우가 대부분

---

27) 대판 2004. 5. 14. 2004도74.
28) 형법이론상 구성요건적 사실의 착오는 구체적 사실의 착오와 추상적 사실의 착오로 대분되고, 그 각각의 경우에 일부 고의가 인정되기도 하나, 조세포탈에 있어서는 거의 해당사항이 없으므로 이 책에서는 이에 관한 서술을 생략한다.

이므로 이는 법률의 착오로 보아야 한다.

3. 조세포탈과 법률의 착오

법률의 착오는 강학상 '직접적 착오'와 '간접적 착오'로 나뉜다. 직접적 착오는 다시 행위자가 금지규범을 인식하지 못한 법률의 부지와 금지규범을 인식하기는 하였으나 규범의 효력 유무 및 효력범위에 관한 해석을 그르쳐 자신의 행위에 대하여는 그 금지규범이 적용되지 않는다고 오인한 '효력의 착오' 및 '포섭의 착오'로 나뉜다. 간접적 착오는 금지규범의 존재 및 자신의 행위가 그 규정에 의하여 금지된다는 것은 인식하였으나 위법성 조각사유가 존재하는 것으로 오인한 것을 말한다. 법률의 착오가 인정되면 비난가능성이 소멸하여 책임이 조각되므로 범죄가 성립하지 않는다.

이에 대하여 대법원은 일관되게 「형법 제16조에서 "자기가 행한 행위가 법령에 의하여 죄가 되지 아니한 것으로 오인한 행위는 그 오인에 정당한 이유가 있는 때에 한하여 벌하지 아니한다."라고 규정하고 있는 것은 단순한 법률의 부지를 말하는 것이 아니고, 일반적으로 범죄가 되는 경우이지만 자기의 특수한 경우에는 법령에 의하여 허용된 행위로서 죄가 되지 아니한다고 그릇 인식하고 그와 같이 그릇 인식함에 정당한 이유가 있는 경우에는 벌하지 않는다는 취지이다」[29]라고 판시하고 있다. 대법원의 해석에 따를 경우 단순한 법률의 부지는 법률의 착오에 해당하지 않아 책임이 조각되지 않는다. 효력의 착오 및 포섭의 착오에 해당하는 경우라 할지라도 아주 제한적으로만 책임이 조각될 뿐이다.

대법원은, 정치자금에 대하여는 세금이 부과되지 않는 것이 관행화 되었고, 또 그것이 세무 당국이나 수사 당국에 의하여 과세 대상에서 제외되어 왔으므로 피고인으로서는 세금을 납부하여야 한다는 사실을 알지 못하였다면서 법률의 부지를 주장한 사안에서, 「피고인이 과세 대상에서 제외되는 관행이 있다고 인식하여 세금을 납부하지 아니하여도 되는 것으로 알고 있었다고 하더라도 그와 같이 인식하는 데 정당한 이유가 있다고 보여지지 아니하므로 범의를 조각하지 않는다」라고 하여 피고인의 주장을 받아들이지 않았다.[30]

---

29) 대판 2002. 1. 25. 2000도1696; 2004. 2. 12. 2003도6282; 2006. 4. 28. 2003도4128.
30) 서울고법 1998. 2. 17. 97노2368; 대판 1999. 4. 9. 98도667 상고기각 확정.

또한 미등기전매를 하고 세금을 납부하지 않는 것이 위법하다는 사실을 인식하지 못하였다는 취지의 주장에 대하여도, 「피고인의 상가분양의 전력, 이 사건 상가분양의 방법이나 그 규모 등에 비추어 보면, 피고인이 자신의 행위가 위법한 것임을 알지 못하였다고는 보이지 아니할뿐더러, 가사 피고인이 위법성을 인식하지 못하였다고 하더라도, 이른바 법률의 착오라 함은 단순한 법률의 부지를 말하는 것이 아니고 일반적으로 범죄가 되는 행위이지만 자기의 특수한 경우에는 법령에 의하여 허용된 행위로서 죄가 되지 아니한다고 그릇 인식하고 그와 같이 그릇 인식함에 있어 정당한 이유가 있는 경우를 의미하는 것이어서 피고인의 경우가 이에 해당한다고 볼 수 없다」고 하여 그 책임을 인정한 바 있다.[31]

제 3 절 주체(主體)

조세범 처벌법 제3조는 "조세를 포탈하거나 조세의 환급·공제를 받은 자"를 조세포탈죄의 처벌대상으로 규정하였다. 납세의무가 있어야 조세의 포탈이 가능하므로 조세포탈의 주체는 납세의무자여야 한다. 또한 조세범 처벌법 제18조는 "법인의 대표자, 법인 또는 개인의 대리인, 사용인 그 밖의 종업원"이 그 법인 또는 개인의 업무에 관하여 조세범칙행위를 하면 그 행위자를 벌하도록 하였으므로, 위와 같은 신분에 있는 사람 역시 조세포탈죄의 주체가 된다.

구성요건상 범죄의 주체가 일정한 신분을 갖출 것을 요하는 범죄를 신분범이라 한다. 여기서의 신분이란 성별, 국적, 자격, 지위, 친족관계 등 범인의 인적 요소와 관련된 특수한 지위 또는 상태를 말하는데, 납세의무자, 대표자, 대리인, 사용인, 종업원이라는 지위 또는 직책 역시 신분을 나타내므로 조세포탈범은 신분범에 해당한다.[32][33] 따라서 위와 같은 지위 또는 상태에 있지

---

31) 서울고법 2001. 3. 2. 2001노198; 대판 2001. 5. 29. 2001도1541 상고기각 확정. '뇌물'이 소득세법상 기타소득으로 규정되기 전의 판례이다.

32) 일부 책에서는 조세범 처벌법 제18조에 관하여 '행위자라는 신분을 구비해야 하는 신분범'이라는 서술을 하고 있다. 그러나 모든 범죄는 행위를 전제로 하고 있고 행위 없는 책임은 있을 수 없으므로 잘못된 표현이다. 납세의무자에게 조세포탈의 고의가 없고, 사실행위로서

않은 사람은 조세포탈범의 공범은 될 수 있을지언정 정범이 될 수 없다.

대법원은 과거 조세포탈범이 신분범이 아니라는 취지의 판결을 하기도 하였으나,[34] 그 이외에는 현재까지 일관되게 조세포탈죄의 주체는 위와 같은 신분을 가진 자에 한정된다고 판시하고 있다.[35]

Ⅰ. 납세의무자

1. 일 반 론

납세의무자(納稅義務者)란 납세의무의 주체로서 조세법이 정한 권리의무 관계에서 조세채무를 부담하는 자를 말한다. 국세기본법은 세법에 따라 국세를 납부할 의무가 있는 자를 납세의무자로 정의하였는데(국세기본법 제2조 제9호) 여기에는 연대납세의무자와 제2차 납세의무자, 보증인이 포함된다. 그러나 뒤에서 보듯 이들이 조세포탈죄의 주체가 될 수 있는지는 별개의 문제이다.

국세기본법은 납세의무자 및 세법에 따라 국세를 징수하여 납부할 의무를 지는 자를 통틀어 '납세자'라 하여 납세의무자와 납세자의 개념을 구분하는데, 납세의무자는 납세자에 포함되는 일종의 하위개념이다(국세기본법 제2조 제10호). 따라서 납세자 중 국세를 징수하여 납부할 의무를 지는 자(원천징수의무자 등)는 조세포탈죄의 주체가 될 수 없고 경우에 따라 조세범 처벌법 제13

의 조세포탈행위에도 관여한 바 없다면 납세의무자에게 책임을 물을 수 없기 때문에 납세의무자 외에 실제로 행위를 한 자를 벌하고자 한 것이 조세범 처벌법 제18조이다. 따라서 '행위자'라는 상태가 신분이 아니라 행위자의 지위 또는 직책인 '대표자, 대리인, 사용인, 종업원' 등이 신분이 된다. 이런 지위에 있지 않으면(예를 들어 거래처 직원 등) 조세포탈죄의 정범으로 처벌할 수 없다.

33) 조세포탈범이 신분범이 아니라는 견해로는 박정우/마정화, 조세범 처벌제도의 실효성 확보 방안, 세무학연구 제23권 제4호, 한국세무학회, 2006. 12., 235면.

34) 대판 1987. 12. 22. 87도84.

35) 대판 2006. 6. 29. 2004도817; 2004. 11. 12. 2004도5818; 1998. 5. 8. 97도2429, 1992. 8. 14. 92도299 등. 특히 2004도5818 판결은 「이러한 신분을 가지지 아니한 자는 비록 원천징수의무자라 하더라도 납세의무자의 조세포탈에 공범이 될 수 있을 뿐, 독자적으로 조세포탈의 주체가 될 수는 없고 (중략) 사업소득세가 피고인이 원천징수의무자로서 원천징수 및 납부의무만을 부담하는 '봉사료 수입금액'에 대한 소득세라면 피고인은 그 납세의무자가 아니므로 조세범 처벌법 제9조 제1항 제3호에 의하여 처벌할 수는 없다」고 하여 당해 세금의 납세의무자가 아닌 원천징수의무자에 불과한 자는 비록 원천징수 및 납부의무를 이행하지 않았다 하더라도 조세포탈죄로 의율할 수 없다고 하였다.

조의 원천징수의무위반죄가 성립하거나 납세자의 조세포탈에 관하여 공범으로서의 책임을 질 뿐이다.[36]

부가가치세, 특별소비세 등의 간접세는 재화 및 용역을 공급하는 자, 과세물품을 판매하거나 제조하여 반출하는 자, 과세장소의 경영자 등 공급자가 공급받는 자로부터 세액을 거래징수하여 납부하는데, 납세의무자는 재화 등을 공급하는 자가 된다. 따라서 실질적 세액의 부담자인 재화 등을 공급받는 자는 납세의무자가 아니므로 신분범인 조세포탈죄의 주체가 될 수 없다.[37]

납세의무자의 요건은 개별 세법에 정한 바에 따른다. 예를 들어, 소득세는 국내에 주소를 두거나 1년 이상 거소를 둔 개인인 거주자, 거주자가 아닌 자로서 국내 원천소득이 있는 개인 및 국세기본법 제13조 제1항에 따른 법인 아닌 단체 중 같은 조 제4항에 정한 법인으로 보는 단체 외의 법인 아닌 단체(소득세법 제2조 제1항 및 제3항)가, 법인세는 내국법인과 국내원천소득이 있는 외국법인(법인세법 제2조 제1항)이, 부가가치세는 사업상 독립적으로 재화 또는 용역을 공급하는 자(부가가치세법 제2조 제1항)가, 상속세는 상속인 또는 유증을 받은 자(상속세 및 증여세법 제1조)가, 증여세는 타인의 증여에 의하여 재산을 취득하는 자(상속세 및 증여세법 제2조 제1항)가 납세의무자이다.

위와 같이 세법은 법인 또는 개인의 구분 없이 행위 또는 소득과 연관지어 조세를 납부할 의무를 지는 자를 납세의무자로 규정하고 있다. 그러나 조세포탈죄의 주체는 자연인인 납세의무자만이 될 수 있다. 법인에게 조세포탈에 대한 고의를 인정하기 힘든 데에다가, 조세범 처벌법 제3조와 제18조를 연

---

36) 대판 1998. 5. 8. 97도2429; 2004. 11. 12. 2004도5818. 위 97도2429 판결에 관한 자세한 평석은 조해현, 원천징수 법인세에 있어서의 조세포탈의 주체와 그에 대한 원천징수의무자의 공범가공의 가부, 대법원판례해설 제30호(1998), 법원도서관, 657~666면.

37) 대판 2000. 2. 8. 99도5191「부가가치세법 제2조 제1항은 사업상 독립적으로 재화 및 용역을 공급하는 자(사업자)를 부가가치세 납세의무자로 하고 있으므로, 거래 상대방인 공급을 받는 자는 이른바 재정학상의 담세자에 불과할 뿐 조세법상의 납세의무자가 아니다」.
다만 대판 2003. 6. 27. 2002도6088 판결은, 특별소비세의 담세자인 자동차의 실질구입자가 이를 면탈할 목적으로 피고인인 렌트카회사(공급받는 자)와 공모하여 피고인의 명의로 자동차를 구입함으로써 그 정을 모르는 특별소비세 납세의무자인 자동차 공급회사로 하여금 특별소비세를 징수·납부하지 아니하게 하였다면서, 위와 같은 일련의 행위는 그로 인하여 처벌받지 아니하는 자동차공급회사를 이용하여 결과적으로 특별소비세 등의 부담을 면한 것이라는 이유로 납세의무자 아닌 자인 공급받는 자에게 책임을 물었는바, 신분범에 관한 조세포탈죄의 논리에 반하는 판시로 보인다.

관지어 해석하면 법인인 납세의무자는 조세포탈죄가 아닌 양벌규정에 의한 벌금형을 부담할 따름으로 읽히기 때문이다. 법인이 납세의무자로 되는 경우이거나, 자연인인 납세의무자이더라도 해당 납세의무자에게는 조세포탈의 고의 또는 포탈행위가 인정되지 않는다면, 조세범 처벌법 제18조에 따라 납세의무자가 아닌 법인의 대표자, 법인 또는 개인의 대리인, 사용인 그 밖의 종업원이 행위자로서 조세포탈죄의 주체가 된다.

2. 연대납세의무자

(1) 일 반 론

복수의 자가 연대하여 하나의 납세의무를 부담하는 경우에 그들을 연대납세의무자(連帶納稅義務者)라고 한다. 공유자 또는 공동사업자가 공유물, 공동사업 또는 공동사업에 속하는 재산에 대하여 부담하는 조세의 연대납세의무(국세기본법 제25조 제1항), 법인의 분할 또는 분할합병시의 연대납세의무(같은 조 제2항, 제3항), 법인이 채무자회생법 제215조에 따라 신회사를 설립하는 경우의 연대납세의무(같은 조 제4항), 연결법인의 법인세 연대납세의무(법인세법 제3조 제3항), 공동상속인의 연대납세의무(상속세 및 증여세법 제3조의2 제3항), 증여자의 수증자에 대한 연대납세의무(상속세 및 증여세법 제4조의2 제6항), 문서의 공동작성자가 그 작성한 문서에 대하여 부담하는 인지세의 연대납세의무(인지세법 제1조 제2항)를 들 수 있다. 다만 공동사업자의 소득세는 그 지분 또는 손익분배의 비율에 따라 분배되는 금액을 기초로 소득금액을 계산하여 각자 독립적으로 납세의무를 부담하므로 연대납세의무와 무관하다(소득세법 제2조 제1항, 제43조).

통상적인 연대납세의무에 관하여는 민법의 연대채무에 관한 규정인 민법 제413조부터 제416조까지, 제419조, 제421조, 제423조, 제425조부터 제427조까지가 준용된다(국세기본법 제25조의2). 따라서 과세관청은 연대납세의무자 1인 또는 전원에 대하여 납부를 구할 수 있고, 연대납세의무자 중 1인에 대한 이행청구는 다른 연대납세의무자에게도 절대적 효력을 가진다. 연대납세의무자 중 1인이 조세의 전부 또는 일부를 납부한 때에는 다른 자의 납세의무도 그 한도에서 소멸한다. 내부적으로는 각자의 지분이 있기 때문에 조세를 납부한 자는 다른 연대납세의무자에게 구상권을 행사할 수 있다 하더라도 이는 내부관계에 불과하므로, 외부적인 관계에 있어서는 지분에 상응하는 세액이 아닌 전액에 대하여 책임을 지는 것이다. 조세포탈과 관련하여, 포탈행위를 한 연대납세의무자 각자가 포탈한 세액 전체에 대하여 납세의무자로서 조세포탈죄의 주체가 된다.

다만 상속세는 상속인 또는 수유자 각자가 받았거나 받을 재산을 한도로 공동상속인이 연대하여 납부할 의무가 있고(상속세 및 증여세법 제3조의2 제3항), 증여세는 수증자의 주소나 거소가 불분명하거나 증여세를 납부할 능력이 없는 등 수증자로부터 조세채권을 확보하기 곤란한 경우에 한하여[38] 증여자로 하여금 수증자와 연대하여 증여세를 납부할 의무를 지우고 있어(상속세 및 증여세법 제4조의2 제6항 제1호, 제2호) 조세포탈범에 관하여서는 아래에서 보는 바와 같이 통상의 연대납세의무의 경우와 다르게 취급된다.

(2) 공동상속인

공동상속인(共同相續人)은 자신의 지분에 따른 고유의 납세의무가 정해져 있고, 다른 상속인들의 체납액에 대하여는 상속받은 재산을 한도로 연대납세의무를 질 뿐이다. 대법원 역시 「상속인 각자가 상속받거나 받을 재산의 점유비율에 따른 상속세를 납부할 의무가 있다」라고 하여 동일한 입장이다.[39] 만일 다른 상속인의 포탈행위에 가담하였다면 납세의무자로서가 아닌 공범 또는 대리인 등의 행위자로서 책임을 질 뿐이다.

(3) 증 여 자

증여세의 납세의무자는 수증자이고 증여자는 수증자로부터 조세를 확보하기 어려운 사정이 있는 경우 보충적으로 연대하여 납부의무를 부담한다. 증여자는 주된 납세의무자인 수증자의 납세의무가 확정된 후 납부의무만을 연대하여 부담할 뿐이므로 원칙적으로 증여자에게 납세의무자로서의 조세포탈책임을 묻기는 어렵다. 사기나 그 밖의 부정한 행위로써 조세를 포탈하는 것은 허위·과소신고 등 조세의 확정과정에 이루어진다. 따라서 조세포탈죄의

---

38) 다만 수증자가 비거주자인 경우에는 보충성을 배제하고 무조건적인 연대납부책임자로 규정하였다(상속세 및 증여세법 제4조의2 제6항 제3호).
39) 대판 1983. 6. 28. 82도2421.

기수시기인 신고·납부시기 이후, 즉 증여세가 확정된 후 이를 납부하지 않기 위하여 책임재산을 은닉하는 등의 방법을 사용한다 하더라도 기수시기 이후의 행위에 해당하므로 증여자에게 별도로 조세포탈죄가 성립하지 않는다. 다만 증여자가 수증자의 포탈행위에 가담한 경우라면 공범 또는 대리인 등 행위자로서 책임을 질 뿐이다.

증여자가 처음부터 증여세를 납부하지 않을 목적으로 증여세 납부기한 전에 재산을 산일하거나 은닉한 경우에는 어떠한가? 정당한 세액을 신고한 경우에도 신고 이전의 사기 기타 부정한 행위가 수반된 무납부의 경우라면 조세포탈죄가 성립할 수 있다.40) 즉, 예외적으로 사기 기타 부정한 행위로 재산을 산일하거나 은닉한 시점이 증여세의 기수시기인 납부기한 이전이라면 별도로 증여자에게 조세포탈의 책임을 물을 수도 있다. 그러나 현재의 판례에 의하더라도 그러한 책임은 극히 제한적이고 예외적으로만 인정될 수 있다.

3. 제2차 납세의무자

제2차 납세의무자란 납세자가 납세의무를 이행할 수 없는 경우에 납세자를 갈음하여 납세의무를 지는 자를 말한다(국기법 제2조 제11호). 본래의 납세자가 조세를 체납하고 그 납세자에 대하여 체납처분을 집행하여도 징수할 금액에 부족하면 본래의 납세자와 일정한 관계에 있는 제3자로 하여금 본래의 납세자로부터 징수하지 못한 금액을 한도로 보충적으로 납세의무를 부담하게 하는 것이다.

현행 세법상 청산인 등의 제2차 납세의무(국세기본법 제38조), 출자자의 제2차 납세의무(국세기본법 제39조), 과점주주 등에 대한 법인의 제2차 납세의무

---

40) 대판 2007. 2. 15. 2005도9546(전합) 「조세의 확정에는 지장을 초래하지 않으면서 그 징수만을 불가능하게 하거나 현저히 곤란하게 하는 행위가 조세포탈죄에 해당하기 위하여는, 그 행위의 동기 내지 목적, 조세의 징수가 불가능하거나 현저히 곤란하게 된 이유와 경위 및 그 정도 등을 전체적, 객관적, 종합적으로 고찰할 때, 처음부터 조세의 징수를 회피할 목적으로 사기 기타 부정한 행위로써 그 재산의 전부 또는 대부분을 은닉 또는 탈루시킨 채 과세표준만을 신고하여 조세의 정상적인 확정은 가능하게 하면서도 그 전부나 거의 대부분을 징수불가능하게 하는 등으로 과세표준의 신고가 조세를 납부할 의사는 전혀 없이 오로지 조세의 징수를 불가능하게 하거나 현저히 곤란하게 할 의도로 사기 기타 부정한 행위를 하는 일련의 과정에서 형식적으로 이루어진 것이어서 실질에 있어서는 과세표준을 신고하지 아니한 것과 다를 바 없는 것으로 평가될 수 있는 경우이어야 한다.」

(국세기본법 제40조), 사업양수인의 제2차 납세의무(국세기본법 제41조) 등이 있다.

제2차 납세의무는 주된 납세의무자의 체납 및 무자력 등 그 요건에 해당하는 사실의 발생에 의하여 추상적으로 성립하고 납부통지에 의하여 고지됨으로써 구체적으로 확정된다.[41] 제2차 납세의무자 지정처분만으로는 아직 납세의무가 확정되는 것이 아니다.[42] 그렇다면 제2차 납세의무자는 조세포탈죄의 주체가 될 수 있는가?

이는 주된 납세의무자에게 고지된 부분과 제2차 납세의무자 자신에 대하여 납부통지된 부분으로 나누어 생각하여야 한다. 주된 납세의무자에 대한 과세처분과 제2차 납세의무자에 대한 납부통지는 각자에게 의무를 부과하는 별개의 독립된 처분이기 때문이다.

우선 주된 납세의무자에게 고지된 조세에 관하여 제2차 납세의무자는 조세포탈죄의 기수시기인 신고·납부기한 이후, 즉 조세가 확정된 이후 주된 납세의무자의 체납 및 무자력을 요건으로 의무를 부담할 뿐이므로 이에 관한 조세포탈의 주체가 될 수 없다. 다만 주된 납세의무자의 조세포탈에 가공한 경우 공범으로서 또는 조세범 처벌법 제18조에 규정된 대리인 등 행위자로서 책임을 지는 것은 가능하다.

다음으로 제2차 납세의무 자체에 관한 조세포탈죄가 성립할 수 있는지 본다. 제2차 납세의무는 주된 납세의무에 부종하고 주된 납세의무가 이행되지 않는 경우 보충적으로 성립하는 것이지만, 주된 납세의무자의 의무를 계승하는 것이 아니라 제2차 납세의무자에게 별도로 부과된다. 따라서 제2차 납세의무자가 사기나 그 밖의 부정한 행위로써 제2차 납세의무를 면탈하고자 한 경우 조세포탈죄의 주체가 될 수 있다. 하급심 판결 역시 제2차 납세의무자의 조세포탈 책임을 인정한 바 있다.[43] 이 경우 제2차 납세의무자의 조세포탈시기 즉 기수시기는 주된 납세의무자의 신고 납부기한이 아니라 제2차 납세의무 납부통지서상의 납부기한이 된다. 제2차 납세의무자의 납세의무는 과세

---

41) 대판 1995. 9. 15. 95누6632.

42) 대판 1983. 5. 10. 83누95; 1985. 2. 8. 84누132.

43) 서울고법 2005. 7. 14. 2002노2570. 무자력 법인의 실질적 과점주주인 교회가 제2차 납세의무의 발생을 예견하고서 그 법인의 체납 이전에 주식을 교인들에게 위장분산하자 이를 사기 기타 부정한 행위로 보아 조세포탈죄가 성립할 수 있다고 본 사안이다. 다만 본 판례에서는 포탈의 결과가 발생하지 아니하여 무죄를 선고하였다.

관청의 납부통지가 있어야 확정되므로 신고납세방식이 아닌 부과과세방식에 가깝다고 할 것인데, 제2차 납세의무에 관하여는 별도의 신고가 없으므로 조세범 처벌법 제3조 제5항 제1호에 따라 그 납부기한을 기수시기로 할 수밖에 없다.

4. 납세보증인

조세의 징수를 확보하기 위하여 세법은 납세의무자로 하여금 물적·인적 담보를 제공할 수 있는 제도를 마련하였다(국세기본법 제18조). 납세담보제도는 징수유예, 체납처분 유예, 상속세 등의 연부연납, 국세확정 전 보전압류의 해제요구, 수입면허 전 보세구역에서의 과세물품 반출, 유흥주점 등 과세유흥장소 경영자에 대한 납세보전, 주류제조업자에 대한 납세보전 등 조세징수절차를 정지·완화하거나 징수를 확보하기 위하여 이용된다.

인적 납세담보인 납세보증인은 납세자의 국세·가산금 또는 체납처분비의 납부를 보증한 자(국세기본법 제2조 제12호)이다. 납세보증은 세법규정에 따라 조세채무자인 납세의무자와는 별도로 조세채권자인 과세관청과 납세보증인이 체결하는 납세보증계약에 의하여 성립하는 공법상의 채무이다. 따라서 납세보증계약시 채무의 내용이 성립·확정되어 있다. 납세보증인은 주된 납세의무자의 납세의무가 확정된 후 체납되면 부족분에 대한 납부책임을 질 뿐이므로 조세포탈죄의 주체가 되지 아니한다. 제2차 납세의무자와는 달리 자의로 국가와 계약관계에 있을 뿐이기 때문에 그 의무의 면탈에 관한 조세포탈도 성립할 여지가 없다.

Ⅱ. 대리인 등 행위자

1. 총   설

법인의 대표자, 법인 또는 개인의 대리인, 사용인, 그 밖의 종업원(이하 '대리인 등 행위자'라 칭한다)이 그 법인 또는 개인의 업무에 관하여 조세범칙행위를 하면 비록 납세의무자가 아니라 하더라도 조세포탈죄의 책임을 진다(조세범 처벌법 제18조). 조세법과 관련하여서는 납세의무자 아닌 자가 대표자, 대리인 등의 자격으로 납세의무자의 업무를 처리하면서 한 행위의 효과는 본

인인 납세의무자에게 귀속된다. 그러나 형사책임은 행위자가 부담하는 것이
원칙이기 때문에 납세의무자 아닌 자가 조세포탈행위를 하였다면 납세의무자
에게 그 책임을 물을 수 없다.

위와 같이 조세포탈행위가 인정됨에도 불구하고 납세의무자가 아니라는
이유로 당사자적격을 결하여 처벌의 공백이 생기는 것을 방지하기 위하여 조
세범 처벌법 제18조가 규정되었다. 따라서 납세의무자가 법인이거나 또는 납
세의무자가 개인일지라도 개인인 납세의무자의 관여 없이 그의 대리인이나
사용인 등이 포탈행위를 하였다면 대리인 등 행위자가 조세포탈죄의 주체가
되는데, 이들의 처벌근기는 조세범 처벌법 제3조와 더불어 제18조가 된다.[44]

2. 법인의 대표자

법인이란 자연인이 아니면서 법에 의하여 권리능력이 부여되는 사단이나
재단을 말한다. 법인은 법률상 권리의무의 주체가 된다. 여기서의 '법인'에는
국세기본법 제13조에 따라 법인으로 보는 법인격 없는 단체가 포함된다(조세
범 처벌법 제18조). 법인의 대표자는 주식회사의 대표이사, 합명회사 및 합자회
사의 대표사원을 비롯하여 법인격 없는 단체의 관리인, 재단의 이사장 등 명
칭 여하를 불문하고 대내외적으로 법인을 대표할 권한을 가지고 법인의 업무
를 수행하는 자를 말한다.

대법원은 「'법인의 대표자'에는 그 명칭 여하를 불문하고 당해 법인을 실
질적으로 경영하면서 사실상 대표하고 있는 자도 포함된다」[45]라고 하면서,
주식회사의 대표이사직을 사임한 후에도 그 회사의 회장 겸 대표자로서 회사
를 실제로 운영하면서 회사의 수입과 지출을 관리하고 업무를 지시한 자 역
시 조세범 처벌법에서 규정한 대표자에 해당한다고 하여 조세포탈의 책임을
지운 바 있다.

따라서 ① 법률상 요구되는 임원의 자격이 없거나 결격사유에 해당하는
경우, ② 회장 등의 직함으로 수개의 회사를 사실상 경영하면서 형식상 자신
은 한 회사의 대표이사직에만 있거나 아무런 직위에 등재되지 않은 경우, ③

---

44) 조세범 처벌법 제18조가 행위자를 처벌하는 근거가 된다는 창설적 효력에 관한 내용은 제1
편 제6장 제5절 참조.
45) 대판 1997. 6. 13. 96도1703; 2008. 4. 24. 2007도11258; 2011. 10. 13. 2011도9023.

자신이 경영하던 회사가 부도 등으로 폐업한 후 다른 사람을 대표이사로 하여 사실상 동일한 회사를 설립·경영하는 경우 등에 있어서 등기되어 있는 형식상의 대표자와 사실상 대표자가 다르다면, 법인을 실질적으로 경영하는 사실상의 대표자가 행위자로서 조세포탈죄의 주체가 된다.

이러한 사실상의 대표자를 결정하는 것은 사실판단의 문제로서 자금, 인사, 영업, 개발 등 회사의 중요한 사항에 대한 의사결정권이 있는지 여부를 관련증거를 종합하여 판단하여야 한다.

3. 법인 또는 개인의 대리인

본인의 수권 또는 법률규정에 따라 본인을 대신하여 의사표시를 할 권한을 지닌 자를 대리인이라 한다(민법 제114조 내지 제136조 참조). 법률에 의하여 대리권이 부여된 법정대리인에는 미성년자, 금치산자, 한정치산자를 위한 친권자나 후견인 등이 있다. 그 외에는 본인의 임의적 권한부여에 따라 대리권을 갖게 되는데, 이러한 수권행위는 명시적 방법뿐 아니라 묵시적 방법으로도 가능하다.

그렇다면 수권행위가 무효 또는 부존재하거나 수권행위의 범위를 넘은 대리행위가 있는 경우, 즉 무권대리의 경우에는 어떠한가? 대법원은 피고인이 상속인에게 "상속세 문제를 처리하여 주겠다"고 속여 소송대리위임장에 날인을 받고 그것을 이용하여 제소전화해의 방법으로 상속재산에 대하여 자신이나 제3자 앞으로 소유권이전등기를 마친 사안에서, 상속세 납세의무를 부담하는 상속인들이 상속토지들에 대하여 피고인에게 이를 처분하거나 관리하도록 어떠한 대리권을 수여한 바도 없으므로 피고인은 조세범 처벌법상 대리인 등 행위자에 해당하지 아니한다고 판시한 바 있다.[46] 즉 대리인이라는 신분요건을 결하여 조세포탈범의 주체가 될 수 없다는 것이다.

한편, 본인과 행위자 사이에 내부적으로 대리권의 수여 내지는 범위에 대한 유효한 의사합치는 없었으나 사법상 본인이 행위의 효과를 받게 되는 표현대리의 경우(민법 제125조 내지 제127조 참조), 공법행위에는 표현대리를 적용할 수 없으므로[47] 무권대리와 마찬가지로 그 행위자는 조세포탈죄의 주체가

---

46) 대판 1998. 3. 24. 97도3368.
47) 대판 1990. 12. 26. 88다카24516.

될 수 없다.

4. 세무사 · 공인회계사 및 변호사

납세의무자의 회계장부를 정리하거나 세무신고 등을 대리하는 세무사 등이 사기 기타 부정한 방법으로 납세의무자의 조세를 포탈하는 행위를 한 경우 조세범 처벌법 제18조의 대리인 등 행위자에 해당하는지가 문제된다.

세무대리인 등은 납세의무자의 위임에 따라 납세의무자의 조세관련 행위를 하게 된다. 위임은 당사자의 일방이 상대방에 대하여 사무의 처리를 위탁하고 상대방이 이를 승락함으로써 효력이 발생하는 계약이다. 위임은 위임자와 수임자간의 내부적인 채권 채무관계를 말하고, 대리권은 대리인의 행위의 효과가 본인에게 미치는 대외적 자격을 말하는 것으로서 양 자는 다른 개념이다. 위임의 대상은 업무가 되기 때문에 대리행위도 위임의 대상에 포함될 수 있다.

수임자는 자신의 업무를 수행하는 일환으로 위임받은 업무를 선량한 관리자의 주의로서 처리하는 것이므로 본인인 납세의무자와 독립적인 지위에 있다. 따라서 세무사 등은 조세범 처벌법 제18조에서 정한 조세포탈의 주체로 볼 수 없고, 이들이 납세의무자의 조세포탈행위에 가공하였다면 공범으로 처벌될 수는 있다. 다만 납세의무자가 위임계약시 세무사 등에게 자신을 대리할 대리권까지 수여하였다면 대리인 등 행위자로서 처벌될 수 있다.

이와 별도로, 세무사 · 공인회계사 및 변호사 등 납세의무자를 대리하여 세무신고를 하는 자가 조세의 부과 또는 징수를 면하게 하기 위하여 타인의 조세에 관하여 거짓으로 신고를 하였을 때에는 조세범 처벌법 제9조 제1항에 따라 2년 이하의 징역 또는 2천만 원 이하의 벌금에 처한다.[48]

5. 사용인 그 밖의 종업원

기업과의 근로계약에 의하여 근로를 제공하고 그 대가를 받는 종업원을 통상적으로 사용인이라 한다. 그런데 법인세법은 '임원이나 직원'이라는 표현을 사용하여 임원과 직원을 구분하므로[49] 실제로 법인의 업무결정권을 가지

---

48) 자세한 설명은 제2편 제3장 제7절 I. 참조.

49) 법인세법 제33조 외. 과거 '임원이나 사용인'으로 규정하다가 2018. 12. 24. 세법을 개정하

고 지휘·통솔하는 임원이 조세포탈 행위자의 범위에서 제외되는 것을 방지하기 위해 '사용인 그 밖의 종업원'으로 규정한 것으로 보인다. 따라서 '사용인 그 밖의 종업원'의 범위에는 출자임원과 비출자임원, 상근임원과 비상근임원을 불문하고 대표이사 등 법인의 대표자가 아닌 자로서 영업주인 법인 또는 개인의 지휘·감독하에 있으면서 그 업무에 종사하는 자를 의미한다고 할 것이다.

대법원은 「법인의 종업원에는 법인과 정식의 고용계약이 체결되어 근무하는 자뿐만 아니라 그 법인의 대리인, 사용인 등이 자기의 보조자로 사용하고 있으면서 직접 또는 간접으로 법인의 통제·감독하에 있는 자도 포함한다」고 하여 양벌규정에서 말하는 '법인의 사용인 기타 종업원'은 정식 채용절차를 거친 직원 또는 임원에 한정되지 않는다고 판시하였다.[50]

법인이 납세의무자라면 사용인 기타 종업원만이 행위자로서 조세포탈죄의 주체가 되고 법인에게는 양벌규정에 따라 벌금형이 과해진다. 개인이 납세의무자라면, 납세의무자에게 고의가 인정될 경우 납세의무자와 이에 가공한 사용인 기타 종업원이 공범으로 조세포탈죄의 주체가 된다. 납세의무자에게 고의가 인정되지 않는다면 사용인 기타 종업원만이 행위자로서 조세포탈죄의 주체가 되고 개인은 영업주로서 양벌규정에 따라 벌금형의 책임을 질 뿐이다.

Ⅲ. 실질과세원칙과 납세의무자

1. 명의대여인

사업자등록 내지 재산의 명의 등을 대여한 것에 불과하고 그 소득, 수익, 재산, 행위 또는 거래의 귀속이 실질적으로 다른 자에게 귀속되는 경우 실질과세원칙에 따라 사실상 귀속되는 자가 납세의무자이다(국세기본법 제14조).[51] 따라서 조세포탈죄의 주체는 납세의무자인 실질 귀속자이고 명의대여인은 행위에 가담했는지 여부에 따라 공범 또는 대리인 등의 행위자로서 처벌될 수

면서 '임원이나 직원'으로 용어를 변경하였다.
50) 대판 1993. 5. 14. 93도344. 증권거래법상 양벌규정에 관한 판례로서, 증권회사 지점의 직원이 상시 출입하던 고객으로 하여금 투자상담, 주문수령 등의 업무를 수행하도록 하였다면 그러한 업무보조자도 간접적으로 회사의 통제·감독하에 있는 사실상의 사용인이라고 하였다.
51) 대판 1985. 5. 28. 85누8; 1988. 12. 13. 88누25.

있을 뿐이다.

　　대법원 역시 「건설업면허를 받은 건설회사가 건설공사를 직접 시공한 일
이 없이 타인에게 건설업면허를 대여하고 그로 하여금 회사명의로 건설공사
를 시공하도록 한 경우 위 회사가 재화나 건설용역을 공급한 일이 없는 이상
재화나 용역의 공급을 과세대상으로 하는 부가가치세를 납부할 의무는 성립
할 여지가 없으며, 실질적으로 건설업을 경영하여 소득을 얻어 경제적 이익을
향수한 것은 건설업면허를 대여받아 실제로 건설공사를 시공한 사람들」이라
면서 면허대여업자에 대한 조세채권이 성립하지 않았다고 하여 면허대여업자
의 조세포탈죄 성립을 부인하였다.[52]

2. 미등록 사업자 등

　　사업자등록명의를 차용하지도 않고, 세법상 요구하고 있는 등기·등록 및
행정절차로서의 신고행위를 하지 않았다 하더라도 각 세법에서 정한 납세의
무의 요건을 충족한다면 납세의무자로서 조세포탈죄의 주체가 된다. 부가가
치세법 또는 소득세법상 미등록 사업자, 부동산 거래에 있어서의 미등기 전매
등을 예로 들 수 있다. 위 등기·등록·신고 등은 세무행정을 위한 협력절차에
불과할 뿐 납세의무의 성립요건이 아니다.[53] 따라서 이러한 형식적 의무를 다
하지 않았다면 가산세나 과징금의 대상이 되는 것은 별개로 하고, 실질적 납
세의무자로서 조세포탈죄의 주체가 된다.

제 4 절   사기(詐欺)나 그 밖의 부정한 행위

Ⅰ. 서　　설

　　조세범 처벌법 제3조 제1항은 사기나 그 밖의 부정한 행위(이하 '부정행위

---

52) 대판 1989. 9. 29. 89도1356; 서울고법 1987. 2. 6. 81노2040(명의 대여자 무죄) 실거래자와
　　 명의자가 다른 경우 납세의무자는 실거래자이므로 명의대여자에게 조세포탈의 죄책을 물을
　　 수 없다 하여 무죄를 선고한 사례.
53) 지방세법상 취득세·등록세 등은 등기·등록이 납세의무의 성립요건이 되나 이 책은 국세에
　　 관한 조세범을 다루고 있으므로 논외로 한다.

(不正行爲)’라고도 한다)로써 조세를 포탈하거나 조세의 환급·공제를 받은 자
(이하 별도의 언급이 없는 한 조세의 포탈 및 환급·공제를 통틀어 ‘조세포탈’이라 한
다)를 조세포탈죄로 의율하도록 규정하고 있다. 부정행위는 조세포탈의 수단
이 되는 구성요건요소이므로 부정행위가 인정되지 않는다면 조세의 탈루[54]가
있다 하더라도 조세포탈이 성립하지 않는다. 조세포탈죄에 관한 논쟁은 대부
분 부정행위란 무엇인가, 당해 피고인의 행위가 부정행위에 해당하는가 여부
에 관한 것이라 하더라도 과언이 아니다.

그런데 부정행위는 가치판단을 수반하는 추상적·규범적인 개념이고 공
동체 구성원의 가치관 및 사회상황의 변화에 따라 그 의미가 변화한다. 입법
자는 모든 조세탈루행위를 형사처벌하는 것이 아니라 비난받아 마땅한 반사
회적·반윤리적 조세포탈 행위만을 처벌하려는 의지를 표명하면서도, 판단의
여지를 남겨둠으로써 너무 구체적으로 법으로 규정할 경우 그 테두리를 교묘
하게 벗어나는 방법으로 처벌의 공백이 생기는 것을 방지하기 위하여 부정행
위라는 개념을 사용한 것으로 보인다. 입법권자가 모든 구성요건을 단순한 의
미의 서술적인 개념에 의하여 구체적이고 정형적으로 규정한다면, 부단히 변
화하는 다양한 생활관계를 제대로 규율할 수 없게 될 것이기 때문이다. 따라
서 처벌법규의 구성요건이 다소 광범위하여 어떤 범위에서는 법관의 보충적
인 해석을 필요로 하는 개념을 사용하였다 하더라도 그 점만으로 헌법상 처
벌법규의 명확성의 원칙에 배치된다고 보기는 어렵다.[55]

그러나 어떠한 행위가 부정한 것인지, 그 판단기준은 무엇으로 하여야 하
는지 즉, 납세의무자와 과세관청의 입장이 상반되는 영역인 조세의 부과·징
수에서 어떠한 선을 기준으로 그 이상을 부정한 행위로 보고 그 이하를 사회
통념상 용인되는 절세행위로 보아야 하는지를 명확히 하기란 어렵다. 부정행
위의 의미가 모호하다면 국가의 형벌권의 한계가 불분명해져 자의적인 형벌
로부터 국민의 자유와 권리를 보장하고자 하는 조세형법의 보장적 기능을 훼
손하게 된다.[56]

---

54) 조세의 탈루는 고의의 유무 및 행위태양에 있어서 부정한 방법의 사용 유무를 불문하고 납
    부의무가 있는 조세를 납부하지 않거나 과소납부하는 모든 경우를 가리킨다. 즉 부정한 방
    법에 의한 조세의 포탈과 고의 또는 과실로 인한 단순무신고 또는 과소신고에 따른 조세의
    누락을 모두 포함하므로 조세포탈 및 조세회피를 모두 포함하는 광범위한 개념이다.
55) 헌재결 1996. 12. 26. 93헌바65.

따라서 이하에서는 부정행위의 의미를 파악하기 위하여 우선 조세범 처벌법에서 부정행위를 규정한 변천사를 살펴보고, 국세기본법상 부과제척기간 및 가산세 부과와 관련하여 부과제척기간이 연장되고 가산세가 중과되는 부정행위와의 관계를 알아본다. 현재의 특정 법률에 사용된 용어에 관한 개정연혁을 일관하고, 타 법령에 사용된 당해 용어의 의미에 관한 비교법적 검토를 해 보는 것도 그 용어의 정확한 뜻을 파악하는 데에 도움이 되기 때문이다. 그 후 학설 및 판례에 따른 부정행위의 의미 및 요건을 정립하고 다시 현행법에 규정된 부정행위 양태의 유형별로 사례를 나누어 살펴본다.

1. 조세범 처벌법상 부정행위의 연혁

조세범 처벌법의 제정 당시에는 '사위(詐僞) 기타 부정한 행위로써 조세를 포탈하거나 포탈하고저 한 자'를 처벌하도록 규정하였다가, 1961. 12. 8. 법률 제820호로 조세범 처벌법을 개정하면서 '사기(詐欺) 기타 부정한 행위'로 용어를 변경하였다. 조세포탈범의 국가의 조세채권을 침해하는 재정범적 측면을 고려하여 형법상 사기죄[57]와 용어를 통일하기 위한 것으로 보인다. 그러나 '사기 기타 부정한 행위'라고만 규정하여 어떠한 행위가 이에 해당하는가에 관한 해석은 법원에 일임되었고, 그 의미는 판례의 축적을 통하여 파악되는 정도였다.

2010. 1. 1. 조세범 처벌법을 전면개정하여 제6항에 "'사기나 그 밖의 부정한 행위'란 다음 각 호의 어느 하나에 해당하는 행위로서 조세의 부과와 징수를 불가능하게 하거나 현저하게 곤란하게 하는 적극적 행위를 말한다"고 규정하면서, 제1호 내지 제6호에서 부정행위의 양태에 대한 구체적 유형을 "① 이중장부의 작성 등 장부의 거짓 기장, ② 거짓 증빙 또는 거짓 문서의 작성 및 수취, ③ 장부와 기록의 파기, ④ 재산의 은닉, 소득·수익·행위·거래의 조작 또는 은폐, ⑤ 고의적으로 장부를 작성하지 아니하거나 비치하지 아니하는 행위 또는 계산서, 세금계산서 또는 계산서합계표, 세금계산서합계표의 조작, ⑥ 조세특례제한법 제24조 제1항 제4호에 따른 전사적 기업자원관

---

56) 이재호/이경호, 조세범 처벌법상 "사기나 그 밖의 부정한 행위"의 해석기준에 관한 소고, 조세와 법, 제6권 제2호, 34면.

57) 제347조(사기) ① 사람을 기망하여 재물의 교부를 받거나 재산상의 이익을 취득한 자는 10년 이하의 징역 또는 2천만원 이하의 벌금에 처한다.

리설비의 조작 또는 전자세금계산서의 조작"으로 나열한 다음, 제7호에서 "⑦ 그 밖에 위계(僞計)에 의한 행위 또는 부정한 행위"라는 일반조항을 두어 위 6개의 유형에 포섭되지 않으나 이에 준하는 포탈행위에 대한 처벌의 가능성을 열어두었다. 이로써 그간 논의의 대상이었던 부정행위의 개념에 대한 고갱이가 명문화되었다. 개정법은 어떠한 행위가 조세포탈죄로 처벌되는지에 관한 국민의 예측가능성과 법적 안정성을 제고하였을 뿐 아니라 제7호를 두어 제1호 내지 제6호가 예시규정임을 명백히 함으로써 처벌의 공백을 최소화하였다.

2. 부과제척기간 및 중가산세 부과에 있어서의 부정행위와의 관계

구 국세기본법(2011. 12. 31. 법률 제11124호로 개정되기 전의 것, 이하 같다) 제26조의2 제1항은 "납세자가 사기나 그 밖의 부정한 행위로 국세 등을 포탈하거나 환급·공제받은 경우"에 무신고 또는 과소신고의 경우보다 장기의 부과제척기간을 적용하도록 하면서도 어떠한 행위가 '사기나 그 밖의 부정한 행위'에 해당하는지에 관한 언급이 없었다. 이에 관하여 대법원은 구 국세기본법 제26조의2 제1항의 '부정한 행위'와 조세범 처벌법상 조세포탈죄의 '부정행위'를 동일한 의미로 해석해 온 것으로 보인다.[58]

또한 구 국세기본법 제47조의2 제2항 및 제47조의3 제2항은 "부당한 방법(납세자가 국세의 과세표준 또는 세액 계산의 기초가 되는 사실의 전부 또는 일부를 은폐하거나 가장한 것에 기초하여 국세의 과세표준 또는 세액 신고의무를 위반하는 것으로서 대통령령으로 정하는 방법을 말한다. 이하 이 절에서 같다)으로 무신고한 과세표준"의 경우에는 일반 가산세보다 가중(100분의 40)하여 가산세를 부과하도록 하였다. 그 위임을 받은 구 국세기본법 시행령 제27조는 법에서 규정한 '부당한 방법'을 "① 이중장부의 작성 등 장부의 허위기장, ② 허위증빙 또는 허위문서의 작성, ③ 허위증빙 등의 수취(허위임을 알고 수취한 경우에 한한다), ④ 장부와 기록의 파기, ⑤ 재산을 은닉하거나 소득·수익·행위·거래의 조작 또는 은폐, ⑥ 그 밖에 국세를 포탈하거나 환급·공제받기 위한 사기 그 밖의 부정한 행위"로 규정하였다. 대법원은 장기제척기간의 경우와 마찬가지로 부당무신고가산세 부과요건인 '부당한 방법'과 조세포탈죄에 있어서의

---

58) 대판 2010. 4. 29. 2007두11382.

'사기나 그 밖의 부정한 행위'가 동일한 의미라고 해석하여 왔다.[59]

다만 대법원은 납세자 본인이 아닌 사용인 등의 배임적 부정행위가 있는 경우에는, 자기책임의 원칙에 따라 부당과소신고가산세 부과대상은 아니지만 장기 부과제척기간은 적용된다고 하여, 일정한 상황 하에선 부당무신고가산세와 장기 부과제척기간의 적용을 달리 할 수 있다는 해석을 한 경우도 있다.[60]

2011. 12. 31. 법률 제11124호로 국세기본법이 일부개정되면서 제26조의2 제1항에서 기존에 '사기나 그 밖의 부정한 행위'라고만 규정했던 문언을 '대통령령으로 정하는 사기나 그 밖의 부정한 행위'로 개정하였다. 그 위임을 받은 국세기본법 시행령 제12조의2 제1항은 사기나 그 밖의 부정한 행위를 "조세범 처벌법 제3조 제6항 각 호의 어느 하나에 해당하는 행위를 말한다"라고 규정하였다. 또한 개정된 국세기본법은 부과제척기간에서 사용된 부정행위 개념을 가산세 규정에도 그대로 사용하였다.

결과적으로 현행법상 조세범 처벌법의 부정행위와 국세기본법상 부과제척기간이 연장되는 부정행위 및 가중된 가산세가 부과되는 부정행위는 동일하게 파악할 수밖에 없게 되었다.[61]

Ⅱ. 부정행위의 요건 및 의미

1. 학　　설

부정행위의 범위 및 본질과 관련하여, 이중장부의 작성, 재산의 은닉, 거래의 조작 등 신고 이전에 이루어지는 사전행위(이하 '사전준비행위'라 한다)가 허위신고 또는 허위무신고와 더불어 조세포탈죄의 실행행위인 부정행위에 포함된다는 포괄설(包括說)과, 허위신고의 경우에는 부정행위에 사전준비행위가 포함되지 아니하고 오로지 신고행위만이 부정행위가 되는 반면, 무신고의 경우에는 신고라는 행위가 없으므로 사전준비행위만이 부정행위가 된다는 제한설(制限說), 부작위인 무신고의 실행행위성을 인정하여 사전소득은닉행위와

---

59) 대법원 2019. 7. 25. 선고 2017두65159 판결 등.

60) 대법원 2021. 2. 18. 선고 2017두38959 전원합의체 판결.

61) 다만 장기부과제척기간과 중가산세에서의 '부정행위'의 의미를 조세포탈죄에서의 '부정행위'와 다르게 해석하여야 할 필요가 있다는 의견에 대하여는 양인준, "가산세에 있어서의 부정행위의 의미와 판단기준," 한국세법학회 2015년 하계학술대회 발표논문 참조.

무신고행위 모두가 부정행위가 된다는 수정된 제한설에 관한 논의가 있었다. 이러한 논의는 수정된 제한설이 통설인 일본의 학설 및 판례 때문에 비롯된 것으로 보인다. 포괄설과 제한설을 구분하는 입장은 그 구분의 실익이 사전준비행위를 실행행위로 인정할 것인가 여부에 있으며, 그 인정 여부에 따라 고의의 대상, 인과관계의 범위, 사전준비행위에만 관여한 공범을 공모공동정범으로 볼 것인가, 실행공동정범으로 볼 것인가가 달라진다는 것이다.[62]

결론적으로 말하면 포괄설이든 제한설이든 결과에 있어 아무런 차이가 없다. 또한 실행행위의 착수 이후 결과발생이 없으면 미수범으로 처벌하는 일반적 형법규정과는 달리 조세범 처벌법은 미수범 처벌규정이 없는 관계로 더욱 사전준비행위를 독자적으로 실행행위로 인정하여야 할 것인가에 관한 논의가 무의미하다.

게다가 우리나라 대법원은 부정행위의 유형이 구체적으로 규정되지 아니하였던 구 조세범 처벌법 당시부터 일관되게 사전준비행위와 과소신고 또는 무신고행위가 결합하여 전체적·유기적으로 부정행위를 구성한다는 판시를 하여 왔다.[63] 이에 더하여 조세범 처벌법의 전면개정으로 이중장부, 거짓장부의 작성 등 사전준비행위의 대표적 유형들이 부정행위의 태양이라고 예시함으로써(조세범 처벌법 제3조 제6항 각호 참조) 사전준비행위가 조세포탈죄의 실행행위의 일부라는 점을 명문화하였다. 이 책에서는 사전준비행위가 조세포탈죄 실행행위의 일부임을 기본적 전제로 한다.

2. 판   례

대법원은 「조세범 처벌법 제9조, 특가법 제8조가 규정하는 조세포탈죄에 있어서의 '사기 기타 부정한 행위'라고 함은 조세의 포탈을 가능하게 하는 행위로서 사회통념상 부정이라고 인정되는 행위, 즉 조세의 부과징수를 불능 또는 현저히 곤란하게 하는 위계 기타 부정한 적극적인 행위를 말하고, 어떤 다른 행위를 수반함이 없이 단순한 세법상의 신고를 하지 아니하거나 허위의

---

62) 위와 같은 학설의 논의에 관한 자세한 설명은 안대희, 336~338면 참조.
63) 대판 1982. 1. 19. 80도1474 「피고인이 영업실적에 따른 일계표, 월말계산서, 비공식지불장부 등을 감춘 채 관할세무서에 외형수입액을 과소신고하였다면 허위과소신고행위 자체가 사기 기타 부정행위에 해당한다」고 하여 신고행위가 그 이전의 행위들과 결합되어 전체로서 부정행위가 될 수도 있다고 하였다.

신고를 함에 그치는 것은 여기에 해당한다고 할 수 없다」[64]고 일관되게 판시하여 오고 있다.

위 판시에 의하면 부정행위는 조세의 포탈을 가능하게 하는 행위이면서 그 행위가 사회통념상 부정한 것이라고 인식되어야 한다. 대법원의 판시를 요건화하여 나열하면 부정행위는 ① 조세의 부과징수를 불능 또는 현저하게 곤란하게 하는 행위로서, ② 위계 등 사회통념상 부정하다고 인정되는 행위여야 하고, ③ 적극적인 행위여야 하며, ④ 어떤 다른 행위를 수반하지 아니한 단순한 무신고 또는 허위신고는 이에 해당하지 않는다.

위 요건 중 ①은 부정행위의 법익침해적 측면을 표상한 것이고,[65] ②, ③, ④는 부정행위의 태양을 말하는 것이다. 즉 부정행위는 국가의 조세부과·징수권을 침해하는 것이어야 하는데 그 침해행위가 위계 등을 이용한 것으로서 사회통념상 부정하다고 평가될 만한 것이어야 하고, 적극적인 것이어야 하므로 다른 부가행위 없이 단순히 무신고하거나 허위신고한 것은 제외된다.

한편 ② 요건과 관련하여 대법원은 부정행위에 해당하는지 여부를 판단함에 있어 가장 중요한 표지인 '사회통념상 부정이라고 인정되는 행위' 즉 '위계 기타 부정한 행위'가 무엇인지 그 의미와 기준에 대하여는 침묵하였다. 다만 개별 사건에서 피고인의 구체적 행위에 관한 사실관계를 나열한 다음 그러한 행위가 위계 기타 부정한 행위에 해당한다 또는 해당하지 않는다는 식의 설시를 하고 있어, 판례만으로는 어떠한 행위가 부정한 행위인지 명확한 정의를 내리기에 부족함이 있었다.

3. 현행 조세범 처벌법상 부정행위의 요건 및 의미

(1) 행위유형의 열거 및 일반조항

개정된 조세범 처벌법은 제3조 제6항에서 "제1항에서 '사기나 그 밖의 부정한 행위'란 다음 각 호의 어느 하나에 해당하는 행위로서 조세의 부과와 징수를 불가능하게 하거나 현저히 곤란하게 하는 적극적 행위를 말한다"라고 규정하였다. 그리고 제1호 내지 제6호에서 부정행위의 유형을 예시를 들어 구

---

64) 대판1977. 5. 10. 76도4078; 1998. 2. 9. 84도1102; 1994. 6. 28. 94도759; 2004. 5. 28. 2004도925.

65) 이재호/이경호, 앞의 논문, 35면.

체적으로 나열한 다음 제7호에서 "그 밖에 위계에 의한 행위 또는 부정한 행위"라는 일반조항을 둠으로써 제1호 내지 제6호에서 미처 규정하지 못한 거래·행위나 경제상황의 변화에 따라 새로이 창설되는 여러 가지 양상들을 부정행위에 포섭할 수 있는 여지를 두었다.

특히 제7호에서 본문의 '사기(詐欺)'와 별도로 '위계(僞計)'라는 용어를 쓴 이유는 무엇일까? 형법상 '사기'는 상대방을 착오에 빠지게 하여 행위자가 희망하는 재산적 처분행위를 하도록 함으로써 재물의 교부를 받거나 재산상의 이익을 취득하는 것을 말한다. 조세범 처벌법의 경우로 치환하면 세무공무원을 기망하여 납세자가 희망하는 처분행위를 하도록 함으로써 정당한 세액을 납부하지 아니하거나 정당한 세액에 미달하게 납부하는 것을 말한다고 할 것이다. 그런데 세무공무원의 처분행위를 이용하여 조세를 탈루하는 것은 부과과세방식의 조세를 전제로 한다. 만일 제7호가 '사기 기타 부정한 행위'라고 규정되어 있고 '사기'가 구성요건의 내재적 유추로서의 의미를 가진다는 의견을 따를 경우, 납세의무자가 스스로 세액을 확정하여 신고·납부하는 신고납세방식의 조세가 주를 이루는 현황에서 무신고 또는 허위신고 즉시 조세포탈이 완성되기 때문에 그 완성까지 세무공무원의 처분행위가 없음을 들어 '사기 기타 부정한 행위'에 해당하지 않는다는 논의가 대두될 수 있다. 그래서 비록 상대방의 처분행위가 없더라도 행위자의 목적을 이루기 위하여 상대방의 오인, 착각, 부지를 야기하는 '위계'에 의한 행위 역시 조세범 처벌법에 있어서는 '사기 기타 부정한 행위'에 포섭된다는 것을 명확히 한 입법조치로 판단된다.

(2) 부정행위의 요건

한편 조세범 처벌법 제3조 제6항에 의하면 부정행위란 같은 항 ① 제1호 내지 제7호에 해당하는 행위로서, ② 조세의 부과와 징수를 불가능하게 하거나 현저히 곤란하게 하는 ③ 적극적 행위가 된다. 기존에 대법원이 판례를 통해 정립한 부정행위의 요건을 거의 대부분 입법에 반영하였고, 나아가 그동안 논쟁의 대상이었던 '어떠한 행위를 부정하다고 평가할 것인가'에 대한 예시를 나열함으로써 그러한 행위 또는 그에 준하는 것으로서 본질적으로 동가치하다고 판단되는 행위가 조세포탈범으로서 처벌대상이 됨을 명문화한 것이다.

부정행위가 인정되려면 위 세 가지 요건을 동시에 충족하여야 한다.

첫 번째 요건과 관련하여, 제1호 내지 제7호에 속하는 행위태양, 즉 장부 또는 증빙을 거짓으로 작성하거나 은닉·파기하거나 기타 위계에 의한 행위 또는 부정한 행위라고 평가되는 행위여야 한다. 판례는 부정한 행위의 판단기준으로 "사회통념"을 들고 있다. 조세포탈죄에 있어서 사회통념상 부정한 행위는 "사회일반의 실질적인 납세윤리"에 반하는 행위로 해석되며,[66] 이는 가치판단을 수반하는 개념이므로 개개의 구체적인 사건에서 법관의 주관이 능동적으로 작용하게 된다.

두 번째 요건과 관련하여, 어느 정도의 행위가 "조세의 부과와 징수를 불가능하게 하거나 현저히 곤란하게" 하는 것인가, 그 판단은 누구를 기준으로 하여야 하는가를 확정하여야 한다. 조세의 부과와 징수업무는 세무공무원이 수행한다. 세무공무원이 성실한 주의의무를 다하여 해당 장부 및 증빙서류를 살펴보더라도 거짓기재 내지는 은닉행위 등으로 인하여 적정한 부과·징수권을 행사할 수 없는 정도에 이르러야 한다. 그리고 그 판단주체는 구체적 사건에서의 개개의 세무공무원이 아니라 세무공무원으로서 마땅히 지녀야 할 회계적 지식과 경험을 가진 사람이어야 한다. 납세의무자 등이 조세포탈을 의도하면서 다소간의 사전준비행위를 하였다 하더라도, 그 기망성과 은닉성이 약하여 세무공무원이 주어진 지식과 정보의 범위 내에서 장부 및 증빙서류를 판단할 경우 바로 사실과 다르다는 점을 인식할 수 있는 정도라면 조세의 부과와 징수를 불가능하게 하거나 현저히 곤란하게 하였다고 보기 어렵다.[67] 대법원 역시 회계장부에 기재된 내역을 보아 사실과 다른 점을 인식할 수 있는 정도라면 조세포탈에 해당한다고 볼 정도의 적극적인 부정한 행위가 있었다고 보기는 어렵다고 하여 동일한 입장으로 보인다.[68]

세 번째 요건과 관련하여, 조세포탈범이 성립하기 위한 부정행위는 적극적인 것이어야 한다. 단순한 무신고나 소극적인 부작위에 불과하다면 이에 해

---

66) 이상돈, 10면.

67) 이태로/한만수, 1271면.

68) 대판 2006. 6. 29. 2004도817. 「종업원 단기대여금 원장 등 회계장부에는 대여금 내역이 기재되어 있어 일시 변제받은 것으로 처리한 기간을 제외한 나머지 사업연도 중의 대여금의 존재는 쉽게 알 수 있었다면, 특수관계인에 대한 대여사실을 감추기 위하여 매 사업연도 말에 대여금을 변제받은 것처럼 분개전표를 작성하고 그에 따라 결산장부를 정리한 행위만으로는 조세포탈에 해당한다고 볼 정도의 적극적인 부정한 행위가 있었다고 보기는 어렵다.」

당하지 아니하여 조세포탈죄가 성립할 수 없다.

(3) 부작위(不作爲)의 부정행위 해당 여부

그런데 위 ③ 요건과 관련하여 사실적이고 물리적 행위를 수반하지 않는 '부작위'가 '적극적 행위'에 해당한다고 볼 수 있을 것인가? 이에 관하여 조세포탈의 행위수단으로서의 부정행위 해당성을 판단하는 요건인 '적극적 행위'에는 작위와 부작위가 모두 포함된다는 견해,[69] '부정행위'는 세무공무원에 대하여 적극적으로 오인·착각·부지를 야기하는 것을 말하므로 부작위는 이에 해당하지 않는다는 견해,[70] 신고납세방식의 조세와 부과과세방식의 조세를 나누어 전자의 경우 납세자에게 신고의무가 부여되어 있으므로 부작위에 의한 부정행위의 성립을 긍정할 수 있으나, 후자의 경우 납세자에게 신고의무가 없으므로 부작위에 의한 부정행위 역시 상정할 수 없다는 견해[71]로 나뉜다.

대법원은 세금계산서 미발급[72] 및 수입이나 매출 등을 고의로 장부에 기재하지 않는 행위[73] 역시 부정행위에 해당한다고 하여 부작위로서 적극적 은닉의도가 표출되는 경우에는 부정행위인 '적극적 행위'에 해당한다는 입장이다. 다만 이 경우에도 무신고 등의 부작위가 유의미하게 지속·반복되는 때로 한정되어야 한다. 그렇기 때문에 대법원은「어떤 다른 행위를 수반함이 없이 단순한 세법상의 신고를 하지 아니하거나 허위신고를 함에 그치는 것은 부정행위에서 제외된다」고 일관되게 설시하고 있기도 하다.[74]

입법론적으로, 부작위 역시 적극적 행위에 포함된다고 보는 한 '단순한 무신고 또는 허위신고는 부정행위에서 제외된다'는 취지의 문구를 추가하는 것이 타당하다. 자칫 모든 조세탈루행위가 조세포탈범화되어 처벌의 범위가

---

69) 오영근/조현지, 조세범죄의 유형과 대처방안, 한국형사정책연구원, 1996, 81면.

70) 장한철, 조세포탈죄의 성립문제에 관한 일고찰, 한국법정책학회, 2005, 243~244면.

71) 김용대, 조세포탈범에 있어서 사기·기타 부정한 행위, 조세법의 논점, 행솔 이태로 교수 화갑기념논문집, 조세통람사, 1992, 909~910면.

72) 대판 1985. 6. 24. 85도842; 2000. 2. 8. 99도5191; 2009. 1. 15. 2006도6687.

73) 대판 2012. 6. 14. 2010도9871.

74) 예외적으로, 카지노의 실제영업실적에 따른 일계표, 월말계산서, 비공식 지불장부 등을 감춘 채 관할 세무서에 외형 수입액을 과소하게 신고한 사안에서 허위과소신고 행위 자체가 사위, 기타 부정행위에 해당한다고 보았다. 비록 신고행위 자체로 부정행위가 된다고 설시하기는 하였으나 동 사안은 단순 허위신고로 볼 수 없는 정황, 즉 장부 등을 감춘 행위가 수반되었기 때문으로 보인다(대판 1978. 12. 26. 78도 2448; 1982. 1. 19. 80도1474).

지나치게 확장될 수 있기 때문이다. 어떠한 행위가 단순한 무신고인지 아니면 가벌적 부정행위로 인정되는 무신고인지는 조세의 종류, 행위태양, 실질적 납세윤리의 위반정도 등을 종합적으로 고려하여 판단하여야 할 것이다.

Ⅲ. 부정행위의 유형별 고찰(조세범 처벌법 제3조 제6항)

이하에서는 조세범 처벌법이 명문으로 규정한 부정행위의 유형을 각 호별로 살펴보고 관련된 판례의 사례를 들어본다. 그런데 실제의 사안을 살펴보면 각 호별 부정행위의 유형 중 어느 한 가지에만 해당하는 것이 이니라 여러 가지의 행위가 복합적으로 결합하여 부정행위로 인정되는 경우가 대부분이다. 판례의 사례가 여러 개의 부정행위 유형을 모두 담고 있는 경우 참조의 편의를 위하여 경우에 따라 중복하여 게재하기로 한다.

1. 이중장부의 작성 등 장부의 거짓 기장(제1호)

(1) 개   관

장부(帳簿)란 수입과 지출 등의 거래, 자산과 부채, 자본의 증감을 기재한 회계서류를 말한다. 거래 등이 발생하여 증빙을 발행·수취하거나 자산·부채·자본의 증감이 발생하면 이를 회계장부에 이기하게 되는데 그 기록내역을 장부라 한다. 대차대조표, 손익계산서, 합계잔액시산표 등의 법정 재무제표뿐 아니라 계정별원장, 생산일계표, 현금일보, 판매일보, 노임대장, 일기장, 분개장, 전표 등 사업을 영위하면서 기초자료에 근거하여 그 내역을 이기하는 방법으로 작성하는 서류가 모두 조세포탈죄에서 말하는 장부에 포함된다.

국세기본법 제85조의3은 납세자로 하여금 세법에서 규정하는 바에 따라 모든 거래에 관한 장부를 성실하게 작성하고 이를 부과제척기간까지 보존할 의무를 부여하고 있다.[75] 법인세법 제112조[76] 및 소득세법 제160조[77] 역시

---

75) 국세기본법 제85조의3(장부 등의 비치와 보존)
    ① 납세자는 각 세법에서 규정하는 바에 따라 모든 거래에 관한 장부 및 증거서류를 성실하게 작성하여 갖춰 두어야 한다.
    ② 제1항에 따른 장부 및 증거서류는 그 거래사실이 속하는 과세기간에 대한 해당 국세의 법정신고기한이 지난 날부터 5년간 보존하여야 한다. 다만, 제26조의2 제3항에 해당하는 경우에는 같은 항에서 규정한 날까지 보존하여야 한다.

마찬가지이다. 부가가치세법 제71조 또한 사업자가 자기의 납부세액 또는 환급세액과 관계되는 모든 거래사실을 장부에 기록하여 사업장에 갖추어 둘 의무를 부여하고 있다.[78] 게다가 국세기본법 제16조는 국세 과세표준의 조사와 결정은 납세의무자가 보존하고 있는 장부에 따르도록 하였으며,[79] 법인세법 제60조 제2항은 법인세 신고시 재무상태표·포괄손익계산서 및 이익잉여금처

---

③ 납세자는 제1항에 따른 장부와 증거서류의 전부 또는 일부를 전산조직을 이용하여 작성할 수 있다. 이 경우 그 처리과정 등을 대통령령으로 정하는 기준에 따라 자기테이프, 디스켓 또는 그 밖의 정보보존 장치에 보존하여야 한다.

④ 제1항을 적용하는 경우「전자문서 및 전자거래 기본법」제5조 제2항에 따른 전자화문서로 변환하여 같은 법 제31조의2에 따른 공인전자문서센터에 보관한 경우에는 제1항에 따라 장부 및 증거서류를 갖춘 것으로 본다. 다만, 계약서 등 위조·변조하기 쉬운 장부 및 증거서류로서 대통령령으로 정하는 것은 그러하지 아니하다.

76) 법인세법 제112조(장부의 비치·기장)

납세의무가 있는 법인은 장부를 갖추어 두고 복식부기 방식으로 장부를 기장하여야 하며, 장부와 관계있는 중요한 증명서류를 비치·보존하여야 한다. 다만, 비영리법인은 제4조 제3항 제1호 및 제7호의 수익사업(비영리외국법인의 경우 해당 수익사업 중 국내원천소득이 발생하는 경우만 해당한다)을 하는 경우로 한정한다.

77) 소득세법 제160조(장부의 비치·기록)

① 사업자(국내사업장이 있거나 제119조 제3호에 따른 소득이 있는 비거주자를 포함한다. 이하 같다)는 소득금액을 계산할 수 있도록 증명서류 등을 갖춰 놓고 그 사업에 관한 모든 거래 사실이 객관적으로 파악될 수 있도록 복식부기에 따라 장부에 기록·관리하여야 한다.

② 업종·규모 등을 고려하여 대통령령으로 정하는 업종별 일정 규모 미만의 사업자가 대통령령으로 정하는 간편장부(이하 "간편장부"라 한다)를 갖춰 놓고 그 사업에 관한 거래 사실을 성실히 기재한 경우에는 제1항에 따른 장부를 비치·기록한 것으로 본다.(이하 생략)

78) 부가가치세법 제71조(장부의 작성·보관)

① 사업자는 자기의 납부세액 또는 환급세액과 관계되는 모든 거래사실을 대통령령으로 정하는 바에 따라 장부에 기록하여 사업장에 갖추어 두어야 한다. (이하 생략)

79) 국세기본법 제16조(근거과세)

① 납세의무자가 세법에 따라 장부를 갖추어 기록하고 있는 경우에는 해당 국세 과세표준의 조사와 결정은 그 장부와 이에 관계되는 증거자료에 의하여야 한다.

② 제1항에 따라 국세를 조사·결정할 때 장부의 기록 내용이 사실과 다르거나 장부의 기록에 누락된 것이 있을 때에는 그 부분에 대해서만 정부가 조사한 사실에 따라 결정할 수 있다.

③ 정부는 제2항에 따라 장부의 기록 내용과 다른 사실 또는 장부 기록에 누락된 것을 조사하여 결정하였을 때에는 정부가 조사한 사실과 결정의 근거를 결정서에 적어야 한다.

④ 행정기관의 장은 해당 납세의무자 또는 그 대리인이 요구하면 제3항의 결정서를 열람 또는 복사하게 하거나 그 등본 또는 초본이 원본과 일치함을 확인하여야 한다.

⑤ 제4항의 요구는 구술(口述)로 한다. 다만, 해당 행정기관의 장이 필요하다고 인정할 때에는 열람하거나 복사한 사람의 서명을 요구할 수 있다.

분계산서(또는 결손금처리계산서)와 세무조정계산서를 제출하도록 하고, 제66조 제3항은 법인이 조세를 신고하지 아니하거나 그 신고내용에 누락이 있거나 허위로 신고하여 과세관청이 법인세의 과세표준과 세액을 결정 또는 경정하는 경우에 장부를 근거로 하도록 하였다.[80] 소득세법 제70조 제4항 및 제80조 제3항 역시 마찬가지이다. 모두 근거과세(根據課稅) 원칙의 실현을 목적으로 한다.

구 조세범 처벌법은 제13조 제5호에서 "법에 의한 장부 또는 요금영수증에 허위의 기재를 하거나 장부나 요금영수증을 은닉한 자"에 대하여 50만 원 이하의 벌금 또는 과료에 처하도록 규정하였으나 2010. 1. 1. 조세범 처벌법이 전면개정되면서 위 규정은 폐지되었고, 대신 조세포탈죄에 있어 부정행위의 한 유형으로 명문화되었다.

납세자가 신고납부하는 세액은 물론, 과세관청이 적극적으로 행하는 결정 및 경정 역시 납세자가 기록한 장부에 근거하여 이루어져야 한다. 이러한 근거과세는 당해 장부가 사실에 부합할 것을 전제로 한다. 장부가 사실과 다른 것이라면 정당한 세액의 산출이 불가능하고 이는 조세탈루로 귀결된다.

이로 인하여 개정된 조세범 처벌법은 사실과 다른 이중장부를 별도로 작성하거나 장부내용을 거짓으로 기장함으로써 조세의 부과와 징수를 불가능하게 하거나 현저히 곤란하게 하였다면, 이러한 행위를 부정행위로 보고 조세포탈죄로 의율한다. 이중장부의 작성 또는 장부의 거짓기재는 그 자체로 조세범 처벌법 제3조 제6항 본문 후단에서 말하는 적극적인 행위가 된다.

(2) 판례의 사례

> **부정행위를 인정한 사례**
>
> • 관계서류를 수정, 조작하여 회사의 매출에서 제외시키고 이를 적자 누적으로 인하여 법인세가 부과되지 아니하는 다른 법인에 입금처리하는 방법으로

---

80) 법인세법 제66조(결정 및 경정)
　　③ 납세지 관할 세무서장 또는 관할지방국세청장은 제1항과 제2항에 따라 법인세의 과세표준과 세액을 결정 또는 경정하는 경우에는 장부나 그 밖의 증명서류를 근거로 하여야 한다. 다만, 대통령령으로 정하는 사유로 장부나 그 밖의 증명서류에 의하여 소득금액을 계산할 수 없는 경우에는 대통령령으로 정하는 바에 따라 추계(推計)할 수 있다.

회사의 소득금액을 과소신고함으로써 그 차액에 해당하는 법인세를 포탈한 경우(대판 1985. 7. 23. 85도1003).

• 실제 수입내역이 기재된 장부를 작성, 보관하는 외에 그보다 수입액을 적게 기재한 허위의 수입원장을 작성하여 이에 의하여 세무신고를 함으로써 수입액을 실제보다 과소하게 신고한 행위(대판 2002. 9. 24. 2002도2569, 1989. 9. 26. 89도283). 그 신고의 근거자료가 된 허위의 수입원장 등을 세무관서에 실제로 제출하였는지 여부나 세무관서에서 이를 조사하였는지 여부는 부정행위의 성립에 영향이 없다(대판 1984. 2. 28. 83도214; 2009. 7. 9. 2009도974).

• 토지 등의 매매금액을 감액하여 기재한 허위내용의 매입·매출장부를 작성하고, 위와 같이 감액된 금액을 차명계좌에 보관한 경우(대판 2007. 10. 11. 2007도4697).

• 지급수수료를 지급받은 사실이 없음에도 마치 이를 지급받은 것처럼 지급수수료 개별 원장, 표준손익계산서 등의 서류를 허위로 작성한 다음 이를 관할 세무관청에 제출한 경우(수원지법 2011. 9. 22. 2011노1418, 확정).

• 법인세 및 부가가치세를 신고함에 있어 실제 매출액에서 자재비, 인건비 등을 공제하고 남은 순수익만을 기재한 매출장부를 작성하고, 이를 세무사에 제출하는 방법으로 위 회사의 매출액을 실제보다 과소하게 신고한 경우(단순한 무신고 행위로 볼 수 없다. 대판 2014. 1. 23. 2012도10571).

• 타인 명의를 빌려 사업자등록을 하고 차명계좌를 통해 매출금을 입금받고, 세무사에게 세금계산서를 발급하지 아니한 매출액과 지출한 급여 일부를 누락한 자료를 건네 그로 하여금 실제 매출과 다른 내용의 장부를 작성하고 부가가치세 및 종합소득세 신고를 하게 한 경우(대판 2011. 3. 24. 2010도13345).

• 매출금의 신고를 누락하는 데 그치지 않고, 나아가 그 매출누락사실이 쉽게 발견되지 않도록 하기 위하여 미리 지급된 선수금을 상환한 것처럼 예금과 허위로 상계처리한 다음 이에 따라 세무조정계산서 작성시 대차대조표, 계정별원장, 조정후수입금액명세서 등을 허위로 작성하여 이를 과세관청에 제출한 경우(대판 2004. 9. 24. 2003도1851).

• 임금 등 비용을 지급하지 아니하면서도 마치 임금을 지급하는 것처럼 허

위로 경리장부를 작성하여 그 비용을 손금으로 처리한 경우(대판 1998. 6. 23. 98도869; 1992. 3. 10. 92도147).

• 점포를 분양하고도 분양하지 않고 임대한 것처럼 허위의 관계서류를 작성 비치하고 이에 맞추어 부가가치세를 신고누락하고, 법인소득에 대한 결산신고 시에는 결손된 양 허위신고를 하여 조세를 포탈한 일련의 행위는 조세부과를 현저하게 곤란케 하는 부정행위에 해당된다(대판 1984. 4. 24. 83도892).

• 웨이터들에게 지급한 성과급 형태의 보수는 봉사료로 볼 수 없는 것이어 서 이를 과세표준인 매출액에서 제외할 수 없음에도, 피고인이 원래 웨이터들 에게 성과급으로 지급하기로 약정된 매출액의 15%를 초과한 금액을 신용카드 매출전표에 봉사료인 것처럼 허위로 기재하고 웨이터나 웨이터보조로 하여금 봉사료지급대장에 서명·날인하도록 하는 등의 방법으로 매출액을 감액하여 신고한 경우(대판 2007. 3. 15. 2006도8690).

부정행위를 부인한 사례

• 실제 노무비 지출내역을 원고의 사무실 컴퓨터에 보관 중인 전산장부에 그대로 기재한 사실, 그런데 원고는 법인세 신고 시 그 부속명세서에 노무비 를 실제 지출내역과 달리 계상하여 법인세 신고를 한 사실을 인정할 수 있고 (중략) 전산장부를 위 부속명세서의 기재 내용과 대조하면 위 부속명세서에 노무비가 과다계상된 사실이 쉽게 드러나는 점을 더하여 보면, 원고가 법인세 신고 시 노무비를 과대 계상하여 신고한 행위는 단순한 허위신고에 불과한 것 으로 보일 뿐 국세기본법 제26조의2 제1항 제1호 소정의 '사기 기타 부정한 행위로 국세를 포탈한 경우'에 해당한다고 보기 어렵다(서울고법 2013. 7. 31. 2013누1548, 대판 2013. 12. 18. 2013두17909 심리불속행 기각 판결로 확정).

• 실제 매출액의 약 1%만을 수입으로 신고하면서 그러한 내용의 세금신고 서를 작성하였고 같은 내용으로 연도 말 재무제표와 감사보고서가 작성 내지 첨부되었다 하더라도 이는 신고행위에 부수한 것에 불과하여 이러한 사정만으 로는 신고내용에 관한 기초장부 등과 같은 근거 서류를 조작하거나 작성하였 다고 평가할 수 없고 그 밖에 어떠한 부정행위를 적극적으로 하였다고 인정할 만한 증거가 없다(대판 2018. 11. 9. 2014도9026).

2. 거짓 증빙 또는 거짓 문서의 작성 및 수취(제2호)

(1) 개   관

국세기본법 제85조의3은 납세자로 하여금 모든 거래에 관한 증거서류를 성실하게 작성하여 보존할 의무를 부여하고 있으며, 법인세법 제116조는 법인의 사업과 관련된 모든 거래에 관한 증명서류를 작성하거나 받아서 부과제척기간이 경과할 때까지 이를 보존할 의무를 부여하고 있다.[81] 소득세법 제160조의2 역시 마찬가지이다.

거래의 증거서류로는 계약서, 영수증, 신용카드매출전표, 송장, 출고증 등을 들 수 있다(세금계산서는 같은 항 제5호에서 별도로 규율하고 있으므로 제2호의 증빙에서 제외된다). 장부는 증거서류에 의거하여 작성하는데, 그러한 증거서류가 사실과 다르다면 이와 일치하는 장부를 작성하더라도 정확한 과세표준과 세액을 산출할 수 없다. 이러한 경우를 처벌하기 위하여 제1호와 별도로 제2호를 둔 것이다.

(2) 판례의 사례

부정행위를 인정한 사례

• 유흥업소 경영자가 주대(술과 안주대금) 매출액을 기록한 개인기록표를 은닉하는 한편 신용카드 매출전표에 봉사료를 실제보다 과다계상함으로써 매출액 산정의 기초가 되는 주대를 축소한 후 이를 기초로 과세표준과 세액을 과소하게 신고납부한 경우(대판 2005. 12. 22. 2003도6433).

• 웨이터들에게 지급한 성과급 형태의 보수는 봉사료로 볼 수 없는 것이어서 이를 과세표준인 매출액에서 제외할 수 없음에도, 피고인이 원래 웨이터들에게 성과급으로 지급하기로 약정된 매출액의 15%를 초과한 금액을 신용카드 매출전표에 봉사료인 것처럼 허위로 기재하고 웨이터나 웨이터보조로 하여금 봉사료지급대장에 서명·날인하도록 하는 등의 방법으로 매출액을 감액하여 신고한 경우(대판 2007. 3. 15. 2006도8690).

---

[81] 법인세법 제116조(지출증명서류의 수취 및 보관)
　① 법인은 각 사업연도에 그 사업과 관련된 모든 거래에 관한 증명서류를 작성하거나 받아서 제60조에 따른 신고기한이 지난 날부터 5년간 보관하여야 한다. (이하 생략)

• 부동산 취득신고가액의 과소신고와 아울러 허위 신고가액에 신빙성을 부여하고 실제 거래가격을 은닉하기 위하여 매도가격을 과소하게 기재한 법인장부와 함께 허위의 '이중계약서'를 작성하여 함께 제출한 경우(취득세에 관한 조세포탈 사안이다. 대판 2004. 6. 11. 2004도2391; 1998. 7. 10. 98도545; 이중계약서 작성과 관련된 법인세 포탈사례로는 대판 1998. 5. 8. 97도2429).

• 미등기전매 : 부동산을 매수한 후 피고인 앞으로는 등기를 하지 아니한 채 전매를 하면서 마치 원소유자와 최종매수인 사이에 매매계약이 이루어진 것처럼 매매계약서를 작성하고 이와 관련하여 피고인은 아무런 양도소득을 신고하지 아니하였으므로 이는 위 법조 소정의 '사기 기타 부정한 행위'에 해당한다(대판 1992. 9. 14. 92도2439; 1992. 4. 24. 91도1609; 1997. 12. 12. 97도2168).

• 정당하게 발급된 출고증을 회수하고 납세증지를 영업소별로 안배하여 내용허위의 출고증을 각 영업소에 송부, 이를 세무서에 제출케 하는 등 조세의 포탈을 가능하게 하는 행위는 단순한 신고누락이 아닌 사회통념상 부정이라고 인정되는 적극적인 행위이다(대판 1984. 5. 29. 84도373; 1985. 12. 10. 85도1043).

부정행위를 부인한 사례

• 피고인은 회사가 0001 사업연도 이전부터 차명으로 보유하고 있던 주식을 0001 사업연도에 이르러 비로소 회사의 회계장부에 계상하면서 마치 이를 그 해에 새로 매수하는 것처럼 허위의 매매계약서를 작성하고 그 대금을 지급하는 것처럼 허위의 전표를 작성하는 등의 방법으로 금원을 인출하여 회사의 비자금 관리계좌에 입금함으로써 동액 상당의 현금자산을 회사의 회계장부 밖으로 부당하게 유출하였던 것은 사실이나, 이는 주식의 형태이던 기존의 부외자산을 회계장부 내의 투자유가증권으로 만들면서 그 매수 대금으로 지급하는 형식을 밟고 유출한 것이며, 유출한 현금도 사업연도 내내 계속 법인의 자산으로 보유·관리하였으므로, 실질과세의 원칙에 비추어 피고인의 위 현금유출은 이 사건 0003 사업연도 법인세의 과세표준이 되는 소득에는 아무런 영향을 미치지 않았던 것이고, 따라서 0003 사업연도 법인세를 포탈한 것에 해당하지 않는다(대판 2005. 1. 14. 2002도5411).

• 명의신탁된 주식의 명의를 수증자의 명의로 변경하면서 실질적인 주주인 명의신탁자가 명의신탁주식을 회수하여 수증자에게 증여하는 형식을 취하지 아니하고 명의수탁자가 수증자에게 막바로 양도한 것처럼 주식양도계약서를

> 작성한 사실만 가지고는 사기 기타 부정한 행위로써 증여세를 포탈하였다고
> 단정하기는 어렵다. 위 주식양도계약서 내용대로의 주식변동상황명세서를 작
> 성하여 각 해당 법인의 법인세 과세표준신고시 관할 세무서에 제출하였다고
> 하여 달리 볼 것은 아니다(대판 2006. 6. 29. 2004도817).
>
> • 실질적 주주이자 명의신탁자로부터 주식을 증여받으면서 명의수탁자로부
> 터 증여받은 것처럼 증여자를 허위로 기재한 증여계약서를 작성하였다 하더라
> 도 이를 납세의무자이자 수증자의 사기 기타 부정한 행위에 해당한다고 볼 수
> 없다(대판 2019. 7. 25. 2017두66159, 부당무신고가산세에 관한 판결).

3. 장부와 기록의 파기(제3호)

(1) 개   관

장부와 기록을 단순히 기장·비치하지 아니하는 것을 넘어서 기왕에 장부
가 있었음에도 이를 적극적인 행위로 파기하고, 이로써 조세의 부과와 징수가
불가능하게 되었다거나 현저히 곤란하게 되었다면 부정행위가 된다. 다만 문
언의 해석상 '기록'에 기초 증빙자료가 포함되는 것으로 해석되지는 아니하므
로 증거서류 등 원시자료의 파기행위는 본 호에 포섭되지 아니한다.

(2) 판례의 사례

> 부정행위를 인정한 사례
>
> • 부가가치세를 포탈할 의도아래 실제의 거래현황이 기재된 장부 등을 소각
> 등의 방법으로 없애버리고 또 일부의 매입자들에 대하여는 세금계산서를 교부
> 하지 아니하였을 뿐만 아니라, 세무신고시에는, 교부하였던 세금계산서의 일
> 부마저 누락시킨 채 일부의 세금계산서와 그를 토대로 만든 허위의 매입·매
> 출장을 제출하는 방법으로 매출신고를 과소신고한 행위는 조세의 부과와 징수
> 를 불가능하게 하거나 현저히 곤란하게 하는 적극적 행위라 아니할 수 없다
> (대판 1988. 3. 8. 85도1518).
>
> • 부가가치세를 포탈할 의도로 타인들 명의로도 위장 사업자등록을 하여 거
> 래를 하고 거래에 관한 장부를 파기한 다음 부가가치세 신고시 고의로 그 매
> 출액의 일부를 신고에서 누락시켰다면 이는 조세의 부과와 징수를 불가능하게

하거나 현저하게 곤란하게 하는 적극적 행위로서 '사기 기타 부정한 행위'에
해당한다(대판 2000. 12. 26. 2000도3674).

부정행위를 부인한 사례

• 피고인이 폐기한 비용지출의 영수증은 총수입금액에서 공제할 필요경비
의 계산에 필요한 서류로서 그것이 폐기되고 없으면 필요경비의 공제를 받을
수 없어 오히려 피고인에게 불리할 뿐이므로 이를 폐기한 것을 가지고 소득금
액을 감추는 행위라고 할 수는 없으며, 그리고 간이계산서는 거래내역을 기록
하여 보관할 용도로 작성되는 것이 아니라(거래내역은 앞서 본 바와 같이 따로
컴퓨터에 입력되어 관리된다) 할인대금의 산출근거를 간이하게 확인만 할 용도
로 작성되는 것이므로 피고인이 경리직원들로부터 이를 건네받아 그 내용을
확인한 후 따로 보관하지 않은 채 바로 폐기해버렸다 하여 그것을 가지고 소
득을 감추는 부정한 행위라고 할 수는 없다(대판 2000. 4. 21. 99도5355).

4. 재산의 은닉, 소득 · 수익 · 행위 · 거래의 조작 또는 은폐(제4호)

(1) 개   관

우선 소득 · 수익 · 행위 · 거래의 조작 또는 은폐와 관련하여, 이는 증빙서
류 발급 · 수취와 이에 의거한 장부작성 이전의 단계로서, 실질과 다르게 거래
를 구성하고 인위적으로 작성된 거래내역에 따른 증빙서류를 발급하거나 거
래를 숨겨 증빙서류를 생산하지 않는 행위를 말한다. 차명계좌의 이용, 명의
신탁, 문서의 위 · 변조, 인위적 거래단계의 삽입 또는 축약, 명의신탁 등이 이
에 해당한다.

다만 위와 같은 행위에 더하여 조세의 징수를 불가능하게 하거나 현저히
곤란하게 하는 적극적 은닉의도가 나타나는 사정이 인정되어야 할 것이므로,
차명계좌 이용행위, 명의신탁 행위 등이 있다고 하더라도 그것만으로는 어느
경우에나 사기나 그 밖의 부정한 행위에 해당한다고 단정할 수 없다.[82]

재산의 은닉과 관련하여, 납세의무자가 과세표준과 세액을 정당하게 신
고하여 조세의 확정에는 지장을 초래하지 않고, 다만 과세관청의 조세징수만

---

[82] 대판 1999. 4. 9. 98도6678; 2020. 8. 20. 2019다301623 판결; 2020. 12. 10. 2019두58896 판
결 등.

을 불가능하게 할 목적으로 재산을 은닉하였다면 이를 조세포탈범으로 처벌할 수 있는가에 관하여 조세범 처벌법의 보호법익이 국가의 조세채권 확보이냐 국가의 조세확정권이냐에 따라 의견이 나뉘었던 바 있다. 보호법익을 국가의 조세채권 확보로 볼 경우 재산의 은닉행위는 국가의 채권징수를 침해하므로 당연히 조세포탈죄로 의율하여야 하는 반면, 보호법익을 국가의 조세확정권으로 볼 경우 정당한 세액이 신고된 이상 납부와 관련된 재산의 은닉행위는 부정행위로 보아서는 안 된다는 것이다.

이에 관하여 대법원은 2007. 2. 15. 선고 2005도9546 전원합의체 판결로서 그 입장을 분명히 하였는바 요지는 다음과 같다. 대법원의 판례는 정당하게 부가가치세를 신고한 후 폐업한 사안에 관한 것이나, 처음부터 조세의 징수를 회피할 목적으로 사기 기타 부정한 행위로써 그 재산의 전부 또는 대부분을 은닉 또는 산일(散逸)시킨 채 과세표준만을 신고하는 경우에도 동일한 논리가 적용될 것으로 보인다.[83]

대법원 2007. 2. 15. 선고 2005도9546 전원합의체 판결

허위의 수출계약서를 작성하여 외화획득용 원료구매승인서를 발급받아 영세율로 금괴를 구입한 사람이 이를 가공·수출하지 않은 채 구입 즉시 구입단가보다 낮은 가격에 국내 업체에 과세금으로 전량 판매하면서 공급가액에 대한 부가가치세를 가산한 금원을 수령하는 방식으로 단 3개월간만 금괴의 구입 및 판매 영업을 한 후 곧 폐업신고를 하여 매수인으로부터 징수한 부가가치세를 납부하지 않은 행위가 조세포탈행위에 해당한다고 한 사례.

[다수의견] 과세표준을 제대로 신고하는 등으로 조세의 확정에는 아무런 지장을 초래하지 아니하지만 구 조세범 처벌법 제9조의3이 규정하는 조세포탈죄의 기수시기에 그 조세의 징수를 불가능하게 하거나 현저히 곤란하게 하고 그것이 조세의 징수를 면하는 것을 목적으로 하는 사기 기타 부정한 행위로 인하여 생긴 결과인 경우에도 조세포탈죄가 성립할 수 있다. 다만, 조세의 확정에는 지장을 초래하지 않으면서 그 징수만을 불가능하게 하거나 현저히 곤란

---

83) 위 판결에 관한 평석은 최동열, 금지금 변칙거래에서 조세범 처벌법 제9조 제1항의 '사기 기타 부정한 행위' 해당 가능성, 정의로운 사법, 이용훈 대법원장 재임기념, 사법발전재단, 2007. 2.

하게 하는 행위가 조세포탈죄에 해당하기 위하여는, 그 행위의 동기 내지 목적, 조세의 징수가 불가능하거나 현저히 곤란하게 된 이유와 경위 및 그 정도 등을 전체적, 객관적, 종합적으로 고찰할 때, 처음부터 조세의 징수를 회피할 목적으로 사기 기타 부정한 행위로써 그 재산의 전부 또는 대부분을 은닉 또는 탈루시킨 채 과세표준만을 신고하여 조세의 정상적인 확정은 가능하게 하면서도 그 전부나 거의 대부분을 징수불가능하게 하는 등으로 과세표준의 신고가 조세를 납부할 의사는 전혀 없이 오로지 조세의 징수를 불가능하게 하거나 현저히 곤란하게 할 의도로 사기 기타 부정한 행위를 하는 일련의 과정에서 형식적으로 이루어진 것이어서 실질에 있어서는 과세표준을 신고하지 아니한 것과 다를 바 없는 것으로 평가될 수 있는 경우이어야 한다.

[대법관 김영란, 박시환, 김지형, 박일환, 전수안의 별개의견] 부가가치세와 같은 신고납세방식의 조세에 있어서는 납세의무자의 과세표준 및 세액의 신고에 의하여 그 조세채무가 구체적으로 확정되므로, 그 과세표준 및 세액을 신고할 때에 세법이 정하는 바에 따라 과세대상이 되는 공급가액 또는 거래내역 등을 실질 그대로 신고함으로써 정당한 세액의 조세채권이 확정되는 데 어떠한 방해나 지장도 초래하지 않았다면, 설사 납세의무자가 과세표준의 신고 이전에 조세를 체납할 의도로 사전에 재산을 은닉·처분하는 등의 행위를 하였다고 하더라도 '사기 기타 부정한 행위'에 의하여 조세포탈의 결과가 발생한 것으로 볼 수는 없다.

(2) 판례의 사례

부정행위를 인정한 사례

• 일반적으로 다른 사람 명의의 예금계좌를 빌려 예금하였다 하여 그 차명계좌 이용행위 한 가지만으로 구체적 행위의 동기, 경위 등의 정황을 떠나 어느 경우에나 적극적 소득은닉 행위가 된다고 단정할 것은 아니지만, 자금을 여러 곳의 차명계좌에 분산 입금한다거나 순차 다른 차명계좌에의 입출금을 반복하는 등으로 적극적 은닉의도가 나타나는 사정이 덧붙여진 경우에는 조세의 부과징수를 불능 또는 현저히 곤란하게 만든 것으로 인정할 수 있다(대판 1999. 4. 9. 98도667).

• 단 1회의 예입이라도 그 명의자와의 특수한 관계 때문에 은닉의 효과가

현저해지는 등으로 적극적 은닉의도가 나타나는 사정이 덧붙여진 경우(대판 2013. 3. 28. 2011도14597 무죄판결 사안이기는 하나 판시내용만 차용).

• 수입금액을 숨기기 위하여 허위로 장부를 작성하여 각 사업장에 비치하고, 여러 은행에 200여 개의 가명계좌를 만들어 수입한 금액을 분산하여 입금시키면서 그 가명계좌도 1개월 미만의 짧은 기간 동안만 사용하고 폐지시킨 뒤 다시 다른 가명계좌를 만들어 사용하는 등의 행위를 반복하였다면, 이와 같은 행위는 조세의 부과와 징수를 현저하게 곤란하게 하는 적극적인 행위에 해당한다(대판 1994. 6. 28. 94도759).

• 피고인의 자금을 관리한 공소외인과 피고인의 관계, 피고인이 공소외인 명의의 계좌를 이용하게 된 동기 및 경위 등에 비추어, 피고인이 해외 법인의 대표이사인 공소외인 명의의 계좌에 자신의 소득을 입금하게 하고 자신의 목적을 위하여 그 계좌에서 지출하여 사용하게 함으로써 국내 과세관청으로 하여금 자신의 소득 발견을 어렵게 한 것은 피고인에 대한 조세의 부과징수를 불능 또는 현저히 곤란하게 만든 것에 해당한다(대판 2016. 2. 18. 2014도3411).

• 카지노를 운영하는 피고인이 영업실적에 따른 일계표, 월말계산서, 비공식지불장부 등을 감춘 채 관할세무서에 외형수입액을 과소신고하였다면 허위 과소신고행위 자체가 사기 기타 부정행위에 해당한다(대판 1982. 1. 19. 80도1474).

• 상속재산을 은폐하기로 공동상속인들과 공모하고 무기명양도성예금을 해지하여 각기 다른 가명 또는 차명으로 분할 예입하였다가 다시 해지하여 다른 사람의 명의로 분할 예입하고, 가명 또는 차명으로 된 예수금증서 영수인란의 피상속인 명의의 인영을 지우고 명의인들의 인장을 찍어 그들이 직접 해지하는 것처럼 하여 인출한 후 상속세 과세표준을 신고함에 있어 이를 누락한 결과 과세관청이 그대로 상속세 부과결정을 하였다면, 위 피고인의 위와 같은 일련의 행위가 조세의 부과와 징수를 현저하게 곤란하게 하는 적극적인 행위에 해당한다(대판 1997. 5. 9. 95도2653).

• 조세를 포탈할 목적으로 형식상으로 폐업신고를 한 다음 피고인 집에서 비밀공장을 설치하고 제조에 관한 허가나 사업자등록 없이 외형상으로는 전자제품을 수입하는 것처럼 위장하여 은밀히 전자오락기구를 제조하면서도 세금계산서를 발행하지 않고 관할세무서에 과세 자료를 제출하지 아니하였다면,

이는 단순히 세법상의 신고를 아니한 것에 그치지 않고, 조세의 부과 징수를 불능 또는 현저하게 곤란케 하는 위계 기타 부정한 적극적인 행위를 한 것이라고 할 것이다(대판 1981. 12. 22. 81도337).

• 양도소득세의 징수를 면탈할 목적으로 두 피고인이 공모하여 실지로는 대지를 매수한 피고인 2가 그 지상에 아파트를 건축함에도 불구하고 매도인인 피고인 1 명의로 사업자등록을 하고 건축허가를 받아 마치 피고인 1이 자기 대지위에 아파트를 건축하여 직접 분양하는 것처럼 한 것은 부정행위에 해당한다(대판 1983. 11. 8. 83도2365).

• 미등기전매 : 부동산을 매수한 후 피고인 앞으로는 등기를 하지 아니한 채 전매를 하면서 마치 원소유자와 최종매수인 사이에 매매계약이 이루어진 것처럼 매매계약서를 작성하고 이와 관련하여 피고인은 아무런 양도소득을 신고하지 아니하였으므로 이는 위 법조 소정의 '사기 기타 부정한 행위'에 해당한다(대판 1992. 9. 14. 92도2439; 1992. 4. 24. 91도1609; 1997. 12. 12. 97도2168; 2013. 10. 11. 2013두10519).

• 부가가치세 일반과세자인 피고인이 과세특례자인 타인 명의의 사업자등록 명의를 이용하여 과세특례에 해당하는 세액을 납부하는 경우 부정행위에 해당한다(대판 1984. 1. 31. 83도3085).

• 유흥주점을 경영함에 있어서 제3자의 이름으로 사업자등록을 한 뒤 그 이름으로 카드가맹점을 개설하고 신용카드 매출전표를 작성하여 피고인의 수입을 숨기는 등 행위(대판 2004. 11. 12. 2004도5818).

• 다른 사람들의 명의를 빌려 3개의 위장 사업체를 설립하여 매출을 분산하는 등으로 매출을 과소 신고한 행위(대판 2009. 5. 28. 2008도7210).

• 분할 상속하였음에도 불구하고 상속세를 포탈하기 위하여 가정법원에 상속포기신고를 하였으므로 이때에 부정행위가 있었다고 볼 것이며 그후 마치 이를 매수하여 피상속인에게 명의신탁해둔 것처럼 가장하여 다른 공동상속인들을 상대하여 신탁해제로 인한 소유권이전등기청구소송을 제기하여 의제자백에 의한 승소판결을 얻어 피고인 명의의 소유권이전등기를 경료한 행위는 조세의 부과징수를 현저히 곤란하게 한 것이므로 조세포탈죄에 해당한다(대판 1983. 6. 28. 82도2421).

• 피고인이 자신의 자녀들에게 차명주식을 증여하였는데도 적극적으로 자녀들과 차명주주들 사이에 실질적인 매매가 있는 것과 같은 외관을 만드는 방법으로 구 상속세 및 증여세법 제41조의5 제1항에서 정한 의제증여세를 포탈한 경우(대판 2011. 6. 30. 2010도10968).

• 정당하게 발급된 출고증을 회수하고 납세중지를 영업소별로 안내하여 내용허위의 출고증을 각 영업소에 송부하여 이를 세무서에 제출케 한 행위(대판 1985. 12. 10. 85도1043).

• 피고인들이 상호공모하여 상속세 및 증여세를 포탈할 목적으로 피고인들이 상속하거나 증여받은 부동산을 매수한 것처럼 매매를 원인으로 한 소유권이전등기절차를 경료한 후 상속세법에 의한 상속세와 증여세의 과세표준을 신고하지 아니한 채 그 기한인 3개월이 경과한 사실이 인정된다면 위 소위는 조세포탈죄에 해당한다(대판 1984. 6. 26. 81도2388).

• 자동차의 실제 매수자는 개인들이고 그 구입대금 기타 운행에 소요되는 제세공과금 역시 개인들이 부담하여 자가용으로 사용하는 것임에도 형식상으로 렌트카 영업을 하는 회사 명의를 빌려 대여용인 것처럼 구입하게 하는 방법으로 렌트카 회사가 부가가치세 신고시에 매입세액을 환급받았다면 이는 부가가치세 환급을 받을 수 없는 자가 환급권이 있는 것처럼 부정환급을 받은 것이므로 조세범 처벌법 제9조 제1항 소정의 '사기 기타 부정한 행위'에 해당한다(대판 2003. 6. 27. 2002도6088).

• 토지를 상속받은 후 상속세 등을 포탈하기 위하여 법정신고기한 내에 상속세신고를 하지 않은 채 이를 타인에게 미등기전매하고 등기명의인인 전소유자 명의로부터 위 매수인 앞으로 바로 소유권이전등기를 마쳤다면 이는 사기 기타 부정한 행위이다(대판 1992. 4. 24. 91도1609).

• 가스소매업자인 피고인이 가스판매사업을 하는 것을 감추고 실수요자가 가스를 직접 공급받는 것으로 가장하고 가스도매업체로 하여금 실수요자 앞으로 세금계산서를 발급하게 하였다면 이러한 피고인의 위장 · 은폐행위는 단순히 사업자등록이나 세법상의 신고를 하지 아니한 것에 그치지 아니하고 피고인에 대한 부가가치세등의 부과징수를 불능하게 하거나 현저히 곤란하게 하는 사기 기타 적극적인 부정행위에 해당한다(대판 1983. 2. 22. 82도1919).

부정행위를 부인한 사례

• 여러 은행에 그의 실명과 가명으로 된 여러개의 예금구좌를 가지고 있으면서 1978, 1979년도의 이자소득을 그의 실명과 가명구좌에 나누어 입금한 사실은 인정되나 사람에 따라서는 그 자신의 편의나 은행측의 권유로 여러 은행과 거래할 수도 있고 또 그의 자금을 어느 구좌에 입금시키든 이를 나무랄 수는 없는 이치이며 또한 이 사건 당시는 금융실명거래에관한법률(1983. 12. 31. 법률 제3607호)이 거론되기 이전으로 가명 내지 무기명예금이 일반화되어 있었으므로 위 가명구좌에 따른 거래를 특별히 문제삼을 수는 없고 따라서 이자소득이 여러 은행의 당좌나 가명예금구좌에 분산 입금되었다고 하여도 그 자체만으로는 조세를 포탈하기 위한 사기 기타 부정한 행위에 해당한다고 할 수 없다(대판 1988. 12. 27. 86도998).

• 피고인 명의로 사업자등록을 하였지만 실제로는 피고인의 친형이 자금을 대고 영업을 하며 매출가액의 과소신고로써 조세를 포탈한 경우 사업자등록을 피고인 명의로 하였다는 사실만으로는 피고인에게 조세포탈의 목적이 있다고 볼 수 없다(대판 1983. 11. 8. 83도510).

• 이 사건 봉안당 분양권의 양도가 재화의 공급에 해당하지 아니하여 부가가치세 납부의무가 성립하지 않는 이상, 위 피고인들이 부가가치세법에 따른 사업자등록을 하지 아니하고 세금계산서를 교부하지 아니한 행위는 사기 기타 부정한 행위에 해당할 여지가 없고, 위 피고인들이 종합소득세를 신고하지 않은 행위는 단순한 미신고 행위에 불과한 점, 또한 피고인 2는 신용불량 상태에 있어 처인 공소외 6 명의로 봉안당 사업에 참여하는 바람에 그 사업으로 인한 정산금을 공소외 6 명의의 계좌로 수령한 것에 불과하여 적극적인 소득은닉의도가 있었다고 보기 어려운 점 등에 비추어 보면, 위 피고인들이 사기 기타 부정한 행위로써 종합소득세를 포탈하였다고 보기는 어렵다(대판 2015. 6. 11. 2015도1504).

• 갑 주식회사가 허위로 임시주주총회 의사록과 이사회 회의록을 작성하여 정관을 변경하고 본점을 과밀억제권역이 아닌 용인시로 이전등기한 후 그 다음 날 취득한 토지에 관하여 소유권이전등기를 마치면서 등록세 등을 신고·납부하였으나 관할 행정청이 갑 회사가 실질적으로 본점을 이전하지 않는다는 이유로 중과세하여 갑 회사에 등록세 등 부과처분을 한 사안에서, 본점 이전등기 당시 갑 회사에 본점 이전의 의사가 전혀 없었다고 단정하기 어렵고, 갑

회사가 작성한 임시주주총회 의사록과 이사회 회의록 및 그에 따라 변경된 정관은 당시 시행되던 구 비송사건절차법에 따라 본점 이전등기를 하기 위하여 반드시 갖추어야 하는 것들이어서 그 작성이나 변경은 본점 이전등기에 부수한 것이며, 그 밖에 갑 회사가 조세의 부과와 징수를 불가능하게 하거나 현저히 곤란하게 하는 적극적인 행위를 하였다고 볼 만한 자료는 없으므로, 갑 회사의 행위가 '사기 기타 부정한 행위'라고 보기 어렵다고 한 사례(대판 2014. 5. 16. 2011두29168, 등록세 부과처분 사건).

• '사기, 그 밖의 부정한 행위'라고 함은 조세의 부과와 징수를 불가능하게 하거나 현저히 곤란하게 하는 위계 기타 부정한 적극적인 행위를 말하고, 적극적 은닉의도가 나타나는 사정이 덧붙여지지 않은 채 단순히 세법상의 신고를 하지 아니하거나 허위의 신고를 함에 그치는 것은 여기에 해당하지 않는다. 또한 납세자가 명의를 위장하여 소득을 얻더라도, 명의위장이 조세포탈의 목적에서 비롯되고 나아가 여기에 허위 계약서의 작성과 대금의 허위지급, 과세관청에 대한 허위의 조세 신고, 허위의 등기·등록, 허위의 회계장부 작성·비치 등과 같은 적극적인 행위까지 부가되는 등의 특별한 사정이 없는 한, 명의위장 사실만으로 구 국세기본법 시행령 제27조 제2항 제6호에서 정한 '사기, 그 밖의 부정한 행위'에 해당한다고 볼 수 없다(대판 2017. 4. 13. 선고 2015두44158; 2018. 12. 13. 2018두128; 2018. 3. 28. 2017두69991 등).

• 갑이 을 주식회사의 주식 일부를 병 등에게 명의신탁한 후 명의수탁자인 병 명의 주식의 양도에 관하여 양도소득세를 신고하지 아니하였고, 명의신탁 주식과 관련된 이자 및 배당소득에 관하여 명의수탁자 명의로 종합소득세 신고를 하였는데, 이에 대하여 관할 세무서장이 갑의 상속인들에게 양도소득세 부당무신고가산세 및 종합소득세 부당과소신고가산세 부과처분을 한 사안에서, 명의신탁이 누진세율의 회피 등과 같은 조세포탈의 목적에서 비롯되었다고 볼 만한 사정이 발견되지 않는 점 등 제반 사정에 비추어, 갑의 주식 명의신탁행위로 양도소득세가 과세되지 못하였고 종합소득세와 관련하여 세율 구간 차이에 따라 산출세액에서 차이가 발생하였더라도, 갑의 주식 명의신탁행위와 이에 뒤따르는 부수행위를 조세포탈의 목적에서 비롯된 부정한 적극적인 행위로 볼 수 없다는 이유로, 양도소득세 부당무신고가산세 부과처분 중 일반무신고가산세액을 초과하는 부분과 종합소득세 부당과소신고가산세 부과처분 중 일반과소신고가산세액을 초과하는 부분은 위법하다(대법원 2017. 4. 13. 선

고 2015두44158 판결, 종합소득세 부정과소신고가산세가 쟁점이 된 사안).

• 타인의 명의로 다른 회사의 지배권을 보유한 행위는 명의위장 그 자체에 불과하고 이러한 명의위장만으로는 바로 '사기나 그 밖의 부정한 행위'를 인정할 수 없다. 명의자가 금융계좌 등 관련 서류에 서명을 한 행위 등은 명의위장에 뒤따르는 부수행위에 불과하여 이러한 사정만으로 명의위장에 더하여 적극적인 부정행위가 있었다고 보기 어렵다(대판 2020. 8. 20. 2019다301623 판결).

• 토지를 명의신탁하고 수탁자 명의로 양도소득세를 신고납부하였다 하더라도, 이는 명의신탁에 통상 뒤따르는 부수행위일 뿐이어서 조세포탈 목적의 적극적 행위로 보기 어렵다(대판 2020. 12. 10. 2019두58896, 양도소득세 부정과소신고가산세 부과가 쟁점이 된 사건).

• 명의신탁재산 증여의제의 경우 명의신탁자가 명의수탁자에게 주식을 명의신탁하면서 주식의 매매 등이 있었던 것과 같은 외관을 형성하여 그 형식에 따른 계약서나 계좌거래내역 등을 토대로 과세관청에 신고하는 것은 주식의 명의신탁에 통상 뒤따르는 부수행위에 불과하다고 볼 수 있다. 따라서 이와 같은 경우에는 명의신탁의 결과 명의수탁자가 부담할 증여세의 부과와 징수를 불가능하게 하거나 현저히 곤란하게 하는 정도에 이르렀다는 등의 특별한 사정이 없는 한, 증여세 부당무신고가산세의 요건인 '사기나 그 밖의 부정한 행위' 또는 '부정행위'에 해당한다고 볼 수 없다(대법원 2021. 7. 8. 선고 2017두69977 판결, 부당무신고가산세가 쟁점이 된 사건).

5. 고의적으로 장부를 작성하지 아니하거나 비치하지 아니하는 행위 또는 계산서, 세금계산서 또는 계산서합계표, 세금계산서합계표의 조작(제5호)

(1) 개   관

국세기본법 제85조의3은 납세자로 하여금 세법에서 규정하는 바에 따라 모든 거래에 관한 장부를 성실하게 작성하고 이를 부과제척기간까지 보존할 의무를 부여하고 있다. 법인세법 제112조(장부의 비치·기장), 소득세법 제160조(장부의 비치·기록), 소득세법 제160조의2(경비 등의 지출증명 수취 및 보관), 부가가치세법 제71조(장부의 작성·보관) 역시 마찬가지이다. 또한 법인세법 제120조의3(매입처별 세금계산서합계표의 제출), 법인세법 제121조(계산서의 작성·

발급 등), 소득세법 제163조(계산서의 작성·발급 등), 부가가치세법 제32조(세금
계산서 등), 부가가치세법 제54조(세금계산서합계표의 제출) 등은 세금계산서 또
는 계산서의 작성·발급과 그 합계표의 제출에 관하여 규정하고 있다. 그러한
의무를 위반하면 각 세법 규정에 따라 가산세 등의 제재가 가해질 수 있으나
원칙적으로 형사처벌의 대상은 아니다.

다만 조세를 포탈할 것을 염두에 두고서 고의로 장부를 작성하지 아니하
거나 보존하지 아니하고 이로 인하여 조세포탈의 결과가 발생한 경우 의무
있는 자의 의식적 부작위 자체를 부정행위로 보아 조세포탈죄로 의율한다. 어
떠한 행위가 단순히 장부를 작성하지 아니한 것인지, 조세포탈의 고의로 작성
하지 아니한 것인지를 구별하는 것은 쉽지 않다. 거래의 발생 이전 단계부터
포탈의 기수시기에 이르기까지 정황과 관련증거를 종합하여 사실판단을 하여
야 할 문제이다.

특기할 점은 조세범 처벌법 제10조[84])에서 계산서, 세금계산서, 계산서합

---

84) 제10조(세금계산서의 발급의무 위반 등)
　① 다음 각 호의 어느 하나에 해당하는 행위를 한 자는 1년 이하의 징역 또는 공급가액에
부가가치세의 세율을 적용하여 계산한 세액의 2배 이하에 상당하는 벌금에 처한다.
　1.「부가가치세법」에 따라 세금계산서(전자세금계산서를 포함한다. 이하 이 조에서 같다)
를 발급하여야 할 자가 세금계산서를 발급하지 아니하거나 거짓으로 기재하여 발급한 행위
　2.「소득세법」 또는 「법인세법」에 따라 계산서(전자계산서를 포함한다. 이하 이 조에서 같
다)를 발급하여야 할 자가 계산서를 발급하지 아니하거나 거짓으로 기재하여 발급한 행위
　3.「부가가치세법」에 따라 매출처별 세금계산서합계표를 제출하여야 할 자가 매출처별
세금계산서합계표를 거짓으로 기재하여 제출한 행위
　4.「소득세법」 또는 「법인세법」에 따라 매출처별 계산서합계표를 제출하여야 할 자가 매
출처별 계산서합계표를 거짓으로 기재하여 제출한 행위
　② 다음 각 호의 어느 하나에 해당하는 행위를 한 자는 1년 이하의 징역 또는 공급가액에
부가가치세의 세율을 적용하여 계산한 세액의 2배 이하에 상당하는 벌금에 처한다.
　1.「부가가치세법」에 따라 세금계산서를 발급받아야 할 자가 통정하여 세금계산서를 발
급받지 아니하거나 거짓으로 기재한 세금계산서를 발급받은 행위
　2.「소득세법」 또는 「법인세법」에 따라 계산서를 발급받아야 할 자가 통정하여 계산서를
발급받지 아니하거나 거짓으로 기재한 계산서를 발급받은 행위
　3.「부가가치세법」에 따라 매입처별 세금계산서합계표를 제출하여야 할 자가 통정하여
매입처별 세금계산서합계표를 거짓으로 기재하여 제출한 행위
　4.「소득세법」 또는 「법인세법」에 따라 매입처별 계산서합계표를 제출하여야 할 자가 통
정하여 매입처별 계산서합계표를 거짓으로 기재하여 제출한 행위
　③ 재화 또는 용역을 공급하지 아니하거나 공급받지 아니하고 다음 각 호의 어느 하나에
해당하는 행위를 한 자는 3년 이하의 징역 또는 공급가액에 부가가치세의 세율을 적용하여
계산한 세액의 3배 이하에 상당하는 벌금에 처한다.

계표, 세금계산서합계표(이하 '세금계산서 등'이라 한다)를 발급하지 아니하거나 거짓으로 발급하거나, 위와 같은 거짓 세금계산서 등을 수취하거나 그와 관련한 세금계산서합계표를 과세관청에 제출한 경우에 이를 처벌하는 규정을 두고 있음에도 제3조 제6항 제5호에서 세금계산서 등의 조작을 별도로 부정행위의 한 유형으로 규정한 점이다. 전자의 경우에는 조세포탈의 결과가 발생하지 않았다 하더라도 세금계산서에 관한 불법행위가 있다면 그 자체로 처벌대상이 되는 반면, 후자의 경우에는 그 행위가 조세의 부과와 징수를 불가능하게 하거나 현저히 곤란하게 하는 것이어야 하고 이로 인하여 조세포탈의 결과가 발생하여야 한다는 점이 다르다. 건전한 경제구조 확립 및 세정질서 유지에 중추적 기능을 담당하는 세금계산서 유통질서를 중시하여 조세포탈의 결과가 발생하지 않은 경우에도 세금계산서 수수와 관련된 위법행위는 그 자체만으로 반사회적·반윤리적인 위험성을 표출한다고 보아 별도로 형벌로써 처벌하고자 한 것이다.

법문은 세금계산서 등의 '조작'이라는 용어를 사용하고 있다. 사실과 다르게 세금계산서를 작성하는 행위 외에 고의로 세금계산서 등을 발급하지 아니한 행위가 위 '조작'의 개념에 포섭될 수 있는가의 문제가 제기될 수 있다. 세금계산서의 미발급을 수단으로 하여 조세포탈이 발생하면 같은 항 제4호의 "행위·거래의 조작 또는 은폐"의 요건을 충족할 수도 있고 조세포탈의 의도로 계획적으로 세금계산서를 발급하지 아니하는 경우 제7호의 "그 밖의 위계에 의한 행위 또는 부정한 행위"에 해당할 수도 있어 보인다. 논의의 실익이 크게 없어 보이므로 이 책에서는 세금계산서 등의 조작에 미발급이 포함되는 것으로 한다. 다만 아래 판례에서 언급하듯이 단순히 세금계산서 등을 미발

---

1. 「부가가치세법」에 따른 세금계산서를 발급하거나 발급받은 행위
2. 「소득세법」및 「법인세법」에 따른 계산서를 발급하거나 발급받은 행위
3. 「부가가치세법」에 따른 매출·매입처별 세금계산서합계표를 거짓으로 기재하여 제출한 행위
4. 「소득세법」및 「법인세법」에 따른 매출·매입처별 계산서합계표를 거짓으로 기재하여 제출한 행위
④ 제3항의 행위를 알선하거나 중개한 자도 제3항과 같은 형에 처한다. 이 경우 세무를 대리하는 세무사·공인회계사 및 변호사가 제3항의 행위를 알선하거나 중개한 때에는 「세무사법」제22조제2항에도 불구하고 해당 형의 2분의 1을 가중한다.
⑤ 제3항의 죄를 범한 자에 대해서는 정상(情狀)에 따라 징역형과 벌금형을 병과할 수 있다.

급하는 소극적인 행위에 그치는 것이 아니라 조세포탈의 의도로 그러한 행위를 하여야 하고 이로써 조세포탈의 결과가 발생하여야 조세포탈죄가 성립한다.

(2) 판례의 사례

부정행위를 인정한 사례

• 자금을 대출하면서 차용인과 대출계약서 등을 작성하여 이자수입내용 등을 충분히 알고 있음에도 이자수입내용을 은폐하기 위하여 세무사에게 소득을 추계하여 세금신고를 하도록 지시하고, 소득세법에 따라 그 사업에 관한 모든 거래 사실이 객관적으로 파악될 수 있도록 복식부기에 따라 장부에 기록관리하여야 함에도 불구하고 처음부터 회계장부를 작성하지 않았으며, 14개의 차명계좌를 이용하면서 현금, 수표를 사용하여 자금거래를 한 경우 부정행위에 해당한다(대판 2013. 3. 28. 2010도16431).

• 장기간 상당한 규모의 대부업에 종사하였으면서 아무런 장부를 작성하지 않았다는 태도로 일관하다가 행정심판 단계에 이르러 불리한 입장이 되자 '대손관련서류' 등을 제출하고, 현금거래를 하면서 영수증 발급 등의 조치를 하지 않았다면 이는 조세포탈의 의도를 가지고 거래장부 등을 처음부터 고의로 작성하지 않거나 이를 은닉한 것으로서 '사기 기타 부정한 행위'에 해당한다(대판 2015. 9. 15. 2014두2522, 국세기본법상의 장기부과제척기간 적용에 관한 사례).

• 합성수지 원료의 중간도매상인이 사업자등록도 아니하고 장부를 비치, 기장하지도 아니한 채 세금계산서를 발급받음이 없이 합성수지 원료를 매입하여 세금계산서를 발급하지 아니하고 이를 매출한 후 부가가치세 확정신고도 전혀 하지 아니하였다면 이러한 행위는 조세의 부과와 징수를 불가능하게 하거나 현저히 곤란하게 하는 적극적 행위이다(대판 1988. 2. 9. 84도1102).

• 가스소매업자인 피고인이 가스판매사업을 하는 것을 감추고 실수요자가 가스를 직접 공급받는 것으로 가장하고 가스도매업체로 하여금 실수요자 앞으로 세금계산서를 발급하게 하였다면 이러한 피고인의 위장·은폐행위는 단순히 사업자등록이나 세법상의 신고를 하지 아니한 것에 그치지 아니하고 피고인에 대한 부가가치세등의 부과징수를 불능하게 하거나 현저히 곤란하게 하는 사기 기타 적극적인 부정행위에 해당한다(대판 1983. 2. 22. 82도1919).

• 거래 상대방에게 재화를 공급함에 있어 부가가치세를 포탈할 의도로 세금계산서를 교부하지 아니하였다가 부가가치세 확정신고시에 고의로 그 매출액을 신고에서 누락시켰다면 이는 조세의 부과와 징수를 불가능하게 하거나 현저하게 곤란하게 하는 적극적 행위로서 '사기 기타 부정한 행위'에 해당한다(대판 1985. 9. 24. 85도842; 2000. 2. 8. 99도5191; 2009. 1. 15. 2006도6687).

• 정상 단가에 따라 매매대금을 정하고 그 매매대금에서 일정금액을 할인해 준 사안에서, 당초 매매대금 액수를 공급가액으로 하여 세금계산서를 발급한 것은 정당하고, 매매대금에서 할인해 준 금액은 영업비용 지원을 위해 지급받지 않기로 한 것에 불과하여 법령에서 정하고 있는 수정세금계산서 발급사유에 해당하지 않음에도, 피고인이 당초 매매대금의 합계액으로 세금계산서를 발급하고 그대로 신고함에 따라 부과될 부가가치세의 부담을 줄이고자 매매대금에서 할인해 준 금액만큼을 감액하는 내용의 수정세금계산서를 발급한 것은 부가가치세를 포탈할 의도가 있었음이 분명하고, 부가가치세 확정신고를 하면서 수정세금계산서를 기초로 그만큼 매출액을 감소시킴으로써 과세표준과 세액에 관한 허위의 신고를 한 것이므로, 이는 단순히 세법상의 허위 신고를 한데에 그친 것이 아니라 조세부과와 징수를 현저히 곤란하게 하는 적극적인 행위에 나아간 것이므로 사기 기타 부정행위에 해당한다(대판 2014. 5. 29. 2012도11972).

• 재화를 외상판매한 때에도 그 재화가 인도되는 시기가 속하는 과세기간에 대한 부가가치세 예정 또는 확정신고를 하여야 하며, 과세표준과 납부세액을 확정신고한 이후에 외상판매한 재화가 반품되어 왔을 경우에는 그 반품되어 온 때가 속하는 과세기간내에 세금계산서를 수정교부하여 세액을 시정하여야 함에도, 재화를 반품받기 이전에 과세확정신고를 함에 있어 일부 세금계산서를 발부하지 아니하고 장부에 기장도 하지 아니한 채 실제 매출액(외상판매분 포함)보다 과소하게 과세표준과 납부세액을 확정신고하였다면 이는 사기 기타 부정한 행위로써 조세를 포탈한 경우에 해당한다(대판 1983. 1. 18. 81도2686).

• 빼돌린 해상용 면세 경유를 판매하면서 부가가치세를 포탈하기 위하여 석유판매업 사업자등록을 하지 아니하고 관련 장부를 전혀 비치·기재하지 않으면서 세금계산서도 발행하지 않은 것은 조세의 부과와 징수를 불가능하게 하거나 현저하게 곤란하게 하는 적극적 행위에 해당한다(대판 2004. 5. 28. 2004도1297, 유사판례 대판 2009. 1. 15. 2006도6687).

• 세금계산서의 수수 없이 소위 무자료거래를 통하여 재화나 용역을 공급받음으로써 원래 매입세액을 공제받을 수 없는 경우임에도, 속칭 자료상 등으로부터 허위의 세금계산서를 구입하여 마치 세금계산서상의 가공의 공급자로부터 재화나 용역을 공급받은 것처럼 가장하여 매입세액을 공제받았다면, 이러한 행위는 조세의 부과와 징수를 현저하게 곤란하게 하는 적극적인 행위에 해당하여 조세범 처벌법 제9조 제1항 소정의 조세포탈죄를 구성한다(대판 2005. 9. 30. 2005도4736).

• 사업자등록이 되어 있지 않던 9개 입주업체의 사업자등록을 대행한 다음, 그 사업자등록 이전의 거래이거나 이미 과세기간이 경과함으로써 매입세액을 환급받을 수 없는 경우임에도 세금계산서 작성일자를 허위로 기재하여 그 거래시기가 마치 사업자등록 이후이며 환급신고 당시의 과세기간에 이루어진 것처럼 가장하여 매입세액을 환급받은 것이라면, 이와 같은 행위는 조세의 부과와 징수를 현저하게 곤란하게 하는 적극적인 행위에 해당한다(대판 1996. 6. 14. 95도1301).

• 금지금을 불법으로 내수 유통시키는 도관업체 또는 폭탄업체에게 영세율로 금지금을 공급하면서 매출세액을 영세율로 신고하여 부가가치세를 납부하지 않으면서도 매입세액을 환급받거나 납부세액에서 공제받은 것은 조세포탈행위에 해당한다(대판 2008. 4. 24. 2007도11258).

• 부가가치세를 포탈할 의도아래 실제의 거래현황이 기재된 장부 등을 소각 등의 방법으로 없애버리고 또 일부의 매입자들에 대하여는 세금계산서를 교부하지 아니하였을 뿐만 아니라, 세무신고시에는, 교부하였던 세금계산서의 일부마저 누락시킨 채 일부의 세금계산서와 그를 토대로 만든 허위의 매입·매출장을 제출하는 방법으로 매출신고를 과소신고한 행위는 조세의 부과와 징수를 불가능하게 하거나 현저히 곤란하게 하는 적극적 행위라 아니할 수 없다(대판 1988. 3. 8. 85도1518).

• 부동산을 개발하여 전매하는 사업을 영위하면서 상당한 양도차익을 얻었음에도 매입·매출에 관한 장부를 기장·비치하지 아니하였고 그 사업과정에 관한 세금계산서를 전혀 발급하거나 발급받지 아니하였으며 법인세 확정신고도 전혀 하지 아니하였는바, 이러한 피고인의 행위는 조세의 부과와 징수를 불가능하게 하거나 현저히 곤란하게 하는 적극적 행위로서 사기 기타 부정한 행위에 해당한다(대판 2013. 9. 12. 2013도865).

부정행위를 부인한 사례

• 세법상 요구되는 장부를 비치·기장하지 아니하는 대신 거래내역과 그로 인한 손익을 매입·매출대장 또는 손익계산서의 형태로 손쉽게 출력하여 확인할 수 있도록 약속어음의 매입·매출에 관한 사항을 사실대로 정확하게 컴퓨터에 입력하여 보관·관리하여 왔다면 소득을 감추는 부정한 행위를 하였다고 보기 어렵다(대판 2000. 4. 21. 99도5355).

• 폐업 후에 부가가치세의 과세표준 및 세액을 관할세무서에 신고하지 아니한 사실만으로는 사기 기타 부정한 행위가 있었다고 볼 수 없다(대판 1983. 5. 10. 83도693).

• 부가가치세법상의 사업자가 그 사업자 아닌 일반인으로부터 금을 매입하는 경우 그 거래는 매입세액을 공제받거나 환급받을 수 있는 '사업자의 납부세액 또는 환급세액과 관계되는 거래사실'에 해당되지 아니하여 그 거래사실을 장부에 기록하고 사업장에 비치할 부가가치세법상의 의무는 없으므로 조세포탈죄로 의율할 수 없다(대판 2001. 9. 25. 2000도1514).

• 과세관청이 수년간 일정액 이상의 소득세를 신고납부하면 실질조사를 하지 않기로 하여 왔기 때문에 피고인도 소득세표준율 이상으로 신고하기만 하면 필요경비 지출에 따른 증빙서류를 갖추지 아니하여도 무방하리라고 생각하였고 공인회계사에게 영업과 관련한 장부의 기장 및 제 세금의 신고 등을 대리하게 하였다면 증빙서류 없이 필요경비를 계상하여 신고하였다 하더라도 사기 기타 부정한 행위로써 조세를 포탈한 경우로 볼 수 없다(대판 1990. 9. 11. 90도1491).

• 교통세의 부과대상인 가짜석유를 제조·판매한 피고인이 이를 '경유'로 기재한 세금계산서를 발급하고 이에 맞추어 관할세무서에 부가가치세 신고를 하였을 뿐 교통세에 관련하여서는 별도로 세금계산서를 발행하거나 관할세무서에 신고한 일이 없는 경우, 교통세는 부가가치세와는 독립된 별개의 국세이므로 비록 세금계산서에 거래품목을 가짜석유가 아닌 경유로 다르게 기재한 세금계산서를 발행하고 이를 관할세무서에 신고하였다 하더라도 그러한 행위가 부가가치세와 별도의 세목인 교통세의 부과와 징수에 영향을 주었다고 볼 수 없다(부가가치세는 별론으로 하고 교통세에 관하여는 단순한 무신고에 불과하다는 취지로 보인다. 대판 2005. 3. 25. 2005도370).[85]

• 폭탄업체들이 부가가치세를 납부하지 아니하기 위해 이른바 쿠션업체 또
는 바닥업체를 통해 전전 유통시킨 수입 금지금들을 매입하여 수출한 후 그
매입에 따른 부가가치세를 환급받은 사실은 인정되나, 이와 같이 수입업체로
부터 수출업체에 이르기까지 실제로 금지금이 전전 유통되어 수출될 뿐만 아
니라 세금계산서 등 증빙서류까지 각 거래단계마다 제대로 발행되었다면, 수
출업체가 사전에 폭탄업체 등과 공모하여 위와 같은 행위를 하였을 경우 폭탄
업체에 의한 조세포탈범행의 공범으로 인정될 수는 있을지언정, 수출업체에
의한 위와 같은 부가가치세 환급행위 자체가 사기 기타 부정한 행위로 조세의
환급을 받는 것에 해당한다고 할 수 없다(대판 2007. 10. 11. 2007도5577, 2008.
1. 10. 2007도8369).

6. 조세특례제한법 제5조의2 제1호[85])에 따른 전사적 기업자원관리설비의 조작 또는 전자세금계산서의 조작(제6호)

(1) 전사적 기업자원관리설비의 조작

오늘날 대부분의 사업자는 컴퓨터 등의 설비와 회계관련 소프트웨어를
이용하여 매입·매출·자산 및 부채의 관리, 소득의 산출 등에 관련된 회계장
부를 작성·관리하고 있다. 2000년부터 과세표준신고를 정보처리장치를 이용
하여 전자적으로 신고하는 제도가 시행되어 현재 서류를 이용한 물리적 신고
보다 전자신고의 비율이 월등히 높아지고 있는 추세이다. 게다가 기업이 대형
화, 다각화됨에 따라 유기적·동시다발적으로 일어나는 경제활동과 인적·물
적 자원의 변동을 일일이 수기로 관리하는 것은 거의 불가능하다. 회계장부

---

85) 이 판례에 관한 자세한 평석을 보려면 권순익, 조세범 처벌법 제9조 제1항에 규정된 '사기
 기타 부정한 행위'의 의미, 대법원판례해설 제56호(2005. 12.), 법원도서관, 562면 참조.

86) 조세특례제한법 제5조의2(중소기업 정보화 지원사업에 대한 과세특례)
  대통령령으로 정하는 중소사업자가 「중소기업기술혁신 촉진법」 제18조, 「산업기술혁신
 촉진법」 제19조 및 「정보통신산업 진흥법」 제44조 제1항에 따라 2015년 12월 31일까지 지
 급받는 중소기업 정보화 지원사업을 위한 출연금 등을 다음 각 호의 어느 하나에 해당하는
 설비에 투자하는 경우에는 그 투자금액을 「소득세법」 제32조 및 「법인세법」 제36조를 준용
 하여 손금에 산입할 수 있다.
  1. 구매·설계·건설·생산·재고·인력 및 경영정보 등 기업의 인적·물적 자원을 전자적
 형태로 관리하기 위하여 사용되는 컴퓨터와 그 주변기기, 소프트웨어, 통신설비, 그 밖의
 유형·무형의 설비로서 감가상각 기간이 2년 이상인 설비(이하 "전사적(全社的) 기업자원
 관리설비"라 한다)

작성을 업으로 하는 회계사나 세무사 사무실은 물론 일반 기업체나 소규모 자영업자조차도 전자적으로 회계장부를 작성·관리하는 것이 보편화되었다.

반면, 전자적 회계장부는 변경·삭제가 매우 용이하고, 그 변경·삭제의 흔적을 남기지 않는 것도 가능하다. 또한 어떠한 특정 거래에 관한 기록을 변경·삭제하는 경우 그와 연동되어 있는 관련 장부 역시 함께 변경되도록 설계되어 있는 프로그램이 대부분이므로 납세의무자가 사실과 다르게 전자적 회계장부를 작성·변경하였다면 과세관청이 장부가 사실에 부합하는지 여부를 발견하는 것은 매우 어렵다. 과세관청은 납세자로부터 회계장부를 제출받아 그에 의거하여 검증을 할 뿐이므로, 직접 사업장으로 실지조사를 나가 기초증거자료 또는 실물과 대조해 보지 않는 한 그 장부의 허위 여부를 밝힐 방법이 없는 것이다. 이에 따라 조세범 처벌법 제3조 제6항 제6호는 제1호 내지 제5호와 별도로 전자적 방법에 의한 장부 또는 세금계산서의 조작을 부정행위의 한 유형으로 명시하였다.

이 부분에 관한 실체적 설명은 위 제1호 내지 제5호의 것과 동일하다.

(2) 전자세금계산서의 조작

부가가치세법 제32조 제2항 및 같은 법 시행령 제68조 제1항은 법인사업자 및 직전 연도의 사업장별 재화 및 용역의 공급가액의 합계액이 1억 원 이상인 개인사업자로 하여금 전자적 방법으로 세금계산서를 발급하도록 규정하고 있다. 전자세금계산서를 발급하였을 때에는 국세청장에게 전자적 방법으로 그 세금계산서 발급명세를 전송하여야 한다. 이와 같이 전자세금계산서는 기존의 세금계산서의 대체적 수단으로서 발급·제출방법만을 전자적으로 하는 것에 불과하므로 세금계산서의 조작과 동일하게 '사기 기타 부정한 행위'의 유형으로 규정하였다.

7. 그 밖의 위계에 의한 행위 또는 부정한 행위(제7호)

(1) 개   관

조세범 처벌법 제3조 제6항 제1호 내지 제6호는 부정행위의 양태를 구체적으로 명시하고 있다. 그러나 복잡하고 변화하는 경제사회에서 조세포탈의 방법을 모두 명문화하는 것은 불가능하다. 개정된 조세범 처벌법은 제1호 내지 제6호의 규정 외에 제7호에 "그 밖의 위계에 의한 행위 또는 부정한 행위"라는 일반조항을 두어 제1호 내지 제6호에서 미처 규정하지 못한 거래 · 행위나 경제상황의 변화에 따라 새로이 창설되는 여러 가지 양상들을 포섭할 수 있는 여지를 두었다. 이로써 제1호 내지 제6호의 행위양태가 예시적인 것임이 분명해졌다.

　　그러나 제7호는 법에 어긋나는 모든 행위를 지칭하는 것이 아니다. 그렇게 된다면 제1호 내지 제6호에서 조세포탈의 양상을 유형화하여 명문으로 규정한 의미가 퇴색한다. 또한 과세관청 및 사법기관의 해석에 따라 조세포탈범의 수사 및 처벌범위가 지나치게 넓어질 수 있게 되어 국민의 예측가능성과 형법의 보장적 기능을 침해할 수 있다.

　　조세범 처벌법 제3조 제1항은 "사기나 그 밖의 부정한 행위"라고 하여, 부정 행위가 사기에 준하는 것이어야 하고 그 비난의 정도가 사기에 미치는 정도여야 함을 유추할 수 있도록 하였다. 또한 같은 조 제6항 제7호에서는 부정행위의 양태를 설명하는 일반조항을 두면서 "그 밖에 위계에 의한 행위 또는 부정한 행위"라고 규정하여, 조세포탈이 성립할 수 있는 부정행위를 위계 또는 이에 비견할 정도로 사회통념상 부정하다고 평가되는 행위로 제한하였다.

　　제7호가 제1호 내지 제6호와 동등한 선상에서 균형을 이루어야 한다는 점 및 세법위반행위 중 반윤리적 · 반사회적인 것만을 형사처벌하고자 한 입법자의 의도에 비추어 볼 때 제7호의 '부정한 행위'는 제1호 내지 제6호에 규정된 행위들과 동등한 정도로 비난가능성 및 가별성이 인정되어야 하고 그 방법 역시 위계를 사용하거나 이에 준하는 정도의 것이어야 한다.

(2) 판례의 사례

부정행위를 인정한 사례

• 유흥주점을 경영함에 있어서 제3자의 이름으로 영업자지위승계 신고와 사업자등록을 한 뒤 그 이름으로 카드가맹점을 개설하고 신용카드 매출전표를 작성하여 피고인의 수입을 숨기는 등 행위를 한 사례(대판 2004. 11. 12. 2004도5818; 2005. 6. 10. 2005도1855).

• 부가가치세 일반과세자인 피고인이 과세특례자인 타인의 사업자등록 명

의를 이용하여 과세특례에 해당하는 세액을 납부하는 경우 부정행위에 해당한다(대판 1984. 1. 31. 83도3085).

• 다른 사람들의 명의를 빌려 3개의 위장 사업체를 설립하여 매출을 분산하는 등으로 매출을 과소 신고한 행위(대판 2009. 5. 28. 2008도7210).

• 피고인이 합병을 통한 우회상장을 전제로 자신의 자녀들에게 갑 주식회사 발행의 차명주식을 이전한 후 합병을 통한 우회상장을 하여 차명주식 가치를 증가시키는 방법으로 증가된 가액을 증여하고 그에 따른 의제증여세를 포탈하였다고 하여 기소된 사안에서, 피고인이 의제증여세 부과의 전제가 되는 '주식의 증여 사실이나 3년 내에 증여받은 재산으로 주식을 취득한 사실'의 발견을 어렵게 하여 '사기 기타 부정한 행위'를 할 당시에, 갑 회사의 우회상장을 염두에 두고 이를 위하여 협회등록법인인 을 회사를 인수한 것으로 볼 수 있다는 이유로 피고인에게 의제증여세 포탈 범의가 있었다고 본 원심판단을 수긍한 사례(사안의 경우 자녀들에게 차명주식을 증여하였음에도 피고인의 자녀들이 차명주주들로부터 주식을 직접 매수하는 것처럼 보이기 위하여 허위의 주식매매계약서를 작성하고, 주식매매대금이 실제로 지급된 것과 같은 외관을 만들기 위하여 피고인 자녀들 명의의 예금계좌에서 직접 매도인인 차명주주들 명의의 예금계좌로 금원을 이체하거나 피고인의 자녀들 명의의 예금계좌에서 출금한 금원을 차명주주들의 예금계좌에 그대로 입금한 후, 명목상 매도인인 차명주주들의 명의로 주식양도차익에 대한 양도소득세를 자진하여 신고·납부함. 대판 2011. 6. 30. 2010도10968).[87]

부정행위를 부인한 사례

• 피고인이 돈을 빌려주고 그 담보조로 가등기를 설정받음에 있어 그 일부를 다른 사람 명의로 마쳤다거나 피고인이 세무조사를 받음에 있어 이자소득이 없다고 답변하였다고 하여도 그와 같은 행위가 부정한 적극적인 행위라고 말할 수는 없다(대판 1988. 12. 27. 86도998).

• ① 자력이 없는 자를 주식회사의 바지사장으로 내세워 명목상 대표이사로 등기하였다 하더라도 법인세의 성립여부에 아무런 영향이 없으므로 이를 조세의 부과와 징수를 불가능하게 하거나 현저히 곤란하게 하는 행위라 할 수 없

---

87) 위 판결에 관한 평석은 신종열, 증여세 및 의제증여세 포탈에 대한 특정범죄 가중처벌 등에 관한 법률 제8조의 적용, 대법원판례해설 제88호(2011 상반기), 법원도서관, 838~863면.

고, ② 회사의 본점사무실을 허위로 이전하였다 하더라도 이는 세적이 변경된 것에 불과하므로 이를 조세의 부과와 징수를 불가능하게 하거나 현저히 곤란하게 하는 행위라 할 수 없고, ③ 회사를 무단폐업한 것만으로 조세의 부과와 징수를 불가능하게 하거나 현저히 곤란하게 하는 위계 기타 부정한 행위에 해당한다고 볼 수 없다(서울고법 1996. 7. 22. 96노695).

• 피고인이 코스닥상장법인인 회사의 대주주로서 차명주식들을 매도하여 얻은 양도차익에 대한 과세표준과 양도소득세를 신고 · 납부하지 아니한 사실은 인정되나, 그 차명주식들은 피고인이 비상장 · 등록법인인 회사를 설립하여 운영할 당시부터 임 · 직원들의 명의를 빌어 보유한 차명주식들에 대하여 코스닥상장법인과의 합병에 따라 배정된 합병신주들이므로, 피고인이 대주주와 그 밖의 주주의 주식양도에 대하여 차별적으로 과세하는 법령이 시행된 1999. 1. 1. 이후에 비로소 양도소득세를 포탈할 목적으로 주식을 차명으로 보유하기 시작하였다는 점을 인정할 증거가 없는 이상, 단지 피고인이 회사의 차명주식들에 대하여 위 과세 법령의 시행 이후 합병신주를 교부받아 계속해서 차명으로 보유하게 주식들을 실명으로 전환하지 아니한 채 그대로 차명주주들 명의로 매도하였다는 점만으로는 피고인이 양도소득세의 부과나 징수를 불가능하게 하거나 현저히 곤란하게 하는 위계 기타 부정한 적극적인 행위, 즉 '사기 기타 부정한 행위'를 하였다고 보기 어렵다(대판 2011. 6. 30. 2010도10968).

• 피고인 등과 매수인 사이의 매매계약의 이행경위, 세금의 부담에 관한 분쟁경위 및 피고인의 양도소득세 신고경위에 비추어, 피고인이 실제 매매대금보다 낮은 금액을 매매대금으로 하여 매매계약서를 작성하였다는 사실만으로는 조세포탈죄에 있어서의 '사기 기타 부정한 행위'에 해당한다고 보기 어렵다(대판 2009. 4. 23. 2008도11667).

• 자산양도차익 예정신고 및 예정신고 자진납부계산서를 제출함에 있어서 취득가액과 양도가액을 실지거래액대로 기재하지 아니하고 시가표준액을 기준으로 기재하여 신고하였을 뿐 위 신고에 있어서 조세의 부과징수를 불능 또는 현저하게 곤란하게 하는 위계 기타 부정한 적극적인 행위가 수반되었다고 인정할 증거가 없다면 부정행위가 있었다고 볼 수 없다(대판 1981. 7. 28. 81도532).

8. 기타 부정행위로 인정되지 않은 사례

(1) 단순 무신고 · 허위신고

- 변호사사건수입명세서에 일부 수입이 누락된 채 신고되었다거나, 변호사 사무실의 수임사건에 관한 기본적인 정보를 기재한 문서인 사건진행부에 일부 사건에 관하여 수임료가 기재되어 있지 않았다는 등의 점만으로는 부정행위라고 볼 수 없다(대판 2007. 6. 28. 2002도3600).

- 다른 어떤 행위를 수반함이 없이 단순히 사업자등록을 하지 아니하고 소득신고를 하지 아니함에 그쳤다면 부정행위에 해당하지 아니한다(대판 2000. 4. 21. 99도5355; 사업자등록이 직권말소된 후 소득신고를 하지 아니한 경우에도 마찬가지이다. 대판 2003. 2. 14. 2001도3797).

- 과세권자가 조세채권을 확정하는 부과납부방식의 소득세와 증여세에 있어서 납세의무자가 조세포탈의 수단으로서 미신고 · 과소신고의 전(후)단계로서 '적극적인 소득 은닉행위'를 하는 경우에 '사기 기타 부정한 행위'에 해당하고(대판 1999. 4. 9. 98도667), 다른 어떤 행위를 수반함이 없이 단순히 세법상의 신고를 하지 아니하거나 허위의 신고를 함에 그치는 것은 사기 기타 부정한 행위에 해당하지 아니한다(대판 2003. 2. 14. 2001도3797).

- 소득금을 과소신고(허위신고)하였다는 점은 알 수 있어도 여기에 어떤 적극적인 행위가 수반되었는지는 알 수 없으며, 기록에 의하여도 이 점에 관한 심리를 한 흔적을 찾아볼 수 없으니 조세포탈죄로 의율할 수 없다(대판 1982. 1. 26. 80도3221; 1982. 5. 25. 81도1305).

(2) 차명계좌 사용, 명의위장

- 타인 명의의 현금카드를 교부받아 이를 장기간 사용하기는 하였으나 과세관청으로부터 증여세의 과세를 회피하기 위한 목적으로 또다시 차명계좌를 이용하여 소위 '자금세탁'을 하거나 인출한 수표를 현금으로 교환하는 등의 적극적인 소득 은닉행위를 하지는 아니하였으므로 조세포탈죄가 성립하지 아니한다(대판 2008. 6. 12. 2008도2300).

- 다른 사람 명의를 빌려 주식을 보유하였다 하여 그 차명이용행위 한 가지

만으로 구체적인 행위의 동기, 경위 등 정황을 떠나 어느 경우에나 적극적인 소득 은닉행위가 된다고 단정할 것은 아니다 ─ 장외거래로 인한 양도소득에 대하여 과세관청에 신고를 하지 않는 것을 넘어 그 양도사실을 은닉하기 위하여 어떠한 위장행위를 하였다는 사실을 인정할 아무런 증거가 없다(주식을 분산하여 위장취득한 것은 소득 은닉행위가 아니라고 한 사례, 대판 1999. 4. 9. 98도667; 2011. 7. 28. 2008도5399).

• 피고인이 비록 타인명의의 계좌로 합의금을 송금받은 직후 이를 친인척이나 지인 명의로 된 6개의 차명계좌에 분산 입금하였지만, 반복적인 차명계좌의 이용, 수표 등 지급수단의 교환반복 등의 특별한 사정이 없는 한 단순히 차명계좌를 이용한 것만으로 '사기 기타 부정한 행위'에 해당하는 적극적인 소득 은닉행위가 있었다고 보기 어려운 점, 합의금을 송금받은 경위 등에 비추어 피고인에게 그가 경영하던 회사의 소득을 적극적으로 은닉하려는 의도가 있었다고 보기 어려운 점, 당시 위 회사는 부도로 사실상 활동이 중단되고 그로 인하여 사업자등록증이 직권으로 말소된 상태라서 피고인의 입장에서 이 사건 합의금이 법인의 소득으로 법인세의 과세대상이라고 판단하기도 쉽지 않았던 것으로 보이는 점 등을 종합하여 범죄의 증명이 없는 때에 해당한다(대판 2013. 3. 28. 2011도14597).

• 납세자가 명의를 위장하여 소득을 얻더라도, 명의위장이 조세포탈의 목적에서 비롯되고 나아가 여기에 허위 계약서의 작성과 대금의 허위지급, 과세관청에 대한 허위의 조세신고, 허위의 등기·등록, 허위의 회계장부 작성·비치 등과 같은 적극적인 행위까지 부가되는 등의 특별한 사정이 없는 한, 명의위장 사실만으로 '사기, 그 밖의 부정한 행위'에 해당한다고 볼 수 없다(대판 2017. 4. 13. 2015두44158, 국세기본법상 부당과소신고가산세 부과처분 사건).

(3) 세무회계와 기업회계의 차이 등

기업의 경영을 위한 재무현황 파악 및 이해관계자들에 대한 정보제공을 위하여 회계장부를 작성한다. 그 서류작성의 기준인 기업회계기준 또는 업종별 회계처리준칙 등은, 국가의 재정수요를 충당하고 담세능력에 따른 공평한 과세 실현을 목적으로 하는 세무회계와는 차이가 있다. 세무회계는 기업회계를 출발점으로 하여 세법상 세무조정을 거쳐 정당한 세액을 산출하는 회계처리방법을 말하는바, 기업회계에 따른 당기순이익과 세무회계에 따른 과세소득은 차이가 발생할 수밖에 없는 것이다.

구 조세범 처벌법 제9조의2[88])는 세무회계와 기업회계와의 차이로 인하여 생긴 소득금액결정이나(제1호) 법인의 과세표준 산출과정에서 주주·사원·사용인 기타 특수한 관계에 있는 자의 소득으로 처분된 금액, 즉 소득처분에 의한 인정상여, 인정배당, 기타소득은(제2호) 부정행위로 인하여 생긴 소득금액에서 제외하도록 하였다. 이는 납세자가 기업회계기준에 따라 성실하게 장부 등을 작성 비치하고도 세무조정과정에서 복잡하고 전문적인 세법을 숙지하지 못하거나 잘못 해석하여 조세탈루가 생기는 경우를 처벌대상에서 제외하고자 한 의도로 보인다.

이러한 기업회계와 세무회계의 차이의 예로, 손익의 인식시기 차이로 인한 익금·손금의 차이, 접대비·기부금·감가상각비 등 비용의 한도를 설정하여 그 이상을 손금부인하는 각종 한도초과액, 자산 또는 부채의 평가기준의 차이, 우회거래 또는 비정상적인 거래를 통한 조세회피를 방지하고자 규정된 부당행위계산의 부인이나 국제조세영역에서 정상가격초과분에 관한 소득조정, 위법행위로 인한 각종 벌금 과료 등의 손금불산입 등을 들 수 있다.

그러나 기업실무상 매출누락이나 비용의 과다계상 등과 같은 전형적인 조세포탈 이외에도 회계장부의 조작 등의 방법을 통해 위와 같은 기업회계와 세무회계의 차이를 이용하여 조세를 면탈하는 경우도 빈번하였다. 그리고 이러한 조세탈루는 단순한 세법의 부지나 오인으로 인한 것뿐 아니라 의도적이고 계획적인 사전공작하에 이루어지는 경우도 많았다. 또한 오늘날 기업의 실무자들은 세무회계규정을 숙지하여 그에 따라 회계장부를 정리하고 조세를 신고·납부하거나, 세무대리인에게 조세관련 업무를 위임하여 조세전문가들로 하여금 처리하도록 하는 경우가 대부분이기 때문에 세법의 부지로 잘못 회계처리하는 경우는 과거에 비해 많이 감소되는 추세에 있다.

이에 따라 2010. 1. 1. 조세범 처벌법이 전면개정되면서 구 조세범 처벌

---

88) 구 조세범 처벌법 제9조의2
　다음 각호에 게기하는 소득금액은 사기 기타 부정한 행위로 인하여 생긴 소득금액으로 보지 아니한다.
　1. 법에 의한 소득금액결정에 있어서 세무회계와 기업회계와의 차이로 인하여 생긴 금액
　2. 법인세의 과세표준을 법인이 신고하거나 정부가 결정 또는 경정함에 있어서 그 법인의 주주·사원·사용인 기타 특수한 관계에 있는 자의 소득으로 처분된 금액

법 제9조의2가 삭제되었다. 위 조항이 의도하였던 바는 과세대상소득에 해당
하는지 여부 또는 손금 항목에 해당하는지 여부를 잘 알지 못하였거나 착오
가 발생하여 조세탈루가 발생하였다면 이를 형사처벌의 대상에서 제외하겠다
는 것이었다. 그런데 이러한 문제는 고의 조각에 관한 이론 또는 법률의 부지
나 착오로 인한 위법성 조각 이론을 적용하거나, 대상자의 행위가 조세범 처
벌법 제3조 제1항에서 정한 '사기나 그 밖에 부정한 행위'에 포섭되지 아니하
는 것으로 인정하여 해결가능하다. 그러므로 오히려 처벌의 맹점을 불러오는
구 조세범 처벌법 제9조의2가 폐지된 것은 타당한 조치로 판단된다.

　　과거의 판례 대부분은 피고인이 자신의 조세탈루가 기업회계와 세무회계
의 차이로 인한 것이라고 주장하는 데에 대하여, 적극적으로 서류를 조작하고
회계장부를 거짓기재함으로써 조세탈루의 결과가 발생하였다면 기업회계와
세무회계의 차이로 볼 수 없다고 판단한 것이 대부분이었다.[89] 그러나 실상
회계장부의 은폐·조작이 수반되었다면 엄밀한 의미에서의 기업회계와 세무
회계의 차이에 관한 것이 아니다.

　　인정상여, 인정배당 등의 소득처분과 관련하여, 구 조세범 처벌법이 적용
되던 시기의 판례는 대부분 소득처분된 소득에 관한 종합소득세 포탈은 기업
회계와 세무회계의 차이로 인한 것이므로 처벌할 수 없다는 입장이었다.[90] 대
법원은 위 논리를 국세기본법에 관한 사안에까지 관철하여, 이는 사기 기타
부정한 행위로 조세를 포탈한 것으로 볼 수 없으므로 소득처분된 금액의 부
과제척기간 역시 5년이 적용된다고 하였다.[91] 이러한 대법원의 확고한 입장

---

89) 대판 1981. 1. 14. 84도501; 2002. 6. 11. 99도2814 매수일자를 소급하여 매매계약서 및 회
　　계장부를 작성한 사안이다. 2011. 1. 27. 2010도13764 증거서류와 회계장부를 거짓작성하고
　　이를 기초로 세무신고를 한 사안이다. 2011. 9. 8. 2009도11516 법인세법상 손금부인되는
　　특수관계자에 대한 업무무관 대여금에 대하여 회수가능성이 없다고 하여 지급수수료로 회
　　계처리한 사안이다.
90) 법인세법에 의하여 소득처분될 것이 명백한 소득에 관한 종합소득세 포탈에 대하여는 소득
　　처분이 이루어질 수 없는 특별한 사정이 없는 한 조세범 처벌법 제9조에 의하여 처벌할 수
　　없다. 대판 1982. 6. 22. 81도2459; 2005. 6. 10. 2005도1828 등.
91) 대판 2010. 12. 23. 2008두10622; 2010. 4. 29. 2007두11382. 「회사의 대표이사인 원고가 장
　　차 위와 같이 은닉된 소득이 사외유출되어 그 귀속자가 밝혀지지 아니함에 따라 자신이 대
　　표자로서 인정상여처분을 받을 것까지 모두 예상하여 그로 인하여 부과될 소득세를 포탈하
　　기 위하여 가공 세금계산서를 수취하는 등의 행위를 한 것으로 보기는 어려워 구 국세기본
　　법 제26조의2 제1항 제1호 소정의 '납세자가 사기 기타 부정한 행위로써 국세를 포탈한 경
　　우'에 해당한다고 볼 수 없으므로, 원고의 종합소득세에 대한 부과제척기간은 구 국세기본

에 대한 논쟁을 불식하기 위하여 2011. 12. 31. 법률 제11124호로 국세기본법이 개정되면서 부과제척기간에 관한 조항인 제26조의2 제1항 제1호 후단에 "법인세법 제67조에 따라 처분된 금액에 대한 소득세 또는 법인세에 대해서도 그 소득세 또는 법인세를 부과할 수 있는 날부터 10년간으로 한다"는 규정을 신설하였다. 그러나 위와 같은 규정이 '법인세법에 따라 소득처분되면 모두 부정행위로 인한 조세포탈'이라고 단정할 수 있는 근거가 되는 것은 아니다.

(4) 판례의 사례

> • 회사가 보험차익을 위 재무제표규칙에 따라 자본잉여금으로 기장하였는데 세무당국에서 이를 세무회계상 잡수입으로 계상하였다면 이는 조세범 처벌법 제9조의2 제1호가 정하는 세무회계와 기업회계와의 차이로 인하여 생긴 금액에 해당하고 사기 기타 부정한 행위로 인하여 생긴 소득금액으로 볼 수 없다(대판 1982. 11. 23. 81도1737).
>
> • 위 탈루소득금액은 무상대여를 특수관계인과의 거래로 인한 부당행위계산으로 부인하고 세무조정하여 법인세법에 의한 인정이자 및 지급이자 부인액을 소득금액에 포함시킴으로써 생긴 소득금액으로서, 세무회계와 기업회계와의 차이로 인하여 발생한 금액에 해당하고, 단지 특수관계인에 대한 대여사실을 감추기 위하여 매 사업연도 말에 대여금을 변제받은 것처럼 분개전표를 작성하고 그에 따라 결산장부를 정리한 행위만으로는 위 제9조의2 제1호의 적용을 배제하고 조세포탈에 해당한다고 볼 정도의 적극적인 부정한 행위가 있었다고 보기는 어렵다(대판 2006. 6. 29. 2004도817).
>
> • 법인의 대표자가 법인의 자금을 횡령하는 과정에서 법인의 장부를 조작하는 등의 행위를 한 것은 그 횡령금을 빼돌린 사실을 은폐하기 위한 것일 뿐, 그 횡령금에 대하여 향후 과세관청의 소득처분이 이루어질 것까지 예상하여 그로 인해 자신에게 귀속될 상여에 대한 소득세를 포탈하기 위한 것으로 보기 어려우므로, 국세기본법 제26조의2 제1항 제1호에서 정한 '납세자가 사기 기타 부정한 행위로써 국세를 포탈한 경우'에 해당하지 않는다(대판 2010. 1. 28. 2007두20959).

법 제26조의2 제1항 제3호에 의하여 5년이라고 봄이 상당하다.」

제 5 절 포탈의 결과 — 기수시기(旣遂時期)

I. 총   설

범죄의 구성요건요소가 모두 실현되는 것을 기수(旣遂)라고 한다. 조세포탈죄는 실행의 착수는 인정되나 결과가 발생하지 않은 미수범을 처벌하는 규정이 없기 때문에 기수에 이르러야, 즉 포탈의 결과가 발생하여야 비로소 행위자에게 책임을 물을 수 있다.[92] 범죄의 기수는 개별 형벌규정에서 정한 구성요건에 따라 다를 수 있는데 조세범 처벌법 제3조 제5항은 조세포탈죄의 기수시기를 명문으로 규정하고 있다.

부과과세방식의 조세는 해당 세목의 과세표준과 세액을 정부가 결정하거나 조사결정한 후 그 납부기한이 지난 때를 기수시기로 한다. 다만 납세의무자가 조세를 포탈할 목적으로 세법에 따른 과세표준을 신고하지 아니함으로써 해당 세목의 과세표준을 정부가 결정하거나 조사결정할 수 없는 경우에는 해당 세목의 과세표준의 신고기한이 지난 때로 한다(제1호). 제1호에 해당하지 아니하는 조세, 즉 신고납세방식의 조세는 신고ㆍ납부기한이 지난 때를 기수시기로 한다(제2호).

조세포탈죄는 조세의 포탈뿐 아니라 조세의 환급ㆍ공제를 받은 자 역시 처벌대상으로 하는데(조세범 처벌법 제3조 제1항 본문), 환급ㆍ공제의 경우에도 위 기수시기 규정을 적용할 수 있는지에 관한 의문이 생길 수 있다. 이하에서는 부과과세방식 및 신고납세방식 조세의 각 기수시기를 설명하고, 조세의 환급ㆍ공제에 있어서의 기수시기를 별도로 살펴본다.

II. 부과과세방식 조세의 기수시기

과세관청의 부과처분에 의하여 과세표준과 세액을 확정하는 방식의 조세를 부과과세방식 조세라 한다. 부과과세방식의 조세는 국세기본법 시행령 제10조의2에 따라 과세관청이 과세표준과 세액을 결정하는 때에 납세의무가 확

---

92) 조세포탈죄의 미수범 처벌규정을 신설해야 한다는 견해로는 윤현석, 조세범 처벌법의 개정 동향과 과제, 한양법학 제24권 제1호(통권 제41호), 한양법학회, 2013. 12.

정된다. 이러한 방식의 조세로는 상속세, 증여세, 종합부동산세[93]가 있다.

부과과세방식의 조세라 하더라도 통상은 납세의무자에게 과세표준 및 세액의 신고의무를 부여하고 있는데, 이러한 신고는 납세의무를 확정시키는 효력이 없고 조세행정상 협력의무에 불과하다. 납세의무자의 신고의무 이행여부에 따라 세액공제의 혜택을 받거나 가산세 부과의 불이익을 받을 뿐이다. 따라서 부과과세방식 조세에 있어 납세의무자의 과세표준확정신고가 있었다고 하더라도 과세관청의 조사결정과 통지가 없는 한 조세채무를 확정하는 부과처분이 있었다고 할 수 없다. 과세관청이 과세표준확정신고를 내부적으로 확인·수리하였다고 하여 확인적 의미의 부과처분이 존재한다고도 볼 수 없다.[94] 과세관청의 결정 또는 조사결정이 있었으나 납부기한이 기재된 부과처분결정을 통지한 바 없다면 납부기한의 경과가 있을 수 없으므로 이 경우 역시 조세포탈죄가 성립하지 않는다.[95] 납세고지의 하자가 있어 그 효력을 인정할 수 없는 경우에도 마찬가지이다.

부과과세방식의 조세 중 납세의무자에게 협력의무로서의 신고의무조차 부여되지 않은 조세는 조세포탈죄가 성립할 여지가 없다. 국가가 부과과세를 하지 아니한 의무해태를 납세의무자의 책임으로 돌릴 수 없기 때문이다. 이는 조세범 처벌법 제3조 제5항에서 기수시기에 관하여 납세의무자의 신고의무가 없는 조세에 관한 언급이 없는 점에 비추어 볼 때 더욱 명백하다. 따라서 현재의 법령에 비추어 볼 때, 납세의무자에게 신고의무가 없는 조세는 비록 납세의무자가 과세관청의 부과처분을 예상하고 그 확정시기 이전에 과세관청의 조사를 대비하여 장부를 거짓기장하거나 장부와 기록을 파기하거나 고의적으로 재산을 은닉하는 등의 행위를 하더라도 이를 조세포탈범으로 처벌할 수 없다.[96]

부과과세방식의 조세 중 납세의무자에게 신고의무가 부여된 세목은 과세관청이 그 신고에 근거하여 결정 또는 조사결정을 하게 된다. 납세의무자가 사기나 그 밖의 부정한 행위를 수반하여 신고한 후 과세관청이 과세표준을

---

93) 종합부동산세는 납세의무자가 신고하면 신고납세방식 조세로 전환된다.
94) 대판 1998. 2. 27. 97누18479.
95) 대판 2000. 5. 26. 2000도1056.
96) 재산세의 경우 부동산을 명의신탁하여 합산과세를 회피하는 행위가 부정행위를 수반하는 경우 조세포탈에 해당할 여지가 있다는 견해가 있다. 길용원, "조세범처벌법상 조세포탈의 부정행위에 관한 연구", 법학논문집 제41집 제2호, 중앙대학교 법학연구원, 2017. 8, 213면.

결정하거나 조사결정하여 이를 통지함으로써 납세의무가 확정되었음에도 납세의무자가 그 납부기한까지 납부하지 아니하고 납부기한이 경과하면 조세포탈의 기수가 된다.

　　납세의무자가 조세를 포탈할 목적으로 세법에 따른 과세표준을 신고하지 아니하여 과세관청이 과세표준을 결정하거나 조사결정하지 못하였다면 납부기한이 있을 수 없으므로 이때에는 해당 세목의 과세표준의 신고기한이 지난 때 기수시기가 된다. 신고를 한 경우보다 신고를 하지 않은 경우를 더 유리하게 취급하는 결과를 방지하기 위함이다. 따라서 이때에는 납세의무의 확정 이전 단계에서 조세포탈죄가 성립한다.

　　다만 납세의무자가 조세를 포탈할 의도 없이 단순히 의무의 부지 또는 착오로 인하여 무신고한 것이라면 부정행위에 해당하지 아니하므로 이때에는 조세포탈죄로 의율할 수 없다.

Ⅲ. 신고납세방식 및 자동확정방식 조세의 기수시기

　　신고납세방식 조세란 납세의무자 스스로 과세요건의 충족을 조사 · 확인하여 과세표준과 세액을 신고함으로써 납세의무를 확정하는 방식의 조세를 말한다. 국세기본법 시행령 제10조의2에 따라 해당 국세의 과세표준과 세액을 정부에 신고하는 때에 납세의무가 확정된다. 소득세, 법인세, 부가가치세, 개별소비세, 주세, 증권거래세, 교육세 또는 교통 · 에너지 · 환경세가 여기에 해당한다. 종합부동산세는 선택적 신고납세방식을 택하고 있다. 다만, 신고납세방식 조세에 있어서도 납세의무자의 신고가 없거나 신고내용이 사실과 달라 과세관청이 과세표준과 세액을 결정하게 되면 그 결정하는 때에 납세의무가 확정된다.

　　신고납세방식 조세에서 조세포탈죄는 납세자의 신고 유무에 관계 없이 법정 신고 · 납부기한이 지난 때 기수가 된다. 즉, 납세의무자가 과세표준과 세액을 신고하였으나 과세관청이 그 신고의 오류를 발견하고 경정하여 납세의무를 재확정하는 경우에도 신고 · 납부기한이 기수시기가 되고, 납세의무자가 조세를 포탈할 목적으로 법에 의한 과세표준을 신고하지 아니한 경우에도 당해 세목의 과세표준 신고기한이 경과한 때에 조세포탈범죄는 기수에 이른다. 범죄가 완성된 이후에 정부의 과세결정이 있다거나 납세의무자가 포탈세액 전부 또는 일부를 납부하였다는 사정은 범죄 성립에 영향을 미치지 아니한다.[97]

한편 부과과세방식 및 신고납세방식 이외에도 특별한 절차 없이 납세의무가 성립함과 동시에 확정되는 자동확정방식 조세가 있는데 인지세, 원천징수하는 소득세·법인세 등이 그것이다. 이러한 세목 역시 납세자가 그 과세표준과 세액을 신고·납부하도록 규정되어 있으므로 확정시기 이후인 그 신고·납부기한이 지난 때가 조세포탈죄의 기수시기가 된다. 따라서 원천징수하는 소득세, 법인세는 원천징수의무자의 신고·납부기한인 그 징수일이 속하는 달의 다음 달 10일이 경과하면 조세포탈의 기수가 된다.[98] 다만, 원천징수하는 소득세·법인세에 관한 조세포탈의 주체는 원천징수를 당하는 납세의무자가 되고, 원천징수의무자는 별도로 조세범 처벌법 제13조에 따른 원천징수의무 불이행에 관한 처벌을 받는다. 원천징수의무자가 납세자와 공모하여 소득세와 법인세 등의 포탈행위에 가담하였다면 조세포탈죄의 공범으로 처벌될 수 있다.[99]

Ⅳ. 수정신고와 기수시기

과세표준이나 세액을 신고하지 아니하거나 허위로 과소신고하여 조세를 포탈하면 그 납부기한이 경과함으로써 조세포탈죄는 기수가 된다. 납부기한 이후에 수정신고를 하였다거나 포탈세액을 추가로 납부한 사실이 있다고 하더라도 이로써 이미 완성한 조세포탈죄의 성립에 아무런 영향을 미칠 수 없다.[100] 범죄 성립 이후 범죄로 침해된 법익의 복구 여부는 기수시기 이후의 사정에 불과하여 양형단계에서 참작될 수 있을 뿐이다.

이러한 점을 감안하여 현행 조세범 처벌법 제3조 제3항은 과세표준이나 세액을 신고하지 아니한 자가 법정신고기한이 지난 후 6개월 이내에 기한 후 신고를 하거나, 과세표준과 세액을 과소신고한 자가 법정신고기한이 지난 후

---

97) 대판 2011. 6. 30. 2010도10968.
98) 대판 1998. 5. 8. 97도2429; 2014. 1. 23. 2012도10571.
99) 대판 1998. 5. 8. 97도2429; 2004. 11. 12. 2004도5818.
100) 대판 1985. 3. 12. 83도2540; 1988. 11. 8. 87도1059; 2007. 12. 27. 2007도3362; 2011. 6. 30. 2010도10968.

2년 이내에 수정신고를 하면 형을 감경할 수 있다고 규정하여 임의적 감경을 법으로 명문화하였다.

Ⅴ. 기한연장과 기수시기

국세기본법 제6조는 천재·지변 등 국세기본법 시행령 제2조가 정하는 사유가 발생하면 과세관청으로 하여금 신고·납부기한을 연장할 수 있도록 규정하고 있다. 국세징수법 제17조는 납세고지서 등의 송달이 지연되어 도달한 날에 이미 납부기한이 지났거나 도달한 날부터 14일 이내에 납부기한이 되는 경우 도달한 날부터 14일이 지난 날을 납부기한으로 하도록 정하였다. 위와 같이 법령에 따라 의무의 이행기가 연장되었다면 그 이행기 이전에는 의무위반이 없기 때문에 연장된 기한이 경과하여야 조세포탈의 기수가 된다.

만일 세법상 기한연장 사유에 해당하지 아니하는데도 연장 신청을 하고 과세관청이 착오에 빠져 그 연장신청을 승인하였다면 과세관청의 연장승인의 의사표시는 취소가능하다고 할 것이므로, 다시 처음으로 돌아가 당초의 신고·납부기한이 조세포탈죄의 기수시기가 된다.

Ⅵ. 기한 후 신고와 기수시기

국세기본법 제45조의3은 법정신고기한까지 과세표준신고서를 제출하지 아니한 자는 관할 세무서장이 해당 국세의 과세표준과 세액을 결정하여 통지하기 전까지 기한 후 과세표준신고서를 제출할 수 있도록 규정하고 있다. 또한 법정신고기한이 지난 후 6개월 이내에 기한 후 신고·납부를 하면 국세기본법 제48조에 따른 가산세 감면혜택(법정신고기한이 지난 후 1개월 이내의 기한 후 신고·납부는 가산세의 50%, 1개월 초과 3개월 이내는 30%, 3개월 초과 6개월 이내는 20% 감면)이 주어진다.

그런데 기한 후 신고는 무신고자에게 추가적으로 신고의 기회를 부여하여 무신고자에 대한 세무조사 등 세무행정비용 절감을 꾀하고 그 보상으로 가산세의 감면혜택을 주기 위한 것에 불과하여 그 신고에 따른 납세의무의 확정력은 없다. 그렇기 때문에 기한 후 과세표준신고가 있게 되면 관할세무서

장은 신고일로부터 3개월 이내에 해당 국세의 과세표준과 세액을 결정하여야
한다(국세기본법 제45조의3 제3항).

이러한 기한 후 신고는 신고기한이 연장된 것이라거나 변경된 것이 아니
므로 그 기수시기는 당초의 신고·납부기한이 된다. 기한 후 신고를 하였다는
사실은 기수 이후의 사정으로서, 조세범 처벌법 제3조 제3항에 따른 형의 임
의적 감경사유가 될 뿐이다.

Ⅶ. 상속세 또는 증여세의 연부연납과 기수시기

상속세나 증여세 납부세액이 2천만 원을 초과하는 경우에는 연부연납의
허가가 가능하다(상속세 및 증여세법 제71조). 그런데 상속세나 증여세의 납부
의무는 과세표준과 세액을 결정·고지하는 과세처분에 의하여 확정적으로 발
생하고, 그 후 연부연납의 허가는 원래의 상속세부과처분에 의하여 정하여진
납세의무와 납부기한 자체를 변경하는 것이 아니라 납세의무자에게 분할납부
및 기한유예의 이익을 주는 데에 불과하며, 연부연납이 허가된 상속세에 대하
여 납세고지를 하는 것은 납세의무자에게 이미 부과하고 연부연납을 허가한
세금 중 특정의 연부연납 세액에 관하여 납부하여야 할 세액과 그 납부기한
을 알려 주고 그 조세채무의 이행을 명하는 징수처분으로서 이에 의하여 이
미 부과된 납세의무자의 권리의무를 변경하는 효력은 없다.[101] 따라서 연부연
납의 허가가 있다 하더라도 원래의 상속세 부과처분에 따른 납부기한이 경과
함으로써(정부가 결정하지 못한 경우에는 과세표준 신고기한을 경과함으로써) 조세
포탈죄가 기수에 이른다.

Ⅷ. 조세의 공제(세액공제)와 기수시기

조세의 공제는 앞서 조세포탈의 개념에서 보듯 납부한 세액을 산출하는
과정에서 법이 허용한 세액공제제도를 악용하여 공제요건이 되지 아니함에도
공제를 받거나 공제받아야 할 금액을 초과하여 공제받는 것을 말한다. 법문언
상 소득공제는 부정공제에 해당하지 않는다.[102]

---

101) 대판 2001. 11. 27. 99다22311.

세액공제의 예로는 소득세법상 기장세액공제, 소득세법 및 법인세법상 외국납부세액공제나 재해손실세액공제, 배당세액공제, 조세특례제한법상 각종 세액공제(중소기업투자세액공제, 연구 및 인력개발비에 대한 세액공제 등), 상속세 및 증여세법상 증여세액공제 등을 들 수 있다.[103]

납세자가 부당행위로써 세액공제를 신고하였는데 세액공제 전단계에서 산출된 세액이 공제액에 미달하여 산출된 세액을 한도로만 세액공제를 받고 그 공제잔여액이 소멸되었다면, 산출된 세액 상당액의 조세포탈이 발생하므로 세액공제에 관하여는 별도로 논할 필요가 없다. 그런데 당기의 세액공제 잔여액을 차기로 이월하여 공제하는 세액공제항목[104]은 차기에 전기의 세액공제항목을 이월공제 받음으로써 차기에 실질적으로 국가의 조세채권이 감소한다. 이러한 세액의 이월공제에 관한 조세범칙행위가 당기에 세액공제액을 신고함으로써 기수가 되는지, 차기에 실제로 이월공제를 받는 때에 기수가 되는지 논의가 있을 수 있다.

이에 관하여, 범칙행위는 신고시에 이미 종료한 것이고 차기의 이월공제는 전기에 세액공제액으로 신고한 금액의 결과로서 일종의 불가벌적 사후행위라고 봄이 상당하므로 세액공제의 신고시를 기수시기로 보는 견해와, 조세포탈죄는 결과범이므로 그 결과가 실현된 때, 즉 실제로 공제를 받아 국가의 조세채권이 침해되는 때에 기수시기가 된다는 견해가 있을 수 있다.

조세범 처벌법 제3조 제1항 본문은 "사기나 그 밖의 부정한 행위로써 조세의 공제를 받은 자"라고 규정하여, 공제를 실제로 받은 자의 경우에만 처벌하는 것으로 해석하는 것이 법문언 및 조세포탈의 결과범만을 처벌하는 법

102) 본장 제1절 I. 1. 참조.
103) 일부 책에는 부가가치세법상 매입세액공제가 조세범 처벌법 제3조 제1항에 규정된 '조세의 공제'의 대표적인 사례라고 기술되어 있다. 그러나 부가가치세법상 매입세액공제는 부가가치세법이 전단계 세액공제제도를 채택하고 있는 관계로 부가가치에 대한 세액산출을 위하여 매출세액에서 매입세액을 차감하는 항목일 뿐 소득에 대해 세율을 적용하여 산출세액을 도출한 후 조세정책상 또는 이중과세를 방지하기 위하여 산출세액에서 차감하는 일반적 세액공제와는 성질이 다르다. 조세범 처벌법 제3조 제1항에서 말하는 조세의 공제는 후자의 세액공제를 말한다. 부가가치세 매입세액이 없음에도 이를 공제받거나 과다하게 계상하여 부가가치세의 탈루 또는 환급이 발생하면, 조세의 공제 항목이 아닌 조세포탈·또는 조세환급에서 규율하면 된다.
104) 예를 들어, 외국납부세액공제 및 투자세액공제 등은 이월공제가 허용되나 재해손실세액공제는 이월공제가 허용되지 않는다.

취지에 부합하는 것으로 보인다. 게다가 차기에 과세표준과 세액을 신고하면서 다시 전기에서 이월되는 세액공제액을 신고서에 기입하는 절차가 필요하다는 측면에서도 그러하다. 따라서 비록 당기에 세액공제의 신고를 하였다 하더라도 당기에 산출세액이 없거나 공제액에 미달하여 차기에 이월공제 받았다면, 비록 부정행위는 당기에 이루어졌다 하더라도 그 결과가 발생한 차기에 기수가 되었다고 봄이 상당하다.

IX. 조세의 환급과 기수시기

조세의 환급으로 인한 조세포탈죄의 기수시기와 관련하여 가장 문제되는 것은 부가가치세법상 환급과 국세기본법상 납세자의 경정청구에 의한 환급이다. 이하 경우를 나누어 살펴본다.

1. 부가가치세법상 환급

부가가치세는 신고납세방식의 조세인데, 매출세액에서 매입세액을 공제하여 산출세액을 도출하는 전단계세액공제방식을 채택하고 있다. 해당 거래단계의 부가가치에 대한 세액이 산출세액이다. 어느 과세기간의 매입세액이 매출세액을 초과하면 부가가치세 납부세액은 부(負)의 금액이 되어 과세관청은 이를 납세의무자에게 환급하여야 한다.

부가가치세법 제59조[105] 및 부가가치세법 시행령 제106조[106]는 부가가치

---

[105] 부가가치세법 제59조(환급)
　　① 납세지 관할 세무서장은 각 과세기간별로 그 과세기간에 대한 환급세액을 확정신고한 사업자에게 그 확정신고기한이 지난 후 30일 이내(제2항 각 호의 어느 하나에 해당하는 경우에는 15일 이내)에 대통령령으로 정하는 바에 따라 환급하여야 한다.
　　② 제1항에도 불구하고 납세지 관할 세무서장은 다음 각 호의 어느 하나에 해당하여 환급을 신고한 사업자에게 대통령령으로 정하는 바에 따라 환급세액을 조기에 환급할 수 있다.
　　　1. 사업자가 제21조부터 제24조까지의 규정에 따른 영세율을 적용받는 경우
　　　2. 사업자가 대통령령으로 정하는 사업 설비를 신설·취득·확장 또는 증축하는 경우
　　　3. 사업자가 대통령령으로 정하는 재무구조개선계획을 이행 중인 경우
[106] 부가가치세법 시행령 제106조(환급) ① 법 제59조에 따라 환급하여야 할 세액은 법 제48조·제49조 또는 이 영 제107조 제5항에 따라 제출한 신고서 및 이에 첨부된 증명서류와 법 제54조에 따라 제출한 매입처별 세금계산서합계표, 신용카드매출전표등 수령명세서에 의하여 확인되는 금액으로 한정한다.
　　② 관할 세무서장은 법 제57조에 따른 결정·경정에 의하여 추가로 발생한 환급세액이

세 신고서상 환급세액이 발생한 경우 과세관청으로 하여금 확정신고기한이 지난 후 30일 이내(영세율 등으로 인한 조기환급의 경우에는 예정신고 및 확정신고 기한이 지난 후 15일 이내)에 납세자에게 이를 환급하도록 규정하고 있다.

그런데 부가가치세는 신고납세방식의 조세로서 납세의무자의 신고시에 납세의무가 확정되는바, 부정행위로 부가가치세 환급의 신고를 하고 과세관청으로부터 세액의 환급을 받은 때 조세포탈죄의 기수시기는 어느 때로 하여야 하는가? 즉 조세범 처벌법 제3조 제5항에 따라 납세의무의 확정시기인 신고·납부기한 경과시인가, 아니면 실제로 환급세액을 수취한 때인가의 문제가 발생한다. 이러한 논의의 실익은 납세자가 부정행위로써 부가가치세 환급세액이 발생한 것으로 신고하였는데 과세관청에서 세액을 환급하기 전에 그러한 사실을 발견하고 환급세액을 지급하지 아니한 경우에 그 납세의무자를 조세포탈범으로 처벌할 수 있는가, 신고·납부기한과 실제 환급일 중 어느 때를 범죄의 기수시기로 하여야 하는가에 있다.

이에 관하여 신고기한시설, 국가의 환부결정시설, 수취시설을 상정하여 볼 수 있다. 신고기한시설은 신고납세방식의 조세의 경우 납세자에게 세액확정권이 있기 때문에 납세자가 환급이 발생하는 것으로 신고한 이상 그 금액으로 1차적 세액확정이 되어 국가가 납세의무자에게 세액을 환급할 의무를 부담하게 되므로 이때 국가의 조세채권이 침해되어 조세포탈의 결과가 발생하였다고 보는 입장이다. 국가의 환부결정시설은 납세의무자의 신고를 국가가 채택하는 순간에 의사의 합치가 이루어져 이때를 기수시기로 보아야 한다는 입장이다. 수취시설은 납세의무자가 실제로 환급세액을 수령한 시점에 범죄가 완성된다고 보는 입장이다.

결론짓자면, 법문이 "사기나 그 밖의 부정한 행위로써 조세의 환급을 받은 자"라고 규정하였으므로, 환급세액의 실제 수령이 있어야 결과가 발생하였다고 해석하는 것이 자연스럽다. 또한 조세범 처벌법의 보호법익이 국가의 조세채권에 한정되지 아니하고 조세의 부과·징수권도 포함된다는 점은 앞서 본 바와 같다. 따라서 부가가치세의 환급에 있어서는 국가의 자산이 관념적·추

있는 경우에는 지체 없이 사업자에게 환급하여야 한다.

부가가치세법 시행령 제107조(조기환급)

① 관할 세무서장은 법 제59조 제2항에 따른 환급세액을 각 예정신고기간별로 그 예정신고 기한이 지난 후 15일 이내에 예정신고한 사업자에게 환급하여야 한다.

상적으로 침해된 때인 부가가치세 신고기한이 아니라 사실적으로 감소한 때
인 '현실적으로 세액을 환급받은 때'가 기수시기라고 봄이 상당하다. 따라서
부가가치세의 환급에 있어서는 조세범 처벌법 제3조 제5항의 규정에도 불구
하고 부가가치세 조기환급 및 정기환급 모두 그 환급을 실제로 받은 때 기수
가 된다. 부가가치세 예정신고에 따른 조기환급의 경우에는 신고·납부기한보
다 앞선 때(일반적으로 예정신고 후 15일 이내)가 기수시기가 되고 정기환급의
경우에는 신고시기 이후 과세관청이 실제로 환급세액을 지급한 때가 기수시
기가 된다.

대법원 역시 「사기 기타 부정한 행위로서 부가가치세를 조기환급받았을
경우에는 신고·납부기간의 경과와 상관 없이 실제 환급을 받았을 때에 부정
환급에 의한 조세포탈죄가 성립한다」[107]고 하여 같은 입장이다.

2. 국세기본법상 경정청구에 의한 환급

국세기본법 제45조의2(경정 등의 청구)에 따라 과세표준신고서를 법정신고
기한까지 제출한 자 또는 기한 후 신고를 한 자가 정당한 과세표준 및 세액보
다 더 큰 금액을 신고한 경우(제1항) 또는 후발적 이유에 의하여 과세표준 또
는 세액계산의 기초적 사실관계에 변동이 생겼을 경우(제2항)에는 당초에 신
고한 과세표준 및 세액의 결정 또는 경정을 법정신고기한이 지난 후 5년 이내
에 관할 세무서장에게 청구할 수 있다. 국세기본법상 경정청구가 있으면 세무
서장은 그 청구를 받은 날부터 2개월 이내에 과세표준 및 세액을 결정 또는
경정하거나 결정 또는 경정하여야 할 이유가 없다는 뜻을 그 청구를 한 자에
게 통지하여야 한다(제3항). 경정청구는 부과과세방식 또는 신고납세방식의
조세 모두에 대하여 가능하다.

그런데 신고납세방식의 조세라 하더라도 납세자가 경정청구한 즉시 환급
세액이 확정되는 것이 아니다. 납세자의 경정청구를 과세관청이 심사하여 결
정 또는 경정하는 때에 조세의 재확정이 이루어진다. 따라서 납세의무자 등이

---

107) 대판 2007. 12. 27. 2007도3362 「사기 기타 부정한 행위로써 부가가치세를 조기환급받았을
경우에는 신고·납부기간의 경과와 상관 없이 실제 환급을 받았을 때에 부정환급에 의한 조
세포탈죄가 성립하므로 그 후에 수정신고를 하였다거나 환급세액을 스스로 반납한 사실이
있다고 하더라도 달리 볼 바 아니고, 조세포탈 범의의 존부 또한 사기 기타 부정한 행위로
써 실제 조기환급을 받았을 때를 기준으로 판단하여야 한다」.

부정행위로써 경정청구를 하더라도 과세관청이 경정청구 거부처분을 한다면 결과적으로 국가의 조세채권이 침해된 바가 없어 조세포탈죄가 성립하지 아니한다. 그러나 과세관청이 경정청구의 심사과정에서 납세의무자의 부정행위로 착오를 일으켜 환급결정을 하였다면 그로써 국가의 조세부과·징수권이 침해된 것이므로 조세포탈죄가 성립한다.

결론적으로, 국세기본법상 경정청구에 따른 환급 역시 법문언의 규정과 조세범 처벌법의 보호법익을 감안하여 볼 때 앞서 부가가치세의 환급의 경우와 같이 해당 세목의 과세표준 신고·납부기한이 아니라 실제로 환급세액을 수취한 때가 조세포탈죄의 기수시기가 된다.

제 6 절   포탈의 결과 ― 포탈세액의 산정

I. 총   설

조세포탈죄는 미수범 처벌규정이 없으므로 포탈의 결과발생이 있어야 처벌가능하다. 그리고 조세포탈의 기수시기가 경과하여야 비로소 그 포탈세액이 확정된다. 조세범 처벌법에서 포탈세액은 결과의 발생으로서의 의미뿐 아니라 포탈세액의 배액벌금형제도를 채택하고 있는 현행제도에서 벌금액 상한 산정의 기준으로서의 의의도 갖는다. 또한 포탈세액이 3억 원 이상이고 포탈세액이 정당한 세액의 100분의 30 이상을 차지하거나 포탈세액이 5억 원 이상이면 조세범 처벌법 제3조 제1항 후단에 따라 형량이 가중된다. 포탈세액이 연간 5억 원 이상에 해당하면 조세범 처벌법이 아닌 특가법이 적용되어 조세범 처벌법위반죄가 아닌 특가법위반죄가 성립될 뿐 아니라 포탈세액이 연간 10억 원 이상에 해당하면 특가법 제8조 제1항 제2호에 따라 가중처벌된다. 이와 같이 포탈세액의 산정은 죄명과 형량을 정함에 있어서도 중요한 의미를 갖는다.

포탈세액은 조세포탈죄의 결과로서 객관적 구성요건요소로서의 지위에 있으므로 공소장에 정확한 액수가 기재되어야 한다.

조세포탈죄에 있어서의 포탈세액은 원칙적으로 정당한 세액과 신고한 세

액과의 차액, 즉 당해 포탈범에 대하여 부과되어야 할 세법상의 납세의무액수
와 그 범위를 같이한다.[108] 그 금액에 기수시기 이후에 발생하는 과태료적 성
격을 지닌 가산세는 포함되지 않는다.[109] 또한 형사소송이 진행되는 도중 포
탈세액에 관한 부과처분을 취소하는 행정판결이 확정되었다면 형사재판에서
는 행정판결과 모순 저촉되는 납세의무의 범위를 확정할 수 없으므로 해당
부분에 관하여 무죄를 선고하여야 하며[110] 형사판결이 있은 후에 조세의 부
과처분을 취소하는 행정소송 판결이 확정되었다면 이는 재심사유가 된다.[111]
그러나 기수시기가 지난 후 몰수나 추징의 집행이라는 후발적 사유가 발생하
여 과세관청이 당초의 부과처분을 감액경정하더라도 조세포탈죄의 성립에는
영향을 미치지 않는다.[112]

　　탈루된 세액의 산정방법 및 그 액수에 관한 논의는 개별세법이 관장하는
영역이다. 이에 관한 쟁송이 있다면 이는 조세범 처벌법위반죄에 관한 형사소
송이 아닌 조세부과처분취소에 관한 행정소송의 영역에서 다투는 것이 옳다.

　　따라서 이 책에서는 일반적인 세액 산정에 관한 논의는 생략하기로 하고
형사소송과 관련된 부분, 즉 행정처분으로서의 과세처분과 조세포탈죄에 있
어서의 포탈세액 산정 사이의 차이가 발생할 수 있는지, 발생할 수 있다면 그
원인은 무엇인지, 실체적 진실주의가 지배하는 형사소송에서 실제의 장부와
증빙에 의거하지 아니하고 추계방법에 의하여 과세된 금액을 포탈세액으로
인정할 수 있는지, 형사상 입증책임의 문제, 그 외 형사사건에서 특기할 만한
판례의 사례 등을 중점적으로 살펴보기로 한다.

Ⅱ. 과세처분된 세액과 조세포탈죄에서 포탈결과와의 차이

　　앞서 본 바와 같이 조세의 탈루액은 정당한 세액과 신고한 세액의 차액이
므로(무신고한 경우에는 정당한 세액 전액), 행정처분으로서의 과세처분은 탈루
액 전액에 대하여 이루어진다. 그러나 과세처분액 중 조세범 처벌법에서 정한

---

108) 대판 1988. 3. 8. 85도1518; 2000. 2. 8. 99도5191.
109) 대판 2002. 7. 26. 2001도5459; 1996. 12. 10. 96도2398.
110) 대판 1982. 3. 23. 81도1450.
111) 대판 1985. 10. 22. 83도2933; 2015. 10. 29. 2013도14716.
112) 대판 2017. 4. 7. 2016도19704.

조세포탈죄의 구성요건을 충족하지 못한 부분은 조세포탈죄 의율에 있어서 포탈의 결과에서 제외되어야 한다.

예를 들어 조세포탈의 고의가 인정되지 않는 부분, 단순 무신고·과소신고 내지는 계산상의 오류에 해당할 뿐 부정행위로 인정되지 않는 부분, 부정행위와 포탈의 결과 사이에 인과관계가 인정되지 않는 부분 등이 그러하다. 과세처분은 조세실체법이 규정한 바에 부합하는 정당한 세액의 산출·부과를 목적으로 하는 반면 조세범 처벌법은 그러한 조세의 탈루가 반사회적·반윤리적 행위에 의한 것이어서 비난가능성이 인정될 경우에 형사처벌하는 것을 목적으로 하기 때문이다.

또한 세법상 행위계산부인의 대상이 되는 조세회피행위와 형벌의 대상이 되는 포탈행위 역시 구별되므로[113] 조세회피로 인한 탈루세액 전액과 포탈세액 사이에 차이가 발생할 수 있다.

구 조세범 처벌법 제9조의2에서 세무회계와 기업회계와의 차이로 인하여 생긴 금액 또는 법인세의 과세표준을 법인이 신고하거나 정부가 결정 또는 경정함에 있어 그 법인의 주주·사원·사용인·특수관계자에게 소득처분된 금액을 부정행위로 인하여 발생한 소득금액에서 제외하도록 한 것도 그러한 점을 염두에 둔 것이다.

나아가 조세포탈범에 대한 법원의 형사판결은 형벌권의 존부를 확정시키는 데에 지나지 아니하고 과세권의 존부·범위를 확정시키는 효력은 없으므로 과세관청은 형사판결에 구속됨이 없이 자체조사에 따라 과세표준액을 결정할 수 있다.[114] 대법원 역시 행정처분의 근거가 되는 사실의 인정은 형사재판의 유죄 확정여부와는 무관한 것이라고 하거나[115] 형사사건에서 인정된 사실이 행정소송을 구속하는 것은 아니라고 하여 행정처분인 과세처분으로 확정된 세액과 조세포탈죄의 포탈결과인 세액이 다를 수 있음을 시사하고 있다. 다만 동일한 사실관계에 관하여 형사판결이 확정되었다면 이는 행정소송에서 유력한 증거자료가 되는 것이므로 행정재판에서 제출된 다른 증거들에 비추어 형사판결의 사실판단을 채용하기 어렵다고 볼 특별한 사정이 없는 한 이와 반

---

113) 진성철, 조세포탈범에 있어서 조세포탈의 결과와 고의, 대법원 조세법연구(Ⅰ), 1995, 184면.
114) 이종남, 조세포탈범의 내용과 조세회피행위와의 관계, 현대형사법학의 과제, 1980, 321면.
115) 대판 1986. 6. 10. 85누407.

대되는 사실을 인정할 수 없다.[116)

위와 같은 법리에 따를 경우 과세처분된 세액이 조세포탈죄에서 인정된 포탈결과와 같거나 더 클 수 있으므로, 결국 포탈세액의 확정은 조세포탈죄의 구성요건요소에 관한 입증의 정도에 따르게 된다.

Ⅲ. 포탈세액의 산정에 있어 세법상의 추계(推計)에 의한 세액결정의 허용 여부

1. 총   설

국세기본법 제16조는 국세 과세표준의 조사와 결정은 납세의무자가 보존하고 있는 장부에 따르도록 하였다. 법인세법 제66조 제3항은 법인이 조세를 신고하지 아니하거나 그 신고내용에 누락이 있거나 허위로 신고하여 과세관청이 법인세의 과세표준과 세액을 결정 또는 경정하는 경우에 장부를 근거로 하도록 규정하였다. 소득세법 제70조 제4항 및 제80조 제3항 역시 마찬가지이다. 근거과세의 원칙을 명문화한 것이다.

그런데 조세포탈사건을 조사해보면 장부가 이중으로 작성되거나 거짓 작성되어 그 장부를 믿을 수 없거나 장부와 기록이 은닉·파기되어 객관적으로 포탈세액을 입증할 수 없는 경우가 많다. 법인세법 및 소득세법은 공평과세와 응능과세를 실현하기 위하여 장부나 그 밖의 증명서류에 의하여 소득금액을 계산할 수 없다면 법령이 정한 방법에 따라 추계하여 과세표준과 세액을 결정·경정할 수 있는 길을 열어두고 있다.[117)

법인세법 및 소득세법 시행령에서 정한 추계과세사유는 ① 소득금액을 계산함에 있어서 필요한 장부 또는 증빙서류가 없거나 그 중요한 부분이 미비 또는 허위인 경우, ② 기장의 내용이 시설규모, 종업원 수, 원자재·상품·제품 또는 각종 요금의 시가 등에 비추어 허위임이 명백한 경우, ③ 기장의 내용이 원자재사용량·전력사용량 기타 조업상황에 비추어 허위임이 명백한 경우로서, 실제의 거래나 소득의 발생을 반영하는 장부가 없거나 그 장부의

---

116) 대판 1999. 11. 26. 98두10424.
117) 법인세법 제66조 제3항 단서, 법인세법 시행령 제104조, 소득세법 제80조 제3항 단서, 소득세법 시행령 제143조.

내용이 거짓임이 명백한 경우이다. 소득이 발생하였음에도 그 근거서류가 없다는 이유로 과세가 누락되는 것을 방지하기 위함이다.

추계조사결정은 사업수입금액에서 증빙에 의하여 인정되는 주요 경비(매입비용, 임차료, 대표자 및 임원, 사용인의 급여) 및 수입금액에 기준경비율을 곱한 금액을 공제하거나, 동업자권형에 의하거나, 당해연도 수입금액에 직전연도 소득률을 곱하거나, 생산량·판매량·거래량·종업원 수 등으로 산정한 비율을 이용하여 산출한다.[118] 이는 과세관청이 축적한 통계적·경험적 수치 또는 비율을 사용하여 실제의 소득에 가장 근접한 금액을 모색하기 위한 것이다.

그러나 추계과세의 필요성을 인정한다고 하더라도 근거과세의 원칙, 공평과세의 이념이나 국민의 재산권 보호라는 측면에서 추계과세를 허용하는 범위와 추계를 하는 절차의 양면에서 엄격한 제한과 규제를 가하는 것이 긴요하다. 그렇지 않다면 제도 본래의 목적에 반하고 조세법률주의의 이념이 달성될 수 없다.[119] 대법원 역시 실지조사가 불가능하여 추계의 방법에 의할 수밖에 없는 경우에 한하여 추계과세를 할 수 있고, 설령 납세자가 비치, 기장한 장부나 증빙서류 중 일부에 허위로 기재된 부분이 포함되어 있다고 하더라도 그 부분을 제외한 나머지 부분은 모두 사실에 부합하는 자료임이 분명하여 이를 근거로 과세표준을 계산할 수 있다면 그 과세표준과 세액은 실지조사의 방법에 의하여 결정하여야지 추계조사방법에 의해서는 아니 된다[120]고 하여 실지조사가 원칙이고 추계조사결정은 최후의 방법임을 명백히 밝히고 있다.

2. 조세포탈범의 포탈세액을 추계과세방법에 의하여 산정할 수 있는지 여부

추계과세방법에 의하여 산출된 세액은 인위적으로 비율 등을 적용하여 도출한 것이므로 실제의 소득과 차이가 있을 수밖에 없다. 그런데 실체적 진실의 발견을 목적으로 하는 형사소송에서 실제 소득에 따른 세액이 아닌 추계과세방법에 의한 세액을 형벌법규의 구성요건요소인 포탈결과로 그대로 사

---

118) 법인세법 시행령 제104조, 제105조, 제107조, 소득세법 시행령 제143, 144, 145조.
119) 임승순, 473면.
120) 대판 1986. 12. 23. 86도156; 1996. 1. 26. 95누6809.

용할 수 있는가의 문제가 발생한다. 특히나 포탈결과의 액수에 따라 형량이 달라지고, 심지어 일정 금액 이상의 조세포탈은 특가법으로 가중처벌되는 조세포탈범에 있어서는 더욱 그러하다. 반면, 정확한 세액을 계산할 수 없다고 하여 그를 처벌하지 않는다면 오히려 비난가능성이 더 큰 불성실한 납세의무자에게 면죄부를 부여하는 결과가 되어 부당하고 일반적 법감정에도 부합하지 않는다.

　　이에 관하여 포탈소득의 산정은 진실한 소득금액에 의할 것을 요하고 그 존재에 대한 일응의 개연성이 있는 정도로는 부족하므로 추계조사결정에 의한 포탈소득의 산정은 허용되지 아니하고,[121] 납세의무자에게 포탈세액의 부존재를 입증하도록 함으로써 형사법상의 입증책임의 원칙에도 반한다는 견해가 있다.[122]

　　그러나 대법원은 「조세포탈죄에 있어서 수입지출에 관한 장부 기타 증빙서류를 허위 작성하거나 이를 은닉하는 등의 방법으로 그 수입금액을 줄이거나 지출경비를 늘림으로써 조세를 포탈한 경우 그 포탈세액의 계산기초가 되는 수입 또는 지출의 각개 항목에 해당하는 사실 하나 하나의 인정에까지 확실한 증거를 요한다고 고집할 수는 없는 것으로서 이러한 경우에는 그 방법이 일반적으로 용인될 수 있는 객관적, 합리적인 것이고 그 결과가 고도의 개연성과 진실성을 가진 것이라면 추정계산도 허용된다」[123]고 일관되게 판시하여 추계과세에 의한 포탈세액 산정을 허용하고 있다. 다만 「추계조사방법에 의하여 이를 결정하려면 납세자의 장부나 증빙서류 등이 없거나 그 중요부분이 미비 또는 허위로 기재되어 신뢰성이 없고 달리 과세관청이 그 소득의 실액을 밝힐 수 있는 방법이 없는 때에 한하여 예외적으로 허용된다」[124]고 하여 예외적이고 최후적으로 추계과세방법에 의한 포탈결과 산정이 허용된다고 하였다.

　　조세를 탈루할 목적으로 장부를 작성하지 않거나 장부를 파기한 자에 대하여 근거서류 없음을 이유로 조세포탈범으로 처벌할 수 없다면 불합리할 뿐

---

121) 진성철, 앞의 논문, 187면.
122) 이승식, 조세포탈죄의 구성요건에 관한 연구, 박사학위논문, 경희대학교 대학원, 2013. 8, 156면.
123) 대판 1997. 5. 9. 95도2653; 2004. 5. 28. 2004도925; 2005. 5. 12. 2004도7141 외 다수.
124) 대판 1999. 10. 8. 98도915; 2004. 12. 10. 2004도6851.

아니라 장부를 기장·비치한 사람과의 형평성도 저해된다. 세법에서 요구한 의무를 위반한 행위에 대한 책임을 묻는다는 측면에서도 추계과세방법에 의하여 포탈세액을 산정할 수 있다고 봄이 타당하다.[125] 다만 아래에서 보는 바와 같이 그 방법의 적정성에 대한 문제가 남을 뿐이다.

3. 포탈세액 산정시 추계방법의 채택 및 입증책임

추계조사방법에 의한 결정에 있어 특별한 사정이 없다면 법령이 정한 추계방법을 이용하여야 한다.[126] 그러나 법령이 추계방법을 제한적으로 열거한 것으로 볼 수는 없으므로[127] 과세관청이 법령에서 정한 방법으로 추계과세를 하였다 하더라도 그 추계방법에 의한다면 불합리하게 된다고 볼 만한 특수한 사정이 있는 경우에는, 이러한 특수한 사정을 참작하지 아니하고 행하여진 추계과세는 그 추계방법과 내용에 있어 합리성과 타당성을 인정할 수 없어 위법하다.[128] 따라서 추계과세를 할 때에는 만연히 법령에서 정한 방법이라는 이유로 이를 채택할 것이 아니라 그 방법이 일반적으로 용인될 수 있는 객관적·합리적인 것이고 그 결과가 고도의 개연성과 진실성을 가진 것인지를 선행적으로 검토하여야 한다. 검토결과 그 추계방법에 의한다면 불합리하게 된다고 볼 만한 특수한 사정이 있다면 다른 합리적인 방법을 통하여 포탈세액을 산정하여야 한다. 또한 단일한 과세대상의 총수입금액 또는 비용을 실지과세와 추계과세를 혼합하여 산정하는 것은 허용되지 않는다.[129]

결국 과세관청이 추계방법의 합리성과 타당성을 입증하여야 할 것인데,[130] 그 입증의 대상을 분석하여 보면 ① 추계방법에 의하여 과세한 것이 정당하다는 것, ② 기준경비율 등 추계의 기초된 사실이 정확하다는 것, ③

---

125) 동지 박정우/마정화, 조세범 처벌제도의 실효성확보방안, 세무학연구 제23권 제4호, 한국세무학회, 2006. 12.

126) 대판 2011. 4. 28. 2011도527(검사가 법령과 다른 추계방법을 적용하여 법인세 포탈세액을 산정한 데에 대하여 원심은 그 방법이 객관적이고 합리적인 것으로 보인다는 이유로 포탈세액의 추계가 적법하다고 보았으나 대법원은 특별한 사정이 없는 한 법령상의 추계방법에 의하여야 한다는 이유로 원심을 파기하였다).

127) 대판 2005. 5. 12. 2004도7141; 2011. 4. 28. 2011도527.

128) 대판 1998. 5. 12. 96누5346; 2004. 12. 10. 2004도6851.

129) 대판 1990. 2. 27. 88누6337; 1990. 1. 23. 89누5508; 1992. 9. 14. 92누1353.

130) 대판 1988. 3. 8. 87누588; 1992. 5. 12. 90누3140; 2008. 9. 11. 2006두11576.

추계방법이 통상의 회계법칙상 오류가 없는 합리적인 것이고 구체적으로 적
용되는 사안의 실정에 타당하다는 것 등의 세 가지로 나누어 볼 수 있다.[131]

　　다만 추계방법의 적법 여부가 다투어지는 경우에 과세관청이 관계 규정
이 정한 방법과 절차에 따라 추계하였다면 합리성과 타당성은 일단 증명되었
고, 구체적인 내용이 현저하게 불합리하여 과세표준의 실액을 반영하기에 적
절하지 않다는 점에 관하여는 이를 다투는 납세자가 증명하여야 한다. 납세의
무자는 막연히 추계한 소득금액을 부인하거나 진실의 소득금액과 다르다는
것을 주장하는 것만으로는 부족하고, 구체적으로 과세관청이 채택한 추계방
법의 기초가 된 수치의 잘못을 지적하거나 좀 더 사실과 근접한 추계방법이
존재한다는 사실 등에 관한 입증을 하여야 한다.[132] 예를 들어, 과세관청이
관계규정이 정한 방법과 절차에 따라 소득표준율을 결정하고 이에 따라 추계
과세하였다면, 그 구체적인 내용이 현저하게 불합리하여 소득실액을 반영하
기에 적절하지 않다는 점에 관하여는 납세의무자에게 입증책임이 있다.[133]

4. 포탈세액 산정과 관련된 판례사례

• 부가가치세액은 매출세액에서 매입세액을 공제한 금액으로 하되 세금계
산서를 교부받지 아니하였거나 교부받은 세금계산서를 제출하지 아니한 경우
에는 매입세액을 공제하지 아니하는 것으로 되어 있고, 조세포탈범에 대한 형
사절차에서 확정하여야 할 포탈세액은 당해 포탈범에 대하여 부과하여야 할
세법상의 납세의무액수와 그 범위를 같이 하여야 하므로(대판 1988. 3. 8. 85도
1518), 피고인이 매입세금계산서를 교부받지 아니하고 또 이를 제출치 아니한
이 사건에 있어서 매입세액을 매출세액에서 공제하지 않고 포탈세액을 인정하
여야 한다(대판 2000. 6. 13. 99도5191; 2005. 5. 13. 2005도1427; 2010. 8. 19.
2010도5604).

• 과세관청이 거주자의 당해 연도의 총수입금액에 대응하는 필요경비를 실
지조사결정하면서 당초 신고에서 누락된 수입금액을 발견한 경우에 이에 대응
하는 필요경비가 별도로 지출되었음이 장부나 증빙서류에 의하여 밝혀지는 등

131) 임승순, 458면.
132) 대판 1997. 10. 24. 97누10192; 2010. 10. 14. 2008두7687.
133) 대판 1997. 9. 9. 96누12054.

의 특별한 사정이 없는 한, 총수입금액에 대응하는 필요경비 속에 탈루된 수입금액에 대응하는 필요경비도 포함되어 있는 것으로 보아야 하고, 이 경우 누락수입에 대응하는 비용에 관한 신고를 누락하였다고 하여 그 공제를 받고자 한다면 그 비용의 필요경비 또는 손금 산입을 구하는 납세의무자가 스스로 그 누락사실을 주장·입증하여야 한다(대판 1994. 6. 28. 94도759; 2003. 11. 27. 2002두2673; 2011. 1. 27. 2010도13764).

• 법인세법에 의하면, 법인이 사업집행상의 필요에 의하여 비용을 지출한 경우 손금으로 인정받을 수 있는 항목 및 그 용인한도액은 법정되어 있으므로, 주식회사의 이사 등이 비용의 허위계상 또는 과다계상의 방법으로 공급을 정식경리에서 제외한 뒤 그 금액 상당을 손금으로 처리한 경우, 그 금액들이 전부 회사의 사업집행상 필요한 용도에 사용되었더라도 그 용도를 구체적으로 밝혀 그것이 손비로 인정될 수 있는 항목이고 손금용인한도액 내의 금액임을 입증하지 못하는 이상 조세포탈의 죄책을 면할 수 없다(대판 1989. 10. 10. 87도966; 2002. 7. 26. 2001도5459).

• 법인세는 신고납세방식을 원칙으로 하고 있으므로, 법인세의 과세표준이나 세액을 허위로 과소신고하여 조세를 포탈한 경우에는 그 신고·납부기한이 경과됨으로써 조세포탈죄는 기수로 되고, 그 이후에 발생한 가산세는 원래 벌과금적 성질을 가지는 것이므로, 포탈세액에 포함시킬 수 없다(대판 1996. 12. 10. 96도2398; 1985. 3. 12. 83도2540 등).

• 세무공무원들이 세칭 마담들로부터 직간접적으로 확인한 유흥접객원들에 대한 봉사료 지급 내역과 웨이터들이 보관하고 있던 부수입수첩에 기재된 봉사료 금액 등 객관적으로 인정되는 유흥접객원 봉사료와 웨이터 봉사료를 확정한 후 이를 부가가치세 등의 과세표준에서 제외하여 포탈세액을 계산한 것은 정당하다(대판 2005. 5. 12. 2004도7141).

• 피고인 회사가 1991사업연도 및 1992사업연도에 허가량을 초과하여 해사를 채취한 사실이 이 사건 수사를 통하여 밝혀짐에 따라 장차 관할관청으로부터 피고인 회사 앞으로 위 초과 채취분에 대한 공유수면 해사채취료와 입항료 등이 추가로 부과처분될 것으로 예상된다 하더라도, 이를 그 부과처분이 실제로 납부고지된 사업연도의 손금으로 산입할 수 있을지 여부는 별론으로 하고 위 1991사업연도나 1992사업연도의 손금으로 산입할 수는 없다(대판 1995. 7. 14. 94도1972).

• 공동출자한 사업체이지만, 피고인들은 그 실질적인 경영자로서 다른 공동사업자들로부터 영업을 위임받아 사무를 처리하는 대리인의 지위에 있었다고 인정하고, 피고인들이 다른 공동사업자들의 대리인 지위에서 그들에게 귀속될 소득세까지 포탈한 이상 공동사업자들의 소득세 전액을 포탈한 형사상 책임을 져야 한다(대판 2005. 5. 12. 2004도7141).

• 미확인예금 및 외상매입금 상당의 채무면제익을 익금에 산입하지 아니한 채 실제 환불 또는 변제된 것처럼 허위 회계처리하였다고 하더라도 위 채무면제익이 당해 사업연도에 귀속된 것으로 보기 어렵고, 또한 단순히 위 미확인예금 및 외상매입금 상당의 현금이 당해 사업연도에 유출된 사실만으로는 자산계정의 현금과 함께 부채계정의 미확인예금 또는 외상매입금이 동시에 감소하게 되어, 회사의 당해 사업연도의 법인세 과세표준이 되는 소득에는 아무런 영향을 미치지 않으므로 법인세 탈루가 있다고 보기 어렵다(대판 2006. 6. 29. 2004도817).

• 재화나 용역을 공급하는 사업자가 가공의 매출세금계산서와 함께 가공의 매입세금계산서를 기초로 부가가치세의 과세표준과 납부세액 또는 환급세액을 신고한 경우에는 그 가공의 매출세금계산서상 공급가액에 대하여는 부가가치세의 과세대상인 재화나 용역의 공급이 없는 부분으로서 이에 대한 추상적인 납세의무가 성립하였다고 볼 수 없으므로, 비록 공제되는 매입세액이 가공이라고 하더라도 이러한 경우에는 가공의 매출세액을 초과하는 부분에 한하여 그 가공거래와 관련된 부가가치세의 포탈이나 부정환급·부정공제가 있었다고 보아야 한다(대판 2009. 12. 24. 2007두16974).

• 납세의무자가 법인세의 과세표준 등 신고에 있어 신고누락한 매출액 등의 수입이 발견되면 과세청으로서는 그 누락된 수입을 익금에 산입할 수 있고 만약 납세의무자가 과세표준 등 신고에 있어 익금에 산입될 수입의 신고만을 누락한 것이 아니라 손금에 산입될 비용에 관하여도 신고를 누락한 사실이 있는 경우에는 그와 같이 비용을 신고누락하였다는 사실에 관하여는 그 비용의 손금산입을 주장하는 자의 입증에 의해 비용의 존재와 비용액을 가려야 할 것이며, 그와 같은 입증이 없는 이상 사실상 그와 같은 별도 비용은 없다고 할 수 있을 것이고, 이 경우 총손금의 결정방법과는 달리 그 수입누락 부분에 대응하는 손금만을 실지조사가 아닌 추계조사방법에 의하여 산출·공제할 수는 없다(대판 1999. 11. 12. 99두4556).

• 실지조사방법에 의하여 산출될 정당한 세액이 얼마인가를 심리하여 만일 그 세액이 추계조사방법에 의한 부과처분 세액보다 오히려 많은 것으로 인정된다면 이 사건 과세처분이 비록 위법한 추계의 방법에 의한 것이었다 하더라도 취소하여서는 아니 되고, 그 초과부분만을 취소하여야 한다(대판 1986. 7. 8. 84누551).

• 이와 같은 추계과세의 요건에 관한 입증책임은 과세관청인 피고에게 있다 할 것이므로, 피고가 소송에서 그 추계과세의 요건에 관하여 입증하지 못하였다면 특별한 사정이 없는 한 법원은 피고가 한 추계과세가 위법하다 하여 이를 전부 취소할 수밖에 없다(대판 1986. 3. 25. 84누216).

• ① 무자료 매입 쇠고기 부분의 매출에도 신용카드매출 부분이 있음이 분명하고 이 사건 식당의 신용카드매출액은 그 전액이 이미 신고되었음에도 무자료 매입 쇠고기 부분의 매출액 전부가 신고누락되었음을 전제로 계산한 점, ② 수사기관이 압수수색으로 확보한 이 사건 식당의 잡기장에 기재된 숫자를 모두 현금매출액으로 간주하여 계산하였는바, 그 결과 이 사건 식당의 총매출액 대비 현금매출액의 비율은 30%나 되는데, 이는 세무서 직원들이 이 사건 식당에서 15일간 함정수사를 포함하여 입회조사한 현금매출액 비율 12%와도 불일치하는 것인 점, ③ 소득세법 시행령 제144조 제1항 제4호와 부가가치세법 시행령 제69조 제1항 제4호의 각 ㈐목의 '일정기간 동안의 매출액과 부가가치액의 비율을 정한 부가가치율'을 적용하여 한우고기 및 수입쇠고기의 누락매출액을 계산하면서 한우고기의 경우에는 전국 일반음식점업의 평균 부가가치율인 36.96%를 적용하고 수입쇠고기의 경우는 아무런 근거 없이 그 2배인 79.92%의 부가가치율을 적용한 점 등 그 추정계산방법의 객관성과 합리성을 인정할 수 없는 사유들이 있어 무죄(대판 2007. 8. 23. 2006도5041).

• 규모가 크고 층별, 용도별로 이용가치가 다른 이 사건 상가의 경우 총건설공사비를 바닥면적의 비율로 안분하여 분양 점포의 공사원가를 계산하는 것은 합리적인 원가계산방법이라고 할 수 없다(대판 1999. 10. 8. 98두915).

• 법원이 공소사실의 동일성이 인정되는 범위 내에서 공소가 제기된 범죄사실에 포함된 이보다 가벼운 범죄사실을 공소장변경 없이 직권으로 인정할 수 있는 경우라고 하더라도 공소가 제기된 범죄사실과 대비하여 볼 때 실제로 인정되는 범죄사실의 사안이 중대하여 공소장이 변경되지 않았다는 이유로 이를 처벌하지 않는다면 적정절차에 의한 신속한 실체적 진실의 발견이라는 형사소

송의 목적에 비추어 현저히 정의와 형평에 반하는 것으로 인정되는 경우가 아
닌 한 법원이 직권으로 그 범죄사실을 인정하지 아니하였다고 하여 위법한 것
이라고까지 볼 수는 없는 것인바(대판 1996. 2. 23. 94도1684; 1997. 2. 14. 96도
2234 등), 현저히 정의와 형평에 반하는 것이라고 할 만한 사정이 보이지 아니
하는 이상, 추정계산방법의 객관성과 합리성을 인정할 수 없어 무죄를 판단하
는 것에서 나아가 직권으로 포탈세액을 추정계산하면서까지 공소사실에 포함
된 일부 범죄사실을 유죄로 인정할 필요는 없다(대판 2007. 8. 23. 2006도5041).

• 세무당국에 신고한 매출액이 실제 매출액의 50% 정도라는 피고인 회사
대표이사의 진술만을 토대로 실제 매출액을 신고한 매출액의 2배로 추정계산
한 것은 위법하다(대판 1997. 5. 9. 95도2653).

제 7 절   부정행위와 포탈의 결과 사이의 인과관계

I. 일 반 론

형식범 또는 거동범은 결과의 발생을 요하지 않기 때문에 행위의 완료로
범죄가 완성된다. 행위와 결과 사이의 인과관계는 결과가 구성요건요소로 되
는 결과범에서만 문제가 된다. 행위자가 행위를 하고 구성요건요소인 결과가
발생하였다는 것만으로는 행위자에게 결과에 대한 책임을 묻기에 부족하다.
행위자의 행위와 결과 사이에 일정한 연관성(聯關性)이 인정되어야 비로소 행
위자에 대한 비난이 가능한 것이다. 발생한 결과가 행위자의 행위에 기인한
것이라는 연관성을 인과관계(因果關係)라 한다.

형법 제17조는 '인과관계'라는 표제하에 "어떤 행위라도 죄의 요소되는
위험발생에 연결되지 아니한 때에는 그 결과로 인하여 벌하지 아니한다"고
규정하고 있다. 여기서 '죄의 요소되는 위험발생'이란 '구성요건적 사실의 중
심의 되는 부분의 위험', '구성요건의 내용으로 되어 있는 결과발생의 위험'
또는 '당해 구성요건이 보호대상으로 삼고 있는 법익이 위태롭게 되는 것',
'범죄의 구성요소가 되는 예견적 결과의 발생'으로 설명된다.[134] 행위자의 행

---

[134] 신동운, 189면; 오영근, 116면; 이재상, 173면; 정성근/박광민, 133면.

위가 법률상 허용되지 아니하는 위험을 유발한 것이 아니라면 비록 결과가 발생하였다 하더라도 그 결과는 행위자가 유발한 위험으로 인하여 발생한 것이 아니므로 행위자에게 책임을 물을 수 없다고 해석된다. 또한 행위가 위험발생에 연결된다는 것은 발생된 결과가 행위 당시에 예상되었던 위험발생의 범위 안에 속한다는 의미이다.[135)

그렇다면 행위와 결과 사이에 어떠한 연관이 있어야, 그리고 그 연관의 정도가 어느 정도에 이르러야 인과관계를 인정할 수 있는 것인가? 이에 관하여 형법이론상 원인과 결과 사이에 인과관계를 인정하는 범위에 관하여 ① 그 행위가 없었다면 결과가 발생하지 않았다고 볼 수 있는 관계, 즉 행위가 결과의 조건이 되었다면 인과관계를 모두 인정하는 조건설(條件說)(독일의 판례가 채택하고 있는 입장이다. 일본의 판례도 대부분 조건설에 입각한 것으로 보인다), ② 조건에 경중을 두고 결과발생에 중요한 영향을 준 조건과 단순한 조건을 구별하여 전자의 경우에만 결과의 원인이 되므로 행위자에게 형사처벌을 할 수 있다고 하는 원인설(原因說), ③ 개별 규정의 의의와 목적 및 구성요건이론의 일반원칙을 검토하여 법률적으로 중요한 조건을 유발한 행위의 경우에만 인과관계를 인정하여야 한다는 중요설(重要說), ④ 인과관계의 범위를 구성요건단계에서 제한하여 경험칙상 결과발생에 상당한 기여를 하는 조건만이 원인행위로 인정될 수 있다는 상당인과관계설(相當因果關係說), ⑤ 조건설의 결함을 일상적 경험법칙으로서의 합법칙성에 따라 수정하여, 행위와 합법칙적으로 결합되어 구성요건적 결과가 실현되었을 때 인과관계를 인정하여야 한다는 합법칙적 조건설(合法則的 條件說)이 대립한다.

상당인과관계설은 다시 ① 행위자가 행위 당시 인식하였거나 인식할 수 있었던 사정을 기초로 하여 상당성을 판단하여야 한다고 보는 주관적 상당인과관계설과 ② 행위 당시에 객관적으로 확인된 사정 및 행위 후에 발견된 새로운 사정을 모두 판단의 기초로 삼아 법관이 상당성을 판단하여야 한다는 객관적 상당인과관계설, ③ 행위 당시에 일반인이 알고 있거나 예견할 수 있었던 일반적 사정과 행위자가 실제로 알고 있었던 특별한 사정을 기초로 하여 상당인과관계를 판단하여야 한다는 절충적 상당인과관계설로 나뉜다.[136)

---

135) 오영근, 116면.
136) 신동운, 184면; 오영근, 113면; 이재상, 156면.

학자들은, 인과관계가 인정된 후에 한걸음 더 나아가 그 결과를 행위자의 행위에 객관적으로 귀속시킬 수 있는가 여부를 검토하여야 한다는 의견이 지배적이다. 즉 인과관계의 유무는 사실적 · 존재론적 문제이므로 그에 더 나아가 그 결과에 대하여 행위자를 처벌하는 것이 정당한가를 판단하려면 객관적 귀속이 인정되어야 한다고 한다. 객관적 귀속을 인정하려면 ① 결과가 객관적으로 예견할 수 있고 지배할 수 있는 것이어야 하고, ② 행위자가 보호법익에 대한 허용되지 않는 위험을 창출하거나 증가시켰고, ③ 허용되지 않는 위험이 구성요건적 결과로 실현되었으며, ④ 결과가 침해된 규범의 보호범위 안에서 발생하였을 것을 요한다.[137]

대법원은 일관되게 상당인과관계설에 따라 인과관계를 인정하되, 강론상 논의되는 인과관계와 객관적 귀속을 구분하지 않고 상당인과관계가 인정되면 행위자에게 책임을 물을 수 있다는 입장이다.[138] 이에 대하여, 대법원의 논리에 따른다면 인과관계가 자연과학적인 확률의 차원을 넘어서서 규범적 판단의 성격을 띠게 되므로 상당인과관계설은 이질적 요소들을 하나의 척도로 결합하는 무리를 범하고 있다는 비판이 있다.[139] 그러나 이미 확고하게 입장을 정립한 대법원의 결론을 바꾸기는 쉽지 않을 것으로 보인다.

II. 조세포탈에 있어서의 인과관계

조세포탈범은 조세의 포탈 · 환급 · 공제의 결과가 발생하여야 기수가 되는 결과범이다. 조세범 처벌법은 이러한 결과가 '사기나 그 밖의 부정한 행위'에 의하여 발생하여야 한다고 하여 행위의 태양도 구성요건으로 정하고 있다. 따라서 부정행위와 조세포탈의 결과 사이에 인과관계가 인정되어야만 행위자에게 조세포탈에 관한 책임을 물을 수 있다.

우리 대법원이 채택하고 있는 상당인과관계설, 그중에서도 절충적 상당인과관계설에 의할 경우, 납세의무자가 부정행위를 할 당시에 일반인(조세범의 특성상 자연인 일반을 말하는 것이 아니라 납세의무자와 학력 · 경력 · 지위 등이 유

---

137) 이재상, 169면; 정성근/박광민, 130면; 객관적 귀속론에 대한 비판은, 오영근, 119면.
138) 대판 1995. 5. 12. 95도425; 1990. 5. 22. 90도580.
139) 신동운, 185면; 오영근, 114면; 정성근/박광민, 127면.

사하고 동종 또는 유사한 업무를 취급하는 합리적 일반인을 의미한다)이 알고 있거
나 예견할 수 있었던 사정과 납세의무자가 실제로 알고 있었던 사정을 기초
로, 납세의무자의 부정행위로 인하여 발생할 것으로 예상되는 포탈의 결과범
위 내에서 인과관계가 인정될 것이다.

　　신고·무신고행위 이전단계의 이중장부작성 등 사전소득은닉행위가 부정
행위에 해당하는가에 관한 일본의 학설인 제한설(신고·불신고행위만이 부정행
위이기 때문에 그 이전의 행위는 이에 해당하지 아니한다는 견해)과 포괄설(사전소
득은닉행위와 신고·불신고행위가 결합하여 부정행위로 된다는 견해)을 인과관계에
도 적용하여, 사전소득은닉행위와 결과 사이의 인과관계 필요 여부를 구분하
는 입장이 있다. 제한설에 의하면 사전소득은닉행위는 부정행위가 아니므로
사전소득은닉행위와 포탈결과 사이의 인과관계가 불필요하다고 보는 반면,
포괄설에 의하면 사전소득은닉행위와 포탈결과 사이에 인과관계는 필요하지
만 그 인과관계의 범위가 신고·불신고행위와 직접적으로 연관되는 부분으로
제한된다는 것이다.[140]

　　그러나 위와 같은 학설은 일본의 판례에서 비롯된 것으로서 그 결론에 있
어 사실상 큰 차이가 없을 뿐 아니라, 우리나라 대법원은 신고 이전 단계에
이루어진 장부의 거짓 기장 등의 행위 역시 부정행위에 해당한다는 일관된
입장을 보이고 있어 실무상 학설대립의 의의가 없었다. 게다가 2010. 1. 1. 조
세범 처벌법이 전면 개정되면서 그간 판례로 축적되어 온 대법원의 입장이
반영되어 제3조 제6항에서 부정행위의 행위태양으로 제1호 내지 제7호에서
"이중장부의 작성, 장부와 기록의 파기" 등 신고 이전단계의 사전소득은닉행위
가 부정행위에 해당한다는 점이 명문화되어, 이제 위와 같은 논의는 불필요하게
되었다.

　　따라서 이하에서는 조세의 확정방식에 따라 인과관계의 인정범위가 어떻
게 다른가 여부에 관하여만 간략하게 살펴보기로 한다.

1. 신고납세방식 조세와 인과관계

　　신고납세방식은 납세자의 신고로 세액이 확정된다. 포탈의 결과는 개별
세법에 따라 산출되는 정당한 세액과 납세자가 신고한 세액과의 차액이다. 즉

---

140) 포괄설과 제한설에 관한 논의는 제2편 제1장 제4절 Ⅱ. 부정행위의 요건 및 의미 참조.

무신고의 경우에는 정당한 신고액 전액이 되고, 과소신고의 경우에는 정당한 세액과 과소신고한 세액의 차액이 된다.

그리고 그 포탈의 결과가 조세범 처벌법 제3조 제6항 각호에서 정한 사전소득은닉행위로서 조세의 부과와 징수를 불가능하게 하거나 현저히 곤란하게 하는 적극적 행위로 인한 것이어야 인과관계가 인정된다. 비록 납세의무자 등이 위와 같은 사전소득은닉행위를 하였더라도 납세의무자 등의 행위와 무관하게 다른 원인에 기인하여 포탈의 결과가 발생하였다면 객관적 구성요건 요소 중 하나인 인과관계가 부인되어 조세포탈죄가 성립하지 않는다.

2. 부과과세방식 조세와 인과관계

부과과세방식 조세란 과세관청이 부과처분에 의하여 과세표준과 세액을 확정하는 방식의 조세이다. 부과과세방식의 조세라 하더라도 통상은 납세의무자에게 과세표준 및 세액의 신고의무를 부여하고 있다. 이러한 신고는 납세의무를 확정시키는 효력은 없고 다만 조세행정상 협력의무에 불과하다. 협력의무로서의 신고의무조차 부여되지 않은 부과과세방식 조세에 있어서 조세포탈죄가 성립할 수 없음은 앞서 본 바와 같다.

납세의무자에게 신고의무가 부여된 경우 부과과세방식의 조세라 하더라도 납세의무자의 신고내용에 의존하여 이를 토대로 과세관청이 세액을 확정하는 경우가 많다. 따라서 납세의무자가 부정행위로 신고를 하고 세무공무원이 그 신고내용이 정당하다고 생각하여 착오에 빠짐으로써 정당한 세액에 미달하는 과세처분을 한 것이라면 부정행위와 포탈의 결과 사이에 인과관계가 인정된다. 납세의무자가 의도적으로 장부를 파기하는 등 부정행위를 하고 신고의무를 이행하지 아니하여 과세관청이 해당 세목의 과세표준을 결정하거나 조사결정하지 못하였다면 무신고 및 그 이전의 일련의 부정행위와 포탈의 결과 사이에 인과관계가 인정된다. 설령 과세관청이 무신고자에 대하여 실지조사를 시행하고 과세표준을 결정하였다 하더라도 납세의무자가 미리 준비해 둔 거짓 장부 등으로 인하여 정당한 세액에 미달하는 과세처분을 하였다면 이 역시 인과관계가 인정된다.

그러나 포탈의 결과가 납세의무자의 부정행위로 세무공무원이 착오에 빠져 이루어진 것이 아니라 다른 원인에 기인한 것이라면 인과관계가 부정된다.

예를 들어 납세의무자가 부정행위로써 일부 계정과목에 관하여 세액을 탈루한 신고를 하였는데, 세무공무원이 그 신고내용에 관하여는 부정행위를 인지하여 정당한 금액으로 확정하였으나 다른 계정과목에 관하여 스스로 착오에 빠져, 또는 계산오류로 정당한 세액에 미달하게 결정을 하였다면 인과관계가 부정된다. 납세의무자의 행위에 따른 결과가 아니기 때문이다.

　　납세의무자의 부정행위가 있었음에도 불구하고 세무공무원이 착오에 이르지 아니하여 정당한 과세표준과 세액을 결정하였다면 포탈의 결과가 없어 구성요건요소의 실현이 이루어지지 않은 것이므로 인과관계를 논할 여지도 없다. 마찬가지로 납세의무자가 단순히 의무의 부지 또는 착오로 과세표준과 세액을 신고·납부하지 않은 것이라면 부정행위에 해당하지 아니하므로 이 역시 조세포탈죄로 의율할 수 없다.

제 8 절　특정범죄 가중처벌 등에 관한 법률과 조세포탈

특정범죄 가중처벌 등에 관한 법률 제8조(조세 포탈의 가중처벌)
　① 「조세범 처벌법」 제3조 제1항, 제4조 및 제5조, 「지방세기본법」 제102조 제1항에 규정된 죄를 범한 사람은 다음 각 호의 구분에 따라 가중처벌한다.
　1. 포탈하거나 환급받은 세액 또는 징수하지 아니하거나 납부하지 아니한 세액(이하 "포탈세액등"이라 한다)이 연간 10억원 이상인 경우에는 무기 또는 5년 이상의 징역에 처한다.
　2. 포탈세액등이 연간 5억원 이상 10억원 미만인 경우에는 3년 이상의 유기징역에 처한다.
　② 제1항의 경우에는 그 포탈세액등의 2배 이상 5배 이하에 상당하는 벌금을 병과한다.

I. 총　설

1. 특가법 제8조의 의의 및 입법배경

어떤 범죄를 특별법의 제정을 통하여 가중처벌하는 것은, 그 법률로 대응

하고자 하는 사회현상에 큰 변화가 생겨서 일반법의 특정형으로는 처벌의 실
효가 없게 되었거나, 종래에는 단순한 행정범(行政犯)으로 인식되던 것이 사회
사정의 변화에 따라 형사범(刑事犯)으로 인식되게 된 경우와 같이 그 범죄의
성격에 대한 인식이 변화되었거나, 경우에 따라서는 선고형이 너무 낮아서 입
법으로 일정한도 이하의 양형의 선택을 제한하게 하는 등의 경우에 사용되는
법률정책이다.

　　조세포탈범은 국가의 존립기반인 국가의 재정권을 침해하는 국가적 법익
에 관한 범죄로서 사기나 그 밖의 부정한 방법으로 헌법상 국민의 의무인 납
세의무를 면탈하는 것이라는 점에서 반사회적·반윤리적 범죄로 평가된다. 더
구나 복지국가적 경향이 갈수록 강화되어가는 오늘에 있어서 조세의 중요성
은 더욱 커지고 있다. 국민의 담세율과 담세액이 점차 증대됨에 따라 조세에
대한 국민 개개인의 관심이 증대된 한편 조세포탈의 금액과 방법도 거대하고
교묘해지게 되었다. 이러한 사회현상 및 사회사정의 변화로 조세포탈범에 대
하여 특별법에 의한 가중처벌을 할 필요가 대두되었다. 이에 조세범 처벌법의
법정형을 대폭 가중하여 그 포탈세액 등에 따라 가중처벌하도록 하는 특가법
제8조가 입법되었다.[141]

2. 특가법 제8조의 개정연혁

　　특가법 제8조 제1항은 그동안 국가경제규모의 확대, 물가상승, 사회가치
관 및 국민법감정의 변천에 따라 가중처벌의 기준이 되는 포탈세액 등 구성
요건해당금액을 현실에 맞도록 상향 조정하여 왔다.

　　1966. 2. 23. 법률 제1744호로 제정될 당시에는 포탈세액 등이 연간 1,000
만 원 이상인 때에 무기 또는 5년 이상의 징역에, 포탈세액 등이 500만 원 이
상 1,000만 원 미만인 경우에는 무기 또는 3년 이상의 징역에 각 처하도록 규
정되어 있었다. 1980. 12. 18. 법률 제3280호로 개정되면서 그 각각의 포탈세
액이 연간 5,000만 원 이상 및 2,000만 원 이상 5,000만 원 미만으로 상향조정
되었고, 1990. 12. 31. 법률 제4291호로 개정되면서 그 각각의 포탈세액이 연
간 5억 원 이상 및 2억 원 이상 5억 원 미만으로 대폭 상향조정되었다.

　　그 후 2005. 12. 29. 다시 법률 제7767호로 개정되어 지금과 같이 포탈세

---

141) 헌재결 1998. 5. 28. 97헌바68.

액 등이 연간 10억 원 이상인 때에는 무기 또는 5년 이상의 징역에, 포탈세액 등이 연간 5억 원 이상 10억 원 미만인 때에는 3년 이상의 유기징역에 처하도록 규정하게 되었다.

3. 특가법 제8조의 특수성

조세포탈범의 죄수는 위반사실의 구성요건 충족 회수를 기준으로 하여 예컨대, 소득세포탈범은 각 과세년도의 소득세마다, 법인세포탈범은 각 사업 년도의 법인세마다, 그리고 부가가치세의 포탈범은 각 과세기간인 6월의 부가가치세마다 1죄가 성립하는 것이 원칙이다. 그런데 특가법 제8조 제1항은 연간 포탈세액이 일정액 이상이라는 가중사유를 구성요건화하여 조세범 처벌법 및 지방세법상의 조세포탈범 규정과 합쳐서 하나의 범죄유형으로 하고 그에 대한 법정형을 규정하였다. 따라서 조세의 종류를 불문하고 1년간 포탈한 세액을 모두 합산한 금액이 특가법 제8조 제1항 소정의 금액 이상인 때에는 특가법 위반의 1죄만이 성립한다. 또한 특가법 제8조 위반죄는 1년 단위로 하나의 죄를 구성하며 그 상호간에는 경합범 관계에 있다.142)

한편, 조세범 처벌법 제3조 제2항은 2년 또는 3년 이하의 징역에 포탈세액 등의 2배 또는 3배 이하에 상당하는 벌금을 임의적으로 병과할 수 있도록 규정하고 있다. 이에 비하여 특가법 제8조는 포탈세액 등이 연간 10억 원 이상인 때에는 무기 또는 5년 이상의 징역에, 포탈세액 등이 연간 5억 원 이상 10억 원 미만인 때에는 3년 이상의 유기징역에 처하도록 하고, 그 포탈세액 등의 2배 이상 5배 이하에 상당하는 벌금을 필요적으로 병과하도록 하여 법정형이 현저히 높게 규정되어 있다. 또한 형법 제59조에 의하면 선고유예는 1년 이하의 징역이나 금고, 자격정지 또는 벌금의 형을 선고할 경우에만 가능하므로 특가법 제8조 제1항에 해당하면 선고유예가 불가능하고, 형법 제62조에 의하면 집행유예는 3년 이하의 징역 또는 금고의 형을 선고할 경우에만 가능하기 때문에 연간 포탈세액 등이 10억 원 이상인 경우에는 특가법에 따라 무기 또는 5년 이상의 징역형에 처해지므로 달리 감경사유가 없는 한 집행유예의 선고도 불가능하다. 또한 조세범 처벌법에 의한 조세포탈범의 공소시효는 7년인 데 비하여 특가법 제8조 제1항 제1호의 경우에는 15년, 제2호의 경

---

142) 대판(전합) 2000. 4. 20. 99도3822.

우에는 10년이 된다. 이에 대하여 특가법 제8조가 헌법상 평등의 원칙 또는 비례의 원칙이나 과잉금지의 원칙에 위반된다는 주장이 지속되어 왔다.

헌법재판소는 「조세포탈범은 재정범(財政犯)으로서 일반형사범에 비하여 범행의 동기나 행위의 태양 등이 비교적 정형화되어 있고, 그것이 국가와 사회에 미치는 병폐는 조세포탈액 등이 많으면 많을수록 가중된다는 점에서 볼 때 조세포탈액 등을 기준으로 한 단계적 가중처벌은 일응 수긍할 만한 합리적 이유가 있고, 조세범 처벌법과의 법정형의 현저한 차이는 법관이 구체적 재판에서 작량감경 등을 통하여 조절이 가능하므로 그것을 들어서 바로 불합리한 것이라고 보기는 어렵다」[143]면서, 특가법 제8조의 입법배경, 우리나라 국민의 평균적 소득수준에서 본 포탈액의 경제적 가치, 거액의 조세포탈에 대한 국민 일반의 법감정 내지 비난여론, 범죄예방을 위한 형사정책적 측면 등을 종합적으로 고려할 때 특가법 제8조의 법정형이 형벌체계상의 균형을 잃은 것이라거나 범행자를 귀책 이상으로 과잉처벌하는 것이라고 볼 수 없다는 합헌결정을 내렸다.

조세범 처벌법에 의한 조세포탈범은 국세청장 등의 고발이 소추요건이 되나(조세범 처벌법 제21조), 특가법에 의한 조세포탈범은 고발이 없는 경우에도 공소를 제기할 수 있다(특가법 제16조).

한편, 특가법 제8조는 그 행위주체를 "사람"으로 규정하여[144] 자연인인 조세포탈범을 가중처벌하기 위한 규정임이 명백하다. 법인에 대하여는 특가법상으로 법인을 조세범 처벌법의 각 본조에 정한 벌금형에 가중된 형으로 처벌한다는 명문의 처벌규정(양벌규정)이 없다. 따라서 특가법 제8조에 의하여 법인을 가중처벌할 수 없음은 죄형법정주의의 원칙상 당연하다.[145]

II. 특가법 제8조에 의한 연간 포탈세액의 산정

1. 합산대상 세목

조세범 처벌법상 조세포탈범은 조세포탈의 결과가 발생할 때마다 1죄가

---

143) 헌재결 1998. 5. 28. 97헌바68.
144) 이전에는 "조세포탈죄를 범한 자"라고 규정하였다가 2010. 3. 31. 법률 제10210호로 개정되면서 "조세포탈죄를 범한 사람"으로 정정하여 표현을 명확히 하였다.
145) 대판 1992. 8. 14. 92도299.

성립하므로 행위자가 1인이라 하더라도 개별 납세의무 위반의 수에 따라, 즉 각 세목별, 각 과세기간별로 별개의 죄가 성립한다. 그런데 특가법은 조세범 처벌법과 달리 납세의무 위반의 수를 가리지 않고 행위자별로 포탈한 세액을 합산하여 연간 포탈세액이 일정액 이상이라는 사유를 구성요건화하였다.

특가법 제8조는 조세범 처벌법 제3조(조세 포탈 등) 제1항, 제4조(면세유의 부정 유통) 및 제5조(가짜석유제품의 제조), 지방세기본법 제102조(지방세의 포탈) 제1항에 규정된 죄를 범한 사람에게 적용된다. 조세범 처벌법 제2조는 "조세"를 관세를 제외한 '국세'를 말한다고 하고, 국세기본법 제2조는 '국세'를 소득세, 법인세, 상속세와 증여세, 부가가치세, 개별소비세, 주세, 인지세, 증권거래세, 교육세, 농어촌특별세, 종합부동산세로 정의하였다. 지방세기본법 제2조는 "지방세"를 특별시세, 광역시세, 도세 또는 시 · 군세, 구세(지방자치단체인 구의 구세)라고 하였다. 따라서 특가법 제8조의 적용여부를 판단하기 위한 연간 포탈세액을 산정하려면 위에서 언급한 세목의 세액을 모두 합산하여야 한다.

한편, 가산세는 세법에서 규정한 의무를 위반한 자에게 법에 따라 부과되는 것으로서, 해당 의무가 규정된 세법의 해당 세목으로 분류되고, 가산세를 납부할 세액에 가산하거나 환급받을 세액에서 공제하여 납세의무자의 최종적 부담을 정한다.146) 그러나 가산세는 조세포탈죄의 기수시기 이후에 발생한 것으로서 벌과금적 성질을 가지므로, 특가법상의 연간 포탈세액을 산정함에 있어서는 이를 합산할 수 없다.147)

2. 합산기간

특가법 제8조 제1항에 규정된 "연간(年間)"은 특가법의 적용대상이 되는지 여부를 판단하기 위한 포탈세액을 합산하여야 할 대상기간을 의미할 뿐만 아니라, 1년 단위로 하나의 특가법위반죄를 구성하기 때문에 죄수와 기판력의 객관적 범위를 결정하는 주요한 구성요건의 하나이다. 따라서 일반인의 입장에서 보아 어떠한 조세포탈행위가 특가법 제8조 위반의 죄가 되고 또 어떤 형벌이 과하여지는지 알 수 있도록 그 개념이 명확하여야 한다. 그런데 특가

---

146) 국세기본법 제47조.
147) 대판 1979. 11. 13. 79도1898; 2002. 7. 26. 2001도5459.

법 제8조 제1항은 포탈세액의 합산기간인 '연간'의 기산점이 언제인가에 관하여 규정하고 있지 않아 이에 대한 논란이 끊이지 않았다. 이하에서 관련 학설 및 판례를 살펴본다.

(1) 최초 포탈 성립시기로부터 1년간의 기간이라는 견해

① 특가법 제8조는 조세범 처벌법 제3조 제1항에 규정된 죄를 지은 사람의 포탈세액 등이 연간 일정한 금액 이상에 달할 경우 가중하여 처벌하는 규정으로서, 단기간 내에 많은 금액의 조세를 부정한 행위로써 포탈하거나 환급·공제받은 사람을 포탈세액 등의 금액에 따라 엄하게 처벌함으로써 건전한 사회질서를 유지하고 국민경제의 발전에 기여하려는 데에 그 입법목적이 있다. ② 문리상으로도 특가법 제8조 제1항의 '연간'은 법문대로 '1년의 기간'을 의미하는 것으로 해석될 뿐 각 연도별 1월 1일부터 12월 31일까지를 의미한다고 볼 아무런 근거가 없다. ③ 뿐만 아니라 형법 제83조는 연 또는 월로써 정한 기간은 역수(曆數)에 따라 계산한다고 규정하고 있는 점 등에 비추어 볼 때 특가법 제8조 제1항의 '연간'은 기소된 최초의 포탈 등 범칙행위의 성립시기인 어느 해의 특정 시점으로부터 1년의 기간을 뜻하는 것이라고 해석하여야 한다는 점을 근거로 든다. 아래 99도3822 전원합의체 판결의 반대의견이자 그 이전의 주류적 판례의 입장이다.[148]

(2) 전원합의체 판결 — 매년 1월 1일부터 12월 31일까지의 기간이라는 견해

대법원은 2000. 4. 20. 99도3822 전원합의체 판결로써 그간 의견을 달리하여 판시되어 왔던 특가법 제8조 제1항 소정 '연간'의 의미에 관한 논란을 종식하였다. 「연간이라는 용어를 사용하면서 그 기산시점을 특정하지 아니한 경우에는 역법상의 한 해인 1월 1일부터 12월 31일까지의 1년간으로 이해하는 것이 일반적이며 이렇게 보는 것이 형벌법규의 명확성의 요청에 보다 부응한다. 또한 포탈범칙행위는 조세범 처벌법 제3조 제5항 소정의 신고·납부기한이 경과한 때에 비로소 기수에 이르는 점 등에 비추어 보면, 특가법 제8조 제1항에서 말하는 '연간 포탈세액 등'은 각 세목의 과세기간 등에 관계없이 각 연도별(1월 1일부터 12월 31일까지)로 포탈한 또는 부정 환급받은 모든

---

148) 대판 1982. 6. 22. 82도938; 1983. 4. 12. 83도362; 1990. 7. 10. 90도308 등.

세액을 합산한 금액을 의미한다」는 것이 그 이유이다. 과거 대판 1982. 5. 25. 82도715 판결의 입장이었다.

(3) 소   결

따라서 이제 특가법 제8조 제1항에 규정된 '연간 포탈세액 등'이란 세목 및 과세기간에 상관없이 매년 1월 1일부터 12월 31일까지 포탈하거나 환급받은 세액 또는 징수하지 아니하거나 납부하지 아니한 세액의 합계액으로 하여야 함이 명백해졌다.

한편, 조세포탈죄는 결과범으로서 '조세의 포탈'은 확정된 조세채권의 침해, 즉 세액의 확정을 전제로 하는 개념이다. 그런데 원천징수하는 소득세 또는 법인세 등 일부 조세를 제외한 다수의 조세는 성립시기와 그 확정시기가 다르다. 예를 들어 법인세, 소득세, 부가가치세는 과세기간이 끝나는 때 납세의무가 성립하나 그 신고·납부기한에 납세의무가 확정된다. 이러한 경우에는 확정시기를 기준으로 연간 포탈세액 등을 산정하여야 한다.

부가가치세를 예로 들면, 부가가치세는 1년을 2개의 과세기간으로 나누어 제1기는 1월 1일부터 6월 30일까지이고, 제2기는 7월 1일부터 12월 31일까지인데, 그 신고·납부기한은 과세기간이 끝난 후 25일이 되는 날이므로, 당해연도 부가가치세 포탈세액은 1월 25일이 확정시기인 전년도 제2기 부가가치세와 7월 25일이 확정시기인 당해연도 제1기 부가가치세의 합산액이 된다.

3. 인적 합산단위

(1) 납세의무자별 합산원칙

특가법 제8조 제1항의 주체는 조세범 처벌법 제3조 제1항 소정의 조세포탈범의 범죄주체이다(이 외에 조세범 처벌법 제4조 및 제5조 위반범 및 지방세포탈범 역시 특가법 제8조 위반죄의 주체가 되나 이하 편의상 조세포탈범 위주로 설명한다). 조세포탈범은 부정행위로써 납세의무를 위반하여 조세포탈 등을 행하여야 하므로 의무의 부담자인 납세의무자가 조세범 처벌법상 조세포탈죄의 주체가 된다. 국세기본법 제2조 제9호는 세법에 따라 국세를 납부할 의무가 있는 자를 납세의무자로 정의하고 있다.[149]

따라서 연간 포탈세액이 일정액 이상에 달하는 경우를 구성요건으로 하고 있는 특가법 제8조를 적용함에 있어 그 적용대상이 되는지 여부는, 세목과 납세의무 위반의 수(조세포탈의 수)를 불문하고 이를 모두 통틀어 납세의무자별로 그가 연간 포탈한 세액의 합계액으로 판단하여야 한다.[150]

(2) 행위자로서 포탈한 세액 합산 여부

조세범 처벌법 제3조 제1항은 "사기나 그 밖의 부정한 행위로써 조세를 포탈하거나 조세의 환급·공제를 받은 자"를 처벌하도록 규정하고 있고, 조세범 처벌법 제18조는 "법인의 대표자, 법인 또는 개인의 대리인, 사용인, 그 밖의 종업원이 그 법인 또는 개인의 업무 또는 재산에 관하여 조세범 처벌법에 규정하는 범칙행위를 하면 그 행위자를 벌할 뿐만 아니라 그 법인 또는 개인에게도 해당 조문의 벌금형을 과한다"고 규정하고 있다. 위 각 규정의 문언을 상호연관하여 살펴보고, 이에 조세포탈범을 처벌하는 취지 및 형사법의 근간인 책임주의 원칙과 조세범 처벌법의 보호법익에 관한 고려를 더하여 보면, 대리인 등 행위자는 조세범 처벌법 제18조에 의하여 조세범 처벌법 제3조 제1항의 조세포탈죄 주체로 편입되었다고 보아야 한다. 대법원 역시 조세범 처벌법 제3조 제1항의 조세포탈범의 범죄주체는 국세기본법 제2조 제9호 소정의 납세의무자와 조세범 처벌법 제18조 소정의 대리인 등 행위자라고 하여 같은 입장이다.[151]

따라서 조세범 처벌법 제3조 제1항 조세포탈범의 범죄주체는 납세의무자 및 대리인 등 행위자가 되므로, 동일인이 납세의무자로서 자신의 납세의무를 위반함과 동시에 대리인 등 행위자로서 타인의 납세의무에 관하여 조세포탈행위를 한 경우에 특가법 제8조 제1항의 적용에 관한 문제가 제기된다.

대법원은 「조세범 처벌법상 조세포탈범의 범죄주체는 같은 조항에 의한 납세의무자와 같은 법 제3조 소정의 법인의 대표자, 법인 또는 개인의 대리인, 사용인, 기타의 종업원 등 행위자라 할 것이고, 연간 포탈세액이 일정액

---

149) 조세포탈범의 주체에 관한 자세한 설명은 제2편 제1장 제3절 참조. 다만 특가법 제8조는 주체를 '사람'으로 한정하고 있으므로 법인이나 단체인 납세의무자 등은 제외된다.
150) 대판 1998. 5. 8. 97도2429; 서울고법 2009. 9. 25. 2009노1132, 2009도11137로 상고기각 확정.
151) 대판 1992. 8. 14. 92도299; 2000. 2. 8. 99도5191; 2005. 5. 12. 2004도7141 등.

이상에 달하는 경우를 구성요건으로 하고 있는 특가법 제8조 제1항의 규정은 이러한 조세포탈범을 가중처벌하기 위한 규정이므로, 같은 조항의 적용에 있어서는 납세의무자로서 포탈한 세액과 조세범 처벌법 제3조 소정의 행위자로서 포탈한 세액을 모두 합산하여 그 적용 여부를 판단하여야 한다」면서, 유흥업소의 공동사업자 중 1인인 피고인이 실질적인 경영자로서 다른 공동사업자들로서 영업을 위임받아 사무를 처리하는 대리인의 지위에 있었다고 인정한 후, 자신이 납세의무자인 특별소비세, 교육세, 부가가치세에 관하여 포탈한 세액 및 다른 공동사업자들의 소득세 포탈세액을 합산하여 특가법 제8조 제1항 위반죄로 처단한 원심을 유지하였다.[152] 또한 피고인이 자녀들의 대리인으로서 그들에게 부과될 증여세의 과세표준이나 세액을 신고하지 아니하는 방법으로 증여세를 포탈한 사안에서, 「대리인 등 행위자가 조세포탈의 주체로서 포탈한 세액은 납세의무자가 아니라 행위자를 기준으로 산정하여야 한다」면서 피고인의 자녀별 포탈세액 전부를 합산하는 방법으로 특가법 제8조 제1항 위반 여부를 판단하였다.[153]

그런데 특가법 제8조 제1항은 본질적으로 1죄로서, 비록 여러 개의 행위로 구성된다 하더라도 그 범의와 행위의 태양, 침해되는 법익이 동일하여야 단일한 범죄로서 처벌이 가능하다. 그런데 납세의무자로서 자신의 납세의무에 관하여 조세를 포탈한 것과, 대리인 등 행위자로서 타인의 납세의무에 관하여 사실행위인 조세포탈행위를 한 것은 범의와 침해되는 법익이 서로 달라 과연 이를 하나로 묶어 그에 관한 포탈세액을 합산하여 1죄인 특가법 제8조 제1항 위반죄로 의율하는 것이 정당한 것인지 의문이다.

조세포탈죄의 보호법익은 납세의무자별로 구분되어 국가의 특정 납세의무자에 관한 조세의 부과 · 징수권이라고 보아야 한다. 조세포탈죄의 보호법익을 국가의 국민 일반에 대한 조세의 부과 · 징수권이라고 본다면 납세의무자별 · 세목별 · 과세기간별로 죄수를 구분하는 의미가 없을 뿐 아니라 행위자가 관련되기만 하였다면 자신의 납세의무이건 타인의 납세의무이건, 정범으로서 관여를 하였건 공범으로서 관여를 하였건 불문하고 모든 조세포탈 세액을 합산하여도 된다는 결론에 이르게 된다.

---

152) 대판 2005. 5. 12. 2004도7141.
153) 대판 2011. 6. 30. 2010도10968.

동일한 주체가 자신의 납세의무에 관하여, 그리고 대리인 등 행위자로서 타인의 납세의무에 관하여 수 개의 조세포탈행위를 한 데에 대하여 포탈세액의 납세의무자가 다르다는 이유로 별개의 범죄가 성립한다고 하면 조세범 처벌법과 특가법상 조세포탈죄 사이의 법정형 차이로 인하여 자신의 납세의무에 관하여 동일한 액수를 포탈한 사람과의 사이에 처벌의 불균형이 발생할 수 있다. 그러나 이러한 문제는 입법론적으로 법정형을 조정하거나 구체적 사안에서 법관이 내리는 선고형으로 조정하여야 한다.

비록 조세범 처벌법 제18조에서 규정한 대리인 등 행위자 역시 같은 법 제3조 제1항의 주체가 된다 하더라도, 동일한 주체가 행한 동종의 범죄를 모두 묶어 1죄로 처단할 수 있는가는 별개의 문제이다. 이러한 사고는 죄수론의 존재의의를 희석한다. 형법이론상 별개의 범죄로 취급하여야 할 행위들을 묶어 처벌하는 것은 법적 안정성과 형법의 보장적 기능을 해치는 것으로서 부당하다. 대법원은 납세의무자로서의 포탈세액과 대리인 등 행위자로서의 포탈세액을 합산하여 특가법 제8조 제1항 위반 여부를 판단하면서도, 아래에서 보는 바와 같이 공범으로서의 포탈세액은 합산하지 아니하였는바, 그 이론적 부당함과 함께 일관성의 측면에서도 타당하지 않아 보인다.

일부 하급심 판결 역시 피고인이 사실상의 경영인[154]으로서 자신이 경영하는 수개 회사의 납세의무에 관하여 조세포탈행위를 한 경우 납세의무자별로 별도의 조세포탈죄가 성립하고 이를 합산하여 특가법으로 처벌할 수 없다고 한 바 있다.[155]

(3) 공범으로서의 포탈세액 합산 여부

조세범 처벌법상의 조세포탈죄는 1인의 납세의무자가 자신의 납세의무를 위반한 때 처벌하는 것을 기본으로 하고 있으나, 범죄는 단독이 아닌 공동으로 행하여지는 경우도 빈번하다. 형법은 제30조 내지 제34조에서 이러한 다수인에 의한 범죄인 공범의 형태를 규정하고 있다. 형법상 공범에는 스스로 또는 타인을 도구로 이용하여 범죄를 실행하고 구성요건의 주관적 요소와 객관

---

154) 판례에 의할 경우 사실상의 대표자는 조세범 처벌법 제18조에 규정된 대리인 등 행위자에 포함된다.
155) 서울고법 1998. 11. 6. 98노1918, 대판 1999. 2. 23. 98도4136으로 확정.

적 요소를 실현한 자인 정범과 이 외 타인의 범죄를 교사한 교사범, 타인의 범죄를 방조한 종범(방조범)이 있다. 정범은 다시, 행위자의 수를 기준으로 단독정범, 공동정범과 행위의 직접성을 기준으로 직접정범, 간접정범으로 나뉜다.

그렇다면 1인이 타인의 납세의무에 공범으로 가공하였고, 가공한 납세의무자가 수인인 경우에 특가법 제8조 제1항을 적용함에 있어 수인의 납세의무에 관한 포탈세액을 합산하여 특가법 위반죄 해당 여부를 판단하여야 할 것인지가 문제된다.

대법원은 「특가법 제8조의 적용대상이 되는지 여부는 납세의무자별로 연간 포탈세액을 각각 나누어 판단하여야 하고 각 포탈세액을 모두 합산하여 그 적용여부를 판단할 것은 아니다」라고 하여 부정적인 입장이다.156)

이는 특가법 제8조 제1항이 포괄일죄의 성격을 지닌다는 점을 감안한 것으로 보인다. 포괄일죄란 각기 따로 존재하는 수개의 행위가 당해 형벌조항의 구성요건을 한 번 충족하여 일죄를 구성하는 것을 말하는데,157) 본래적으로 1개의 죄를 구성한다. 포괄일죄가 되려면 동일한 죄명에 해당하는 수개의 행위를 단일하고 계속된 범의하에 행하되 그 피해법익도 동일하여야 한다.158) 그런데 납세의무자로서 자신의 납세의무에 관하여 조세포탈죄를 범한 행위와, 타인의 납세의무 위반행위에 가공한 행위는 범의와 침해되는 법익이 다르기 때문에 포괄일죄를 구성할 수 없다. 그렇기 때문에 그 두 가지의 포탈세액을 하나로 묶어 특가법 제8조 제1항 위반 여부를 판단할 수 없는 것이다.

(4) 판례의 사례

• 1인의 원천징수의무자가 수인의 납세의무자와 공모하여 조세를 포탈한 경우에도 조세포탈의 주체는 어디까지나 각 납세의무자이고 원천징수의무자는 각 납세의무자의 조세포탈에 가공한 공범에 불과하므로, 그 죄수는 각 납세의무자별로 각각 1죄가 성립하고 이를 포괄하여 1죄가 성립하는 것은 아니라 할 것이다. 그러므로 연간 포탈세액이 일정액 이상에 달하는 경우를 구성요건으로 하고 있는 특가법 제8조의 적용에 있어서도 그 적용대상이 되는지 여부는

---

156) 대판 1997. 9. 26. 97도1876; 1998. 5. 8. 97도2429.
157) 대판 1982. 11. 23. 82도2201.
158) 대판 1996. 4. 23. 96도417; 2000. 1. 21. 99도4940; 2001. 8. 21. 2001도3312.

납세의무자별로 연간 포탈세액을 각각 나누어 판단하여야 하고, 각 포탈세액을 모두 합산하여 그 적용 여부를 판단할 것은 아니다(대판 1998. 5. 8. 97도2429).

• 수인의 사업자로부터 재화를 공급받는 자가 각 그 납세의무자와 공모하여 부가가치세를 포탈한 경우에도 조세포탈의 주체는 어디까지나 각 납세의무자이고 재화를 공급받는 자는 각 납세의무자의 조세포탈에 가공한 공범에 불과하므로, 그 죄수는 각 납세의무자별로 각각 1죄가 성립하고 이를 포괄하여 1죄가 성립하는 것은 아니다(대판 2008. 4. 24. 2007도11258).

• 피고인이 발행한 허위의 세금계산서를 이용하여 부당하게 부가가치세액(매입세액)을 공제받거나 환급받은 업체는 A사의 부가가치세 158,000,000원, B사의 부가가치세 145,000,000원, C사의 부가가치세 12,000,000원, D사의 부가가치세 683,865,825원이므로, 피고인을 A, B, C사의 각 조세범 처벌법위반죄와 D사의 특가법위반죄 각각의 종범으로 처벌하여야지, 위 각 업체의 부가가치세 포탈행위 전체를 포괄 1죄로 보아 전체 세액에 관한 특가법 위반죄의 종범으로 처단하면 안 된다(대판 1997. 9. 26. 97도1876).

• 상속인은 자신이 상속받은 재산의 점유비율에 따라 그 재산을 한도로 상속세 연대납세의무를 지는 것이고, 조세범 처벌법 소정의 조세포탈죄의 범죄주체는 납세의무자에 한정되는 것이어서, 공동상속인의 1인이 당연히 모든 공동상속인들의 상속세 미납세액에 대하여 조세포탈의 책임을 지는 것은 아니지만, 이 사건에서는 위와 같이 공모관계가 인정되는 이상 피고인은 자신의 상속분에 상응하는 세액에 대하여뿐 아니라 다른 상속인들이 납부하지 아니한 세액에 대하여도 모두 공동정범으로서 각 납세의무자의 조세포탈에 가공한 책임을 진다. 이 경우 피고인과 공동상속인들의 미납부세액 합계 약 17억원을 기준으로 하여 연간 포탈세액이 5억원 이상인 경우에 적용되는 특가법을 적용할 것이 아니라, 피고인을 포함한 4명의 납세의무자별로 미납부세액을 각각 계산하여 연간 포탈세액이 2억원 이상 5억원 이하인 경우에 이를 적용하여야 한다(서울고법 2004. 12. 21. 2003노2017).

• 피고인 등으로부터 위장법인의 사업자명의 및 신용카드 단말기를 빌려 사용한 각각의 의류판매업자들이 사업상 독립적으로 재화를 공급한 부가가치세 납세의무자로서 조세포탈의 주체이고, 피고인은 부가가치세 납세의무자가 아닌 자로서 의류판매업자들의 조세포탈에 가공한 공범에 불과하다. 그런데 연

간 포탈세액이 특가법 소정의 5억 원을 초과하는 의류판매업자가 없으므로, 의류판매업자들을 각 조세범 처벌법위반죄 외에 특가법위반죄로 처벌할 수는 없고, 의류판매업자들과 공모한 피고인 역시 조세범 처벌법위반죄의 공범으로만 처벌할 수 있을 뿐, 의류판매업자들의 각 조세포탈에 가공한 행위 전체를 포괄하여 특가법위반죄의 공범으로 처벌할 수는 없다(서울고법 2009. 9. 25. 2009노1132, 대판 2009. 12. 10. 2009도11137호로 상고기각 확정).

• 공동출자한 사업체이지만, 피고인들은 그 실질적인 경영자로서 다른 공동사업자들로부터 영업을 위임받아 사무를 처리하는 대리인의 지위에 있었다고 인정되고, 피고인들이 다른 공동사업자들의 대리인 지위에서 그들에게 귀속될 소득세까지 포탈한 이상 공동사업자들의 소득세 전액을 포탈한 형사상 책임을 져야 한다(대판 2005. 5. 12. 2004도7141).

4. 특가법 제8조 위반과 죄수

조세범 처벌법상의 조세포탈범은 위반사실의 구성요건 충족 회수, 즉 개별 납세의무 위반의 수로 죄수가 정해진다. 그런데 특가법 제8조 제1항은 연간 포탈세액이 일정액 이상이라는 가중사유를 구성요건화하여 조세범 처벌법 제9조 제1항의 행위와 합쳐서 하나의 범죄유형으로 하고 그에 대한 법정형을 규정한 것이므로, 조세의 종류를 불문하고 1년간 포탈한 세액을 모두 합산한 금액이 일정액 이상인 때에는 특가법 위반의 1죄만이 성립한다. 흡수관계에 있기 때문이다. 또한 같은 항 위반죄는 1년 단위로 하나의 죄를 구성하며 그 상호간은 경합범 관계에 있다.[159]

---

159) 대판 2000. 4. 20. 99도3822(전합); 2001. 3. 13. 2000도4880; 2002. 7. 23. 2000도746.

제2장

세금계산서 관련범(제10조)

제10조(세금계산서의 발급[1]의무 위반 등)

① 다음 각 호의 어느 하나에 해당하는 행위를 한 자는 1년 이하의 징역 또는 공급가액에 부가가치세의 세율을 적용하여 계산한 세액의 2배 이하에 상당하는 벌금에 처한다.

1. 「부가가치세법」에 따라 세금계산서(전자세금계산서를 포함한다. 이하 이 조에서 같다)를 발급하여야 할 자가 세금계산서를 발급하지 아니하거나 거짓으로 기재하여 발급한 행위

2. 「소득세법」 또는 「법인세법」에 따라 계산서(전자계산서를 포함한다. 이하 이 조에서 같다)를 발급하여야 할 자가 계산서를 발급하지 아니하거나 거짓으로 기재하여 발급한 행위

3. 「부가가치세법」에 따라 매출처별 세금계산서합계표를 제출하여야 할 자가 매출처별 세금계산서합계표를 거짓으로 기재하여 제출한 행위

4. 「소득세법」 또는 「법인세법」에 따라 매출처별 계산서합계표를 제출하여야 할 자가 매출처별 계산서합계표를 거짓으로 기재하여 제출한 행위

② 다음 각 호의 어느 하나에 해당하는 행위를 한 자는 1년 이하의 징역 또는 공급가액에 부가가치세의 세율을 적용하여 계산한 세액의 2배 이하에 상당하는 벌금에 처한다.

---

1) 2010. 1. 1. 조세범 처벌법이 전면개정되기 전에는 '교부'라는 용어를 사용하였으나, 위와 같이 개정되면서 작성·교부의 의미를 포괄하는 '발급'으로 용어를 변경하였다. 이 책에서는 '발급'을 기본적인 용어로 사용하되, 판례를 인용할 때에는 판례에 사용된 용어를 그대로 인용한다.

1. 「부가가치세법」에 따라 세금계산서를 발급받아야 할 자가 통정하여 세금계산서를 발급받지 아니하거나 거짓으로 기재한 세금계산서를 발급받은 행위

2. 「소득세법」 또는 「법인세법」에 따라 계산서를 발급받아야 할 자가 통정하여 계산서를 발급받지 아니하거나 거짓으로 기재한 계산서를 발급받은 행위

3. 「부가가치세법」에 따라 매입처별 세금계산서합계표를 제출하여야 할 자가 통정하여 매입처별 세금계산서합계표를 거짓으로 기재하여 제출한 행위

4. 「소득세법」 또는 「법인세법」에 따라 매입처별 계산서합계표를 제출하여야 할 자가 통정하여 매입처별 계산서합계표를 거짓으로 기재하여 제출한 행위

③ 재화 또는 용역을 공급하지 아니하거나 공급받지 아니하고 다음 각 호의 어느 하나에 해당하는 행위를 한 자는 3년 이하의 징역 또는 공급가액에 부가가치세의 세율을 적용하여 계산한 세액의 3배 이하에 상당하는 벌금에 처한다.

1. 「부가가치세법」에 따른 세금계산서를 발급하거나 발급받은 행위

2. 「소득세법」 및 「법인세법」에 따른 계산서를 발급하거나 발급받은 행위

3. 「부가가치세법」에 따른 매출·매입처별 세금계산서합계표를 거짓으로 기재하여 제출한 행위

4. 「소득세법」 및 「법인세법」에 따른 매출·매입처별 계산서합계표를 거짓으로 기재하여 제출한 행위

④ 제3항의 행위를 알선하거나 중개한 자도 제3항과 같은 형에 처한다. 이 경우 세무를 대리하는 세무사·공인회계사 및 변호사가 제3항의 행위를 알선하거나 중개한 때에는 「세무사법」 제22조 제2항에도 불구하고 해당 형의 2분의 1을 가중한다.

⑤ 제3항의 죄를 범한 자에 대해서는 정상에 따라 징역형과 벌금형을 병과할 수 있다.

제 1 절 총 설

I. 의 의

세금계산서(稅金計算書)는 부가가치세가 과세되는 재화 또는 용역을 공급한 사업자(이하 편의에 따라 '공급하는 자'라고 하고 그 상대방을 '공급받는 자'라 한다)가 이를 공급받는 자에게 그 거래내역과 부가가치세 징수사실을 증명하기 위하여 발급하는 증서이다(부가가치세법 제32조). 세금계산서는 당사자 사이에서 송장이나 영수증 등 거래증빙의 역할을 하는 외에, 공급하는 자에게는 매출액 및 부가가치세 매출세액의 근거자료로서, 공급받는 자에게는 필요경비 및 부가가치세 매입세액 공제를 위한 근거자료로서의 역할을 한다.

세금계산서합계표(稅金計算書合計表)는 거래처별로 매출·매입 세금계산서의 매수 및 금액을 합산한 표로서, 부가가치세법상 사업자는 부가가치세 예정·확정신고시 신고서에 세금계산서합계표를 첨부하여 과세관청에 제출하여야 한다(부가가치세법 제54조). 과세관청은 세금계산서합계표를 이용하여 당해 사업자의 거래내역을 집계하고 양 당사자 사이의 신고내역을 분석·상호검증함으로써 부가가치세 과세표준 및 세액의 적정성을 확인한다. 소득세법 및 법인세법에 규정된 계산서 및 계산서합계표는 부가가치세가 과세되지 않는 재화 또는 용역에 관한 것이라는 점을 빼면 세금계산서 및 세금계산서합계표와 그 기능이 크게 다르지 않다.

우리나라는 납부할 부가가치세액을 계산함에 있어 매출세액에서 매입세액을 공제하는 전단계세액공제방식을 채택하고 있으므로, 사실에 부합하는 세금계산서의 수수는 건전한 유통구조와 경제질서 확립뿐 아니라 국가의 세정질서 유지를 위한 근간의 역할을 한다.

이에 조세범 처벌법은 조세포탈 여부가 구성요건이 되는 다른 규정과 달리 세금계산서가 갖는 증빙서류로서의 기능을 중시하여[2] 세금계산서 수수 또는 그 합계표 제출에 관한 의무를 위반한 행위가 고유한 위험성을 지니고 있다고 보아 세금계산서에 관한 의무위반행위 자체를 구성요건으로 삼아 현행 조세범 처벌법 제10조(구 조세범 처벌법 제11조의2)를 신설하게 되었다. 가산세

---

[2] 대판 2014. 4. 30. 2012도7768.

부과 등 행정상의 제재만으로는 세금계산서 관련 위법행위를 근절하기 어렵고, 최근 세금계산서를 이용한 탈세의 빈도 및 규모가 더욱 커지는 추세에 따라 경제질서 및 조세행정을 교란하는 세금계산서 관련 위법행위를 형벌로써 처벌하여야 한다는 판단에 따른 것이다.

현행 조세범 처벌법 제10조는 '세금계산서의 발급의무 위반 등'이라는 표제 하에 5개의 항으로 나누어, 제1항은 재화 또는 용역을 공급하고 세금계산서나 계산서를 발급하지 아니하거나 거짓으로 기재하여 발급하거나, 매출처별 세금계산서합계표나 매출처별 계산서합계표를 거짓으로 기재하여 제출한 행위를(실물공급자의 측면), 제2항은 재화 또는 용역을 공급받고 통정하여 세금계산서나 계산서를 발급받지 아니하거나 거짓으로 기재한 세금계산서나 계산서를 발급받거나, 매입처별 세금계산서합계표나 매입처별 계산서합계표를 거짓으로 기재하여 제출한 행위를(실물수취자의 측면), 제3항은 재화 또는 용역을 공급하지 아니하거나 공급받지 아니하고 세금계산서 또는 계산서를 수수하거나, 매출·매입처별 세금계산서합계표 또는 매출·매입처별 계산서합계표를 거짓으로 기재하여 제출한 행위를(소위 자료상의 경우), 제4항은 제3항의 알선·중개행위를 각각 처벌대상으로 규정하고, 제5항은 제3항의 죄를 범한 자에 대해서 정상에 따라 징역형과 벌금형을 임의적으로 병과할 수 있도록 규정하고 있다.

한편, 세금계산서합계표를 거짓기재하여 정부에 제출하는 행위를 처벌하는 조세범 처벌법 제10조 제1항 내지 제3항의 죄와 사기 기타 부정한 행위로써 부가가치세 등의 조세를 포탈하거나 조세 환급·공제를 받는 행위를 처벌하는 조세범 처벌법 제3조 제1항의 죄는 구성요건적 행위 태양과 보호법익이 서로 다를 뿐 아니라 어느 한 죄의 불법과 책임 내용이 다른 죄의 불법과 책임 내용을 모두 포함하고 있지 않다. 따라서 세금계산서합계표를 허위기재하여 정부에 제출하는 방법으로 부가가치세를 포탈하거나 부가가치세의 환급·공제를 받았다면 조세범 처벌법 제10조 제1항 내지 제3항의 세금계산서 관련 범죄와 조세범 처벌법 제3조 제1항의 조세포탈죄가 별개로 성립한다. 나아가 조세범 처벌법 제3조 제1항의 죄가 성립하기 위해서는 세금계산서합계표를 조작하여 제출하는 행위 외에 과세표준과 세액에 관한 허위 신고를 하고 그에 근거하여 조세를 포탈하거나 조세의 환급·공제를 받는 행위가 추가로 필요하다. 그렇기 때문에 부가가치세를 포탈하거나 부정하게 환급·공제받는 범죄와 허위기재 세금계산서합계표를 정부에 제출하는 범죄는 법률상 1개의 행위로 볼 수 없다. 두 죄는 실체적 경합의 관계에 있다.[3]

조세범 처벌법 제18조는 조세범 처벌법상의 범칙행위를 한 대리인 등 행위자 역시 그 범죄주체가 된다고 하여 처벌규정의 수범자를 확대하고 있다. 이에 따라 법인의 대표자, 법인 또는 개인의 대리인 사용인, 그 밖의 종업원이 그 법인 또는 개인의 세금계산서 발급업무에 관하여 범칙행위를 하면 그들 역시 당해 범죄의 주체가 된다. 이 장에서는 세금계산서 관련 범죄의 주체에 관한 설명을 함에 있어 위 대리인 등 행위자를 별도로 언급하지 않는다.[4]

이하에서 조세범 처벌법 제10조 각 항별로 그 범죄성립요건 및 판례의 사례를 살펴보기로 한다. 특가법 제8조의2의 규정은 별도로 설명한다. 그런데 세금계산서 관련 범죄는 모두 고의범이므로 고의가 인정되지 않으면 처벌할 수 없다. 앞서 조세포탈죄에서 본 바와 같이 범죄의 주관적 구성요건요소로서의 고의란 '구성요건 실현의 인식과 의사'로서 이는 세금계산서 관련범에도 동일하게 적용된다. 따라서 이에 관한 자세한 설명은 앞서의 조세포탈죄에서의 것으로 갈음하기로 한다. 다만, 재화 또는 용역을 공급함이 없이 세금계산서 등을 수수하는 조세범 처벌법 제10조 제3항의 경우에는 실물거래가 없다는 점에 관한 인식 역시 필요한바, 이에 관하여는 별도로 상술한다.

Ⅱ. 입법 및 개정연혁

1976. 12. 22. 법률 제2934호로 부가가치세법이 제정되어 부가가치세 제도가 도입되면서 같은 날 법률 제2932호로 조세범 처벌법이 개정되어 제11조의2가 신설되었다. 신설 당시의 위 조항은 ① 고의로 세금계산서를 교부하지 아니하거나 세금계산서에 허위의 기재를 한 때 1년 이하의 징역 또는 공급가액에 부가가치세의 세율을 적용하여 계산한 세액의 2배 이하에 상당하는 벌금에 처하고, ② 폭행·협박·선동·교사 또는 통정에 의하여 세금계산서를 교부받지 아니하거나 허위기재의 세금계산서를 교부받은 때에는 3년 이하의 징

---

3) 대판 2011. 12. 8. 2011도9242.
4) 대리인 등 행위자에 대한 자세한 설명에 관하여는 제2편 제1장 제3절 Ⅱ. 참조.

역 또는 100만 원 이하의 벌금에 처하며, ③ 위 제1항, 제2항의 행위를 하게 할 목적으로 폭행·협박·선동·교사를 한 자에 대하여 제2항과 동일한 형에 처하도록 규정하고 있었다.

그런데 대법원이 「부가가치세법상 세금계산서는 재화 또는 용역을 공급하는 자만이 이를 작성·교부할 의무가 있으므로 이러한 의무가 있는 자가 세금계산서에 허위로 기재한 경우에 한하여 위 조세범 처벌법상의 범죄가 성립되고, 이러한 의무가 없으면 비록 공급자로부터 재화 또는 용역을 공급받은 것처럼 세금계산서에 허위로 기재한 경우라 하더라도 동 죄는 성립되지 않는다」라고 일관되게 판시함에 따라[5] 재화 또는 용역을 공급하지 아니한 자가 마치 실물거래를 한 것처럼 허위의 세금계산서를 작성·교부하는 등의 위험성과 비난가능성이 큰 행위를 하였다 하더라도 처벌할 근거가 없게 되었다. 즉, 속칭 '자료상'을 처벌할 수 없게 된 것이다. 이에 1994. 12. 22. 법률 제4812호로 같은 조 제4항, 제5항의 규정을 신설하여 ④ 부가가치세법의 규정에 의한 재화 또는 용역을 공급함이 없이 세금계산서를 교부하거나 교부받은 자는 2년 이하의 징역 또는 그 세금계산서에 기재된 공급가액에 부가가치세의 세율을 적용하여 계산한 세액의 2배 이하에 상당하는 벌금에 처하고, ⑤ 제4항의 행위를 알선하거나 중개한 자도 제4항의 형과 같게 처벌하도록 하여 그 법정형을 기존보다 높게 상향조정하였다.

한편, 부가가치세법은 제정 당시 사업자로 하여금 세금계산서 자체를 신고서와 함께 제출하도록 규정하고 있었는데, 1993. 12. 31. 법률 제4663호로 부가가치세법이 개정되면서 세금계산서합계표 제도가 신설되고 부가가치세 신고시 세금계산서와 세금계산서합계표를 함께 제출하도록 하다가, 1994. 12. 22. 법률 제4808호로 다시 개정되면서 세금계산서 제출제도가 폐지되고 세금계산서합계표만을 제출하도록 변경되었다. 위와 같은 변천과정 속에서도 조세범 처벌법은 아무런 개정 없이 세금계산서 수수에 관한 행위만을 처벌하도록 규정하다가 2004. 12. 31. 법률 제7321호로 제11조의2를 개정하여 세금계산서합계표·계산서합계표를 허위기재하여 정부에 제출한 행위 역시 처벌할 수 있도록 하였다.

---

5) 대판 1989. 2. 28. 88도2337; 1994. 6. 28. 92도2417; 1995. 4. 25. 95도100; 1995. 9. 29. 94도3376 등.

이후 2010. 1. 1. 법률 제9919호로 조세범 처벌법이 전면개정되면서 구 조세범 처벌법 제11조의2를 제10조로 이관하고 규정을 정비하여 현행법과 같은 체계를 갖추게 되었다.

제 2 절 세금계산서 발급의무 위반 등

Ⅰ. 의   의

조세범 처벌법 제10조 제1항은 사업자로 하여금 세금계산서[6]에 의한 거래를 강행시켜 거래를 양성화하고 세금계산서의 불발급으로 조세의 부과와 징수를 불가능하게 하거나 현저히 곤란하게 하는 것을 막고자 하는 데에 그 취지가 있다.[7] 이에 따라 조세범 처벌법 제10조 제1항은 부가가치세법, 소득세법, 법인세법에 따라 세금계산서(전자세금계산서를 포함한다) 또는 계산서(전자계산서를 포함한다)를 작성하여 발급하여야 할 자와 매출처별 세금계산서합계표 또는 매출처별 계산서합계표를 정부에 제출하여야 할 자가 세금계산서(계산서)를 발급하지 아니하거나 거짓으로 기재하여 발급하거나 거짓으로 기재한 매출처별 세금계산서합계표(매출처별 계산서합계표)를 제출하면 1년 이하의 징역 또는 공급가액에 부가가치세의 세율을 적용하여 계산한 세액의 2배 이하에 상당하는 벌금에 처하도록 규정하고 있다.

Ⅱ. 구성요건

1. 주   체

부가가치세법 제32조는 사업자가 부가가치세가 과세되는 재화 또는 용역

---

6) 조세범 처벌법 제10조 제1항 제1호, 제3호 및 같은 조 제2항 제1호, 제3호는 부가가치세법에 따른 세금계산서 및 세금계산서합계표에 관하여 규정하고 있고, 같은 조 제1항 제2호, 제4호 및 같은 조 제2항 제2호, 제4호는 소득세법 및 법인세법에 따른 계산서 및 계산서합계표에 관하여 규정하고 있다. 다만 조세범 처벌법의 적용에 있어서는 세금계산서와 계산서에 차이가 없으므로 본 책에서는 경우에 따라 통틀어 '세금계산서'라고만 한다.

7) 대판 1995. 7. 14. 95도569; 2019. 6. 27. 2018도14148.

을 공급하는 경우에 공급하는 사업자의 등록번호와 성명 또는 명칭, 공급받는
자의 등록번호(공급받는 자가 사업자가 아니거나 등록한 사업자가 아닌 경우에는 고
유번호 또는 주민등록번호), 공급가액과 부가가치세액, 작성연월일 등을 기재한
세금계산서(법인사업자와 직전년도 공급가액의 합계액이 3억 원 이상인 개인사업자
는 전자세금계산서)를 공급받는 자에게 발급하도록 규정하고 있다.

이와 유사하게 소득세법 제163조는 개인사업자에 대한 계산서 발급의무
를, 법인세법 제121조는 법인의 계산서 발급의무를 규정하고 있다.

조세범 처벌법 제10조 제1항 위반죄의 주체가 되려면 세금계산서 등의 작
성·발급의무가 있는 자여야 한다. 그런데 2013. 6. 7. 법률 제11873호로 전부
개정되기 전의 부가가치세법은 제16조 제1항에서 "납세의무자로 등록한 사업
자"를 세금계산서 발급의 주체로 규정하고 있었으므로, 조세범 처벌법 제10조
제1항 위반죄의 주체인 "부가가치세법의 규정에 의하여 세금계산서를 작성하
여 발급하여야 할 자"는 부가가치세법상 사업자로 등록된 사람 중 실제로 재
화나 용역을 공급하여 구체적으로 세금계산서를 작성하여 발급하여야 할 의
무가 있는 사람만을 의미한다고 해석되었다.[8][9] 위와 같은 해석에 따를 경우
부가가치세법상 사업자등록을 하지 않은 미등록사업자나, 등록한 사업자라 하
더라도 재화나 용역을 공급한 적이 없다면 본 항의 범죄주체가 될 수 없다.

그런데 2013. 6. 7. 법률 제11873호로 부가가치세법이 전부개정되면서 제
32조에서 단순히 "사업자"를 세금계산서 발급의 주체로 규정하여 '납세의무
자로 등록한' 부분을 삭제하게 되었는바, 전부개정된 부가가치세법 하에서 조
세범 처벌법 제10조 제1항 위반죄 주체는 부가가치세법에 따른 사업자등록을
하였는지와 상관없이 영리목적을 불문하고 사업상 독립적으로 재화 또는 용
역을 공급하는 자가 된다.[10] 또한 일반과세자가 아닌 간이과세자 및 면세사
업자는 세금계산서를 발급할 수 없으므로 본 죄의 주체가 될 수 없고, 부가가
치세법 제33조 및 제36조에 따라 세금계산서 발급의무가 면제되는 일반사업자
나, 영수증 발급대상인 경우 역시 마찬가지이다.[11]

---

8) 대판 1994. 6. 28. 92도2417; 1995. 4. 25. 95도100; 1995. 9. 29. 94도3376; 1996. 3. 8. 95도
   1738; 1999. 7. 13. 99도2168.
9) 소득세법 제163조 제1항은 현재까지도 여전히 계산서의 발급주체를 '제168조에 따라 사업
   자등록을 한 사업자'로 규정하고 있다.
10) 대판 2019. 6. 27. 2018도14148; 2019. 7. 24. 2018도16168.

다만 부가가치세법의 규정에 의하여 세금계산서를 작성하여 발급하여야 할 자가 아닌 자라도 이를 작성하여 발급하여야 할 자의 세금계산서 발급의무 위반행위에 공모하여 가공하면 공동정범으로서 책임을 지는 것은 가능하다.12) 이 경우에도 정범적격이 있는 자의 행위에 가공한 공범만을 처벌할 수 있다. 따라서 거짓 세금계산서를 발행한 자가 미등록 사업자이거나 등록한 사업자이더라도 실제로 재화 또는 용역을 공급하지 않았다면 본 조항에서 정한 신분의 요건이 충족되지 않아 본 조항 위반의 범죄가 성립하지 아니하므로, 실제로 재화를 공급한 자가 위와 같은 세금계산서의 발급에 가공하였다 하더라도 공범으로 처벌할 수 없다.13)

2. 세금계산서의 미발급·거짓기재, 거짓 매출처별 세금계산서합계표의 제출

(1) 세금계산서

본 항에서 말하는 "세금계산서"라 함은 부가가치세법 제32조에 규정된 세금계산서의 형식을 갖춘 세금계산서를 의미한다. 실제로 재화를 공급하여 세금계산서를 발행하여 발급하여야 할 의무 있는 자가 발행하는 세금계산서만을 의미한다고 볼 수는 없다.14)

(2) 세금계산서 미발급

세금계산서의 발급시기는 부가가치세법 제34조에 규정되어 있다. 위 규정에 의하면 재화 또는 용역의 공급시기(부가가치세법 제17조의 경우에는 그 공급시기 전) 또는 부가가치세법 제34조 제3항에 따라 월합계세금계산서를 발급하는 경우에는 공급일이 속하는 달의 다음 달 10일이 세금계산서의 발급시기가 된다. 위에 규정된 발급시기가 경과함으로써 세금계산서 미발급범의 기수

---

11) 대판 2019. 6. 27. 2018도14148.
12) 대판 1995. 3. 10. 94도3373.
13) 대판 1996. 3. 8. 95도1738. 다만 위 판결은 조세범 처벌법 제10조 제3항이 신설되기 이전의 사실관계에 관한 것으로서, 제3항의 신설 이후에는 재화 또는 용역을 공급하지 아니하고 세금계산서를 발급하거나 거짓으로 기재된 매출처별 세금계산서합계표를 정부에 제출한 사업자는 조세범 처벌법 제10조 제3항에 따라 가중된 법정형으로 의율된다. 그러한 행위에 가공하였다면 조세범 처벌법 제10조 제3항 위반죄의 공범이 된다.
14) 대판 1994. 6. 28. 92도2417(다만 본 판례는 1994. 12. 22. 법률 제4668호로 개정되기 전의 조세범 처벌법 제13조 제16호에 관한 것이다).

가 된다.

다만 '재화 또는 용역의 공급시기 이후에 발급받은 세금계산서로서 해당 공급시기가 속하는 과세기간에 발급받은 경우'에는 사실과 다른 세금계산서로 보지 않고 정상적으로 매입세액을 공제하도록 규정되어 있으므로(부가가치세법 제39조 제1항 제2호 단서, 동 시행령 제75조 제3호), 조세범 처벌법의 적용에 있어서도 위와 같은 경우는 세금계산서의 미발급 또는 세금계산서 거짓기재에 해당하지 아니하는 것으로 봄이 타당하다.

(3) 세금계산서 거짓기재

세금계산서의 거짓기재란 부가가치세법 제32조 제1항에 규정된 필요적 기재사항인 공급자의 등록번호와 성명 또는 명칭, 공급받는 자의 등록번호, 공급가액과 부가가치세액, 작성연월일의 전부 또는 일부를 기재하지 않거나 사실과 다르게 기재하는 것을 말한다. 따라서 위의 필요적 기재사항이 아닌 나머지의 기재사항, 예를 들어 공급물품의 명칭이나 공급받는 자의 상호, 성명, 주소 등을 사실과 다르게 기재한 경우에는 본 조항의 위반죄에 해당하지 않는다고 보는 것이 부가가치세법과의 통일적 해석에도 부합한다.[15] 대법원 역시 동일하게 판시한 바 있다.[16] 그러나 특수관계 있는 자와의 거래가 부당행위계산 부인 대상에 해당하여 과세표준이 재계산되어야 하는 경우에도, 정상적인 거래 시가를 공급가액으로 하지 않았다는 이유로 사실과 다른 세금계산서에 해당한다고 볼 수 없다.[17] 실물거래가 있었으나 실제 공급한 재화 또는 용역보다 공급가액을 과소하게 기재한 경우뿐 아니라 과다하게 기재한 때에도 조세범 처벌법 제10조 제3항이 아닌 본 항으로 의율된다.[18][19]

---

15) 부가가치세법 제39조 제1항 제2호, 부가가치세법 제60조 제2항 제5호.

16) 대판 2007. 3. 15. 2007도169. 「공급받는 자의 상호, 성명, 주소는 필요적 기재사항이 아닌 임의적 기재사항에 불과하여 공급받는 자의 상호, 성명, 주소가 기재되어 있지 않은 세금계산서라도 그 효력에는 영향이 없다.」 대판 2019. 8. 30. 2016두62726. 「세금계산서에 기재된 '공급받는 자의 등록번호'를 실제 공급받는 자의 등록번호로 볼 수 있다면 '공급받는 자의 성명 또는 명칭'이 실제 사업자의 것과 다르다는 사정만으로 이를 사실과 다른 세금계산서라고 단정할 수 없다.」

17) 대판 2004. 9. 23. 2002두1588.

18) 대판 2009. 10. 29. 2009도8069.

19) 공급가액을 과다하게 기재한 경우에 실제공급가액을 초과하는 공급가액 부분에 관하여는 조세범 처벌법 제10조 제3항을 적용하여야 한다는 견해로는 이승식, "조세범 처벌법 제10

그러나 필요적 기재사항이라 하더라도 그 기재내용의 경미한 부분이 사실과 다르다고 하여 바로 세금계산서 거짓기재죄가 성립하는 것은 아니고 세금계산서의 중요한 내용이 진실에 반하여야 한다. 형식적 · 절차적 규정위반을 모두 형사범화하는 것은 정당하지 않다. 그 행위가 형사처벌을 받아야 할 정도로 반사회적인 것으로서 비난가능성이 있어야 한다. 적어도 부가가치세법상 매입세액공제가 허용되는 유효한 세금계산서의 경우에는 사실과 다른 기재가 일부 있다 하더라도 거짓기재죄로 의율할 수 없다. 따라서 필요적 기재사항이 사실과 다르더라도 법령에 따라 매입세액이 공제되는 일부 경우[20] 및 실물거래사실이 인정되므로 매입세액공제가 허용되어야 한다고 인정된 사례[21]의 경우에는 세금계산서 거짓기재죄로 처벌할 수 없다.

세금계산서 거짓기재죄는 거짓기재된 세금계산서를 발급하는 즉시 기수가 된다. 이때의 '발급'이란 '작성 및 교부'를 의미하므로 단순히 작성만 하고 교부는 하지 아니한 상태라면 범죄가 성립하지 않는다고 보아야 한다.

(4) 거짓 매출처별 세금계산서합계표의 제출

재화 또는 용역을 공급한 사업자는 부가가치세법 제54조 및 소득세법 제163조의2, 법인세법 제121조 제5항에 따라 예정신고 또는 확정신고를 할 때 매출처별 세금계산서합계표나 매출처별 계산서합계표를 과세관청에 제출하여야 하는데(전자세금계산서 발급명세를 전송한 경우는 제외), 그 매출처별 세금계산서합계표 등이 거짓으로 기재된 경우에도 본 항에 따라 처벌된다. 이때에는 납세의무자가 거짓으로 기재된 세금계산서합계표를 과세관청에 제출함으로써 기수가 된다. 세금계산서 관련 범죄는 조세포탈죄와는 달리 결과범이 아니라 거동범으로 해석하여야 하므로 행위 즉시 범죄가 완료되고 신고 · 납부기한까지 기다리지 않는다.

만일 세금계산서를 거짓으로 기재하여 발급한 후 그 내용을 반영하여 거짓으로 기재한 매출처별 세금계산서합계표를 제출하였다면, 이는 법조경합 중 흡수관계로서 불가벌적 수반행위에 해당하여 거짓기재 세금계산서합계표

조의 세금계산서 관련범죄의 구성요건에 관한 고찰," 형사법의 신동향 통권 제42호(2014. 3), 196면.
20) 부가가치세법 시행령 제75조.
21) 대판 1988. 1. 19. 87누956; 1986. 9. 9. 86누79; 2010. 8. 19. 2008두5520.

제출죄만 성립한다. 거짓기재 세금계산서의 발급은 거짓기재 세금계산서합계표 제출과 일반적·전형적으로 결합되어 있는 수반행위이므로 그 불법과 책임이 세금계산서합계표 제출 행위에 흡수된다고 보아야 한다.[22]

그러나 대법원은 「동일한 거래에 대한 허위 세금계산서 발급·수취행위와 허위의 매출·매입처별 세금계산서합계표 제출행위는 서로 구별되는 별개의 행위로서 각 행위에 따른 결과라고 할 수 있는 '공급가액' 역시 별도로 산정하여야 하며, 특정범죄 가중처벌 등에 관한 법률 제8조의2에 따라 가중처벌을 하기 위한 기준인 '공급가액 등의 합계액'을 산정할 때에도 위와 같이 별도로 산정된 각 '공급가액'을 합산하는 것이 타당하다」[23]라고 하여 수죄설의 입장이다.

한편 부가가치세법 제32조 제2, 3, 5항은 전자세금계산서를 발급하였을 때 전자세금계산서 발급명세를 국세청장에게 전송하도록 규정하면서, 같은 법 제54조 제2항에서 전자세금계산서 발급명세를 전송한 경우에는 매출·매입처별 세금계산서합계표를 제출할 의무를 면하도록 규정하고 있다. 이는 전자세금계산서 발급명세가 국세청장에 전송되면 세금계산서합계표 서식에 그 내용이 자동적으로 생성·기재되기 때문이다. 더욱이 사업자가 국세청 운영 인터넷 사이트에서 전자세금계산서를 발급하면 그 발급 즉시 전자세금계산서 발급명세도 자동적으로 국세청장에 전송되고 별도의 전자세금계산서 발급명세 전송절차도 필요 없으므로 사업자로서는 전자세금계산서를 발급하는 것 외에 세금계산서합계표 제출행위뿐 아니라 전자세금계산서 발급명세 전송행위조차 하지 않는다. 따라서 전자세금계산서의 경우에는 세금계산서합계표 제출행위가 존재하지 않는다는 점에 있어서도 세금계산서합계표 제출 관련 범죄는 성립하지 않는다고 봄이 타당하다.[24] 대법원 역시 같은 입장이다.[25]

---

22) 자세한 사항은 제1편 제11장 제2절 Ⅲ. 부분 참조.

23) 대판 2017. 12. 28. 2017도11628. 위 판결에 대한 평석은 하태한, "동일한 가공거래 또는 전자세금계산서 발급분인 경우 특정범죄 가중처벌 등에 관한 법률 제8조의2 제1항의 적용 요건으로서 "공급가액 등의 합계액" 산정 대상 및 방법", 대법원판례해설 제114호, 법원도서관, 2018. 6.

24) 실무상으로도, 국세청이 "실물거래 없이 허위의 전자세금계산서를 발급받은 법인에 대하여 거짓 매입처별 세금계산서합계표 제출을 이유로 조세범 처벌법 제10조 제3항 제3호에 따라 처벌할 수 있는지"에 관하여 질의하자, 기획재정부는 '조세범 처벌법 제10조 제3항 제3호에 따라 처벌할 수 없음'이라는 회신을 한 바 있다[기획재정부 조세법령운용과-525(2016. 9. 29.)].

제 3 절 세금계산서 수취의무 위반 등

I. 의   의

조세범 처벌법 제10조 제2항은 부가가치세법, 소득세법, 법인세법에 따라 세금계산서(전자세금계산서를 포함한다) 또는 계산서(전자계산서를 포함한다)를 발급받아야 할 자와 매입처별 세금계산서합계표 또는 매입처별 계산서합계표를 정부에 제출하여야 할 자가 통정하여 세금계산서(계산서)를 발급받지 아니하거나 거짓으로 기재한 세금계산서를 발급받거나 거짓으로 기재한 매입처별 세금계산서합계표(매입처별 계산서합계표)를 제출하면 1년 이하의 징역 또는 매입금액에 부가가치세의 세율을 적용하여 계산한 세액의 2배 이하에 상당하는 벌금에 처하도록 규정하고 있다. 앞서 본 같은 조 제1항의 대향범에 대하여 별도의 구성요건을 정하여 처벌하는 것이다.

사실과 다른 세금계산서를 발급받으면 부가가치세 법령에 따라 매입세액이 공제되지 않는다(부가가치세법 제39조 제1항). 그럼에도 불구하고 거짓기재된 매입세금계산서를 발급받아 매입세액을 공제받는다면 탈세로 즉각 연결되기 때문에 이를 엄중히 규제할 필요가 있다. 부가가치세 면세사업자여서 부가가치세 매입세액을 공제받지 않는다 하더라도 법인세 또는 소득세의 납세의무가 있는 자는 거짓기재된 세금계산서(계산서)를 근거로 필요경비를 공제받아 소득을 축소하는 방법으로 소득에 대한 조세를 포탈하게 된다. 또한 법이 부가가치세 과세사업자가 아닌 자에게도 매입처별 세금계산서합계표를 제출하도록 한 것은 과세관청으로 하여금 재화 또는 용역을 공급한 사업자가 제출한 자료와의 상호검증을 통해 거래사실을 확인하도록 하기 위한 것인데, 공급하는 자와 공급받는 자가 통정하여 거짓기재된 세금계산서를 수수하고 과세관청에 이를 신고하면, 매출과 매입이 일치하여 과세관청으로서는 허위사실의 적발이 어려워진다. 이러한 연유로 세금계산서를 수취하는 자의 측면에서도 세금계산서를 발급받지 아니하거나 거짓으로 기재된 세금계산서를 발급받거나 거짓으로 기재된 매입세금계산서합계표를 정부에 제출하면 형사처벌이 가능하도록 본 조항을 별도로 두게 되었다.

25) 대판 2017. 12. 28. 2017도12650; 2017. 12. 28. 2017도11628.

재화 또는 용역을 공급하는 자와 공급받는 자가 통정하여 세금계산서 수수와 관련된 위법행위를 하였다면 일종의 공모 관계에 있다. 그럼에도 불구하고 공급하는 자를 처벌하는 제1항과 별도로 공급받는 자를 처벌하는 규정을 둔 이유는, 공급하는 자와 공급받는 자는 필요적 공범26)으로서 상호 반대되는 방향의 행위를 통하여 같은 목표를 실현하는 대향범의 관계에 있기 때문이다. 필요적 공범의 다수관여자들은 각각 정범으로 파악되고, 임의적 공범을 전제로 하는 형법총칙의 공범에 관한 규정이 적용될 수 없으므로 별도의 처벌규정이 필요하다.27) 공급받는 자에게 공급하는 자에 상응하는 정도의 위법성이 인정됨에도 공급받는 자는 공급하는 자의 공동정범 또는 방조범으로 처벌될 수 없다는 점을 감안하여 공급받는 자의 측면에서 세금계산서 관련 범죄를 처벌하는 제2항을 두되 그 요건에 '통정'을 추가하였다.28)

구 조세범 처벌법은 행위수단으로 통정 이외에 폭행·협박·선동·교사를 더하고 법정형을 3년 이하의 징역 또는 100만 원 이하의 벌금에 처하도록 규정하고 있었으나, 2010. 1. 1. 조세범 처벌법이 전면개정되면서 "폭행·협박·선동·교사"부분을 삭제하고 법정형을 제1항과 동일하게 조정하였다.

Ⅱ. 구성요건

1. 주   체

세금계산서의 수취와 관련된 주체는 제1항과는 달리 부가가치세법상 사업자로 제한되지 않는다. 부가가치세법상 사업자로부터 재화 또는 용역을 공급받고 세금계산서를 발급받는 지위에 있는 자 및 세금계산서합계표를 제출

---

26) 필요적 공범이란 어느 구성요건을 실현함에 있어서 반드시 2인 이상이 관여해야 하는 범죄유형을 말한다. 필요적 공범 중 대향범은 2인 이상의 관여자가 동일한 목표를 추구하되 서로 다른 방향에서 서로 다른 행위를 행함으로써 하나의 범죄실현에 관여하는 경우이다.

27) 신동운, 762면; 이재상, 451면; 정성근/박광민, 404면; 대판 2007. 10. 25. 2007도6712; 2004. 10. 28. 2004도2994; 2001. 12. 28. 2001도5158.

28) 다만 대법원은, 세금계산서합계표 제출 관련 범죄에 관하여는 매출자와 매입자가 서로 대향된 행위의 존재를 필요로 하는 필요적 공범이 아니라는 전제 하에, 일방이 타방의 위법한 세금계산서합계표 제출행위에 가담하였다면 자신의 세금계산서합계표 제출에 관한 범죄 외에 타방의 세금계산서합계표 제출에 관한 공범이 성립한다고 하였다. 대판 2014. 12. 11. 2014도11515.

할 의무가 있는 자가 여기에 해당한다.

부가가치세법은 사업자에게 신고시의 첨부서류로 매입처별 세금계산서합계표 제출의무를 부여하고 있는데, 부가가치세법 제54조 제5항 및 같은 법 시행령 제99조는 사업자 이외에도 국가, 지방자치단체, 지방자치단체조합, 부가가치세 면세사업자 중 소득세 또는 법인세의 납세의무가 있는 자, 민법 제32조에 따라 설립된 법인, 특별법에 따라 설립된 법인, 각급학교 기성회, 후원회 또는 이와 유사한 단체에게도 매입처별 세금계산서합계표의 제출의무를 부여하고 있다. 또한 법인세법 제120조의3은 부가가치세가 면제되는 사업자인 법인이 세금계산서를 발급받은 때에는 매입처별 세금계산서합계표 제출의무를 부여하고 있다. 소득세법 제163조의2 역시 마찬가지이다. 그렇기 때문에 부가가치세법상 사업자뿐 아니라 위 제출의무자들도 본 항 위반죄의 주체가 된다. 그러나 실물거래 없이 세금계산서를 발급받거나 매입처별 세금계산서합계표를 거짓으로 기재하여 제출한 경우 제3항에서 별도로 규율하고 있으므로 본 항 위반죄의 주체에서 제외된다.

2. 통정에 의한 미수취 등

통정에 의한 세금계산서의 미수취 또는 거짓기재된 세금계산서의 수취란, 재화 또는 용역을 공급받는 자가 사실에 부합하는 세금계산서를 수취하여야 한다는 사정을 알면서도 공급하는 자와 공모하여 고의로 이를 교부받지 아니하거나 거짓기재된 세금계산서를 수취하는 것을 말한다. 세금계산서를 발급받는 자는 발급하는 자에 대하여 수동적 위치에 있고 공급자가 세금계산서를 작성함에 있어 공급받는 자의 동의나 협조가 요구되지도 않으므로,[29] 비록 재화 또는 용역을 공급받는 자에게 세금계산서 미수취 등의 고의가 없다 하더라도 공급하는 자가 세금계산서를 발급하지 않으면 이를 강제할 수 없다. 이러한 경우에는 책임을 물을 수 없으므로 처벌에서 제외하기 위하여 공급받는 자의 측면에서는 '통정'이라는 행위양태를 추가한 것이다. 따라서 재화 또는 용역을 공급받는 자가 공급하는 자와의 상호인식이 없이 단순히 공급하는 자가 세금계산서를 발급하지 아니한 것을 묵인하거나, 거짓기재한 세금계산서를 발급하여 주는 대로 수취한 데에 불과하다면 본 조항으로 처벌할 수 없다.

---

29) 대판 2007. 3. 15. 2007도169.

3. 세금계산서의 미수취나 거짓기재된 세금계산서의 수취, 거짓기재 매입 처별 세금계산서합계표의 제출

세금계산서 발급의무와는 달리 세금계산서를 발급받아야 한다는 의무는 법에 규정되어 있지 않다. 세금계산서는 당해 납세의무자의 매입세액 공제 및 필요경비의 입증자료로서 납세의무자에게 유리한 증거자료이므로 굳이 그 수취의무를 부여하지 않은 것으로 보인다. 그러나 공급하는 자와 통정하여 세금계산서를 발급받지 않거나 거짓기재된 세금계산서를 발급받으면 비록 세금계산서를 발급받을 의무가 없다 하더라도 그 즉시 본 조항 위반죄의 기수가 된다.[30]

한편 부가가치세법은 공급받는 자에게 매입처별 세금계산서합계표의 제출의무를 부여하고 있으므로(즉 세금계산서를 발급받을 의무는 없지만 일단 발급받았다면 세금계산서합계표를 제출하여야 한다), 거짓으로 기재된 매입처별 세금계산서합계표를 과세관청에 제출하면 제출시 기수가 된다.

나머지의 자세한 설명은 세금계산서 발급의무 위반에서 설명한 바와 같다.

제 4 절 실물거래 없는 세금계산서 수수

Ⅰ. 의   의

조세범 처벌법 제10조 제3항은 재화 또는 용역을 공급하지 아니하거나 공급받지 아니하고 세금계산서, 계산서를 발급하거나 발급받은 행위, 거짓으로 기재된 매출·매입처별 세금계산서합계표나 계산서합계표를 정부에 제출한 행위를 한 자에 대하여 3년 이하의 징역 또는 그 세금계산서·계산서·매출·매입처별 세금계산서합계표나 매출·매입처별 계산서합계표에 기재된 공

---

30) 대판 2012. 11. 15. 2010도11382「세금계산서를 교부받아야 할 자와 매입처별 세금계산서합계표를 정부에 제출하여야 할 자가 재화 또는 용역을 공급받으면서 공급자와의 통정에 의하여 공급가액을 부풀리는 등 허위 기재를 한 세금계산서를 교부받은 경우, 이러한 행위는 구 조세범 처벌법 제11조의2 제2항 위반에 해당한다.」

급가액에(이하 위 문서들을 통틀어 '세금계산서 등'이라 칭한다) 부가가치세의 세율을 적용하여 계산한 세액의 3배 이하에 상당하는 벌금에 처하도록 규정하고 있다.

같은 조 제1항, 제2항이 실물거래를 동반한 세금계산서 관련범을 처벌하는 것이라면, 제3항은 실물거래 없이 세금계산서와 관련된 위법행위를 한 자, 특히 속칭 '자료상' 및 그와 세금계산서 수수를 한 자를 가중처벌하기 위한 조항이다. 그러나 본 조항의 적용대상이 재화나 용역의 공급 없이 세금계산서 수수를 업으로 하는 이른바 '자료상'에 한정되는 것은 아니다.[31] 본 조항의 죄를 범하면 제1항, 제2항의 법정형인 1년 이하의 징역 또는 세액 상당액의 2배 이하의 벌금보다 가중된 3년 이하의 징역 또는 세액 상당액의 3배 이하의 벌금에 처할 뿐 아니라 같은 조 제5항에 의하여 정상에 따라 징역형과 벌금형이 병과될 수도 있다.

앞서 개정연혁에서 본 바와 같이 대법원이 실물거래가 없이 세금계산서만을 수수하였다면 부가가치세법상 세금계산서의 작성·발급의무가 없으므로 구 조세범 처벌법 제11조의2에 규정된 세금계산서 관련 범죄의 주체가 될 수 없다고 판시하면서 자료상에 대하여 무죄를 선고하자, 그러한 처벌의 공백을 메우기 위하여 1994. 12. 22. 법률 제4812호로 현행 조세범 처벌법 제10조 제3항과 같은 취지의 구 조세범 처벌법 제11조의2 제4항, 제5항의 규정을 신설하게 되었다.

II. 구성요건

1. 고　　의

조세범 처벌법 제10조 제3항은 재화 또는 용역을 공급함이 없이 세금계산서 등을 수수할 것을 구성요건으로 한다. 따라서 소극적 구성요건요소로 '실물거래가 없다는 점'이 추가되고, 이는 고의의 인식대상이 된다. 실무상 실물거래 없이 세금계산서를 수수한다는 점을 인식하고 있었는가, 즉 세금계산서 발급 당시 실물거래를 할 의도였으나 결과적으로 실물거래가 무산된 것인가 여부를 많이 다투고 있다. 그 인식 유무에 따라 고의가 조각됨으로써 범죄

---

31) 대판 2003. 1. 10. 2002도4520; 2008. 7. 24. 2008도1715; 2010. 1. 28. 2007도10502.

성립여부가 결정되기 때문이다. 조세범 처벌법 제10조 제3항만이 특가법 제8조의2 적용 대상이 되기 때문이다.

　　대법원은 「세금계산서의 교부시기와 관련한 위와 같은 규정 취지 등에 비추어 보면, 구 조세범 처벌법 제11조의2 제4항(현행 제10조 제3항)의 '부가가치세법의 규정에 의한 재화 또는 용역을 공급함이 없이 세금계산서를 교부한 자'라 함은 실물거래 없이 가공의 세금계산서를 발행하는 행위를 하는 자(이른바 자료상)를 의미하는 것으로 보아야 할 것이고, 재화나 용역을 공급하기로 하는 계약을 체결하는 등 실물거래가 있음에도 세금계산서 교부시기에 관한 부가가치세법 등 관계 법령의 규정에 위반하여 세금계산서를 교부함으로써 그 세금계산서를 교부받은 자로 하여금 현실적인 재화나 용역의 공급 없이 부가가치세를 환급받게 한 경우까지 처벌하려는 규정이라고는 볼 수 없다」[32]고 하면서 생산설비 납품계약을 체결하고 계약금의 일부를 지급받은 상태에서 계약금 전액을 공급가액으로 하여 세금계산서를 발급한 행위가 조세범 처벌법 제10조 제3항 위반죄에 해당하지 않는다고 하였다. 이는 실물거래 없이 세금계산서를 발급한다는 점에 관한 고의가 없다고 보았기 때문으로 풀이된다.[33] 죄형법정주의와 책임주의에 부합하는 타당한 해석이라고 보인다. 이하에서 어떠한 경우에 고의가 인정되고, 어떠한 경우에 부정되었는지 구체적 사례를 몇 건 들어 본다.

고의를 인정한 사례

• 매매계약서가 존재하지 아니하고 계약금 등 일체의 대금을 수령한 적이 없는 점, 일체의 대금의 지급 없이 세금계산서만을 먼저 교부하는 것은 거래의 관행상 이례적인 점, 피고인은 세금계산서를 교부하였음에도 매출세액신고를 하지 아니한 점, 거래상대방이 허위 매입세액신고로 가산세 등의 제재를 받게 될 처지에 이르자 수정신고에 이르게 된 점(세무관청에 의한 현장실사로 허위로 판정되었기 때문에 수정신고로서의 효력은 없다), 피고인의 업종은 '건설

---

32) 대판 2004. 6. 25. 2004도655.
33) 이 판례에 관한 자세한 해설은 임성근, 조세범 처벌법 제11조의2 제4항의 "재화나 용역을 공급함이 없이 세금계산서를 교부한 자"의 의미, 대법원판례해설 제50호(2004), 법원도서관, 760면.

및 인테리어'로 세금계산서상 거래인 인쇄기계와는 거리가 멀고, 사업장도 없었던 것으로 보이는 점 등을 고려할 때, 이 사건 세금계산서 교부의 기초가 된 매매계약은 존재하지 아니하고, 이 사건 세금계산서는 부가가치세를 환급받기 위해 허위로 교부되었다고 봄이 타당하다(수원지법 2009. 12. 1. 2009노519, 2976(병합) 확정).

• 이전의 물품거래 및 세금계산서 발행 방식, A 세금계산서를 발급하게 된 경위 및 목적과 아울러, A 세금계산서의 발행이 공소외 4 주식회사로부터 초과 지급받은 30억 원의 범위 내에서 향후 거래가 이루어질 것을 전제로 미리 발행한 것이라면 그 후 이루어진 공소외 4 주식회사와의 거래에서는 다시 세금계산서를 발행하지 않아야 하는데도 이를 다시 발행하였다는 것은 A 세금계산서의 발행이 향후 있을 거래와는 무관하게 발행된 것이라는 것을 뒷받침하는 점 등의 사정을 앞에서 본 여러 사정들에 보태어 보면, 피고인들이 A 세금계산서를 공소외 4 주식회사에 교부한 것은 실물거래 없이 우회상장을 계획하고 있던 공소외 2 주식회사의 매출이 늘어난 것처럼 보이도록 허위 세금계산서를 교부한 것으로서 그 당시 피고인들에게 허위 세금계산서 교부의 범의가 있었다고 보기에 충분하다(대판 2012. 11. 15. 2010도11382).

• 재화 또는 용역을 공급받은 이가 매매계약에 따른 매입세금계산서를 교부받은 이후에 그 계약이 해제되어 수정세금계산서를 교부받아야 함에도 공급자에게 다시 재화 또는 용역을 공급한 것처럼 매출세금계산서를 발행하였다면, 설령 그 과세기간 내의 매출세액과 매입세액의 합계액에 아무런 영향을 미치지 아니한다고 하더라도, 실제로 그에 상응하는 재화 또는 용역을 공급하지 아니한 이상 허위의 매출세금계산서를 교부한다는 사정에 대한 범의가 부정된다고 볼 것은 아니다(대판 2014. 4. 30. 2012도7768).

고의를 부정한 사례

• 각 증거를 종합하면, 피고인이 A사와 앞으로 재화를 공급하기로 약정하고 그 대가로 약속어음 4매를 교부받은 후 A사에 재화를 공급하지 않은 상태에서 이 부분 매출세금계산서를 발행·교부한 사실, 그 후 피고인은 A사에게 이를 할인해 현금으로 달라고 요청하였다가 여의치 않자 A사에게 이를 반환한 사실, A사는 회수한 위 약속어음들을 다른 회사들로부터 물건을 구입하는 데 사용한 사실, 피고인은 이후 세무서에 수정신고를 하려고 하였지만 자신이 경

영하는 회사의 사업자등록이 이미 말소되는 바람에 이를 하지 못한 사실을 인정할 수 있는바, 이에 의하면 피고인이 이 부분 매출세금계산서를 발행, 교부할 당시에 A사에게 재화를 공급하기로 약정하는 등 실물거래가 있었다고 보아야 할 것이므로, 이 부분 매출세금계산서 발행교부에 관련하여 피고인에게 부가가치세법의 규정에 의한 재화나 용역을 공급함이 없이 세금계산서를 교부한다는 범의가 있었다고 보기는 어렵고 달리 이를 인정할 증거가 없다(부산지법 2009. 5. 15. 2008노877).

• 피고인이 자신이 운영하던 사업장 내의 이 사건 기계설비를 A사에 매도하는 계약을 체결하면서 이 사건 기계설비를 담보로 기술신용보증기금과 신용보증기금에서 대출받은 4억 원을 A사가 승계하는 조건으로 공급가액 5억 5,000만 원의 이 사건 세금계산서를 발행한 사실, 그 후 예상과 달리 담보권자들이 A사의 매출실적부족 등을 이유로 대출금승계를 거절함에 따라 대출금승계가 이루어지지 아니하여 매매대금이 정상적으로 지급되지 아니하였지만, 매수인인 A사가 이 사건 기계설비를 사용하여 제품을 생산하고 매월 대출금 이자 및 매매대금의 일부를 계속적으로 지급하여 온 사실에 비추어 볼 때, 이 사건 세금계산서의 발행 및 교부가 매매계약에 따른 재화의 공급 이전에 이루어진 것에 불과하여 이 사건 세금계산서를 이 사건 기계설비의 정상적인 매매계약에 따라 작성된 것으로 봄이 상당하다(창원지법 2010. 1. 12. 2009고단1320, 2010. 10. 1. 2010노193호로 항소심에서 확정).

2. 주　　체

부가가치세 과세대상인 재화 또는 용역을 공급하거나 공급받지 아니하고 세금계산서 등을 발급하거나 발급받은 자 또는 매출·매입처별 세금계산서합계표를 거짓으로 기재하여 정부에 제출한 자는 본 죄의 주체가 된다. 또한 법인세법 제121조 및 소득세법 제163조는 부가가치세가 면제되는 재화 또는 용역을 공급하는 사업자는 재화 또는 용역을 공급받는 자에게 계산서를 발급하도록 하고, 발급하거나 발급받은 매출·매입처별 계산서합계표를 과세관청에 제출할 의무를 부여하고 있다. 따라서 위와 같은 의무를 지는 자가 재화 또는 용역을 공급하지 아니하거나 공급받지 아니하고 계산서를 수수하거나 거짓으로 기재한 매출·매입처별 계산서합계표를 정부에 제출하면 본 죄의 주체가 된다.

우선 세금계산서의 발급 및 매출처별 세금계산서합계표의 제출 측면에서 본다. 부가가치세법상 사업자만이 세금계산서 발급을 할 수 있는데(부가가치세법 제32조), 사업자가 정상적인 사업 와중에 실물거래 없이 세금계산서를 발급하였다면 당연히 본 항에 따라 처벌된다. 사업자가 재화 또는 용역을 공급한 후 이를 실제로 공급받은 자가 아닌 제3자에게 세금계산서를 교부한 경우에도 본 죄의 주체가 된다.[34]

그런데 제3자 명의로 사업자등록을 하고 세금계산서상 공급하는 자 역시 사업자등록명의자로 기재하되 실제 세금계산서 발급행위는 미등록 사업자인 명의차용자가 하였다면 이러한 경우에는 어떻게 처벌하여야 하는 것인가? 실무상 상당수의 자료상[35]이 이에 해당한다. 조세범 처벌법 제10조 제1항은 "부가가치세법에 따라 세금계산서를 발급하여야 할 자," 즉 부가가치세법상 사업자이자 재화 또는 용역을 실제로 공급한 자가 세금계산서를 발급하지 아니하거나, 거짓으로 기재하여 발급하거나, 거짓으로 기재한 매출처별 세금계산서합계표를 제출한 경우에 처벌한다고 규정하고 있다. 반면, 제3항은 세금계산서 발급의무에 관한 언급 없이 "재화 또는 용역을 공급하지 아니하고 세금계산서를 발급하는 행위를 한 자, 거짓으로 기재된 매출처별 세금계산서합계표를 정부에 제출한 행위를 한 자"를 처벌하도록 규정하고 있다. 따라서 신분범임이 분명한 제1항과는 달리 제3항의 범죄주체에는 부가가치세법상 사업자에 국한되지 않고 타인의 명의로 사업자등록을 한 후 실제로 세금계산서 '발급 행위를 한 자', 거짓으로 기재된 매출처별 세금계산서합계표를 '제출한 자' 역시 포함된다고 볼 여지가 있다.[36]

실제로 그간 타인의 사업자등록을 이용하여 타인 명의로 세금계산서를 발급한 경우에 실제 행위자가 본 죄 위반죄의 정범인지 공범인지에 관하여 실무

---

34) 이와는 별개로 실제로 재화를 공급받은 자에 대한 세금계산서 미발급으로 인한 조세범 처벌법 제10조 제1항 제1호의 죄가 성립한다. 대판 2014. 7. 10. 2013도10554.
35) 부가가치세 사무처리규정 제2조(정의) 이 규정에서 사용하는 용어의 정의는 다음과 같다.
  8. "자료상"이란 조세범 처벌법 제10조 제3항을 위반하여 지방국세청장 또는 세무서장이 자료상으로 확정한 자를 말한다.
36) 조세범 처벌법 제10조 제3항의 주체 역시 신분범이라는 견해도 있다. 한승, 재화를 공급한 자가 타인의 사업자등록을 이용하여 그 명의로 세금계산서를 작성·교부한 경우의 형사책임, 자유와 책임 그리고 동행: 안대희대법관 재임기념, 사법발전재단, 2012, 501면.

상 많은 혼선이 있어 왔고, 다른 결론의 판례도 많이 있었다. 이에 각 판례의
사례를 예로 들어 본 죄 주체에 관한 유형을 나누어 보기로 한다.

(1) 사업자등록이 되어 있는 자가 실물거래 없이 자신의 명의로 세금계산서를 수수한 경우

사업자등록이 되어 있는 상태에서 재화 또는 용역을 공급하지 아니한 자
가 자신을 공급하는 자로 기재한 세금계산서를 교부하거나 재화 또는 용역을
공급받지 아니한 자가 자신이 공급받는 자로 기재된 세금계산서를 교부받은
경우에, 그 사업자등록명의자로서 세금계산서 수수행위를 한 자는 조세범 처
벌법 제10조 제3항의 주체가 된다.[37]

(2) 사업자등록이 되어 있지 않은 자가 실물공급을 하고 제3자의 명의로 세금계산서를 수수한 경우

재화 등을 공급하거나 공급받은 자가 세금계산서 수수행위에 관한 제3자
의 위임을 받아 제3자의 사업자등록을 이용하여 그 제3자를 공급하는 자로
기재한 세금계산서를 교부하거나 그 제3자가 공급받는 자로 기재된 세금계산
서를 교부받은 경우 및 그 제3자의 명의로 세금계산서합계표를 작성하여 정
부에 제출한 경우에는, 제3자가 위 세금계산서 수수 및 세금계산서 합계표 작
성·제출행위를 한 것으로 볼 수 있으므로 그가 재화 등을 공급하거나 공급받
지 아니한 이상 위 제3자가 조세범 처벌법 제10조 제3항 제1호 및 제3호 범행
의 정범이 되고 재화 등을 공급하거나 공급받은 자는 가담 정도에 따라 그 범
행의 공동정범이나 방조범이 될 수 있을 뿐 그 범행의 단독정범이 될 수 없
다.[38] 즉 실물공급을 한 자는 본 죄의 주체가 되지 아니하고 세금계산서 교부

---

37) 대판 2012. 5. 10. 2010도13433; 2008. 7. 24. 2008도1715; 2003. 1. 10. 2002도4520(컴퓨터
및 부품의 거래에 관하여, 실제 거래당사자는 A−C 임에도 불구하고 세금계산서가 A−
B−C 사이에 수수되었다는 이유로 B에 대하여 조세범 처벌법 제10조 제3항 위반죄를 인정
한 사안).

38) 원심판결 서울동부지법 2010. 7. 21. 2010고정1256; 환송전 항소심 판결 같은 법원 2010.
10. 1. 2010노1106; 환송판결 대판 2012. 5. 10. 2010도13433; 가공세금계산서 수수에 관한
제3자의 위임이 있었는지 여부를 심리하지 않았다는 이유로 파기환송된 후 심리결과 위임
사실이 인정되어 명의인인 제3자는 정범으로, 행위자인 피고인은 공동정범으로 처벌되었다.
환송후 판결 서울동부지법 2012. 8. 17. 2012노597; 대판 2012. 10. 25. 2012도10505 확정.

행위를 위임한 사업자등록 명의자인 제3자가 본 죄의 주체가 된다.

　이와 반대로, 사업자등록명의자인 제3자가 세금계산서 수수행위를 위임하지 않았다면, 즉 사업자등록 없이 실물공급을 한 자가 사업자등록명의자의 명의를 도용하여 임의로 세금계산서를 작성한 것이라면 실물공급을 한 자에게 문서위조죄 등의 죄책을 물을 수 있음은 별론으로 하고 실물공급을 한 자 및 사업자등록명의자 모두 조세범 처벌법 제10조 제3항의 주체가 될 수 없다.[39] 실물공급을 한 자가 세금계산서 발행의 주체가 되므로 '실물공급 없이 세금계산서를 발급한 경우'에 해당하지 않기 때문이다. 이때 사업자등록명의자에게 본 죄의 고의 및 실행행위성이 인정되지 아니하여 범죄가 성립되지 아니하므로 실제로 세금계산서 작성 등의 행위를 한 자를 공범으로 처벌할 수도 없다.

　한편 대법원은, 「재화 또는 용역을 공급하는 사람이 실제로는 자신이 직접 사업체를 운영하여 사업자등록을 하면서 형식적으로 명의만을 제3자로 한 경우에는, 명의자인 제3자가 아니라 실제로 사업체를 운영하면서 재화 등을 공급하는 거래행위를 한 사람을 세금계산서를 발급하고 매출·매입처별 세금계산서 합계표를 기재·제출하여 부가가치세를 납부하여야 하는 주체로 보아야 한다. 따라서 형식적으로 제3자 명의로 사업자등록이 된 사업체를 운영하여 재화 등을 공급하는 사람이 비록 제3자 명의로 세금계산서를 발행하고 세금계산서 합계표를 기재·제출하였다고 하더라도, 실제로 세금계산서 및 세금계산서 합계표에 기재된 수량의 재화 등을 기재된 가격으로 공급한 이상, 조세범 처벌법 제10조 제3항 제1호 및 제3호에 해당한다고 할 수 없다」고 하였다.[40] 사업자등록 명의자가 사업활동에 아무런 관여를 하지 않고 명의만 대여한 것이고, 실질사업주가 별도로 있다면, 그 실질사업주가 부가가치세법상 세금계산서 관련 의무자이기 때문에, 실질사업주가 재화등을 공급한 후 명의대여자 명의로 세금계산서를 발행하였다면 조세범 처벌법 제10조 제3항의 범죄가 성립할 수 없다는 취지이다.

　결론적으로 본인 명의의 사업자등록을 하지 않은 채 실물공급을 한 자는

---

39) 대판 2012. 5. 10. 2010도13433.
40) 대판 2015. 2. 26. 2014도14990. 환송 후 부산고법 2015. 6. 25. 2015노184, 대판 2015. 10. 15. 2015도10949.

명의자로부터 세금계산서에 관한 행위의 위임을 받은 경우가 아니라면, 명의도용 또는 명의대여의 경우에 정범은 물론 공범으로도 본 죄의 주체가 될 수 없다.

(3) 사업자등록이 되어 있는 자가 실물공급을 하고 제3자 명의로 세금계산서를 수수한 경우

재화 등을 공급하거나 공급받은 자가 자신 명의의 사업자등록이 되어 있는 상태에서 제3자로부터 세금계산서 수수행위에 관한 위임을 받았다면 제3자가 세금계산서 수수행위 등을 한 것으로 보아야 하므로 위 제3자가 조세범 처벌법 제10조 제3항 제1호 및 제3호 범행의 정범이 되고 재화 등을 공급하거나 공급받은 자는 가담 정도에 따라 그 범행의 공동정범이나 방조범이 된다.[41]

이에 대하여 자신의 명의로도 사업자등록을 하고 자신이 공급한 재화 또는 용역에 관하여 제3자 명의의 세금계산서를 발급하였다면, 공급하는 자를 사실과 다르게 기재하였으므로 같은 조 제1항 제1호에 따라 허위기재 세금계산서 발급죄의 정범에 해당할 수 있다는 견해가 있다.[42] 위와 같은 해석은 제3자로부터 세금계산서 수수에 관한 행위의 위임을 받지 않은 경우에 가능할 것으로 보인다. 위임이 없으므로 실물공급을 한 자가 세금계산서 발급의 주체가 되는데 실물의 공급이 있었으므로 세금계산서상 공급하는 자를 사실과 다르게 기재한 경우에 해당하기 때문이다.

(4) 사업자등록이 되어 있지 않은 자가 실물공급을 하지 아니하고 제3자의 명의로 세금계산서를 수수한 경우

피고인이 자기 명의의 사업자등록을 하지 않은 채 제3자의 명의를 차용하여 주유소업으로 사업자등록을 하고 실물거래 없이 제3자의 명의로 세금계산서를 수수한 사안에서 대법원은 「부가가치세법에 의하여 공급하는 사업자로부터 세금계산서를 교부받고 공급받는 사업자에게 세금계산서를 교부하며 나아가 부가가치세를 납부하여야 하는 자는, 공급하는 사업자 또는 공급받는 사업자와 명목상의 법률관계를 형성하고 있는 자가 아니라, 공급하는 사업자

---

41) 대판 2012. 5. 10. 2010도13433.
42) 한승, 앞의 논문, 506면.

로부터 실제로 재화 또는 용역을 공급받거나 공급받는 자에게 실제로 재화 또는 용역을 공급하는 거래행위를 한 자라고 보아야 한다」[43]면서, 피고인이 허위 세금계산서 발급의 주체임을 전제로 피고인에게 조세범 처벌법 제10조 제3항 위반죄가 성립하고, 명의대여인인 제3자는 피고인의 가공 세금계산서 수수에 관하여 협의하거나 그로 인한 이익을 분배받지 않은 채 명의만을 대여하고 그 대가를 받으면서 피고인의 세금계산서 발급 등의 행위를 용인하고 임대차계약서를 작성하여 주는 등 그 범행을 도왔으므로 위 피고인의 범죄에 대한 방조죄가 성립한다고 하였다.[44][45]

이에 따르면 피고인이 사업자등록을 하지 아니하고 제3자의 사업자등록 명의를 차용하여 전 거래에 관하여 제3자의 구체적인 관여 없이 주도적으로 가공 세금계산서를 수수하였다면 본 죄의 주체가 된다.

그러나 대법원은 다른 사안에서 「조세범 처벌법 제10조 제3항 제1호는 재화 또는 용역을 공급하지 아니한 자가 자신을 공급하는 자로 기재한 세금계산서를 교부한 행위를 처벌 대상으로 규정한 것이므로, 재화 또는 용역을 공급하지 아니한 자가 타인 명의를 위조하여 그를 공급하는 자로 기재하여 세금계산서를 교부한 경우에는 세금계산서에 자신을 공급하는 자로 기재하지 않은 이상 사문서위조죄로 처벌할 수 있을지언정 조세범 처벌법 제10조 제3항 제1호가 정한 처벌 대상에 해당한다고 할 수 없다」고 하였다.[46] 사업자등록 명의 사용에 대한 상호 인식이 있었는지 여부에 따라 결론을 달리 한 것으로 보인다.

3. 실물거래 없는 세금계산서 등의 수수

"부가가치세법의 규정에 의한 재화 또는 용역을 공급함이 없이 세금계산서를 교부하거나 교부받은 자"라 함은 실물거래 없이 가공의 세금계산서를 발행하여 교부하거나 이를 교부받은 자를 의미한다.[47] 여기에는 재화 또는 용

---

43) 대판 2003. 1. 10. 2002도4520; 2008. 7. 24. 2008도1715 등.
44) 대판 2010. 7. 22. 2010도4068.
45) 위 판결에 관하여 실제 사업자등록자는 피고인이고, 피고인이 자신의 사업자등록을 이용하여 세금계산서를 발급하였으므로 피고인을 신분범의 주체로 보아야 한다는 견해가 있다. 한승, 앞의 논문, 512면.
46) 대판 2012. 5. 10. 2010도13433; 2014. 11. 27. 2014도1700.

역을 아예 공급하지 아니하거나 공급받지 아니하고 세금계산서만을 발급하거나 발급받는 행위뿐만 아니라, 재화 또는 용역을 공급받은 자가 재화 또는 용역을 실제로 공급한 자가 아닌 다른 사람이 작성한 세금계산서를 발급받은 경우도 포함되고,[48] 마찬가지로 재화 또는 용역을 공급한 자가 재화 또는 용역을 실제로 공급받은 자가 아닌 다른 사람에게 세금계산서를 발급한 경우도 포함된다.[49] 따라서 실물거래가 있었으나 그 금액을 과장하여 부풀리는 등 사실과 다르게 기재된 세금계산서 등을 발급하거나 발급받았다면, 본 항이 아닌 제1항, 제2항이 적용된다.

한편 대법원은, 공사도급계약을 체결한 수급인 회사가 그 명의를 타인에게 대여하여 그로 하여금 실제공사를 완성하게 한 후 수급인 회사 명의로 도급인에게 세금계산서를 발행·발급한 사안에서, 이는 조세범 처벌법에서 정한 "재화 또는 용역을 공급함이 없이 세금계산서를 교부하거나 교부받은 경우"에 해당하지 않는다고 하였다.[50][51]

4. 판례의 사례

> • 부가가치세법상 '계약상 원인에 의하여 재화를 인도 또는 양도하거나 역무를 제공하는 자 등 재화 또는 용역을 공급하거나 또는 공급받는 자'에 해당하여 그 공급하는 사업자로부터 세금계산서를 교부받고, 공급받는 사업자에게 세금계산서를 교부하며, 나아가 부가가치세를 납부하여야 하는 자는, 공급하는

---

47) 대판 2007. 12. 27. 2007도3362.

48) 대판 2016. 10. 13. 2016두43077. 매입세금계산서를 공급하는 사업자의 성명란에 실질사업자의 성명이 아닌 명의대여자의 성명을 기재하였다면 사실과 다른 세금계산서에 해당한다.

49) 대판 2014. 7. 10. 2013도10554. 재화 또는 용역을 공급한 자가 재화 또는 용역을 실제로 공급받은 자에게 세금계산서를 발급하지 아니한 행위에 대해서는 조세범 처벌법 제10조 제1항 제1호에서 정한 세금계산서 미발급으로 인한 죄가 별개로 성립한다.

50) 대판 2008. 8. 11. 2008도4930.

51) 이와 반대로, 실제 공사를 시행한 피고인이, 그가 운영하던 사업자등록이 직권폐업되어 세금계산서를 발행할 수 없게 되자 다른 회사의 명의로 세금계산서를 발행·교부한 사안에서, 그 다른 회사(세금계산서상 공급하는 자)는 공사를 수급하거나 공사대금을 수령한 바도 없으므로, 피고인이 다른 회사의 명의로 세금계산서를 발행하였다면 재화 또는 용역을 공급함이 없이 세금계산서를 교부하였거나 교부받은 경우에 해당한다고 판단한 하급심 판결이 있다(창원지법 2009고단4159, 창원지법 2010노1901 항소심에서 확정). 그러나 위 피고인은 실물거래를 하였으므로 앞서 본 대법원판례(대판 2012. 5. 10. 2010도13433)에 의한다면 위와 같은 하급심의 견해는 타당하지 않다.

사업자 또는 공급받는 사업자와 명목상의 법률관계를 형성하고 있는 자가 아니라, 공급하는 사업자로부터 실제로 재화 또는 용역을 공급받거나, 공급받는 자에게 실제로 재화 또는 용역을 공급하는 거래행위를 한 자라고 보아야 한다 (컴퓨터 도소매업체를 경영하는 자가, 갑 회사가 을 회사에게 컴퓨터 및 그 부품을 공급함에 있어, 갑 회사로부터 이를 공급받아 다시 을 회사에게 공급하는 것처럼 명의를 대여하고 일정한 이익을 얻으면서 매출세금계산서를 수수한 경우, 구 조세범 처벌법 제11조의2 제4항 소정의 '재화 또는 용역을 공급함이 없이 세금계산서를 교부하거나 교부받은 경우'에 해당된다고 한 사례. 대판 2003. 1. 10. 2002도 4520).[52]

• 구 조세범 처벌법 제11조의2 제4항은 '재화나 용역을 공급하고 공급받음이 없이 세금계산서를 교부하거나 교부받는 행위'를 처벌하고 있는바, 여기에는 재화나 용역을 아예 공급하거나 공급받음이 없이 세금계산서만을 교부하거나 교부받는 행위뿐만 아니라, 재화나 용역을 공급받은 자가 그 재화나 용역을 실제로 공급한 자가 아닌 다른 사람이 작성한 세금계산서를 교부받은 경우도 포함된다. 용역을 제공받은 사실이 없음에도 허위 세금계산서를 교부받은 이상 조세범 처벌법 위반죄가 성립하고, 재화나 용역의 공급 없이 세금계산서의 발행을 업으로 하는 전형적인 이른바 '자료상'으로부터 세금계산서를 교부받은 경우에 한정되지 않는다(대판 2010. 1. 28. 2007도10502).

• 재화 등을 공급하거나 공급받은 자가 제3자의 위임을 받아 제3자의 사업자등록을 이용하여 제3자를 공급하는 자로 기재한 세금계산서를 교부하거나 제3자가 공급받는 자로 기재된 세금계산서를 교부받은 경우 및 제3자 명의로 재화 등의 공급에 관한 세금계산서합계표를 작성하여 정부에 제출한 경우에는, 제3자가 위 세금계산서 수수 및 세금계산서합계표 작성·제출행위를 한 것으로 볼 수 있으므로 그가 재화 등을 공급하거나 공급받지 아니한 이상 구 조세범 처벌법 제11조의2 제4항 제1호 및 제3호 범행의 정범이 되고, 재화 등을 공급하거나 공급받은 자는 가담 징도에 따라 그 범행의 공동정범이나 방조범이 될 수 있을 뿐 그 범행의 단독정범이 될 수 없다(대판 2012. 5. 10. 2010도13433).

• 조세범 처벌법 제10조 제3항은 '재화 또는 용역을 공급하지 아니하거나

공급받지 아니하고 세금계산서를 발급하거나 발급받은 행위'를 처벌하고 있는
데, 세금계산서를 발급받아야 할 자가 재화 또는 용역을 공급받으면서 공급자
와의 통정에 의하여 공급가액을 부풀리는 등 허위 기재를 한 세금계산서를 발
급받은 경우 이러한 행위는 조세범 처벌법 제10조 제2항 제1호에서 정한 거짓
으로 기재한 세금계산서를 발급받은 죄에 해당하고, 마찬가지로 세금계산서를
발급하여야 할 자가 재화 또는 용역을 공급하면서 공급가액을 부풀리는 등 허
위 기재를 한 세금계산서를 발급한 경우 이러한 행위는 법 제10조 제1항 제1
호에서 정한 세금계산서를 거짓으로 기재하여 발급한 죄에 해당한다(실물거래
가 있었으나 이를 부풀려 세금계산서 수수행위를 한 경우에는 조세범 처벌법 제10
조 제3항에 해당하지 아니하므로 결국 특가법 제8조의2가 적용되지 않는다는 취지
임. 대판 2014. 7. 10. 2013도10554).

• 세금계산서의 교부시기와 관련한 부가가치세법령 등의 규정 취지 등에 비
추어 보면, 구 조세범 처벌법 제11조의2 제4항의 '부가가치세법의 규정에 의
한 재화 또는 용역을 공급함이 없이 세금계산서를 교부한 자'라 함은 실물거
래 없이 가공의 세금계산서를 발행하는 행위를 하는 자(이른바 자료상)를 의미
하는 것으로 보아야 할 것이고, 재화나 용역을 공급하기로 하는 계약을 체결
하는 등 실물거래가 있음에도 세금계산서 교부시기에 관한 부가가치세법 등
관계 법령의 규정에 위반하여 세금계산서를 교부함으로써 그 세금계산서를 교
부받은 자로 하여금 현실적인 재화나 용역의 공급 없이 부가가치세를 환급받
게 한 경우까지 처벌하려는 규정이라고는 볼 수 없다(생산설비 납품계약을 체결
하고 계약금의 일부를 지급받은 상태에서 계약금 전액을 공급가액으로 하여 세금계
산서를 발행·교부한 행위가 구 조세범 처벌법 제11조의2 제4항(현 조세범 처벌법
제10조 제3항) 위반죄에 해당하지 않는다고 한 사례. 대판 2004. 6. 25. 2004도655).

• 여기서 재화나 용역을 공급하기로 하는 계약을 체결하는 등 실물거래가
있다는 것은 당사자 사이에 재화나 용역을 공급하기로 하는 구속력 있는 합의
가 있음을 의미하는 것으로서, 구 부가가치세법(2006. 12. 30. 법률 제8142호로
개정되기 전의 것) 제16조 제1항 제3호, 제5호, 같은 법 시행령(2007. 2. 28. 대
통령령 제19892호로 개정되기 전의 것) 제53조 제1항 제3, 4호에서 세금계산서
에 기재할 사항 중의 하나로 규정하고 있는 공급가액, 공급품목, 단가, 수량
등에 관하여도 합의가 있어야 한다(대판 2012. 11. 15. 2010도11382).

• 재화나 용역을 공급하지 아니하거나 공급받지 아니하고 가공의 세금계산

서를 발급·수취한 후 이를 취소하는 의미에서 같은 공급가액에 음의 표시를 하여 작성한 수정세금계산서를 발급·수취한 경우, 뒤의 공급가액이 음수인 수정세금계산서를 발급·수취한 행위는 (중략) 구 조세범 처벌법 제10조 제3항 제1호에서 정한 죄에 해당하지 않는다. 나아가 실물거래 없이 가공의 세금계산서를 발급·수취함으로써 구 조세범 처벌법 제10조 제3항 제1호의 죄가 기수에 이르고, 그 후 이러한 가공의 세금계산서를 취소하는 취지로 음수의 수정세금계산서를 발급·수취하였다 하더라도 이미 완성된 위 범죄의 성립에 아무런 영향을 미칠 수 없다(대판 2020. 10. 15. 2020도118 판결).

제 5 절   실물거래 없는 세금계산서 수수의 알선·중개

조세범 처벌법 제10조 제4항은 제3항의 행위, 즉 재화나 용역을 공급하지 아니하거나 공급받지 아니하고 세금계산서 등을 수수하는 행위를 알선하거나 중개한 자도 제3항과 동일한 형에 처하도록 규정하고 있다. 이 경우 세무를 대리하는 세무사·공인회계사 및 변호사가 제3항의 행위를 알선하거나 중개한 때에는 세무사법 제22조 제2항[53])에도 불구하고 해당 형의 2분의 1을 가중한다.

알선(斡旋)이란 제3자가 당사자를 매개하여 합의를 기도하는 것을 말하고, 중개(仲介)란 제3자로서 당사자 사이에 서서 일을 주선하는 것을 말한다. 본 조항의 규제대상인 알선·중개행위로 대가를 수령하였는지 여부는 묻지 않는다.

어떠한 일의 알선 또는 중개는 방조범적 성격을 지니는 것이나 그 행위의 위험성과 반윤리성의 정도가 높다고 보아 정범의 성격인 조세범 처벌법 제10조 제3항과 동일한 형으로 처벌하기 위하여 별도의 구성요건으로서 본 조항을 둔 것으로 보인다. 본 조항에 관하여는 세무대리인의 법정형을 세무사법에서 정한 것보다 높게 가중하는 것도 같은 맥락이다.

---

53) 세무사법 제22조(벌칙)
　　② 세무사로서 「조세범 처벌법」에 규정된 범죄와 「형법」 중 공무원의 직무에 관한 죄를 교사한 자는 그에 대하여 적용할 해당 조문의 형기 또는 벌금의 3분의 1까지 가중하여 벌한다.

제 6 절 특정범죄 가중처벌 등에 관한 법률과 세금계산서 관련 의무위반

특정범죄 가중처벌 등에 관한 법률

제8조의2(세금계산서 교부의무 위반 등의 가중처벌)

① 영리를 목적으로 「조세범 처벌법」 제10조 제3항 및 제4항 전단의 죄를 범한 사람은 다음 각 호의 구분에 따라 가중처벌한다.

1. 세금계산서 및 계산서에 기재된 공급가액이나 매출처별 세금계산서합계표·매입처별 세금계산서합계표에 기재된 공급가액 또는 매출·매입금액의 합계액(이하 이 조에서 "공급가액등의 합계액"이라 한다)이 50억 원 이상인 경우에는 3년 이상의 유기징역에 처한다.

2. 공급가액등의 합계액이 30억 원 이상 50억 원 미만인 경우에는 1년 이상의 유기징역에 처한다.

② 제1항의 경우에는 공급가액등의 합계액에 부가가치세의 세율을 적용하여 계산한 세액의 2배 이상 5배 이하의 벌금을 병과한다.

Ⅰ. 총　설

1. 특가법 제8조의2의 의의 및 입법취지

어떤 범죄를 특별법의 제정을 통하여 가중처벌하는 것은, 그 법률로 대응하고자 하는 사회현상에 큰 변화가 생겨서 일반법의 특정형으로는 처벌의 실효가 없게 되었거나, 종래에는 단순한 행정범으로 인식되던 것이 사회사정의 변화에 따라 형사범으로 인식되게 된 경우와 같이 그 범죄의 성격에 대한 인식이 변화되었거나, 경우에 따라서는 선고형이 너무 낮아서 입법으로 양형의 선택을 제한하게 하는 등의 경우에 사용되는 법률정책이다.

사실에 부합하는 세금계산서의 수수는 건전한 유통구조와 경제질서 확립을 위해서뿐 아니라 국가의 세정질서 유지를 위한 근간의 역할을 한다. 조세범 처벌법은 조세포탈죄와는 별도로 세금계산서 수수에 관한 의무를 위반한 자에 대하여 세금계산서가 갖는 증빙서류로서의 기능을 침범한 행위의 위험성을 인정하여 세금계산서 수수질서의 정상화를 도모하기 위해 세금계산서에 관한 의무위반행위 자체를 구성요건으로 삼아 구 조세범 처벌법 제11조의2(현행 조세범 처벌법 제10조)를 신설하였다.[54]

그런데 앞서 본 바와 같이 대법원 판례에 따를 경우 위 조문만으로는 자료상 등의 처벌이 어려워지게 되자, 1994. 12. 22. 법률 제4808호로 구 조세범 처벌법 제11조의2 제4항을 신설하여 실물거래 없이 허위의 세금계산서를 작성·교부하는 행위를 처벌할 수 있게 되었다.

그럼에도 그러한 행위가 근절되지 않고 오히려 지능화·광역화되어 유통에 관한 경제질서 및 세정질서가 더욱 어지럽혀짐에 따라, 그중 영리의 목적으로 위와 같은 행위를 하고 그 사안이 무거운 경우를 가려 가중처벌할 필요성이 있다는 인식하에 2005. 12. 29. 법률 제7767호로 특가법 제8조의2 규정이 신설되었다.[55] 특가법 제8조의2는 '영리의 목적'으로 구 조세범 처벌법 제11조의2 제4항, 제5항의 죄를 범한 자를 가중처벌하는 조항으로서, '영리의 목적'이라는 초과주관적 요소를 추가하였다. 또한 세금계산서에 기재된 공급가액이나 매출·매입세금계산서합계표에 기재된 공급가액이 30억 원 이상인 경우에는 1년 또는 3년 이상의 유기징역이라는 가중된 법정형을 규정함과 동시에 일정한 금액 이상의 벌금형을 필요적으로 병과하도록 규정하였다. 이러한 가중처벌 규정이 특가법에 별도로 마련된 이유는 세금계산서 수수질서를 확립하여 궁극적으로 근거과세와 공평과세를 실현하기 위한 것이다.[56]

2. 특가법 제8조의2의 특수성

재화 또는 용역을 공급하지 아니하고 조세범 처벌법 제10조 제3항 각 호의 행위를 하면 세금계산서나 계산서를 수수한 때 또는 매출·매입처별 세금계산서합계표나 매출·매입처별 계산서합계표를 제출한 때 각 문서마다 1개의 죄가 성립하는 것이 원칙이다. 위 각 행위를 함에 있어 영리의 목적 유무를 불문한다. 그런데 특가법 제8조의2 제1항은 공급가액 등의 합계액이 일정액 이상이라는 가중사유를 구성요건화하고, 이에 "영리의 목적"이라는 요건

---

54) 대판 2014. 4. 30. 2012도7768.
55) 국회 법제사법위원장이 2005. 12. 7. 제안한 특가법 일부 개정법률안(대안) 중 제안이유 및 국회 법제사법위원회의 2005. 12. 심사보고서.
56) 대판 2020. 2. 13. 2019도12842.

을 추가하여 조세범 처벌법 제10조 제3항의 행위와 합쳐 하나의 범죄유형으로 한 후 조세범 처벌법 제10조 제3항보다 가중된 법정형을 규정하고 있다.

따라서 뒤에서 보는 바와 같이 조세범 처벌법 제10조 제3항 각 호에 규정된 문서의 종류를 불문하고 그 공급가액 등을 모두 합친 금액이 특가법 제8조의2 제1항 각 호 소정의 금액 이상인 때에는 특가법 위반의 1죄만이 성립한다.[57]

또한 특가법 제8조 위반죄는 연간 포탈세액이 일정액 이상인 경우에 그 구성요건을 충족하기 때문에 1년 단위로 하나의 죄를 구성하며 그 상호간에는 경합범 관계에 있음에 비하여, 특가법 제8조의2는 그러한 기간의 제한이 없이 공급가액 등의 합계액이 일정액 이상일 것만을 요구할 뿐이다.

한편, 특가법 제8조의2는 그 행위주체를 '사람'으로 규정하여 자연인인 조세범을 가중처벌하기 위한 규정임이 명백하다. 특가법상으로 법인을 조세범 처벌법의 각 본조에 정한 벌금형에 가중하여 처벌한다는 명문의 처벌규정(양벌규정)이 없는 이상 죄형법정주의의 원칙상 특가법 제8조의2에 의하여 법인을 가중처벌할 수 없다.[58]

Ⅱ. 영리의 목적

1. 의   의

구 특가법 제8조의2 규정이 신설되면서, 조세범 처벌법상 세금계산서관련범의 구성요건에 더하여 영리의 목적을 구성요건 요소로 추가하였다. 이는 세금계산서 관련범 중 세금계산서 관련 위법행위 자체를 수단으로 삼아 이익을 취득하고자 하는 자들의 위법성과 반사회성이 더 높다고 보아 이를 가중처벌하고자 한 것으로 보인다.

영리의 목적에 관한 견해는 다음과 같이 나눌 수 있다.[59]

최협의설   본 죄에서 말하는 영리의 목적은 "행위자가 재화 또는 용역의 공급 없이 세금계산서 등을 수수하는 행위 자체에 관하여 대가를 받는 등

---

57) 대판 2011. 9. 29. 2011도4397.
58) 대판 1992. 8. 14. 92도299.
59) 신종열, 구 특정범죄 가중처벌 등에 관한 법률 제8조의2 제1항 소정의 '공급가액 등의 합계액'의 의미, 대법원판례해설 제90호(2011 하반기), 1024~1027면.

직접적인 경제적 이익을 취득할 목적"을 의미한다고 본다. 즉, 세금계산서 등 과세자료의 거래를 업으로 삼는 속칭 '자료상'만이 가중처벌의 대상이 된다는 견해이다. 자료상의 처벌 또는 가중처벌이라는 입법 취지에 가장 부합하는 해석이다. 그러나 자료상 이외의 자에 대해서까지 처벌범위를 확대한 기존 판례의 취지에 반하는 데에다가, 법문이 '영업으로'라고 하지 않고 '영리의 목적으로'라고 표현하고 있는 점을 고려하면 법의 의도를 너무 축소하는 것으로 보인다.

협 의 설   영리의 목적의 의미는 최협의설과 같이 해석하나 반드시 영업으로 과세자료를 거래하는 자료상에 한정하지 아니하고 일반적으로 과세자료의 거래를 통해 대가를 수수하는 모든 자에게 가중처벌조항이 적용될 수 있다는 견해이다. 이 역시 다른 법령에서 '영리의 목적'이 규정된 경우에 그 해석에 관하여 비교적 범위를 폭넓게 인정해 온 기존 판례의 해석기준에 반한다는 문제가 있다.

광 의 설   영리의 목적은 "널리 경제적인 이익을 취득할 목적"을 의미하는 것으로서 과세자료 거래 대가의 취득이라는 목적에 한정되지 않고, 과세자료의 거래와 관련하여 조세포탈로 인한 경제적인 이익의 취득을 제외한 나머지 재산상 이익의 취득을 도모하는 경우를 포함한다는 견해이다. 특가법 제8조의2가 '영리의 목적'이라는 구성요건을 추가한 입법취지와 함께 조세포탈범과의 위법성 평가가 중복될 수 있다는 점을 고려한 견해로 보인다.

최광의설   영리의 목적에는 과세자료의 거래를 통하여 조세를 포탈함으로써 경제적인 이익을 얻고자 하는 의사도 포함되며, 영리의 목적을 폭넓게 인정하여야 한다는 견해이다.

대법원은 그간 일관되게 영리의 목적을 "널리 경제적인 이익을 취득할 목적"이라고만 하여[60] 광의설을 취하고 있는 것인지 최광의설을 취하고 있는 것인지 명확하지 않았다. 최근 "실제 거래없이 가공의 세금계산서를 이용하여 부당하게 부가가치세를 환급받으려는 목적은 여기에 해당한다[61]"고 하여 조세포탈의 일종인 부당환급을 받으려는 목적 역시 영리의 목적에 포함한다고 하였다. 이에 의하면 적어도 당해 사안에 관하여는 최광의설을 취한 것으로

60) 대판 2011. 1. 27. 2010도12758.
61) 대판 2014. 9. 26. 2014도6479; 2014. 9. 24. 2013도5758. 이 판례에 관한 자세한 평석은 이동식, '조세포탈' 목적도 특정범죄가중처벌 등에 관한 법률 제8조의2 제1항의 '영리목적'에 해당하는지 여부, 대법원판례해설 제102호(2015), 법원도서관, 582~603면.

보이는바, 이러한 입장은 아래에서 보는 바와 같이 영리의 목적을 지나치게 넓게 해석한 것으로 보인다.

매입세액 공제 또는 부가가치세 부당환급 등 조세포탈로 인한 경제적 이익의 취득은 실물거래 없이 세금계산서를 수수하거나 그 합계표를 제출하는 행위에 내재된 개념이다. 그런데 조세포탈범의 처벌에 관하여는 조세범 처벌법 제3조 및 특가법 제8조가 별도로 규정하고 있다. 특별법은 개념적으로 일반법의 기본요소에 더하여 일반법과 구별되는 입법목적, 특별한 구성요건 표지를 요구하고, 특별법에 해당한다면 일반법이 아닌 특별법의 적용만을 받아야 한다.[62] 그런데 만일 특가법 제8조의2에 규정된 '영리의 목적'에 탈세의 목적도 포함되는 것으로 해석한다면 조세범 처벌법 제10조 제3항의 구성요건이 충족되면 거의 예외 없이 위 특가법상의 '영리의 목적'이 인정된다. 그 결과 특가법에서 조세범 처벌법과는 달리 특별히 초과주관적 구성요건요소로 규정한 '영리의 목적'이 사실상 사문화되는 결과를 초래한다. 조세범 처벌법 제10조 제3항이 가공세금계산서 발급으로 인한 세금계산서 관련 질서교란행위에 관한 일반적 처벌을 규정하고 있으므로, 이에 대하여 '영리의 목적'이라는 구성요건을 추가한 특가법의 조항은 좀 더 엄격하게 해석할 필요가 있다.

게다가 실물거래 없이 세금계산서를 수수하거나 그 합계표를 제출하는 행위는 조세범 처벌법 제3조 제1항 및 제6항에서 정한 "사기나 그 밖의 부정한 행위"의 유형 중 하나로서 조세포탈의 직접적인 수단일 뿐 아니라 그에 수반하여 행하여지는데, 영리의 목적에 조세포탈의 의도를 모두 포함하여 특가법 제8조의2로 처벌한다면 조세포탈죄 규정과 위법성 평가가 중복되는 부분이 발생하고, 자칫 이중처벌이 초래될 수 있다.

따라서 특가법 제8조의2에 규정된 '영리의 목적'은 "조세를 포탈하기 위한 목적을 제외한 나머지 재산상의 이익을 취할 목적"을 의미한다고 보는 것이 다른 법률규정과의 정합성에 관한 고려 및 그간 대법원의 영리의 목적에 관한 해석에 충실한 것으로 보인다.[63]

---

62) 헌재결 2017. 7. 27. 2016헌바42.

63) 대판 2010. 2. 11. 2009도13342; 서울고법 2013. 4. 25. 2012노3937(그러나 상고심에서 현재의 판례와 같은 이유로 파기되었다).

2. 판례의 사례

• 특가법 제8조의2에서 정하고 있는 '영리의 목적'이라 함은, 널리 경제적인 이익을 취득할 목적을 말하는 것으로서 허위의 거래실적을 만들어 은행에서 대출을 받으려는 목적 또는 기존 대출금의 상환을 연장받으려는 목적도 이에 해당한다(대판 2010. 2. 11. 2009도13342; 2011. 1. 27. 2010도12758; 2010. 11. 11. 2010도7289).

• 매출을 부풀려 대기업이나 해외로부터 수주를 유지하거나 받기 위한 주된 목적과 회사를 코스닥에 상장시키는 데 도움이 되도록 하기 위한 부수적인 목적은 널리 경제적인 이익을 취득하기 위한 것으로 볼 수 있다(대판 2011. 9. 29. 2011도4397).

• 특가법 제8조의2 제1항에서의 '영리의 목적'이란 '행위자가 재화 또는 용역의 공급 없이 세금계산서를 수수하는 행위 자체에 관하여 대가를 받는 등 직접적인 경제적 이익을 취득할 목적'뿐만 아니라 '가공의 외형을 창출하거나 불법에 가담함으로써 얻을 수 있는 간접적인 경제적 이익을 취득할 목적'까지 포섭하는 것으로 넓게 해석하는 것이 타당하고, 위 피고인이 운영하는 회사들의 매출 실적을 부풀려 피고인 회사들이 관급공사의 입찰 자격을 갖추려는 의도로 피고인 회사들 상호간에 재화 또는 용역을 공급한 것처럼 허위로 세금계산서를 세무서에 제출한 것은 위와 같은 간접적인 경제적 이익을 취득할 목적에 충분히 포섭될 수 있다(서울고법 2013. 6. 14. 2013노981, 대판 2013. 9. 27. 2013도7953으로 상고기각 확정).

• 거래처와의 거래관계를 유지하거나 거래처로부터 미수금을 변제받기 위하여 거래처 대표자의 지시에 따라 거짓 기재한 세금계산서를 수수한 행위는 널리 경제적인 이익을 취득하기 위한 것으로 영리의 목적이 인정된다(광주고법 2014. 10. 23. 2014노299).

• 물품을 공급받은 사실이 없음에도 마치 물품을 공급받은 것처럼 매입처별 세금계산서합계표를 허위로 기재하여 담당 공무원에게 제출한 것은 구 조세범 처벌법 제11조의2 제4항을 위반한 것이고, 그 행위는 무자료 유류를 정상적으로 공급받은 유류인 것처럼 가장하여 판매함으로써 부당한 이익을 취득하려는 것으로서 영리의 목적으로 이루어진 경우에 해당된다(대판 2010. 11.

11. 2010도7289).

• 피고인이 허위의 세금계산서를 발행한 목적은, 자신이 대표이사로 있던 영농조합법인의 매출실적을 부풀려 높은 평가점수를 받고, 이를 토대로 보조금, 보조사업 등에서 혜택을 받기 위한 것이었음을 알 수 있고, 이러한 목적은 위 법에서 정한 영리의 목적에 해당한다(대구고법 2011. 6. 30. 2011노97, 대판 2011. 10. 13. 2011도9104로 상고기각 확정).

• 실제 거래 없이 가공의 세금계산서를 이용하여 부당하게 부가가치세를 환급공제받으려는 목적은 영리의 목적에 해당한다. 따라서 이 사건과 같이 피고인이 실제 거래 없이 세금계산서를 발급받아 무자료 폐동을 정상적으로 공급받은 폐동인 것처럼 가장하여 판매하고 부가가치세 매입세액을 공제받음으로써 부당한 이익을 취득하려는 것은 이러한 영리의 목적에 해당한다(대판 2014. 9. 26. 2014도6479).

• 거짓으로 기재한 매입처별 세금계산서합계표를 제출하여 부당하게 부가가치세를 환급공제받으려는 목적은 영리의 목적에 해당한다. 피고인은 자신이 경영하는 회사로 하여금 부당하게 매입세액을 공제받도록 하기 위하여 거래처들로부터 재화나 용역을 공급받은 사실이 없음에도 거짓으로 기재한 매입처별 세금계산서합계표를 세무서에 제출하였음을 알 수 있는바, 피고인의 위와 같은 행위는 특가법 제8조의2 제1항에 규정된 영리의 목적으로 이루어진 것에 해당한다고 보아야 한다(대판 2014. 9. 24. 2013도5758).

• 매출실적을 유지하여 금융기관의 대출금 상환 압박을 피하기 위하여, 사업실적을 부풀려 관급공사를 수주하기 위하여 거래 없이 세금계산서를 수수한 경우 영리의 목적이 인정된다(대판 2015. 6. 24. 2014도16273).

Ⅲ. 공급가액 등의 합계액

1. 의   의

특가법 제8조의2는 조세범 처벌법 제10조 제3항 및 제4항 전단의 죄를 범한 자 중 세금계산서 및 계산서에 기재된 공급가액이나 매출처별 세금계산서합계표·매입처별 세금계산서합계표에 기재된 공급가액 또는 매출·매입가액의 합계액(이하 통틀어 말할 때는 "공급가액 등의 합계액"이라 한다)이 50억 원 이상인 경우에는 3년 이상의 유기징역에, 공급가액 등의 합계액이 30억 원 이상 50억 원 미만인 경우에는 1년 이상의 유기징역에 처하도록 규정하고 있다. 따라서 위 "공급가액 등의 합계액"이 일정액에 달하는지 여부에 따라 특가법에 의한 가중처벌 대상이 되는가가 결정된다.

원칙적으로 조세범 처벌법상 세금계산서 관련 범죄는 각 문서별로 독립하여 1죄를 구성한다. 그리고 조세범 처벌법 제10조 제3항은 문서의 성격별로 각 호를 구별하여, 제1호는 세금계산서의 발급 및 수취행위를, 제2호는 계산서의 발급 및 수취행위를, 제3호는 매출·매입처별 세금계산서합계표의 제출행위를, 제4호는 매출·매입처별 계산서합계표의 제출행위를 규율하고 있다. 그런데 특가법 제8조의2에서 말하는 "공급가액 등의 합계액"이 조세범 처벌법 제10조 제3항을 각 호별, 문서의 종류별로 구분하여 각 호 내에서도 동종의 문서끼리만 합산한다는 것인지, 각 호 내에서는 문서의 종류가 다르더라도 그 성격이 유사하므로 이를 모두 합산할 수 있는 것인지, 조세범 처벌법 제10조 제3항 각호에 규정된 문서상의 금액을 모두 합산할 수 있는 것인지가 문제된다. 합산의 단위에 따라 '공급가액 등의 합계액' 액수가 달라질 것이기 때문이다.

또한 특기할 점은, 특가법 제8조는 "연간 포탈세액"이 일정액 이상일 것을 요건으로 함으로써 합산의 기간단위를 1년으로 제한한 데에 비하여, 특가법 제8조의2는 그러한 제한 없이 단순히 공급가액 등의 합계액이 일정액 이상일 것만을 요구하고 있기 때문에, 특가법 제8조의2를 적용함에 있어서는 전기간에 걸친 공급가액 등을 모두 합산하면 되는 것인지가 문제된다.

2. 문서별 합산단위에 관한 학설 및 판례

(1) 상정 가능한 학설[54]

1) 문서 종류별 구분설

예를 들어 조세범 처벌법 제10조 제3항 제1호는 실물거래 없이 세금계산서를 '발급하거나' '발급받은' 행위를 처벌대상으로 하고 있는데, 특정인이 실

---

54) "공급가액 등의 합계액" 산정에 관한 다른 학설에 관한 설명은 신종열, 구 특정범죄 가중처벌 등에 관한 법률 제8조의2 제1항 소정의 '공급가액 등의 합계액'의 의미, 대법원 판례해설, 제90호(2011 하반기), 법원도서관, 2012, 1010~1016면 참조.

물거래 없이 세금계산서를 발급하는 행위 및 발급받는 행위를 모두 하였다면 특가법 제8조의2 제1항을 적용함에 있어 매출세금계산서와 매입세금계산서상의 공급가액을 별개로 구분할 것인가 합산할 것인가에 관하여, 각 문서의 종류별로 고의와 행위유형이 다르므로 각각 구분하여 동종의 문서에 관하여만 공급가액 등을 합산하여야 한다는 견해이다.

그러나 이는 위 조항에서 "공급가액 또는 매출·매입금액의 합계액"이라고 규정한 부분의 객관적 해석에 반할 뿐 아니라 경제질서 및 세정질서를 문란하게 하는 데에 있어서 매출·매입세금계산서, 매출·매입세금계산서합계표, 매출·매입계산서, 매출·매입계산서합계표를 구분할 실익이 없다는 점에 있어서도 타당하지 않다.

2) 호별 합산설

조세범 처벌법 제10조 제3항은 실물거래 없이 세금계산서 관련 위법행위를 하는 경우에 관한 벌칙을 정하고 있는바, 제1호에서 세금계산서를, 제2호에서 계산서를, 제3호에서 매출·매입처별 세금계산서합계표를, 제4호에서 매출·매입처별 계산서합계표를 별도로 규정하고 있는 이유는 각 호별 문서의 성격과 기능이 다르다는 점에 주목한 것이므로 각 호별 문서의 공급가액 등의 합계액이 30억 원을 넘어설 경우 특가법 제8조의2 제1항 위반죄가 성립하고, 그 각 호별로 별죄가 성립한다는 견해이다.

3) 전체 합산설

특가법 제8조의2에 규정된 '영리의 목적'이라는 초과주관적 요소는 세금계산서, 계산서, 세금계산서합계표, 계산서합계표에 관한 모든 위법행위를 통합하는 기능을 하고, 따라서 위 행위자를 중심으로 각 문서에 관한 행위를 포괄하여 그 거래규모가 일정수준 이상인 경우라면 위 조항에 따라 처벌하여야 하며 일죄를 구성한다는 견해이다. 그 근거로 '공급가액 등의 합계액'이라고 한 문언의 해석상 모두 합산하는 것이 자연스럽고, 특가법 제8조 제1항의 경우 조세의 종류에 불구하고 연간 포탈세액이 일정금액 이상이면 가중처벌하는 판례의 태도[55]와의 일관성을 든다.

---

55) 대판(전합) 2000. 4. 20. 99도3822 등.

(2) 판   례

대법원이 재화 또는 용역을 공급하지 아니하고 조세범 처벌법 제10조 제3항 각 호의 행위를 하면 세금계산서를 발급하거나 발급받은 때 또는 세금계산서합계표를 거짓으로 기재하여 제출한 때에 각 문서마다 1개의 죄가 성립한다고 판단하고 있음은 앞서 본 바와 같다. 그러나 특가법 제8조의2 위반의 범죄를 판단함에 있어서는 「특가법 제8조의2 제1항은 '영리의 목적'과 공급가액등의 합계액이 일정액 이상이라는 가중사유를 구성요건화하여 조세범 처벌법 제10조 제3항의 행위와 합쳐서 하나의 범죄유형으로 하고 그에 대한 법정형을 규정한 것이므로, 세금계산서, 계산서, 매출·매입처별 세금계산서합계표에 기재된 공급가액을 모두 합산한 금액이 이 사건 법률조항 소정의 금액 이상인 때에는 이 사건 법률조항 위반의 1죄만이 성립한다」[56]고 하면서 매출·매입세금계산서 및 매출·매입세금계산서합계표를 모두 포괄하여 1죄로 보고 있다.

또한 동일인이 여러 사업체를 운영하면서 공급자로서 허위 세금계산서를 발급하는 한편, 다른 사업자로서 해당 허위 세금계산서를 발급받은 경우, 공급가액 등의 합계액을 산정할 때에는 발급하는 사업자로서의 공급가액과 발급받는 사업자로서의 공급가액을 합산한다.[57] 다만, 허위 세금계산서를 발급한 후 이를 취소하는 의미에서 수정세금계산서를 수수한 경우, 수정세금계산서 발급분에 관하여는 조세범 처벌법 제10조 제3항의 범죄가 성립하지 아니하므로, 이에 관한 공급가액 역시 고려할 필요가 없다.[58]

(3) 소결 ─ 전체합산설

특가법 제8조의2 제1항 제1호는 "공급가액 등의 합계액이 50억 원 이상인 경우"에 3년 이상의 유기징역에 처하도록 하고, 같은 항 제2호는 "공급가액 등의 합계액이 30억 원 이상 50억 원 미만인 경우"에 1년 이상의 유기징역에 처하도록 규정하고 있다. 위와 같은 문언을 객관적으로 파악할 때 입법자의 의도는 "공급가액등의 합계액"에 매출·매입세금계산서 및 그 각 합계표,

---

56) 대판 2011. 9. 29. 2009도3355; 2013. 9. 26. 2013도7219 등.

57) 대판 2020. 2. 13. 2019도12842.

58) 대판 2020. 10. 15. 2020도118.

매입·매출계산서 및 그 각 합계표를 모두 합산하고자 하는 데에 있다고 해석하는 것이 가장 문리해석에 충실한 것으로 보인다. 또한 특가법 제8조의2는 실물거래 없이 세금계산서 등을 발급하는 금액이 커질수록 불법내용 또한 증가한다는 전제 하에 공급가액 등의 합계액이 일정액을 넘어서는 경우에 이를 가중처벌하고자 하는 것인데, 문서별 합산설 및 호별 합산설에 의할 경우 공급가액 등의 합계액이 나뉘게 되어 위와 같이 가중처벌하고자 한 의도가 반감된다. 게다가 특가법 제8조의2는 주로 실물거래 없이 자료를 수수하여 세정질서를 문란하게 하는 소위 '자료상'을 처벌하는 데에 그 주목적이 있을 것인데, 자료상은 가공의 매출세금계산서를 발급하기도 하고 매입세금계산서를 교부받기도 하며, 과세관청의 적발을 피하고 상호교차 검증에 부합하기 위하여 이에 관한 세금계산서합계표도 제출하는 것이 일반적이므로, 이러한 자료상의 여러 세금계산서 위반행위를 구분할 실익은 별로 없어 보인다.[59]

위와 같은 점들을 종합하여 볼 때 세금계산서, 계산서, 그 각 합계표에 기재된 모든 공급가액을 합산하는 대법원의 입장이 타당해 보인다. 다만 동일한 거래에 관한 세금계산서 및 세금계산서합계표가 함께 존재할 경우 중복되지 않는 범위 내에서 합산하여야 이중평가 금지 원칙에 저촉되지 않을 것이다.

3. 기간을 구획지어 공급가액 등의 합산범위를 제한할 수 있는지 여부

(1) 개   요

특가법 제8조는 "포탈한 세액이 연간 5억 원 이상"일 경우에 성립하므로 포탈세액의 합산기간이 1년으로 규정되어 있다. 그리고 대법원은 2000. 4. 20. 99도3822 전원합의체 판결로서 '연간'의 의미를 한 해의 1월 1일부터 12월 31일까지로 확정지었다. 위 판시에 따르면 특가법 제8조 위반의 죄는 1년 단위로 하나의 죄를 구성하며 그 상호간에는 경합범 관계에 있다.

그런데 특가법 제8조의2는 그러한 기간의 제한 없이 공급가액 등의 합계액이 일정액 이상일 것만을 요건으로 규정하고 있다. 만일 소멸시효 기간 내의 금액을 모두 합산하여 특가법 해당금액 이상인지 여부를 판단한다면, 피의자 또는 피고인의 입장에서는 금액이 증가함으로써 특가법 해당 가능성이 높아지게 되고, 조세범 처벌법보다 특가법의 공소시효가 더 장기인 관계로 조세

---

59) 같은 취지 신종열, 앞의 논문, 1019면.

범 처벌법상 공소시효가 완료된 행위라 하더라도 특가법 위반으로 처벌될 가능성이 있어 불리한 면이 있다. 과세관청의 입장에서는 피고인이 어느 시점을 기준으로 하여 특가법 제8조의2로 처벌받았다면, 그 확정판결 당시 발각당하지 않았던 그 이전의 행위가 확정판결 이후에 추가 발견되었다 하더라도 모두 면소를 면치 못하게 되어 처벌의 공백이 생긴다는 점을 문제 삼을 수 있다. 이에 공급가액 등의 합계액을 산정함에 있어 그 기간의 구획을 어떻게 하여야 하는지가 문제된다.

(2) 학 설
1) 과세기간별 구분설
조세포탈죄는 원칙적으로 과세기간별로 1죄가 성립한다는 점을 들어 특가법 제8조의2 해당 여부를 판단하기 위한 공급가액 등의 합계액 산정시에도 과세기간별로 나누어 해당 과세기간 내에서만 합산하여야 한다는 견해가 있을 수 있다.

2) 전 기간 합산설
특가법 제8조의2는 특가법 제8조와는 달리 기간을 구분하는 규정이 없으므로 소멸시효 내의 기간에 발생한 무거래 세금계산서 등의 공급가액을 모두 합산하여야 한다는 견해가 있을 수 있다. 현재 시행중인 과세관청의 실무가 그러하다.[60]

3) 범의에 따른 구분설
특가법 제8조의2는 '영리의 목적'이라는 표지 하에 수개의 죄를 포괄하여 일죄로 판단하고 있으므로 범의의 단일성과 계속성에 따라 구분지어 죄수를 논하여야 한다는 입장이 있을 수 있다.

(3) 소 결
실제로 하급심에서는, 여러 과세기간에 걸친 다수의 범행을 포괄일죄로 처벌한다거나, 과세기간별로 1죄로 처리하여 경합범가중을 하는 등 여러 가지 결론의 판결이 선고된 후 확정된 사례가 있어 왔다.[61]

---

60) 국세청, 세금계산서 수수의무 위반 업무처리지침(2015. 8. 1.).

우선 과세기간별 구분설은 아래와 같은 이유로 타당하지 아니하다.

> ① 특가법 제8조 제1항에서 포탈세액 합산 기간을 구성요건에서 명시하고 있는 것과는 달리, 특가법 제8조의2에서는 허위세금계산서의 공급가액 합계액 등 처벌 기준이 되는 범죄액수를 합산할 기간을 명시적으로 규정하고 있지 아니하여 '공급가액 등의 합계액'을 동일 과세기간 내의 것만으로 한정하여 해석할 법문상 근거가 없다.
>
> ② 만약 '공급가액 등의 합계액'을 동일 과세기간 내의 것이라고 해석할 경우, 액수에 따라서는 과세기간별로 나누어 여러 개의 특가법 제8조의2 위반죄가 성립하는 경우도 있을 수 있으므로 그와 같은 해석이 반드시 피고인에게 유리하다고 볼 수도 없다.
>
> ③ 조세포탈범은 과세기간별로 죄가 성립하는 것이 원칙이기는 하나, 허위세금계산서 발급 등 행위는 조세포탈죄와 구성요건 및 보호법익이 다르기 때문에 동일한 기준으로 판단할 수 없다.
>
> ④ 조세범 처벌법상 공소시효가 완성된 개별 행위도 가중처벌 조항인 특가법 제8조의2를 통하여 처벌할 수 있게 되어 피고인에게 불리해질 수 있으나, 이는 포괄일죄의 법리상 다른 상습범, 영업범의 경우도 마찬가지이다.
>
> ⑤ 동일 죄명에 해당하는 여러 개의 행위를 단일하고 계속된 범의하에 일정 기간 계속하여 행하고 그 피해법익도 동일한 경우에는 이들 각 행위를 통틀어 포괄일죄로 처단하여야 할 것이나, 범의의 단일성과 계속성이 인정되지 아니하거나 범행 방법이 동일하지 않으면 각 범행은 경합범에 해당한다. 따라서

---

61) (가) 여러 과세기간에 걸친 다수의 범행을 포괄일죄로 처벌한 예: 서울남부지법 2009. 5. 21. 2009고합15(항소심 서울고법 2009. 8. 28. 2009노1475, 상고심 대법원 2010. 7. 15. 2009도9319), 창원지법 통영지원 2010. 4. 22. 2009고합115, 2010고합1(병합)(항소심 부산고법 2010. 9. 9. 2010노348), 인천지법 2009. 9. 17. 2009고합199(항소심 서울고법 2010. 3. 25. 2009노2687, 상고심 대법원 2010도4068), 수원지법 안산지원 2010. 3. 26. 2009고합309(항소심 서울고법 2010. 7. 15. 2010노919).

　(나) 과세기간별로 1죄로 처리하여 경합범가중을 한 예: 대전지법 천안지원 2009. 6. 22. 2008고합226, 2009고합6, 9, 55, 99(각 병합)(항소심 대전고법 2009. 12. 18. 2009노250, 상고심 대법원 2010. 5. 13. 2010도336), 부산지법 2010. 1. 26. 2009고합606(분리), 2009고합729(병합), 2010고합11(병합)(항소심 부산고법 2010. 5. 26. 2010노134, 상고심 대법원 2010. 11. 11. 2010도7289), 대전지법 천안지원 2009. 2. 11. 2009고합5(항소심 대전고법 2009. 5. 20. 2009노85).

　(다) 특가법으로 기소된 후 조세범 처벌법위반으로 공소장변경이 된 예: 창원지법 2010. 9. 17. 2010고합106; 서울서부지법 2009. 7. 3. 2009고합60; 창원지법 2010. 12. 3. 2009고합370; 전주지법 2010. 4. 20. 2010고합13; 서울중앙지법 2010. 12. 2. 2010고합1171.

조세범 처벌법 제10조 제3항에 해당하는 여러 개의 행위라도 범의, 범행 방법, 피해법익을 고려하여 이를 포괄하여 구 특가법 제8조의2를 적용하여 처벌하지 않을 수도 있다.[62]

또한 기계적으로 전 기간 합산설을 적용할 경우, 전혀 다른 목적과 방법으로 행해졌다거나, 상당한 시간의 간격이 있어 도저히 일죄로 판단할 수 없는 경우까지도 합산하여 특가법 위반으로 의율됨으로써 부당한 결론이 도출될 수 있다.

따라서 단일하고 계속된 범의 하에 동일한 범행 방법으로 일정기간 계속하여 행하여진 세금계산서 관련범에 대하여 구 특가법 제8조의2를 적용함에 있어서는 과세기간에 따라 구분하지 아니하고 해당 기간의 공급가액 등을 모두 합산하는 것으로 해석함이 상당하다. 다만, '영리의 목적' 및 범의의 단일성과 계속성, 행위의 동일성 여부에 따라 죄수를 구분하는 것이 타당해 보인다. '상습범 또는 영업범에 관한 포괄일죄의 법리'에 따라 특가법 성립범위를 제한하도록 하는 것이다.

예를 들어 '허위 세금계산서 발급으로 수수료를 받을 영리의 목적'으로 비철금속 유통에 관한 공급가액 10억 원의 무거래 세금계산서를 수개월에 걸쳐 발행한 후, 약 1년이 경과한 후에 '허위 세금계산서 발급으로 매출액을 부풀려 대출을 받을 영리의 목적'으로 선박 용선료에 관한 공급가액 50억 원의 무거래 세금계산서를 수개월에 걸쳐 발행하였다면 두 거래는 범의의 단일성과 계속성, 행위의 동일성이 단절되어 별개의 죄로 보아야 한다. 이에 따른다면 위 사례의 경우 전자는 조세범 처벌법 제10조 제3항 위반죄가, 후자는 특가법 제8조의2 위반죄가 성립한다.

다만 위 이론에 의한다면 전자의 경우에 공급가액 등의 합계액이 30억 원 이상이 될 경우에 위 사례에서 두 개의 특가법 위반죄가 싱립하여 피고인에게 불리한 결과가 될 수 있을 것이나, 위 예에서 범의와 행위태양이 완전히 다르므로 두 개의 죄로 의율하더라도 과하게 부당하다고 보이지는 않는다.

---

62) 대구고법 2011. 5. 26. 2011노8(대판 2011. 11. 10. 2011도7107로 상고기각 확정) 판결의 이유 설시부분 참조.

(4) 판 례

대법원 역시「조세범 처벌법 제10조 제3항의 각 위반행위가 영리를 목적으로 단일하고 계속된 범의 아래 일정기간 계속하여 그 행위들 사이에 시간적·장소적 연관성이 있으며 범행의 방법 간에도 동일성이 인정되는 등 하나의 이 사건 법률조항(특가법 제8조의2 제1항) 위반행위로 평가될 수 있고, 그 행위들에 해당하는 문서에 기재된 공급가액을 모두 합산한 금액이 이 사건 법률조항에 정한 금액에 해당하면, 그 행위들에 대하여 포괄하여 이 사건 법률조항 위반의 1죄가 성립한다」라고 설시하여 동일한 입장을 표명하였다.[63]

Ⅳ. 고발 전치주의 적용 여부

조세범 처벌법에 따른 범칙행위에 대해서는 국세청장, 지방국세청장 또는 세무서장(이하 '국세청장 등'이라 한다)의 고발이 없으면 검사가 공소를 제기할 수 없다(조세범 처벌법 제21조). 특가법 제8조는 조세범 처벌법 제3조 제1항, 제4조, 제5조의 죄 중 포탈세액 등이 연간 5억 원 이상인 경우를, 특가법 제8조의2는 조세범 처벌법 제10조 제3항 및 제4항 전단의 죄 중 영리 목적이 인정되는 행위로서 공급가액 등의 합계액이 30억 원 이상인 경우를 각 가중처벌하도록 규정하면서, 특가법 제16조는 예외적으로 고소 또는 고발이 없는 경우에도 공소를 제기할 수 있는 범죄로서 같은 법률 제8조의 죄만 규정할 뿐 같은 법률 제8조의2의 죄는 규정하지 않고 있다. 따라서 특가법 제8조의2에 해당하는 범죄에 대하여도 고발 전치주의가 적용되는지가 문제된다.

이에 대하여 대법원은 ① 특가법 제16조에서 제8조의2를 명문으로 규정하지 아니한 점, ② 특가법 제8조의2는 조세범 처벌법 제10조 제3항 및 제4항 전단의 죄 중 영리 목적이 있고 공급가액 등의 합계액이 일정 금액 이상인 경우를 대상으로 한 것으로서 조세범 처벌법 제10조 제3항 및 제4항 전단의 죄와 그 보호법익 및 행위태양이 동일하여 별개의 구성요건을 신설한 것이 아니므로, 특가법에서 소추에 관한 특례 규정을 별도로 두지 않은 이상 여전히 공소 제기에 고소 또는 고발이 필요한 것으로 해석하는 것이 타당한 점, ③ 특가법 제8조의2 규정이 신설되었을 때 그 죄가 같은 법률 제16조의 비친고

---

63) 대판 2015. 6. 23. 2015도2207.

죄 대상으로 규정되지 않았고, 그 이후 현재까지 위 법률이 여러 차례 개정되었음에도 여전히 같은 법률 제8조의2의 죄가 같은 법률 제16조에 규정된 비친고죄 대상에 포함되지 않고 있으므로 입법의 미비로 단정하기도 어려운 점, ④ 형벌법규의 해석에서 법규정 문언의 가능한 의미를 벗어나는 경우에는 유추해석으로서 이는 죄형법정주의에 위반하게 되는 것이고, 이러한 유추해석 금지의 원칙은 소추조건에 관하여도 그대로 적용되어야 할 것으로, 만약 유추적용을 허용하게 되면 행위자의 가벌성의 범위가 확대되어 행위자에게 불리하게 되는바, 특가법 제16조에서 소추에 관한 특례로 명시적 규정을 두고 있지 않은 이상 같은 법률 제8조의2의 죄에 대해서까지 소추에 관한 특례가 적용되는 것으로 해석한다면 이는 국세청장 등의 고발이 없는 행위자에 대해서까지 형사처벌의 범위를 확장하는 것으로서, 결국 피고인에게 불리하게 형벌법규의 문언을 유추해석한 경우에 해당하므로 죄형법정주의에 반하여 허용될 수 없는 점, ⑤ 구 조세범 처벌절차법(2011. 12. 31. 법률 제11132호로 개정되기 전의 것) 제9조 제4항은 "국세청장 등은 정상에 따라 징역형에 처할 것으로 판단되는 경우에도 즉시 고발하여야 한다"고 규정하고 있는데, 이는 조세범 처벌법의 범칙행위에 대하여는 정상에 따른 징역형 선고 여부에 관계없이 국세청장 등에게 고발의무를 부과한 규정일 뿐 위 규정에 의하여 친고죄가 비친고죄로 되는 것으로 해석할 수는 없는 점 등을 종합해 보면, 특정범죄 가중처벌 등에 관한 법률 제8조의2의 죄는 국세청장 등의 고발이 있어야 공소를 제기할 수 있는 범죄로 봄이 타당하다[64]고 판시하였다. 타당한 결론으로 보인다.

---

64) 대판 2012. 11. 15. 2012도10677.

제3장

기타의 조세범 처벌법 위반죄

이 장에서는 조세포탈범 및 세금계산서 관련범 이외 조세범 처벌법에서 규율하고 있는 기타의 범죄에 대하여 각 조문의 순서대로 살펴본다.

제1절 면세유의 부정 유통(제4조)

제4조(면세유의 부정 유통)

① 「조세특례제한법」 제106조의2 제1항 제1호[1])에 따른 석유류를 같은 호에서 정한 용도 외의 다른 용도로 사용·판매하여 조세를 포탈하거나 조세의 환급·공제를 받은 석유판매업자(같은 조 제2항에 따른 석유판매업자를 말한다)는 3년 이하의 징역 또는 포탈세액등의 5배 이하의 벌금에 처한다.

② 「개별소비세법」 제18조 제1항 제11호[2]) 및 「교통·에너지·환경세법」 제15

---

1) 조세특례제한법 제106조의2(농업·임업·어업용 및 연안여객선박용 석유류에 대한 부가가치세 등의 감면 등)

　① 다음 각 호의 어느 하나에 해당하는 석유류(「석유 및 석유대체연료 사업법」에 따른 석유제품을 말한다. 이하 이 조에서 "면세유"라 한다)의 공급에 대해서는 부가가치세와 제조장 또는 보세구역에서 반출되는 것에 대한 개별소비세, 교통·에너지·환경세, 교육세 및 자동차 주행에 대한 자동차세(이하 이 조에서 "자동차세"라 한다)를 대통령령으로 정하는 바에 따라 면제한다. 이 경우 제1호는 2026년 12월 31일까지 공급하는 것에만 적용하고, 제2호는 2025년 12월 31일까지 공급하는 것에만 적용한다.

　1. 대통령령으로 정하는 농민, 임업에 종사하는 자 및 어민(이하 이 조에서 "농어민등"이라 한다)이 농업·임업 또는 어업에 사용하기 위한 석유류로서 대통령령으로 정하는 것

2) 2008. 12. 26. 법률 제9259호로 개별소비세법이 개정되면서 외국항행선박 등에 사용하는 석

조 제1항 제3호3)에 따른 외국항행선박 또는 원양어업선박에 사용할 목적으
로 개별소비세 및 교통·에너지·환경세를 면제받는 석유류를 외국항행선박
또는 원양어업선박 외의 용도로 반출하여 조세를 포탈하거나, 외국항행선박
또는 원양어업선박 외의 용도로 사용된 석유류에 대하여 외국항행선박 또는
원양어업선박에 사용한 것으로 환급·공제받은 자는 3년 이하의 징역 또는
포탈세액등의 5배 이하의 벌금에 처한다.

Ⅰ. 서   설

간접세인 부가가치세가 도입됨으로써 조세부담의 역진성 등 부가가치세
의 단일세율에서 오는 불합리성을 제거하는 한편, 사치성물품의 소비를 억제
하기 위하여 1977. 12. 22. 법률 제2935호로 특별소비세법(현 개별소비세법, 이
하 '개별소비세법'이라 한다)이 제정되었는데, 휘발유 등 유류는 개별소비세의
과세대상이 된다. 또한 교통시설의 확충 및 대중교통 육성을 위한 사업 등에
필요한 재원을 확보하기 위하여 1993. 12. 31. 법률 제4667호로 교통세법(현
교통·에너지·환경세법, 이하 '교통세법'이라 한다)이 신설되었는데, 도로나 지하
철 등 사회간접자본의 건설을 위한 투자재원의 조달은 수송부문과 관련된 석
유류 제품을 세원으로 하는 것이 수익자부담 및 원인자부담의 차원에서 바람
직하다는 이유로 휘발유 등의 석유류가 교통세의 과세대상으로 규정되었다.

예를 들면(유류의 종류에 따라 세액이 다르다) 휘발유와 이와 유사한 대체유
류(이하 '휘발유 등'이라 한다)를 공급하는 자는 공급가액의 10%에 해당하는 부

유류에 대한 면세가 기존 제18조 제1항 제11호에서 제9호로 변경되었다. 관계법령의 개정
을 반영하지 못한 입법오류로 보인다.
　개별소비세법 제18조(조건부면세)
　① 다음 각 호의 어느 하나에 해당하는 물품에 대해서는 대통령령으로 정하는 바에 따라
개별소비세를 면제한다.(단서 생략)
　9. 외국항행선박, 원양어업선박 또는 항공기에 사용하는 석유류
　11. 외국 무역선, 원양어업선박 또는 외국항행 항공기에서 사용할 것으로 인정되는 연료
외의 소모품
3) 교통·에너지·환경세법 제15조(조건부면세)
　① 다음 각 호의 어느 하나에 해당하는 물품에 대하여 대통령령이 정하는 바에 따라 관
할세무서장 또는 세관장의 승인을 얻은 경우에는 교통·에너지·환경세를 면제한다.
　3. 의료용·의약품제조용·비료제조용·농약제조용 또는 석유화학공업용 원료로 사용하는
것과 외국항행선박·원양어업선박 또는 항공기에 사용하는 것

가가치세, 리터당 475원의 개별소비세(개별소비세법 제1조), 리터당 475원의 교통세(교통세법 제2조), 교통세의 15%에 해당하는 교육세, 교통세의 1천분의 360에 해당하는 금액의 지방세 중 자동차 주행에 대한 자동차세(지방세법 제136조)의 납세의무를 진다. 휘발유가 리터당 2,000원이라고 가정할 경우 소비자에게 공급되는 가액의 약 60%인 1,200원이 세금으로 구성되는 셈이다.

그런데 2000. 12. 29. 법률 제6297호로 조세특례제한법이 개정되면서 농어촌의 경제적 안정을 지원하기 위한 목적으로 농업·임업·어업용(이하 '농어업'이라 한다)으로 사용되는 유류(이하 '농어업용 면세유'라 한다)에 대하여 부가가치세 및 개별소비세, 교통·에너지·환경세, 교육세 및 자동차세를 면제하는 규정이 신설되었다. 이후 개정을 거듭하며 현재의 조세특례제한법 제106조의2와 같은 모습을 갖추게 되었다. 또한 개별소비세법 제18조 제1항 제9호 및 교통세법 제15조 제1항 제3호는 외국항행선박 또는 원양어업선박에 사용하는 석유류에 대하여 그 각 세금을 면제하도록 규정하고 있다.

농어업용 면세유의 유통구조는 다음과 같다(외국항행선박 등에 대한 면세유 유통구조도 대동소이하다. 이하 농업을 예시로 하여 설명한다).

---

① 주유소가 면세유류 관리기관인 농업협동조합과 면세유 보관·배달계약을 체결

② 농민이 농업협동조합에 농기계 등의 보유 현황과 영농사실을 신고하고 면세유 주문을 하면, 위 조합은 농민이 면세대상임을 확인한 후 면세구입권(면세유류 구입카드)을 발급

③ 농민이 주유소에 면세구입권을 제출하면서 지역농업협동조합에 대금지급을 하면 주유소는 농민에게 면세유를 공급

④ 주유소는 지역농업협동조합에 면세구입권을 제출하고 면세유 공급확인서를 발급받음

⑤ 주유소는 자신이 석유류를 공급받은 대리점 또는 정유회사에게 면세유 공급확인서를 제출하고, 대리점 또는 정유회사는 주유소에게 세금을 제외한 수정세금계산서를 발급

⑥ 정유회사가 과세관청에 면세유 공급확인서를 첨부하여 조세환급신청을 하면 과세관청이 이를 환급

위와 같은 과정에서 주유소 운영자가 농민으로부터 허위의 면세유 주문을 받은 후 농민의 명의로 대금을 입금하여 마치 농민에게 면세유를 공급한 것처럼 꾸미거나, 지역농업협동조합이 발급하는 면세유 공급확인서를 위조하여 면세유를 판매한 것과 같은 외양을 갖춘 후 그와 같은 방법으로 확보한 물량의 면세유를 주유소 고객에게 과세유류 가격으로 판매하는 방법으로 조세를 포탈하는 사례가 빈번해지고 그 금액이 대규모화 됨에 따라 이를 엄히 처벌할 필요성이 대두되었다. 이에 따라 2010. 1. 1. 조세범 처벌법의 전면개정 시 조세포탈과 조항을 달리하여 면세유 부정 유통에 관한 처벌을 담은 조세범 처벌법 제4조를 신설하게 되었다.

Ⅱ. 구성요건 등

1. 주　　체

부가가치세, 개별소비세, 교통세, 교육세 및 자동차세의 납세의무자로서 조세특례제한법 제106조의2 제2항에 규정된 농어업용 면세유를 공급하는 석유판매업자(제1항)와, 외국항행선박·원양어업선박에 사용할 목적으로 석유류에 관하여 개별소비세 및 교통·에너지·환경세를 면제받은 자(제3항)가 위 조항 소정 범죄의 주체가 된다.

2. 행　　위

농어업용 외의 다른 용도로 사용·판매하거나(제1항), 개별소비세법 제18조 제1항 제11호 및 교통·에너지·환경세법 제15조 제1항 제3호에 따른 외국항행선박 또는 원양어업선박에 사용할 목적으로 위 각 조세를 면제받은 석유류를 외국항행선박·원양어업선박 외의 용도로 반출하거나 외국항행선박·원양어업선박 외의 용도로 사용하고도 위 용도로 사용한 것으로 거짓 신고하여야 한다(제3항).

3. 포탈의 결과

위 2.항과 같은 행위로 인하여 조세를 포탈하거나 조세의 환급·공제를 받아야 한다. 따라서 포탈의 결과가 발생하지 않았다면 미수범은 처벌할 수 없다.

4. 법 정 형

3년 이하의 징역 또는 포탈세액, 환급·공제받은 세액의 5배 이하에 상당하는 벌금에 처한다. 조세범 처벌법 제3조의 조세포탈죄가 기본적으로 2년 이하의 징역 또는 포탈세액 등의 2배 이하에 상당하는 벌금에 처하도록 하고, 포탈세액이 고액인 경우에 법정형이 상향되어 3년 이하의 징역 또는 포탈세액 등의 3배 이하에 상당하는 벌금에 처하도록 하는 점에 비추어 볼 때 면세유의 부정 유통에 관한 조세포탈범은 그 위험성 및 비난가능성이 일반적 조세포탈범보다 강하다는 판단에서 법정형을 높게 정한 것으로 보인다. 다만 조세범 처벌법 제3조 제2항과 같은 병과규정이 없어 징역형 또는 벌금형의 선택적 선고만이 가능하다.

5. 특가법 적용

특가법 제8조 제1항은 조세범 처벌법 제4조 위반의 범죄 역시 그 대상에 포함하고 있다. 따라서 조세범 처벌법 제3조 제1항 및 제4조, 제5조와 지방세기본법 제129조 제1항 위반으로 인한 포탈세액을 모두 합산하여 특가법 제8조 제1항 해당 여부를 가려야 한다. 특가법 제8조 제1항이 적용되면, 같은 조 제2항에 따라 징역과 벌금이 필요적으로 병과되고 같은 법 제16조에 따라 고발 전치주의가 적용되지 않는다.

Ⅲ. 거래상대방에 대한 과태료 부과

2018. 12. 31. 법률 제16108호로 조세범 처벌법이 개정되기 전까지 ① 조세특례제한법 제106조의2 제2항의 면세유를 공급받은 자로부터 면세유를 취득하여 판매하는 자, ② 외국항행선박 또는 원양어업선박 외의 용도로 반출한 석유류를 판매하거나 그 사실을 알면서 취득한 자에게 판매가액 또는 취득가액의 3배 이하의 과태료를 부과하도록 규정하고 있었다.

이들은 조세범 처벌법 제4조 각 항에 규정된 범죄주체의 거래상대방으로서, 일종의 필요적 공범 중 대향범의 관계에 있다. 필요적 공범에 대하여는 임의적 공범을 전제로 하는 형법총칙의 공범에 관한 규정은 적용될 여지가 없기 때문에 별도의 처벌규정이 필요하다.[4] 그런데 이들은 조세포탈행위를 직접적으로 실현한 것이 아닌 그 실행을 용이하게 하거나 촉진하는 정도여서 그 위법성과 비난가능성이 상대적으로 낮기 때문에 형벌 대신 행정상의 제재인 과태료를 부과하도록 규정한 것이다.

다만 2018. 12. 31. 조세범 처벌법이 개정되면서 형법의 특별법인 조세범 처벌법을 그 성격에 맞게 운영하기 위하여 행정질서벌인 과태료를 개별 세법으로 이관하게 되었다. 이에 조세특례제한법 제106조의2 제2항의 면세유를 공급받은 자로부터 면세유를 취득하여 판매하는 자에 대한 과태료는 조세특례제한법 제106조의2 제21항에, 외국항행선박 또는 원양어업선박 외의 용도로 반출한 석유류를 판매하거나 그 사실을 알면서 취득한 자에 대한 과태료는 개별소비세법 제29조 제1항 및 교통·에너지·환경세법 제25조 제1항에 규정되어 있다.

제 2 절 면세유류 구입카드 등의 부정 발급(제4조의2)

> 제4조의2(면세유류 구입카드등의 부정 발급)
> 「조세특례제한법」 제106조의2 제11항 제1호[5]의 행위를 한 자는 3년 이하의 징역 또는 3천만원 이하의 벌금에 처한다.

앞의 제1절에서 본 농어업용 면세유 부정 유통과 관련하여, 농어민이 면세유를 공급받기 위해서는 농업협동조합 등으로부터 면세유류 구입카드를 발

---

4) 신동운, 762면; 이재상, 451면; 정성근/박광민, 404면; 대판 2007. 10. 25. 2007도6712; 2004. 10. 28. 2004도2994; 2001. 12. 28. 2001도5158.

5) 조세특례제한법 제106조의2(농업·임업·어업용 및 연안여객선박용 석유류에 대한 부가가치세 등의 감면 등)
　⑪ 관할 세무서장은 면세유류 관리기관인 조합이 제1호에 해당하는 경우에는 해당 석유류에 대한 부가가치세, 개별소비세, 교통·에너지·환경세, 교육세 및 자동차세의 감면세액의 100분의 40에 해당하는 금액을, 제2호에 해당하는 경우에는 해당 석유류에 대한 부가가치세, 개별소비세, 교통·에너지·환경세, 교육세 및 자동차세의 감면세액의 100분의 20에 해당하는 금액을 가산세로 징수한다.
　1. 거짓이나 그 밖의 부정한 방법으로 면세유류 구입카드 등을 발급하는 경우

급받아야 한다. 면세유류 관리기관인 농업협동조합 등은 농어민이 신고한 농기계 등의 보유 현황과 영농사실을 확인한 후 농어민에게 면세유류 구입카드를 발급한다. 그런데 위 조합이 거짓이나 그 밖의 부정한 방법으로 면세유류 구입카드 등을 발급한다면 그 카드를 이용하여 면세유 공급대상이 아닌 자가 면세유류를 공급받아 면세유가 부정하게 유통되고, 결국 연쇄적으로 석유판매업자 등이 조세를 포탈하는 결과로 귀속된다. 이러한 면세유류 구입카드 부정 발급행위의 위법성 및 고유의 위험성에 주목하여 그 행위를 근절하기 위해, 조세특례제한법 제106조의2 제11항 제1호에서 가산세를 부과하는 것에 더하여 형벌을 부과하기 위하여 2014. 1. 1. 법률 제12172호로 조세범 처벌법을 개정하면서 제4조의2를 신설하게 되었다.

본 조항의 주체는 면세유류 관리기관인 조합이 되고, 그 행위수단으로 거짓이나 그 밖의 부정한 방법이 사용되어야 한다.

제 3 절   가짜석유제품의 제조 또는 판매(제5조)

제5조(가짜석유제품의 제조 또는 판매)

「석유 및 석유대체연료 사업법」 제2조 제10호[6]에 따른 가짜석유제품을 제조 또는 판매하여 조세를 포탈한 자는 5년 이하의 징역 또는 포탈한 세액의 5배 이하의 벌금에 처한다.

---

6) 석유 및 석유대체연료 사업법 제2조(정의)

이 법에서 사용하는 용어의 뜻은 다음과 같다.

10. "가짜석유제품"이란 조연제(助燃劑), 첨가제(다른 법률에서 규정하는 경우를 포함한다), 그 밖에 어떠한 명칭이든 다음 각 목의 어느 하나의 방법으로 제조된 것으로서 「자동차관리법」 제2조 제1호에 따른 자동차 및 대통령령으로 정하는 차량·기계(휘발유 또는 경유를 연료로 사용하는 것만을 말한다)의 연료로 사용하거나 사용하게 할 목적으로 제조된 것(제11호의 석유대체연료는 제외한다)을 말한다.

가. 석유제품에 다른 석유제품(등급이 다른 석유제품을 포함한다)을 혼합하는 방법

나. 석유제품에 석유화학제품(석유로부터 물리·화학적 공정을 거쳐 제조되는 제품 중 석유제품을 제외한 유기화학제품으로서 산업통상자원부령으로 정하는 것을 말한다. 이하 같다)을 혼합하는 방법

다. 석유화학제품에 다른 석유화학제품을 혼합하는 방법

라. 석유제품이나 석유화학제품에 탄소와 수소가 들어있는 물질을 혼합하는 방법

앞서 면세유의 부정 유통 조항(조세범 처벌법 제4항)에서 본 바와 같이 석유제품, 그 중에서도 자동차 등의 연료로 가장 많이 사용되는 휘발유를 공급하는 자는 부가가치세, 개별소비세, 교통세, 교육세, 자동차 주행에 대한 자동차세 등 소비자에게 공급되는 가액의 약 60%에 달하는 금액의 조세를 납부하여야 한다.

이렇듯 석유제품에 부과되는 조세 및 그에 관한 소득세를 탈루할 목적으로 솔벤트, 톨루엔 등을 휘발유에 혼합하여 가짜석유제품을 제조하는 범법행위가 속출함에 따라 엄하게 처벌을 할 필요성이 있다는 정책적 고려로서 2010. 1. 1. 조세범 처벌법의 전면개정시 본 조항이 신설되었다.

이에 따라 가짜석유제품을 제조 또는 판매하여 조세를 탈루한 자는 5년 이하의 징역 또는 포탈한 세액의 5배 이하의 벌금에 처한다. 본 조항에 규정된 죄 역시 결과범으로서 포탈의 결과가 발생하여야 기수가 되며, 미수범 처벌규정이 없으므로 미수에 그친다면 이를 처벌할 수 없다. 또한 조세범 처벌법 제3조 제2항과 같이 병과규정이 없어 징역형 또는 벌금형의 선택적 선고만이 가능하다.

다만, 본 조항에서는 사기나 그 밖의 부정한 행위를 구성요건요소로 명시하고 있지 않은 바, 조세의 부과와 징수를 불가능하게 하거나 현저히 곤란하게 하는 적극적인 행위를 하지 않고 단순히 유사석유제품의 제조와 관련하여 납세신고를 하지 않거나 거짓으로 신고하는 행위도 여기서 말하는 조세의 포탈행위에 해당한다.[7]

본 조항 위반의 범죄는 특가법 제8조 제1항의 적용대상이 되기 때문에, 본 조항 위반으로 인한 포탈세액과 조세범 처벌법 제3조 제1항, 같은 법 제4조 및 지방세기본법 제129조 제1항 위반으로 인한 포탈세액을 모두 합산하여 특가법 제8조 제1항에 해당하는지 여부를 가려야 한다. 특가법 제8조 제1항이 적용되면 같은 조 제2항에 따라 징역과 벌금이 필요적으로 병과된다.

한편 헌법재판소는 본 규정이 「석유 및 석유대체연료 사업법」 위반으로 인한 처벌과 함께 이루어진다 하더라도 처벌의 대상이 되는 행위가 다르므로 이중처벌금지원칙에 위배되지 않고 명확성원칙에도 위배되지 않으며, 본 조항으로 인한 처벌이 석유사업법위반죄에 관하여 형사상 불리한 진술을 강요

---

7) 대판 2017. 12. 5. 2013도7649.

하는 것이라고 보기 어렵다는 이유로 합헌결정을 내린 바 있다.[8]

제 4 절   무면허 주류의 제조 및 판매(제6조)

제6조(무면허 주류의 제조 및 판매)

「주류 면허 등에 관한 법률」에 따른 면허를 받지 아니하고 주류, 밑술·술덧을 제조(개인의 자가소비를 위한 제조는 제외한다)하거나 판매한 자는 3년 이하의 징역 또는 3천만 원(해당 주세 상당액의 3배의 금액이 3천만 원을 초과할 때에는 그 주세 상당액의 3배의 금액) 이하의 벌금에 처한다. 이 경우 밑술과 술덧은 탁주로 본다.

I. 의   의

「주류 면허 등에 관한 법률」 제3조 제1항, 같은 법 제4조, 제5조 제1항에 따르면, 법령이 정하는 시설기준과 그 밖의 요건을 갖추어, 주류를 제조하려는 자는 주류 제조장 및 주류의 종류별로, 밑술 또는 술덧을 제조하려는 자는 제조장별로, 주류판매업·판매중개업·접객업을 하려는 자는 주류 판매업의 종류별로 판매장마다 관할 세무서장의 면허를 받아야 한다.

이러한 면허를 받지 아니하고 주류를 제조하거나 판매한다면 음주와 관련된 국민보건위생에 심각한 위해를 끼칠 뿐 아니라 건전한 주류유통질서의 형성이 저해되고, 세금계산서 등이 수수되지 않은 채 무자료 주류가 유통됨으로써 고율의 주세 및 관련 부가가치세 등의 탈세가 발생한다. 주류가 제조장으로부터 출고되는 때 주세의 납세의무가 성립하고, 그 이후의 판매시에는 거래단계시마다 부가가치세의 납세의무가 성립하는데, 면허를 받지 아니하고 주류를 제조하거나 판매하는 자는 조세 탈루의 목적뿐 아니라 자신의 무면허 사실을 숨기기 위해서라도 필연적으로 세금계산서 수수를 누락하거나 거짓으로 기재하게 된다. 거래 상대방, 특히 유흥주점의 입장에서는 무자료로 주류를 구입한 후 이를 판매하고 그 매출에 관계된 조세를 탈루하는 사례가 빈번

---

8) 헌재결 2017. 7. 27. 2012헌바323.

하므로, 무면허 주류 제조·판매행위는 거래상대방의 조세탈루에도 직결된다.

이렇듯 주류에 관계된 유통질서를 저해하는 행위가 반사회적이고 반윤리적이어서 그 행위 고유의 위험성을 지니고 있다는 판단하에, 주류 유통에 관계된 조세포탈을 조세범 처벌법 제3조 제1항에서 처벌하고 세금계산서 수수와 관련된 범죄를 조세범 처벌법 제10조 각 항에서 처벌하는 것과는 별개로, 무면허 주류 제조·판매행위를 처벌하는 본 조항을 두게 되었다.

본 항 위반죄에 해당하면 무면허 주류 제조행위 및 판매행위별로 각 1죄가 성립하나, 계속적이고 동일한 범의 하에 동일한 행위가 반복되는 영업범인 경우가 대부분일 것이므로 실무상 포괄하여 1죄로 처벌된다.

Ⅱ. 구성요건 등

주세법에 따른 제조·판매 면허를 받지 아니한 자가 주류 등을 제조한 때, 또는 이를 판매한 때 기수가 된다. 개인의 자가소비를 위한 제조는 처벌대상에서 제외된다. 제조 또는 판매의 행위가 완료되어야 하므로 제조 이전에 단순히 판매계약만을 체결하였다거나 무상으로 교부하기로 약정하는 등의 행위는 처벌되지 않는다. 비록 면허를 받았다 하더라도 그 정지처분을 받은 기간 동안에 면허 대상 행위를 하였다면 이 역시 무면허 행위가 된다.[9] 주세법은 주류 제조의 경우 제조장마다 주류의 종류별로, 주류 판매의 경우 판매장마다 주류 판매업의 종류별로 면허를 받도록 규정하고 있으므로, 면허받은 장소가 아니거나 면허받은 종류의 주류 외의 주류를 제조·판매하였다면 본 조항 위반죄가 성립한다.[10] 면허를 받지 아니한 자가 면허를 받은 타인의 명의로 주류를 제조·판매한 경우에도 마찬가지이다.

다만, 주류 판매업면허를 받은 자가 납세증명표지가 붙어 있지 아니한 주류, 면허 없이 제조한 주류 또는 면세한 주류를 판매의 목적으로 소지하거나 판매하였다면 본 조항이 아닌 「주류 면허 등에 관한 법률」 제38조 제1항 제2호 나목에 따라 500만 원 이하의 과태료에 처한다.

---

9) 대판 1995. 6. 30. 95도571.
10) 대판 1975. 12. 23. 75도2553.

Ⅲ. 판례의 사례

• 주류제조 면허를 받지 않고 막걸리를 제조한 후 불특정 다수의 등산객 또는 식당 등에 판매하여 조세범 처벌법 위반죄로 처벌된 사안(수원지법 안산지원 2014. 1. 7. 2013고정1955; 대구지법 포항지원 2014. 6. 11. 2013고정579).

• 주류 판매업면허를 받지 아니하고 대형할인매장에서 가정용 주류를 구입하여 이를 유흥주점 또는 불특정 다수인에게 판매한 사안(의정부지법 고양지원 2014. 4. 15. 2013고정1230; 인천지법 부천지원 2014. 8. 27. 2014고정797).

• 주세법 규정에 따르면 주류의 판매업을 하고자 하는 자는 판매장 1개소마다 면허를 받아야 한다고 규정되어 있으므로 피고인이 면허받은 약주판매장소가 아닌 이 사건 장소에서 면허를 받지 아니하고 약주를 판매하였다면 조세범 처벌법 제8조 제1항(현행 제6조)을 위반한 자라 할 것이다(대판 1975. 12. 23. 75도2553).

• 주류 판매업면허를 받은 자가 주류판매업의 정지처분을 받은 기간 동안에 한 주류판매행위는 조세범 처벌법 제8조 제1항에 정한 무면허 주류판매에 해당한다(대판 1995. 6. 30. 95도571; 부산지법 2011. 7. 20. 2011고단2026).

제 5 절 체납처분 면탈(제7조)

제7조(체납처분 면탈)

① 납세의무자 또는 납세의무자의 재산을 점유하는 자가 체납처분의 집행을 면탈하거나 면탈하게 할 목적으로 그 재산을 은닉·탈루하거나 거짓 계약을 하였을 때에는 3년 이하의 징역 또는 3천만원 이하의 벌금에 처한다.

② 「형사소송법」 제130조 제1항에 따른 압수물건의 보관자 또는 「국세징수법」 제39조 제1항에 따른 압류물건의 보관자가 그 보관한 물건을 은닉·탈루하거나 손괴 또는 소비하였을 때에도 제1항과 같다.

③ 제1항과 제2항의 사정을 알고도 제1항과 제2항의 행위를 방조하거나 거짓 계약을 승낙한 자는 2년 이하의 징역 또는 2천만원 이하의 벌금에 처한다.

I. 의   의

납세의무가 확정된 후 납부할 세액을 기한까지 납부하지 아니하면 체납이 발생한다. 과세관청은 납세자에게 체납이 발생하면 우선 납부독촉을 하고 (국세징수법 제10조), 납세자가 독촉장에 정한 기일까지도 국세 및 가산금을 완납하지 아니하면 납세자의 재산을 압류하며(국세징수법 제24조), 이를 공매하거나 다른 압류자의 공매절차에 교부청구를 함으로써 체납액을 충당한다. 이러한 일련의 과정을 체납처분이라 한다.

한편, 세무공무원은 체납자가 국세의 징수를 면탈하려고 재산권을 목적으로 한 법률행위를 한 경우에는 민법 제406조 및 제407조를 준용하여 사해행위의 취소를 법원에 청구할 수 있다(국세징수법 제25조). 또한 국세·가산금·체납처분비는 다른 공과금이나 그 밖의 채권에 우선하여 징수한다(국세기본법 제35조).

위와 같이 국세우선권 및 채권자 취소권으로 국가의 체납자에 대한 조세채권 실현을 담보하는 데에서 더 나아가, 국가의 조세징수권 및 체납처분 집행에 관한 조세행정 기능을 훼손하는 반사회적 행위를 형벌로써 다스리기 위하여 본 조항이 규정되었다.

형법 제327조는 강제집행을 면할 목적으로 재산을 은닉, 손괴, 허위양도 또는 허위의 채무를 부담하여 채권자를 해한 자에게 3년 이하의 징역 또는 1천만 원 이하의 벌금에 처하도록 규정하고 있다. 그런데 위 강제집행면탈죄는 민사집행법의 적용대상인 강제집행 또는 가압류·가처분 등 보전처분의 집행에 한정하여 적용되기 때문에 국세징수법에 의한 체납처분을 면탈할 목적으로 재산을 은닉하는 등의 행위는 위 죄의 규율대상에 포함되지 않는다.[11] 여기에 본 조항의 신설 의의가 있다. 형법상 강제집행면탈죄가 사인인 채권자의 정당한 권리행사를 보호하기 위한 것인 반면, 본 조 위반죄는 국가적 법익인 조세징수권 및 체납처분 집행기능의 확립을 보호법익으로 하기 때문이다.

구 조세범 처벌법은 본 조 위반 범죄에 대하여 징역형만을 규정하고 있었으나, 2010. 1. 1. 조세범 처벌법을 전면개정하면서 징역형을 상향조정함과 동시에 벌금형을 추가하였다. 이에 따라 필요적 고발대상에서 통고처분의 대상

---

11) 대판 2012. 4. 26. 2010도5693.

으로 변경되었다.

본 조항 위반죄 역시 조세범 처벌법 제21조에 따라 고발 전치주의가 적용된다.

Ⅱ. 체납처분 면탈(제1항)

1. 주   체

본 죄의 주체는 "납세의무자 또는 납세의무자의 재산을 점유하는 자"이다. 납세의무자는 세법에 따라 국세를 납부할 의무가 있는 자를 말하는데(국세기본법 제2조 제9호) 여기에는 연대납세의무자와 제2차 납세의무자, 보증인이 포함된다.

구 조세범 처벌법 제12조 제1항은 "체납자 또는 체납자의 재산을 점유하는 자"로 규정하고 있어서 본 죄 성립을 위하여 납세의무자가 체납상태에 있어야 한다고 해석되었다. 이에 체납 전에 체납처분의 집행을 예상하고 면탈하는 행위를 처벌할 수 없었던 불합리를 개선함과 동시에 처벌규정의 실효성을 제고하려는 취지에서 2010년 전면개정시 본 죄의 주체를 "납세의무자"로 개정하여 체납 발생 전의 시기라 하더라도 본 죄로 처벌이 가능하게 되었다.[12]

다만 납세의무의 존재를 전제로 하므로, 각 세법에 따른 과세요건이 충족되어 국세기본법 제21조에서 정한 납세의무의 성립시기가 도래한 후에야 본 죄의 주체가 될 수 있다. 대법원 역시 양도소득세는 양도일이 속하는 달의 말일에 성립한다는 점을 들어, 말일 이전에 양도대금을 증여한 행위에 대하여 본 조 위반의 범죄가 성립하지 않는다고 보았다.[13] 강제집행면탈죄 역시 채권의 존재를 강제집행면탈죄의 성립요건으로 보아 채권의 존재가 인정되지 않을 때에는 죄가 성립하지 않는다고 본다.[14]

2. 객   체

본 죄의 객체는 납세의무자의 재산 중 국세징수법상 강제집행인 압류 및

---

12) 헌재결 2023. 8. 31. 2020헌바498.
13) 대판 2022. 9. 29. 2022도5826.
14) 대판 2012. 8. 30. 2011도2252.

환가의 대상이 되는 것이어야 한다.[15][16] 위와 같은 체납처분의 대상이 될 수 없다면 국가의 징수권을 침해하였다고 볼 수 없기 때문이다. 따라서 납세의무자의 소유로 귀속될 수 없는 재산이거나, 추상적·관념적으로는 재산적 가치를 인정할 수 있는 것이라 하더라도 그 금액을 확정할 수 없다면 본 죄의 객체가 될 수 없다.[17]

3. 체납처분의 집행을 받을 우려가 있는 객관적인 상태

형법 제327조의 강제집행면탈죄는 '현실적으로 민사소송법에 의한 강제집행 또는 가압류·가처분의 집행을 받을 우려가 있는 객관적인 상태, 즉 채권자가 본안 또는 보전소송을 제기하거나 제기할 태세를 보이고 있는 상태'를 필요로 하는데,[18] 본 조의 범죄 역시 동일한 요건이 필요하다고 해석된다.[19] 한편 조세법상 체납처분이란 과세관청이 납세자의 재산을 압류하여 거기에서 조세채권의 만족을 얻는 것을 목적으로 하는 일련의 행정절차로서 재산의 압류, 압류재산의 매각, 매각대금의 충당 및 분배의 총합체를 의미하므로[20] 본 죄가 성립하려면 과세관청이 위와 같은 체납처분을 할 태세를 보이고 있는 객관적인 상태에 있을 것이 요구된다.

4. 체납처분 집행을 면탈할 목적

본 죄는 목적범으로서 고의 외에 별도로 "체납처분의 집행을 면탈하거나 면탈하게 할 목적"이라는 초과주관적 구성요건요소가 충족되어야 한다. 따라

---

15) 강제집행면탈죄의 객체인 재산은 채무자의 재산 중에서 채권자가 민사집행법상 강제집행 또는 보전처분의 대상으로 삼을 수 있는 것이어야 한다. 대판 2008. 9. 11. 2006도8721; 2009. 5. 14. 2007도2168.

16) 피고인이 쟁점이 된 재산의 소유권을 취득할 수 없어 당해 재산은 강제집행면탈죄의 객체가 될 수 없다고 한 사례, 대판 2011. 12. 8. 2010도4129; 2009. 5. 14. 2007도2168; 신축중인 건물은 강제집행의 대상이 될 수 없는 것이어서 강제집행면탈죄의 객체가 될 수 없다고 본 사례, 대판 2014. 10. 27. 2014도9442.

17) 다만 장래의 권리라도 채무자와 제3채무자 사이에 채무자의 장래청구권이 충분히 표시되었거나 결정된 법률관계가 존재한다면 강제집행면탈죄의 객체인 재산에 해당한다. 대판 2011. 7. 28. 2011도6115.

18) 대판 2018. 6. 15. 2016도5847.

19) 길용원, 앞의 논문, 209면.

20) 대판 2008. 10. 23. 2008다47732.

서 체납처분이 있을 것이라는 점을 막연히 인식하는 정도를 넘어서 이를 예상하고 그 처분을 면탈한다는 점을 인식하면서 구성요건적 행위를 하여야 한다. 단순히 자신이 체납처분의 대상이 되는 재산을 은닉·탈루하는 등의 행위를 하고 있다는 점을 인식하는 것만으로는 부족하고, 체납처분의 집행을 면탈할 목적이 인정되어야 구성요건이 실현된다.

형사재판에서 공소가 제기된 범죄의 구성요건을 이루는 사실에 대한 증명책임은 검사에게 있으므로 행위자에게 체납처분을 면탈하려는 목적이 있었다는 점은 검사가 증명하여야 한다. 행위자가 재산을 은닉·탈루하는 등의 행위를 하였다는 사실만으로 그에게 체납처분 면탈의 목적이 있었다고 추정하여서는 아니 된다. 이 경우 행위자에게 체납처분 면탈의 목적이 있음을 증명할 직접증거가 없는 때에는 체납처분 면탈의 징표가 되는 사정들에 더하여 행위자의 경력과 지위, 업종, 범죄전력, 재산상태, 행위자가 재산을 은닉·탈루하는 등의 행위를 하게 된 경위 등 간접사실을 종합적으로 고려하여 판단하여야 한다.21) 체납처분 집행을 면탈한 목적 역시 구성요건요소로서 엄격한 증명사항에 속한다.

납세의무자 등이 재산을 은닉하는 등의 행위를 한 시점을 기준으로 하여, 납세의무자에게 체납처분의 집행을 확보하기에 충분한 다른 재산이 있었고 행위자가 이를 인식하였거나, 또는 납세의무자 등의 재산이 체납세액을 납부하기에 충분하다고 오인하고 그 오인에 정당한 이유가 있다면 체납처분 집행을 면탈할 목적이 인정되지 않는다.

5. 납세의무자의 재산을 은닉·탈루하거나, 거짓계약을 체결

재산의 "은닉(隱匿)"이란 재산의 발견을 불능 또는 곤란케 하는 것으로서 재산의 소재를 불명케 하는 경우는 물론 그 소유관계를 불명하게 하는 경우도 포함한다.22) 재산의 "탈루(脫漏)"란 매매·증여·멸실 등 납세의무자로부터 제3자에게 재산의 소유권을 이전하거나 그 효용을 해함으로써 납세의무자의 재산을 체납처분의 대상에서 일탈시키는 행위를 말한다. 재산의 탈루는 법문

---

21) 대판 2010. 7. 23. 2010도1189; 2013. 9. 12. 2012도3529.
22) 대판 2003. 10. 9. 2003도3387; 2005. 10. 13. 2005도4522(가압류 등을 피하기 위해 회사 자금을 인출하여 제3자 명의의 다른 계좌로 송금한 사안).

언의 해석 및 뒤의 거짓계약과의 관계를 고려하여 볼 때 사법상 유효하고 진실한 행위라도 체납처분의 집행을 면탈하기 위한 것이면 된다고 본다. 다만, 시세에 비추어 적정한 대가를 수령하고 자산을 매각한 경우라면 등가적 자산의 유입이 있었으므로 재산의 탈루에 해당하지 않는다. "거짓계약"이란 허위 양도 또는 허위의 채무부담,23) 이중계약서의 작성 등 사실과 다르게 재산의 이전 또는 재산의 감소를 가져오는 법률행위의 외관을 갖추는 것을 말한다.

본 죄는 위태범으로서 현실적으로 체납처분의 집행을 받을 우려가 있는 객관적인 상태에서 주관적으로 이를 면탈하려는 목적으로 납세의무자의 재산을 은닉·탈루하거나 거짓 계약을 체결함으로써 국가의 징수권을 해할 위험이 발생하면 성립하고, 반드시 체납처분을 면탈하는 결과가 야기되거나 행위자가 어떤 이득을 취하여야 하는 것은 아니다.24)

Ⅲ. 압류물건 훼손 등(제2항)

"형사소송법 제130조 제1항에 따른 압수(押收)물건의 보관자"25) 또는 "국세징수법 제39조 제1항에 따른 압류(押留)물건의 보관자"26)가 그 보관한 물건을 은닉·탈루하거나 손괴 또는 소비하였을 때 본 항의 범죄가 성립한다.

구 조세범 처벌법은 제12조 제2항에서 본 항 위반죄의 주체로 "압수물건의 보관자"만을 규정하고 있었다. 형사소송법 제130조 제1항에 따른 압수는 기소된 후 형사사건이 진행 중일 것을 요건으로 하므로, 죄형법정주의의 원칙

---

23) 대판 2009. 5. 28. 2009도875.

24) 대판 2008. 6. 26. 2008도3184; 2012. 6. 28. 2012도3999. 「강제집행면탈죄는 위태범으로서 현실적으로 민사소송법에 의한 강제집행 또는 가압류·가처분의 집행을 받을 우려가 있는 객관적인 상태 아래, 즉 채권자가 본안 또는 보전소송을 제기하거나 제기할 태세를 보이고 있는 상태에서 주관적으로 강제집행을 면탈하려는 목적으로 재산을 은닉, 손괴, 허위양도하거나 허위의 채무를 부담하여 채권자를 해할 위험이 있으면 성립하는 것이고, 반드시 채권자를 해하는 결과가 야기되거나 행위자가 어떤 이득을 취하여야 범죄가 성립하는 것은 아니다.」

25) 형사소송법 제130조(압수물의 보관과 폐기)
① 운반 또는 보관에 불편한 압수물에 관하여는 간수자를 두거나 소유자 또는 적당한 자의 승낙을 얻어 보관하게 할 수 있다. (이하 생략)

26) 국세징수법 제49조(압류 동산의 사용·수익)
① 제48조에도 불구하고 운반하기 곤란한 동산은 체납자 또는 제3자로 하여금 보관하게 할 수 있다. 이 경우 봉인(封印)이나 그 밖의 방법으로 압류재산임을 명백히 하여야 한다.

에 따라 형사소송법상의 피고사건에 관계된 압수물건의 보관자만이 주체가
될 수 있다고 해석되었다. 따라서 기소 이전에 체납처분의 단계에서 국세징수
법에 규정된 압류물건의 보관자가 그 보관물건에 관하여 강제집행을 면탈하
는 행위를 하더라도 이를 처벌할 근거가 없었다.

개정된 조세범 처벌법은 기소 이전이라 하더라도 과세관청이 압류한 동
산으로서 체납자 또는 제3자에게 보관하게 한 동산의 점유자가 이를 은닉 · 탈
루하거나 손괴 또는 소비함으로써 체납처분의 면탈 행위를 한 경우에도 본
조항에 의하여 처벌이 가능하도록 규정의 미비를 보완하였다.

압수물건 또는 압류물건의 보관자가 그 물건을 영득의사로 횡령하였을
때에는 형법상의 횡령죄가 성립하고 본 항 위반죄와 횡령죄는 상상적 경합의
관계에 있다.[27]

물건의 은닉 · 탈루 등에 관한 설명은 제1항과 같다.

Ⅳ. 체납처분 면탈 방조(제3항)

제1항 및 제2항의 사정을 알고도 그 행위를 방조하거나 거짓 계약을 승
낙한 자는 본 항에 따라 처벌된다. 이에 대하여 방조범은 형법상의 공범으로
처벌할 수 있어 본 항을 별도로 규정할 실익이 없다는 견해가 있다.[28] 그러나
형법상 방조범은 필요적 감경대상이어서(형법 제32조 제2항) 본 항이 없다면
본 조 제1항, 제2항의 방조범은 정범의 법정형인 3년 이하의 징역 또는 3천만
원 이하의 벌금의 각 2분의 1인 징역 1년 6월 또는 1천 5백만 원 이하의 벌금
에 처해야 하나(형법 제55조), 본 항으로 인하여 그보다 더 상향된 법정형인 2
년 이하의 징역 또는 2천만 원 이하의 벌금에 처할 수 있게 되었다. 게다가
거짓 계약의 상대방은 필요적 공범 중 대향범으로서 이를 별도로 처벌하는
규정이 없으면 형사처벌에서 제외되는데,[29] 본 항의 규정으로 인하여 거짓 계
약의 상대방도 처벌할 수 있는 근거가 마련되었다. 따라서 본 항은 위와 같이
방조범을 가중된 법정형으로 처벌하고 필요적 공범인 대향범을 처벌할 수 있

---

27) 안대희, 142면.
28) 안대희, 143면.
29) 신동운, 762면; 이재상, 451면; 정성근/박광민, 404면; 대판 2007. 10. 25. 2007도6712; 2004.
    10. 28. 2004도2994; 2001. 12. 28. 2001도5158.

는 근거가 된다는 데에 그 의의가 있다.

제 6 절 장부의 소각 · 파기 등(제8조)

> **제8조(장부의 소각 · 파기 등)**
> 조세를 포탈하기 위한 증거인멸의 목적으로 세법에서 비치하도록 하는 장부 또는 증빙서류(「국세기본법」 제85조의3 제3항에 따른 전산조직을 이용하여 작성한 장부 또는 증빙서류를 포함한다)를 해당 국세의 법정신고기한이 지난 날부터 5년 이내에 소각 · 파기 또는 은닉한 자는 2년 이하의 징역 또는 2천만원 이하의 벌금에 처한다.

Ⅰ. 의   의

법인세법 제112조는 납세의무가 있는 법인으로 하여금 장부를 갖추어 두고 복식부기 방식으로 장부를 기장하도록 하면서 장부와 관계 있는 중요한 증명서류를 비치 · 보존하도록 하고 있다. 소득세법 제160조 및 부가가치세법 제71조 역시 마찬가지이다. 또한 법인세법 제116조 및 소득세법 제160조의2는 납세의무자 등에게 거래에 관한 증명서류를 신고기한이 지난 날부터 5년간 보관할 의무를 부여하고 있다. 한편 국세기본법 제16조는 납세의무자가 세법에 따라 장부를 갖추어 기록하고 있는 경우에 해당 국세 과세표준의 조사와 결정은 그 장부와 이에 관계되는 증거자료에 의하도록 하고 있다. 법인세법 제66조 및 부가가치세법 제57조 제2항, 소득세법 제70조 제4항 및 같은 법 제80조 제3항 역시 과세관청으로 하여금 과세표준과 세액을 결정 또는 경정하는 경우에는 장부나 그 밖의 증명서류를 근거로 하도록 하고 있다. 모두 근거과세 원칙의 실현을 목적으로 한다.

근거과세를 실현하고 정확한 세액을 산정하기 위해서는 장부와 이에 관계되는 증거자료의 구비 및 보존이 필수적이다. 이러한 서류가 없다면 정당한 세액을 확정할 수 없고, 세무조사를 통한 조세의 부과 · 징수가 어려울 뿐 아니라 납세의무의 확정을 전제로 하는 조세포탈죄의 공소제기가 불가능해진다.

이에 따라 과실이나 관리소홀로 인한 것이 아닌, 조세를 포탈하기 위하여 그 증거를 인멸할 목적으로 장부 또는 증빙서류를 부과제척기간인 해당 국세의 법정신고기한이 지난 날부터 5년 이내에 소각·파기 또는 은닉한 자의 경우, 그 행위의 위험성 및 반사회성과 반윤리성이 형벌로써 의율하여야 할 정도에 이르렀다고 보아 본 조항이 규정되었다.

그러나 법문이 '처벌을 면하기 위한 증거인멸의 목적'이 아닌 "조세를 포탈하기 위한 증거인멸의 목적"이라고 규정하고 있는 점, 형법상 증거인멸죄는 타인의 형사사건 또는 징계사건에 관한 증거를 인멸하는 경우에 성립하고 자신의 형사사건에 관한 증거를 인멸하는 경우에는 성립하지 아니하는데, 본 조항 위반죄는 자신의 장부 또는 증빙서류를 인멸하는 경우에도 성립하는 점을 고려하여 볼 때, 본 조항은 각 세법이 납세의무자 등에게 부여한 장부 및 증빙서류를 보존할 의무를 위반하여 국가의 조세부과권을 위태롭게 한 행위를 처벌하고자 한 것이라고 보아야 한다. 즉 본 죄의 보호법익은 국가의 조세형벌권을 담보하고자 한 것이 아니라 조세부과권이라고 봄이 타당하다.

본 죄는 위태범으로서 장부의 소각·파기 즉시 성립하고, 실제로 조세 포탈의 결과가 발생하였는지 여부를 묻지 아니한다. 실무상 조세포탈로 기소된 사안 중 일부 과세기간에 관한 장부 및 증빙서류를 납세의무자 등이 소각·파기하여 부과처분이 불가능하였다거나, 추계방법에 따라 부과처분을 한 경우에, 당해 기간에 관하여 본 죄를 함께 기소함으로써 처벌되는 경우가 종종 있다.30)

Ⅱ. 조세를 포탈하기 위한 증거인멸의 목적

본 죄는 목적범으로서 고의 외에 별도로 "조세를 포탈하기 위한 증거인멸의 목적"이라는 초과주관적 구성요건요소가 충족되어야 한다. 단순히 관리소홀 등 과실로 장부 등을 소각·파기·은닉을 한 것이라면 본 죄가 성립하지 않는다. 납세의무의 성립을 예상하고 이를 회피하기 위하여 그 수단으로서 위와 같은 행위를 하여야 한다. 따라서 자신에게 장부 및 증빙서류의 비치·보존의무가 있음에도 이를 준수하지 않았다는 점을 인식하는 것만으로는 부족하

---

30) 하급심 판결로는 대구지법 2000. 12. 6. 2000고합703; 대전지법 서산지원 2010. 7. 2. 2008고단711.

고 조세를 포탈하기 위한 증거를 인멸하고자 하는 목적이 인정되어야 한다.

형사재판에서 공소가 제기된 범죄의 구성요건을 이루는 사실에 대한 증명책임은 검사에게 있으므로 행위자에게 조세를 포탈하기 위한 증거인멸의 목적이 있었다는 점은 검사가 증명하여야 하며, 행위자가 장부 등을 소각하였다는 사실만으로 그에게 조세포탈을 위한 증거를 인멸할 목적이 있었다고 추정하여서는 아니 된다. 이 경우 행위자에게 위와 같은 목적이 있음을 증명할 직접증거가 없는 때에는 조세 포탈의 징표가 되는 사정들에 더하여 행위자의 경력과 지위, 업종 및 범죄전력, 재산상태, 그간의 납세이력, 행위자가 장부 및 증빙서류를 소각 · 파기 · 은닉하게 된 경위 등 간접사실을 종합적으로 고려하여 판단하여야 한다.[31] 이러한 목적 역시 엄격한 증명사항에 속하나, 확정적 인식임을 요하지 아니하며 미필적 인식이 있으면 족하다.

Ⅲ. 장부 등의 소각 · 파기 · 은닉

일반적인 의미의 "장부(帳簿)"란 수입과 지출의 거래, 자산과 부채, 자본의 증감을 기재한 회계서류를 말한다. 거래 등이 발생하여 증빙을 발행 · 수취하거나 자산 · 부채 · 자본의 증감이 발생하면 이를 회계장부에 이기하게 되는데 그 기록내역을 장부라 한다. 넓은 의미의 장부에는 대차대조표, 손익계산서, 합계잔액시산표 등의 법정 재무제표뿐 아니라 계정별원장, 생산일계표, 현금일보, 판매일보, 노임대장, 일기장 등 사업을 영위하면서 기초자료에 근거하여 그 내역을 이기하는 방법으로 작성하는 서류가 모두 포함될 수 있겠으나 본 죄에서의 장부는 세법에서 비치하도록 의무가 부여된 것에 한정된다. 따라서 법인세법 제112조, 소득세법 제160조, 부가가치세법 제71조, 개별소비세법 제23조, 주류 면허 등에 관한 법률 제25조, 증권거래세법 제15조 등에서 비치 · 기장하도록 규정된 장부가 이에 해당할 것이다. 거래의 "증빙서류"로는 세금계산서, 계약서, 영수증, 신용카드매출전표, 송장, 출고증 등을 들 수 있다. 법인세법 제112조 및 제116조, 소득세법 제160조 및 제160조의2, 부가가치세법 제71조 제3항 등에 규정된 증명서류들이 이에 해당할 것이다. 문서로 작성된 것뿐 아니라 국세기본법 제85조의3 제3항에 따른 전산조직을 이용하

---

31) 대판 2010. 7. 23. 2010도1189; 2013. 9. 12. 2012도3529.

여 작성한 장부 또는 증빙서류도 포함된다.

"소각(燒却)"이란 불에 태워 없애버리는 것을 말하고, "파기(破棄)"란 찢거나 파쇄하거나 안보이게 하거나 버리는 등 물리적으로 당해 문서를 멸실하는 일체의 행위를 말하며, "은닉(隱匿)"이란 소재를 옮겨 발견을 불능 또는 곤란케 하는 것을 말한다.

최근 하급심 판결에서, 세무공무원이 현지조사과정에서 전산으로 된 판매관리시스템을 확인하려 하자, 조세를 포탈하기 위한 증거인멸의 목적으로 그 전산시스템을 관리하는 회사에 연락을 취하여 서버를 다운시키고, 세무공무원이 서버를 복구하는 과정에서 매출내역 일부를 보이지 않도록 하였으며, 세무공무원에게 매출내역을 제출하면서 일부 자료를 삭제하고 제출한 행위에 대하여 본 조항 위반죄로 처벌한 사례가 있다.32)

Ⅳ. 5년 이내 소각 · 파기 등

본 죄는 해당 국세의 법정신고기한이 지난 날부터 5년 이내에 소각 · 파기 · 은닉한 경우에 성립한다. 원칙적인 국세의 부과제척기간이 5년이기 때문에 세법이 장부 및 증명서류의 보관의무기간을 5년으로 설정하였기 때문이다. 따라서 비록 5년 이상의 부과제척기간이 적용되는 경우라 하더라도(국세기본법 제6조의2 제1항) 해당 국세의 법정신고기한이 5년 이상 경과한 이상 장부 또는 증빙서류를 소각 · 파기한다 하더라도 본 죄 위반죄는 성립하지 않는다.

제 7 절 성실신고 방해 행위(제9조)

> 제9조(성실신고 방해 행위)
> ① 납세의무자를 대리하여 세무신고를 하는 자가 조세의 부과 또는 징수를 면하게 하기 위하여 타인의 조세에 관하여 거짓으로 신고를 하였을 때에는 2년 이하의 징역 또는 2천만 원 이하의 벌금에 처한다.

---

32) 전주지법 2014. 4. 30. 2014고단178.

② 납세의무자로 하여금 과세표준의 신고(신고의 수정을 포함한다. 이하 "신고"라 한다)를 하지 아니하게 하거나 거짓으로 신고하게 한 자 또는 조세의 징수나 납부를 하지 않을 것을 선동하거나 교사한 자는 1년 이하의 징역 또는 1천만 원 이하의 벌금에 처한다.

I. 타인의 조세에 관한 거짓 신고(제1항)

1. 의 의

납세의무자의 신고납부 과정에서 조세탈루가 발생하고 그 수단이 된 행위가 사회통념상 부정하다고 판단되면 조세범 처벌법 제3조 제1항의 조세포탈죄로 처벌된다. 이에 가담하여 납세의무자와 공모하거나 납세의무자의 행위를 교사·방조한 자는 형법 제30조 내지 제33조에 따라 조세포탈죄의 공범으로 처벌된다. 그런데 조세포탈죄는 고의범이므로 납세의무자에게 고의가 인정되지 않는다면 범죄가 성립하지 않고, 정범인 납세의무자에게 범죄가 성립하지 않는다면 그 공범 역시 처벌할 수 없다. 또한 납세의무자가 자신의 조세에 관하여 거짓으로 신고를 하고 세무신고 대리인이 이에 가담하였으나 조세포탈의 결과가 발생하지 않았다면, 미수범을 처벌하는 규정이 없는 현행 조세범 처벌법에 따라 정범인 납세의무자에게 범죄가 성립하지 아니하고 그 공범 역시 처벌되지 않는다. 그러나 납세의무자를 대리하여 거짓으로 세무신고를 하는 경우 그 자체로 조세포탈의 결과발생 위험을 증대시킨다는 점에서, 조세포탈행위와 별도로 그 수단이자 전단계인 거짓신고행위를 처벌할 필요성이 있다.[33]

한편 조세범 처벌법 제18조는 법인의 대표자, 법인 또는 개인의 대리인, 사용인 그 밖의 종업원이 그 법인 또는 개인의 업무에 관하여 조세범 처벌법 위반행위를 하면 그 행위자를 벌하도록 규정하고 있다. 하지만 대표자, 대리인, 사용인, 종업원이라는 지위 또는 직책은 신분을 나타내므로 이러한 신분을 가지지 아니한 자는 비록 세무신고 대리인[34]이라 할지라도 위에 나열한

33) 대판 2019. 11. 14. 2019도9269.
34) 세무대리인 등은 납세의무자의 위임에 따라 납세의무자의 조세관련 행위를 하게 된다. 위임은 당사자의 일방이 상대방에 대하여 사무의 처리를 위탁하고 상대방이 이를 승낙함으로써 효력이 발생하는 계약이다. 위임은 위임자와 수임자간의 내부적인 채권 채무관계를 말하고,

신분자의 공범이 될 수 있음은 별론으로 하고, 독자적으로 조세범 처벌법 제18조의 정범으로 처벌될 수 없다.

그런데 납세의무자를 대리하여 세무신고를 하는 자(세무대리인)가 납세의무자의 의사와 무관하게 납세의무자의 조세에 관하여 거짓으로 신고하였다면 이러한 행위는 바로 납세의무자 또는 그 거래상대방 등 관련자의 조세 탈루로 연결된다. 그렇기 때문에 세무대리인의 거짓 신고는 납세의무자의 조세포탈행위에 비견할 정도로 위법성과 비난가능성이 인정된다. 그럼에도 불구하고 납세의무자 또는 대리인 등 행위자에게 범죄가 성립하지 않는다는 이유로 거짓으로 세무신고를 한 행위를 처벌에서 제외하는 것은 부당하다. 게다가 납세의무자를 대리하여 세무신고를 하는 자는 세무사, 공인회계사 등이 주를 이루며 이들은 자신의 고유한 업무수행의 일환으로 세무신고를 한다. 위와 같은 사람들은 공공성을 지닌 전문가로서 관계법령에 따라 직업윤리를 준수하여야 할 위치에 있으므로 성실의무를 위반한 행위는 일반인에 비하여 위험성과 불법성이 더욱 크다. 이러한 연유로 세무대리인 등의 거짓 신고 행위를 형벌로 의율하기 위하여 본 조항을 규정한 것이다.

구 조세범 처벌법은 제12조의2 제7호에서 "타인의 조세에 관하여 정부에 허위의 신고를 한 자"를 2년 이하의 징역 또는 200만 원 이하의 벌금에 처하도록 규정하고 있었다. 2010. 1. 1. 조세범 처벌법을 전면개정하면서 이를 제9조 제1항으로 이관하고 현행과 같은 구성요건으로 규정을 정비하였으며, 벌금액을 현실에 맞게 상향조정하여 2년 이하의 징역 또는 2천만 원 이하의 벌금에 처하도록 하였다.

2. 주   체

"납세의무자를 대리하여 세무신고를 하는 자"이다. 임의적 세무대리인인 세무사, 공인회계사 및 세무사의 직무를 하는 변호사 외에, 종래의 주소나 거

대리권은 대리인의 행위의 효과가 본인에게 미치는 대외적 자격을 말하는 것으로서 양 자는 다른 개념이다. 위임의 대상은 업무가 되기 때문에 대리행위도 위임의 대상에 포함될 수는 있다. 수임자는 자신의 업무를 수행하는 일환으로 위임받은 업무를 선량한 관리자의 주의로서 처리한다. 따라서 세무대리인 등은 일반적 의미의 대리인과 그 개념이 구분된다. 다만 납세의무자가 위임계약시 세무사 등에게 자신을 대리할 대리권까지 수여하였다면 대리인이 될 수 있다.

소를 떠난 자가 재산관리인을 정하지 아니한 때 법원이 민법 제22조에 따라 선임하는 부재자의 재산관리인, 상속인의 존부가 불분명할 때 법원이 민법 제1053조에 따라 선임하는 상속재산관리인, 납세자가 국내에 주소 또는 거소를 두지 아니하거나 국외로 주소 또는 거소를 이전하면서 납세관리인의 신고를 하지 아니한 경우 관할 세무서장이 국세기본법 제82조 제4항에 따라 지정한 납세관리인 등이 여기에 속한다. 즉 위임의 관계에 의하여 납세의무자의 세무신고에 관한 업무를 하는 자를 말한다. 또한 세무사, 공인회계사 등의 자격이 없더라도 납세의무자의 위임을 받아 대여받은 세무사 명의로 납세의무자를 내리하여 세무신고를 하는 자도 본 범죄의 주체가 될 수 있다.[35]

그러나 임의대리인, 법정대리인이 납세의무자의 조세에 관하여 거짓으로 신고를 하고 그에 따라 조세포탈의 결과가 발생하였다면 조세범 처벌법 제18조에 따라 조세포탈죄의 행위자로서 처벌될 뿐 본 조항이 적용되지 않는다.

3. 조세포탈의 고의

조세포탈범에서의 고의와 같다. 따라서 자신의 행위로 인하여 조세의 부과 또는 징수를 면하게 된다는 점을 인식하면서 실행행위로 나아가야 한다. 업무상 과실 또는 세법의 부지로 사실과 다르게 신고한 행위는 고의가 인정되지 아니하여 처벌대상이 되지 않는다. 납세의무자가 제공한 정보내용대로 신고한 경우에도 그것이 사실과 다르다는 점을 알지 못하고 납세의무자의 지시에 따른 데에 불과하다거나, 비록 사실과 다르다는 점을 알았다 하더라도 이로써 조세의 부과 또는 징수를 면하게 될 것이라는 점을 인식하지 못하였다면 본 죄가 성립하지 않는다.

4. 타인의 조세에 관한 거짓 신고행위

납세의무자인 타인의 조세에 관하여 사실과 다르게 신고하여야 한다. 납세의무의 성립과 확정에 영향을 미치는 중요한 내용에 관하여 객관적 사실에 반하는 신고를 하여야 하므로 사소한 부분의 거짓 신고에 그친다면 본 죄로 처벌할 수 없다. 또한 신고납세방식에서의 신고 및 부과과세방식에서 신고의무가 부여된 신고를 모두 포함한다.[36]

---

35) 대판 2019. 11. 14. 2019도9269.

Ⅱ. 거짓 신고 등 선동·교사(제2항)

1. 의   의

본 항은 ① 납세의무자로 하여금 과세표준의 신고(수정신고를 포함한다)를 하지 아니하게 하거나 거짓으로 신고하게 한 자 및 ② 조세의 징수나 납부를 하지 않을 것을 선동하거나 교사한 자를 처벌하는 조항이다.

본 조항은 납세의무자 또는 피교사자 및 피선동자의 범죄성립 여부를 불문하고 교사 및 선동행위 자체의 불법성과 위험성에 주목하여 이를 처벌하고자 한 것이므로 결과범이 아닌 위태범이다. 따라서 거짓 신고 등의 선동·교사행위 즉시 범죄가 성립한다.

2. 무신고, 거짓신고 등의 교사(제2항 전단)

교사란 타인으로 하여금 범죄를 결의하여 실행하게 하는 것을 말한다. 교사범은 범죄행위에 관한 기능분담을 하지 않는다는 점에서 정범과 구별된다. 따라서 본 조항에 해당하려면 납세의무자로 하여금 과세표준을 신고하지 아니할 것을 결의하게 하여야 한다. 납세의무자의 무신고·거짓 신고를 교사하는 행위를 규율하는 것이므로 행위의 상대방이 납세의무자로 한정된다.

형법 제31조 제1항은 "타인을 교사하여 죄를 범하게 한 자는 죄를 실행한 자와 동일한 형으로 처벌한다"고 규정하여 정범의 범죄성립을 전제로 하고 있다. 만일 납세의무자가 교사받은 행위를 할 것을 승낙하여 무신고·거짓신고를 하고 그러한 행위가 조세포탈의 결과로 이어진다면 납세의무자에게 조세포탈죄가 성립하고, 이를 교사한 자는 형법 제31조 제1항에 따라 납세의무자와 동일한 형으로 처벌된다. 위와 같은 경우에는 본 조항이 적용될 여지가 없다. 본 조항은 납세의무자가 교사를 받아 무신고·거짓신고를 하였으나 조세포탈의 결과가 발생하지 아니하여 납세의무자를 조세포탈범으로 처벌할 수 없는 경우에 적용된다고 보아야 한다.

따라서 본 죄는 납세의무자에게 무신고 또는 거짓신고로 인한 범죄가 성립하는지 여부를 묻지 아니하고 교사행위 즉시 성립한다.

---

36) 동지 안대희, 149면.

3. 조세의 징수나 납부를 하지 않을 것을 선동·교사(제2항 후단)

본 항의 선동·교사의 상대방은 납세의무자로 한정되지 않는다. 따라서 피선동자 또는 피교사자는 조세의 징수를 담당하는 과세관청의 공무원, 원천징수의무자, 부가가치세법 제52조에서 정하는 바에 따라 국내사업장 없는 비거주자 또는 외국법인 등에게 용역 또는 권리를 공급받고 부가가치세를 징수하여야 하는 대리납부자가 모두 포함된다.

어떠한 행위를 선동한다 함은, 어떠한 결과의 실현을 목표로 하여 피선동자들에게 이를 결의, 실행하도록 충동하고 격려하는 일체의 행위를 말한다. 선동은 다수인의 심리상태에 영향을 주는 방법으로 위법한 행위의 실행욕구를 유발 또는 증대시킴으로써 결의와 실행으로 이어지게 할 수 있는 파급력 있는 행위라는 점에서 선동 대상 행위의 외부적 준비행위에도 이르지 않은 단계임에도 이를 처벌하는 것이다.

선동행위는 선동자에 의하여 일방적으로 행해지고, 그 이후 선동에 따른 행위의 결의 여부 및 그 내용은 선동자의 지배영역을 벗어나 피선동자에 의하여 결정되며, 선동행위를 처벌하는 근거가 그 자체의 위험성과 불법성에 있다는 점을 고려하여 볼 때 선동으로 말미암아 피선동자들에게 반드시 범죄의 결의가 발생할 것을 요건으로 하지 않는다.

다만 선동행위는 주로 언동, 문서, 도화 등에 의한 표현행위의 단계에서 문제되는 것이므로 그 범죄의 성립 여부를 판단함에 있어 국민의 기본권인 표현의 자유가 위축되거나 본질이 침해되지 아니하도록 엄격하게 해석하여야 한다.[37]

교사행위에 대하여는 앞서 설명한 바와 같다.

---

37) 대판 2014. 1. 22. 2014도10978.

제 8 절 명의대여행위 등(제11조)

제11조(명의대여행위 등)
① 조세의 회피 또는 강제집행의 면탈을 목적으로 타인의 성명을 사용하여 사업자등록을 하거나 타인 명의의 사업자등록을 이용하여 사업을 영위한 자는 2년 이하의 징역 또는 2천만원 이하의 벌금에 처한다.
② 조세의 회피 또는 강제집행의 면탈을 목적으로 자신의 성명을 사용하여 타인에게 사업자등록을 할 것을 허락하거나 자신 명의의 사업자등록을 타인이 이용하여 사업을 영위하도록 허락한 자는 1년 이하의 징역 또는 1천만원 이하의 벌금에 처한다.

Ⅰ. 타인명의 사업자등록(제1항)

조세를 회피하거나 체납처분의 집행[38]을 면탈할 목적으로 타인의 성명을 사용하여 사업자등록을 하거나 타인 명의의 사업자등록을 이용하여 사업을 영위한 자는 2년 이하의 징역 또는 2천만 원 이하의 벌금에 처한다. 타인의 명의로 사업자등록을 하는 사유는 신용불량이라거나 자신의 명의로는 대상사업의 인·허가를 받을 수 없다거나 기타 여러 가지가 있는데, 본 조항은 그 중에서도 국가의 조세 부과·징수권을 침해할 목적으로 타인 명의의 사업자등록을 한 자만을 처벌한다.

본 죄는 목적범으로서 고의 외에 별도로 "조세를 회피할 목적" 또는 "체납처분의 집행을 면탈할 목적"이라는 초과주관적 구성요건요소가 충족되어야 한다. 위와 같은 목적 역시 구성요건 요소로서 엄격한 증명사항에 속하나 확정적 인식임을 요하지 않으며 미필적 인식으로 족하다. 그러한 목적 유무는 피고인이 이를 자백하지 않는 이상 외부적으로 드러난 피고인의 행위와 그 행위에 이르게 된 경위 등 사물의 성질상 그와 관련성 있는 간접사실 또는 정황사실을 종합하여 판단하면 된다.

본 죄는 결과범이 아닌 위태범이므로 실제로 조세 탈루의 결과 내지는 강제집행 면탈의 결과가 발생할 것을 요건으로 하지는 않는다.

---

38) 법문은 '강제집행의 면탈'이라고 되어 있으나 '체납처분의 집행 면탈'이 올바른 표현이다.

실무상 유흥주점, 자료상 등의 경우에 조세의 회피 또는 체납처분의 집행을 면탈할 목적으로 타인의 명의를 이용하여 사업자등록을 한 후 과세관청 내지는 수사기관의 추적을 피하기 위하여 단기간 내에 폐업하고 또 다른 타인의 명의로 사업자등록을 하는 경우가 빈번하다. 이러한 경우에 그 목적한 결과 발생의 유무를 떠나 진실에 반하는 사업자등록 행위가 있으면 처벌된다.

다만 본 조항의 내용, 입법취지 및 형벌법규는 엄격하게 해석하여야 한다는 죄형법정주의의 원칙 등에 비추어 보면, 본 조항 위반죄의 구성요건은 사업자등록에서의 사업자의 성명 자체를 다른 사람의 것을 사용하거나 이를 허락한 경우를 말하는 것일 뿐 법인의 사업자등록을 하면서 단지 법인의 대표자 성명을 다른 사람의 것을 사용하거나 이를 허락한 경우는 이에 해당하지 않는다.[39]

1인이 조세를 회피하거나 체납처분의 집행을 면탈할 목적으로 수인의 명의를 차용하여 수개의 사업자등록을 하였다면 각 사업자등록 명의별로 별죄가 성립하고 그 각 죄는 실체적 경합의 관계에 있다.

Ⅱ. 명의대여행위(제2항)

위 제1항의 주체에게 명의를 대여한 자를 처벌하기 위한 규정이다. 명의대여자는 명의차용자와 필요적 공범[40]으로서 상호 반대되는 방향의 행위를 통하여 같은 목표를 실현하는 대향범의 관계에 있다. 필요적 공범의 다수관여자들은 각각 정범으로 파악되고, 임의적 공범을 전제로 하는 형법총칙의 공범에 관한 규정이 적용될 수 없으므로 별도의 처벌규정이 필요하다.[41] 이에 따라 명의대여행위에 대한 책임을 묻기 위하여 본 항이 규정되었다.

본 죄가 성립하려면 명의대여자에게도 조세의 회피 또는 체납처분집행의 면탈 목적이 인정되어야 한다. 설명은 위 제1항에서 본 것과 같다. 이러한 목적 없이 단순히 명의를 빌려주었다는 사실만으로는 본 죄가 성립할 수 없다.

39) 대판 2016. 11. 10. 2016도10770.
40) 필요적 공범이란 어느 구성요건을 실현함에 있어서 반드시 2인 이상이 관여해야 하는 범죄유형을 말한다. 필요적 공범 중 대향범은 2인 이상의 관여자가 동일한 목표를 추구하되 서로 다른 방향에서 서로 다른 행위를 행함으로써 하나의 범죄실현에 관여하는 경우이다.
41) 신동운, 762면; 이재상, 451면; 정성근/박광민, 404면; 대판 2007. 10. 25. 2007도6712; 2004. 10. 28. 2004도2994; 2001. 12. 28. 2001도5158.

또한 명의대여자의 허락이 있어야 하므로 타인이 무단으로 명의를 도용한 것
이라면 본 죄로 처벌할 수 없다. 명의대여자가 명의대여의 대가를 받았는지
여부는 본 죄의 성립에 영향을 미치지 않는다.

　　명의대여자는 명의차용자보다 낮은 법정형인 1년 이하의 징역 또는 1천
만 원 이하의 벌금에 처한다. 사업자등록은 1인이 각 사업장별로 수개를 할
수 있으므로, 만일 1인의 명의대여자가 1인 또는 수인에게 수개 사업장에 관
한 사업자등록 명의를 대여하였다면 그 각 사업자등록 명의별로 1죄가 성립
하고 각 죄는 실체적 경합의 관계에 있다.

제 9 절　납세증명표지의 불법사용 등(제12조)

> 제12조(납세증명표지의 불법사용 등)
>
> 　다음 각 호의 어느 하나에 해당하는 자는 2년 이하의 징역 또는 2천만원 이
> 하의 벌금에 처한다.
>
> 　1. 「주류 면허 등에 관한 법률」 제22조에 따른 납세증명표지(이하 이 조에서
> 　　"납세증명표지"라 한다)를 재사용하거나 정부의 승인을 받지 아니하고 이
> 　　를 타인에게 양도한 자
> 　2. 납세증명표지를 위조하거나 변조한 자
> 　3. 위조하거나 변조한 납세증명표지를 소지 또는 사용하거나 타인에게 교부
> 　　한 자
> 　4. 「인지세법」 제8조 제1항 본문에 따라 첨부한 종이문서용 전자수입인지를
> 　　재사용한 자

Ⅰ. 의　　의

　「주류 면허 등에 관한 법률」에 따르면 주세보전을 위하여 국세청장이 필
요하다고 인정하는 때 납세 또는 면세사실을 증명하는 증지를 주류에 첨부하
여야 한다. 납세증지에 갈음하여 납세 또는 면세사실을 증명하는 병마개 또는
증표를 사용할 수도 있다(위와 같은 납세증지, 납세병마개, 납세증표 등을 통틀어

이 조에서는 '납세증명표지'라 한다). 다만 주류의 출고를 객관적으로 확인할 수 있는 자동계수기를 설치한 때에는 승인을 얻어 납세증지를 첨부하지 아니할 수 있다.[42]

주류가 제조장에서 출고되는 때 주세의 납세의무가 성립·확정된다. 그런데 주류에는 고율의 주세가 부과되기 때문에 이를 면탈하기 위하여 출고수량을 속이거나, 주세를 납부하지 아니한 무자료 주류를 유통하는 일이 빈번히 발생한다. 이러한 위법행위를 근절하기 위하여 주류에 조세를 납부하였음을 증명하는 표지를 부착하도록 함으로써 성실납세를 담보하고 구입자로 하여금 납세사실을 확인할 수 있도록 한 것이다. 이러한 납세증명표지를 위조·변조하거나 이미 사용한 납세증명표지를 재사용한다면 주류 관련 조세행정질서가 교란된다. 이에 관련된 조세의 포탈행위와는 별도로 납세증명표지를 위조·변조·재사용한 행위 역시 형벌로써 다스릴 필요가 있다고 보아 본 조항을 규정하게 되었다. 따라서 본 죄와 조세포탈죄는 별죄를 이루고 각각 실체적 경합의 관계에 있다.

Ⅱ. 납세증명표지의 재사용·양도(제1호)

주류에 첨부하여 이미 사용된 납세증명표지를 재차 사용하거나, 납세증명표지의 제조자가 이를 지정된 사용자가 아닌 자에게 양도하거나, 지정된 납세증명표지의 사용자가 이를 다른 자에게 승인 없이 양도한 경우에 본 호에 따라 처벌된다.

조세범 처벌법은 납세증명표지를 정부의 승인을 받지 아니하고 타인에게 양도한 자를 형벌에 처하도록 규정하고 있을 뿐, 그와 필요적 공범관계에 있는 '납세증지를 양수한 자'를 처벌하는 조항이 없다. 그런데 필요적 공범으로서 대향범인 납세필증을 양수한 사람을 양도행위에 가공한 공동정범으로 볼 수 없으므로 양수자는 본 조에 따라 처벌할 수 없다.[43]

---

42) 「주류 면허 등에 관한 법률」 시행령 제30조 제2항.
43) 대판 1970. 11. 30. 70도2112.

Ⅲ. 납세증명표지의 위조 · 변조(제2호), 위조 · 변조된 납세증명표지의 소지 또는 교부(제3호)

정당한 권한이 없는 자가 승인 없이 납세증명표지를 새로이 만들거나, 정당한 권한이 있다 하더라도 승인받은 내용과 다른 납세증명표지를 만들었을 때 납세증명표지의 위조죄가 성립한다. 또한 기존의 납세증명표지의 내용에 동일성을 해하지 않을 정도로 변경을 가하여 새로운 증명력을 작출하였다면 납세증명표지의 변조죄가 성립한다.

형법은 유가증권 · 통화 · 인지 · 우표나 문서 등을 위조 · 변조한 경우 이를 처벌하는 규정을 마련하고 있다. 위 형법 규정들은 '행사할 목적'으로 유가증권 등을 위조 · 변조하였을 때에만 그 행위를 처벌할 수 있다. 이때의 '행사'라 함은 그 대상 물건이나 문서를 진정한 것으로 사용하는 것을 말한다. 그런데 본 조항은 그러한 제한이 없이 위조 · 변조 · 소지 · 교부 자체를 처벌하도록 규정하고 있으므로, 위와 같이 '행사할 목적'이 필요하다고 해석되지 않는다. 따라서 행사할 목적의 유무에 관계 없이 그 위조 · 변조 · 소지 · 교부행위 즉시 본 조항 소정의 범죄가 성립한다.

또한 형법 제208조 및 제219조는 위조된 통화 또는 우표, 인지를 취득한 자를 처벌하는 규정을 별도로 두어 대향범의 관계에 있는 자 역시 처벌하도록 규정하고 있다. 그러나 조세범 처벌법은 그러한 규정이 없으므로 위조 · 변조된 납세증명표지의 피교부자는 처벌대상에서 제외된다.

Ⅳ. 종이문서용 전자수입인지의 재사용(제4호)

국내에서 재산에 관한 권리 등의 창설 · 이전 또는 변경에 관한 계약서나 이를 증명하는 그 밖의 문서를 작성하는 자는 해당 문서를 작성할 때에 그 문서에 대한 인지세를 납부할 의무가 있다(인지세법 제1조). 인지세는 과세문서에 「수입인지에 관한 법률」 제2조 제2항 제1호에 따른 종이문서용 전자수입인지를 첨부하는 방법으로 납부하고(인지세법 제8조 제1항), 이 경우 「수입인지에 관한 법률」 제3조 제2항에 따른 전자수입인지 업무대행기관이 제공하는 정보통신망(전자수입인지를 판매하는 인터넷 사이트를 말한다)에 종이문서용 전자수입인지를 사용하였음을 입력하는 방식으로 소인한다(인지세법 제10조).

형법 제218조는 인지를 위조한 자를, 같은 법 제221조는 인지의 소인을 말소한 자를 처벌하도록 규정하고 있으나 소인된 인지를 재사용하는 경우를 처벌하는 규정은 없다. 이에 따라 조세범 처벌법은 인지의 정상적인 사용을 담보하고, 소인된 인지를 재사용하는 방법으로 인지세를 탈루하는 행위를 근절하고자 본 항을 규정하였다.

인지세법은 2012. 12. 18. 법률 제11551호로 개정되면서, 기존에 과세문서에 첨부하는 인지에 대하여 지면과 인지에 걸쳐 작성자의 도장이나 서명으로 소인하도록 하던 것을 전자수입인지를 사용하였음을 정보통신망에 입력하는 방식으로 소인하도록 그 소인방법을 변경하였다. 구 조세범 처벌법은 '소인된 인지를 재사용한 자'를 처벌하도록 규정하였으나, 위와 같이 소인방법이 변경된 후 현행 조문과 같이 개정되었다.

재사용한 인지의 수만큼 죄가 성립하고 그 각 죄는 별개의 행위로 이루어진 것으로서 실체적 경합의 관계에 있다. 소인된 인지를 재사용함으로써 관련 인지세를 탈루하였다면 인지의 재사용과는 별개로 조세포탈죄가 성립하며 양죄는 실체적 경합의 관계에 있다.

제10절 원천징수의무자의 처벌(제13조)

> 제13조(원천징수의무자의 처벌)
> ① 조세의 원천징수의무자가 정당한 사유 없이 그 세금을 징수하지 아니하였을 때에는 1천만원 이하의 벌금에 처한다.
> ② 조세의 원천징수의무자가 정당한 사유 없이 징수한 세금을 납부하지 아니하였을 때에는 2년 이하의 징역 또는 2천만원 이하의 벌금에 처한다.

Ⅰ. 의   의

원천징수란 소득이나 대가를 지급하는 자가 국가를 대신하여 이를 지급받는 자가 부담하여야 할 조세를 대가에서 공제하고 나머지 금액만을 지급하는 방법으로 조세를 징수하는 것을 말한다. 대가를 지급하는 자를 원천징수의무자, 대가를 지급받는 자를 원천납세의무자라 한다. 소득세법(제127조), 법인세법(제73조), 농어촌특별세법(제7조 제3항)에서 원천징수의무를 규정하고 있다.

원천징수제도는 탈세를 원천적으로 방지하는 방법으로 재원을 확보하고, 소득의 지급자가 국가를 대신하여 원천징수를 함으로써 조세징수에 관한 행정비용을 절감하는 한편 사무를 간소화하여 국가의 징수편의를 도모하며, 납세의무자의 세부담을 분산시키기 위하여 활용되고 있다. 이때 원천징수의무자는 원천징수 사무에 관하여 국가와 위탁관계에 있다고 본다.

실무상으로, 유흥업소 업주가 웨이터 등 종업원에게 소득을 지급하거나 학원장이 소속 강사에게 급여를 지급하거나 기타 사업주가 직원들에게 정기적인 보수 외의 각종 급여성 항목을 지급하면서도 원천징수의무를 누락하는 경우가 많은데, 이러한 경우에 본 조에 따라 처벌되는 사례가 빈번하다.

이러한 원천징수제도에 대하여 원천징수의무자에게 국가의 부담을 전가하는 것으로서 헌법상의 재산권 보장 원칙을 침해하는 것은 아닌가 하는 논의가 있어 왔다. 그러나 대법원은 원천징수제도가 국가의 세수확보 및 조세징수의 편익에 기여하는 등 공익적 요청에 부합하는 것으로서 헌법상 보장된 과잉금지의 원칙 또는 비례의 원칙을 위배하여 재산권을 침해한다고 볼 수 없다고 하였다.[44]

2010. 1. 1. 전면개정되기 전의 조세범 처벌법은 제11조에서 "조세의 원천징수의무자가 정당한 사유 없이 그 세를 징수하지 아니하거나 징수한 세금을 납부하지 아니하는 경우에는 1년 이하의 징역 또는 그 징수하지 아니하였거나 납부하지 아니한 세액에 상당하는 벌금에 처한다"고 하여 원천징수 의무 위반과 원천징수한 세금의 무납부를 동일한 법정형으로 처벌하도록 규정하고 있었다. 그러나 원천징수 의무 위반행위의 불법성보다 타인의 세금을 원천징수하여 보관하고 있으면서도 이를 정부에 납부하지 않은 행위의 불법성과 비난가능성이 더 크다는 점을 감안하여 2010. 1. 1. 조세범 처벌법을 전면개정하면서 위 두 행위의 법정형에 차등을 두었다.

44) 대판 1989. 1. 17. 87누551, 552; 2008. 12. 11. 2006두3964.

II. 원천징수의무 위반(제1항)

법에 규정된 원천징수의무자가 정당한 사유 없이 그 세금을 징수하지 아니하였을 때에는 1천만 원 이하의 벌금에 처한다. 이때의 정당한 사유라 함은 객관적으로 원천징수의무의 이행을 기대하는 것이 무리라서 그 의무해태를 탓할 수 없다고 볼 만한 사정을 말한다. 소득세법 및 법인세법에 따른 원천징수의무는 소득을 현실적으로 지급하는 때 발생하므로, 현실적인 소득의 지급이 없이 급여지급의무 등의 채무만을 부담하고 있는 상태라면 원천징수의무 위반에 해당하지 않는다.

하급심 판결로, 정당한 사유란 천재 · 지변 · 화재 · 전화 기타 재해를 입거나 도난을 당하는 등 원천징수의무자가 마음대로 할 수 없는 사유, 즉 위법성을 조각하거나 책임을 조각할 만한 사유를 의미한다고 보아 납세의무자의 원천징수 거절 또는 법률의 부지만으로는 원천징수의무를 불이행한 데에 정당한 사유가 있다고 볼 수 없다고 한 사례가 있고,[45] 입사 전 관행에 따라 신고를 하지 않는 방법으로 처리하였다는 사정 역시 정당한 사유가 아니라고 하였다.[46] 대법원 역시 업무량 폭주와 처리건수의 과다라는 사정은 피고인에게 원천징수의무해태를 탓할 수 없는 정당한 사유가 있다고 보기 어렵다고 보았다.[47]

III. 원천징수한 세금 무납부(제2항)

원천징수의무자가 정당한 사유 없이 징수한 세금을 납부하지 아니하였을 때에는 2년 이하의 징역 또는 2천만 원 이하의 벌금에 처한다. 원천징수의무자가 원천납세의무자로부터 세금을 징수하고도 납부하지 않은 경우에 본 항의 처벌대상이 되므로 원천징수의무자가 애초부터 원천징수를 하지 않은 경우에는 본 조 제1항의 죄가 성립할 뿐이다.

---

45) 서울중앙지법 2010. 6. 17. 2009고합768.
46) 부산고법 창원지원 2016. 6. 10. 2014노420(대판 2015. 10. 15. 2015도9651로 상고기각).
47) 대판 2005. 4. 15. 2003두4089.

Ⅳ. 원천납세의무자와 공모한 경우 조세포탈죄 성립 가부 및 죄수

조세범 처벌법 제3조 제1항 소정의 조세포탈범의 범죄주체는 납세의무자와 조세범 처벌법 제18조 소정의 법인의 대표자, 법인 또는 개인의 대리인, 사용인, 기타의 종업원 등의 법정책임자이다. 따라서 이러한 신분을 가지지 아니한 자는 비록 원천징수의무자라 하더라도 정범으로서 조세포탈의 주체가 될 수는 없다. 원천징수의무자는 자신의 원천징수의무 위반 또는 징수한 세액의 무납부에 대하여 본 죄의 주체가 될 수 있을 뿐이다.

다만 원천징수의무자가 조세포탈죄의 주체가 될 수 없다 하더라도 원천납세의무자 등의 조세포탈범행에 가담한 경우에 공범으로 처벌은 가능하다. 1인의 원천징수의무자가 수인의 납세의무자와 공모하여 조세를 포탈하였다면 조세포탈의 주체는 각 납세의무자이고 원천징수의무자는 각 납세의무자의 조세포탈에 가공한 공범으로서 처벌받는다. 각각의 납세의무가 별개이므로 조세포탈의 죄수는 각 납세의무자별로 각각 1죄가 성립하고 이를 포괄하여 1죄가 성립하는 것은 아니다. 같은 맥락에서, 원천징수의무자가 납세의무자의 조세포탈에 가담하여 공범으로 처벌되는 경우에 연간 포탈세액이 일정액 이상에 달하는 경우를 구성요건으로 하고 있는 특가법 제8조의 적용대상이 되는지를 판단함에 있어서는 각 납세의무자별 연간 포탈세액을 각각 나누어 판단하여야 하고, 각 포탈세액을 모두 합산하면 안 된다.[48)]

Ⅴ. 죄 수

원천징수의무 불이행죄는 그 소득의 지급시 원천징수를 하지 아니하였다는 이유로 처벌되는 것이므로 의무의 불이행 수만큼, 만일 매월 소득지급시 원천징수를 하지 않았다면 월별로 원천징수의무 불이행죄가 성립한다. 원천징수한 세금의 무납부 역시 마찬가지이다.

원천징수의무자가 수인의 근로자에게 소득을 지급하고도 원천징수의무를 이행하지 않은 경우 근로소득자 전부에 대하여 하나의 포괄일죄가 성립한다.[49)]

---

48) 대판 1998. 5. 8. 97도2429.
49) 대판 2011. 3. 24. 2010도13345.

소득세법 및 법인세법은 대가를 지급한 달의 다음 달 10일까지 원천징수한 조세에 관하여 원천징수의무자에게 신고·납부의무를 부여하고 있으므로, 그 납부기한이 경과하는 수대로 별죄가 성립하고 각 죄는 실체적 경합 관계에 있다. 원천징수의무자가 매월분의 근로소득을 지급하는 때에 소득세를 원천징수하지 아니하고 연말정산에 따라 소득세를 원천징수하지 않았다면 각각 별죄가 성립하고, 이들은 실체적 경합범의 관계에 있다.[50]

제11절 거짓으로 기재한 근로소득 원천징수영수증의 발급 등
(제14조)

제14조(거짓으로 기재한 근로소득 원천징수영수증의 발급 등)
　① 타인이 근로장려금(「조세특례제한법」 제2장 제10절의2에 따른 근로장려금을 말한다)을 거짓으로 신청할 수 있도록 근로를 제공받지 아니하고 다음 각 호의 어느 하나에 해당하는 행위를 한 자는 2년 이하의 징역 또는 그 원천징수영수증 및 지급명세서에 기재된 총급여·총지급액의 100분의 20 이하에 상당하는 벌금에 처한다.
　1. 근로소득 원천징수영수증을 거짓으로 기재하여 타인에게 발급한 행위
　2. 근로소득 지급명세서를 거짓으로 기재하여 세무서에 제출한 행위
　② 제1항의 행위를 알선하거나 중개한 자도 제1항과 같은 형에 처한다.

2008년부터 저소득자의 근로를 장려하고 소득을 지원하기 위하여 과세관청이 일정 요건을 갖춘 근로자 등에게 근로장려금을 결정·환급하는 내용의 근로장려세제(Earned Income Tax Credit : EITC)가 시행되었다(조세특례제한법 제100조의2 내지 제100조의13).

근로장려금 지급대상이 되려면 사업소득 또는 근로소득이 있는 거주자로서, 연간 총소득의 합계액이 1세대당 구성원의 수 및 소득자의 수에 따라 2,200만 원 내지 3,800만 원 이내여야 하며, 가구원이 소유하고 있는 재산의 합계액이 2억 원 미만이어야 한다.

---

50) 대판 2011. 3. 24. 2010도13345.

근로장려금을 받으려는 거주자는 종합소득과세표준 확정신고기간에 근로소득 또는 사업소득원천징수영수증을 첨부하여 납세지 관할 세무서장에게 근로장려금을 신청하여야 한다. 그러면 총급여액 등을 기준으로 단계적으로 일정 비율에 따라 산정된 근로장려금을 지급받는데 현행법상 그 최고액은 300만 원이다.

위와 같은 근로장려세제의 도입으로 근로장려금을 부당하게 받기 위하여 허위로 근로소득 원천징수영수증을 발급받는 등의 행위가 예상됨에 따라 근로장려세제의 원활한 정착을 도모하기 위하여 2008. 3. 14. 법률 제8884호로 조세범 처벌법이 개정되면서 제11조의3 조항이 신설되었다. 이로써 허위의 근로소득 원천징수영수증을 발급하거나 근로소득 지급명세서를 거짓으로 기재하여 세무서에 제출한 자에 대한 처벌규정이 마련되었다.

이후 2010. 1. 1. 전면개정시 기존의 3년 이하의 징역 또는 거짓으로 기재한 총급여 · 총지급액의 100분의 20 이하에 상당하는 벌금에 처하도록 한 것을 2년 이하의 징역 및 총급여 · 총지급액의 100분의 20 이하의 벌금에 처하는 것으로 형량을 조정하였다.

이에 따라 타인이 근로장려금을 거짓으로 신청할 수 있도록 근로소득 원천징수영수증을 거짓 기재하여 타인에게 교부하거나, 근로소득 지급명세서를 거짓 기재하여 정부에 제출하거나, 위와 같은 행위를 알선 · 중개한 자는 본 조항에 따라 처벌된다. 거짓 기재된 근로소득 원천징수영수증을 교부받은 자는 필요적 공범으로서 대향범의 관계에 있어 형법 총칙의 공범규정이 적용되지 않는다. 따라서 별도의 처벌규정이 필요한데 이를 규율하는 조문이 없으므로 거짓 기재된 근로소득 원천징수영수증을 수령한 자는 처벌할 수 없다.

제12절 해외금융계좌정보의 비밀유지 의무 등의 위반[51]

제15조(해외금융계좌정보의 비밀유지 의무 등의 위반)
① 「국제조세조정에 관한 법률」 제38조 제2항부터 제4항까지 및 제57조를 위반한 사람은 5년 이하의 징역 또는 3천만원 이하의 벌금에 처한다.
② 제1항의 죄를 범한 자에 대해서는 정상(정상)에 따라 징역형과 벌금형을 병과할 수 있다.

Ⅰ. 의   의

「국제조세조정에 관한 법률」(이하 '국조법'이라 한다) 제36조[52]는 우리나라

---

51) 2010. 1. 1. 법률 제9919호로 조세범 처벌법이 전면 개정되면서 본 조항에서 현금영수증 발급의무 위반자에 대한 과태료 부과를 규정하게 되었다. 그 후 2018. 12. 31. 법률 제16108호로 조세범 처벌법 개정시 행정질서벌인 과태료 부과규정을 형법인 조세범 처벌법에서 행정법인 각 세법으로 이관하였고, 현행 조문과 같은 내용이 신설되었다.

52) 제36조(조세정보 및 금융정보의 교환)
    ① 권한 있는 당국은 조세의 부과와 징수, 조세 불복에 대한 심리(審理) 및 형사 소추 등을 위하여 필요한 조세정보[납세의무자를 최종적으로 지배하거나 통제하는 개인(이하 "실제소유자"라 한다)에 대한 정보를 포함한다. 이하 같다]와 국제적 관행으로 일반화되어 있는 조세정보를 다른 법률에 저촉되지 아니하는 범위에서 획득하여 체약상대국과 교환할 수 있다.
    ② 권한 있는 당국은 체약상대국의 권한 있는 당국이 조세조약에 따라 거주자·내국법인 또는 비거주자·외국법인의 금융정보[「금융실명거래 및 비밀보장에 관한 법률」 제2조 제3호에 따른 금융거래의 내용에 대한 정보 또는 자료를 말한다. 이하 이 조에서 같다]를 요청하는 경우 「금융실명거래 및 비밀보장에 관한 법률」 제4조에도 불구하고 다음 각 호의 어느 하나에 해당하는 금융정보의 제공을 금융회사등(「금융실명거래 및 비밀보장에 관한 법률」 제2조 제1호에 따른 금융회사등을 말한다. 이하 같다)의 특정 점포[「상속세 및 증여세법」 제83조 제1항에 따른 금융재산 일괄 조회에 해당하는 경우와 체약상대국의 권한 있는 당국이 요청하는 정보가 특정 금융거래와 관련된 명의인의 인적 사항을 특정할 수 없는 집단인 경우에는 금융회사등의 장을 말한다)에 대하여 요구할 수 있으며, 그 금융회사등에 종사하는 사람은 이를 거부하지 못한다.
    1. 조세에 관한 법률에 따라 제출 의무가 있는 과세자료에 해당하는 금융정보
    2. 상속·증여재산의 확인에 필요한 금융정보
    3. 체약상대국의 권한 있는 당국이 조세탈루 혐의를 인정할 만한 명백한 자료의 확인에 필요한 금융정보
    4. 체약상대국 체납자의 재산조회에 필요한 금융정보
    5. 체약상대국의 권한 있는 당국이 「국세징수법」 제14조 제1항 각 호의 어느 하나에 해당하는 사유로 필요한 금융정보

의 권한 있는 당국53)이 우리나라와 조세조약을 체결한 상대 국가의 권한 있

---

③ 권한 있는 당국은 조세조약에 따라 체약상대국과 상호주의에 따른 정기적인 금융정보의 교환을 위하여 필요한 경우「금융실명거래 및 비밀보장에 관한 법률」제4조에도 불구하고 체약상대국의 조세 부과 및 징수와 납세의 관리에 필요한 거주자·내국법인 또는 비거주자·외국법인의 금융거래 내용 등 금융정보의 제공을 금융회사등의 장에게 요구할 수 있다. 이 경우 그 금융회사등에 종사하는 사람은 대통령령으로 정하는 바에 따라 이를 제공하여야 한다.

④ 금융회사등은 국가 간 금융정보의 교환을 지원하기 위하여 권한 있는 당국의 제3항에 따른 요구가 없는 경우에도 그 사용 목적에 필요한 최소한의 범위에서 해당 금융회사등의 금융거래 상대방(조세조약에 따른 체약상대국이 아닌 다른 국가의 금융거래 상대방을 포함한다)에 대한 납세자번호(개별 국가에서 납세자를 식별하기 위한 고유번호를 말한다)를 포함한 인적 사항 등을 미리 확인·보유할 수 있다.

⑤ 다음 각 호의 어느 하나에 해당하는 자는 제1항부터 제4항까지의 규정에 따른 조세정보 또는 금융정보의 획득, 교환 또는 제공을 부당하게 방해하거나 지연시켜서는 아니 된다.

1. 제1항부터 제3항까지의 규정에 따른 조세정보 또는 금융정보와 관련된 자
2. 제4항에 따른 금융거래 상대방

⑥ 금융회사등에 종사하는 사람은 제2항 및 제3항을 위반하여 금융정보의 제공을 요구받으면 그 요구를 거부하여야 한다.

⑦ 제2항부터 제4항까지의 규정에 따라 금융정보를 알게 된 사람은 그 금융정보를 체약상대국의 권한 있는 당국 외의 자에게 제공 또는 누설하거나 그 목적 외의 용도로 이용해서는 아니 되며, 누구든지 금융정보를 알게 된 사람에게 그 금융정보의 제공을 요구해서는 아니 된다.

⑧ 제2항, 제3항 또는 제7항을 위반하여 제공되거나 누설된 금융정보를 취득한 사람은 그 위반 사실을 알게 된 경우 그 금융정보를 타인에게 제공하거나 누설해서는 아니 된다.

⑨ 제2항에도 불구하고 권한 있는 당국은 상호주의 원칙에 따라 체약상대국에 금융정보를 제공하는 것을 제한할 수 있다.

⑩ 제3항에 따라 금융정보를 제공하거나 제4항에 따라 금융정보를 확인하려는 금융회사등의 장은 금융거래 상대방에게 인적 사항 등의 확인을 위하여 필요한 자료의 제출을 요청할 수 있다.

⑪ 금융회사등의 장은 제10항에 따라 자료 제출의 요청을 받은 금융거래 상대방이 요청받은 자료를 제출하지 아니하여 제3항에 따른 금융정보를 권한 있는 당국에 제공할 수 없거나 제4항에 따라 인적 사항 등을 확인할 수 없는 경우에는 해당 금융거래 상대방의 계좌개설을 거절할 수 있다.

⑫ 제1항에 따른 조세정보의 교환, 제2항 및 제3항에 따른 금융정보의 교환과 제10항에 따른 인적 사항 등의 확인에 관한 구체적인 사항은 대통령령으로 정한다.

⑬ 과세당국은 제1항에 따른 조세정보의 교환을 위하여 필요한 경우 납세의무자의 실제 소유자 정보를 납세의무자에게 요구할 수 있으며, 과세당국이 납세의무자에게 요구할 수 있는 실제소유자 정보의 범위 및 실제소유자 정보의 요구·제출 등에 관하여 필요한 사항은 대통령령으로 정한다.

53) '권한 있는 당국'이란 우리나라의 경우에는 기획재정부장관 또는 그의 권한을 위임받은 자를 말하며, 체약상대국의 경우에는 조세조약에서 권한 있는 당국으로 지정된 자를 말한다. 국조법 제2조 제9호.

는 당국과 조세정보 및 금융정보를 교환할 수 있도록 규정하면서, 그 교환대
상이 되는 정보의 종류와 제공범위, 정보의 요청자와 제공자에 대하여 규정하
고 있다. 한편 국조법 제38조 제2항 내지 제4항은 금융거래 종사자, 금융정보
등을 알게 된 사람으로 하여금 금융정보등의 비밀유지의무를 부여하고 있다.

　　또한 국조법 제52조 내지 제54조는 거주자 및 내국법인으로 하여금 해외
금융계좌정보의 신고의무를 부여하고 있는데, 국조법 제57조는 세무공무원
또는 해외금융계좌정보를 알게 된 사람으로 하여금 그 정보를 누설하지 않을
의무를 부여하고 있다.

　　본 조는 위와 같은 조세정보, 금융정보, 해외금융계좌정보의 취급자가 비
밀유지의무를 위반한 경우의 벌칙을 규정하고 있다.

Ⅱ. 국조법 제38조 제2항 내지 제4항 위반

　　권한 있는 당국은 체약상대국의 권한 있는 당국이 조세조약에 따라 금융
정보를 요청하는 경우 또는 상호주의에 따른 정기적인 금융정보의 교환을 위
하여 필요한 경우 금융회사 등에 금융정보의 제공을 요청할 수 있다(국조법 제
36조 제3항, 제6항). 금융회사 등은 국가 간 금융정보의 교환을 지원하기 위하
여 권한 있는 당국의 요구가 없는 경우에도 관련 정보를 미리 확인·보유할
수 있다(국조법 제36조 제7항).

　　금융회사등에 종사하는 사람은 국조법 제36조 제3항, 제4항, 제6항을 위
반하여 금융정보의 제공을 요구받으면 그 요구를 거부하여야 하며(국조법 제
38조 제2항), 국조법 제36조 제3항, 제4항, 제6항, 제7항의 규정에 따라 금융정
보를 알게 된 사람은 그 금융정보를 체약상대국의 권한 있는 당국 외의 자에
게 제공 또는 누설하거나 그 목적 외의 용도로 이용해서는 안 된다. 또한 누
구든지 금융정보를 알게 된 사람에게 그 금융정보의 제공을 요구해서는 안
된다(국조법 제38조 제3항). 국조법을 위반하여 제공되거나 누설된 금융정보를
취득한 사람은 위반사실을 알면서 그 금융정보를 타인에게 제공하거나 누설
해서는 안 된다(국조법 제38조 제8항).

　　위와 같은 의무를 부담하는 자가 이를 위반하는 경우 5년 이하의 징역 또
는 3천만 원 이하의 벌금에 처하며, 정상에 따라 징역형과 벌금형을 병과할

수 있다.

Ⅲ. 국조법 제57조 위반

해외금융계좌를 보유한 거주자 및 내국법인 중 일정 요건을 충족한 자는 매년 관할 세무서장에게 해외금융계좌정보를 신고할 의무를 진다(국조법 제53조). 그런데 세무공무원 또는 해외금융계좌정보를 알게 된 사람이 이를 타인에게 제공 또는 누설하거나 목적 외의 용도로 사용한 경우 5년 이하의 징역 또는 3천만 원 이하의 벌금에 처하며, 정상에 따라 징역형과 벌금형을 병과할 수 있다.

다만 세무공무원이 조세의 부과·징수나 타 법령의 규정에 따라 과세정보를 요구받는 경우로서 국세기본법 제81조의13 제1항 각호 소정의 사유에 해당하는 경우, 그 사용 목적에 맞는 범위에서 해외금융계좌정보를 제공할 수 있다.

제13절 해외금융계좌 신고의무 불이행[54]

제16조(해외금융계좌 신고의무 불이행)

① 「국제조세조정에 관한 법률」 제53조 제1항에 따른 계좌신고의무자로서 신고기한 내에 신고하지 아니한 금액이나 과소 신고한 금액(이하 이 항에서 "신고의무 위반금액"이라 한다)이 50억원을 초과하는 경우에는 2년 이하의 징역 또는 신고의무 위반금액의 100분의 13 이상 100분의 20 이하에 상당하는 벌금에 처한다. 다만, 정당한 사유가 있는 경우에는 그러하지 아니하다.

② 제1항의 죄를 범한 자에 대해서는 정상에 따라 징역형과 벌금형을 병과할 수 있다.

---

54) 2010. 1. 1. 법률 제9919호로 조세범 처벌법이 전면 개정되면서 본 조항에서 '세무공무원의 금품 수수 및 공여'에 관련된 과태료 부과를 규정하게 되었다. 그 후 2018. 12. 31. 법률 제16108호로 조세범 처벌법 개정시 행정질서벌인 과태료 부과규정을 형법인 조세범 처벌법에서 행정법인 각 세법으로 이관하였고, 현행 조문과 같은 내용이 신설되었다.

Ⅰ. 의   의

해외금융회사에 개설된 해외금융계좌를 보유한 거주자 및 내국법인 중 해당 연도의 매월 말일 중 어느 하루라도 보유한 계좌의 잔액 합산액이 5억 원을 초과하는 경우에는 이를 신고할 의무를 진다.

본 조는 위와 같은 해외금융계좌 신고의무자가 이를 위반한 경우의 벌칙을 규정하고 있다.

Ⅱ. 국조법 제53조 제1항 위반

국외에 소재하는 금융업, 보험 및 연금업, 금융 및 보험 관련 서비스업 및 이와 유사한 업종을 하는 금융회사에 개설된 계좌로서, 은행업무와 관련하여 개설되었거나 해외증권의 거래나 해외파생상품의 거래를 위하여 개설되었거나, 그 밖의 금융거래를 위하여 개설된 계좌를 보유한 거주자 및 내국법인 중에서 해당 연도의 매월 말일 중 어느 하루의 보유계좌잔액 합계액이 5억 원을 초과하는 자는 해당 금융계좌의 정보를 다음 연도 6월 1일부터 30일까지 관할 세무서장에게 신고할 의무를 진다(국조법 제53조 제1항).

만일 해외금융계좌의 명의자와 실질적 소유자가 다르거나 공동명의 계좌인 경우에는 각자가 해당 계좌를 보유한 것으로 보게 되므로(국조법 제53조 제2항) 그 각 명의자와 실질적 소유자 및 공동명의인은 각각 해당 계좌를 보유한 것으로 간주되고(국조법 제53조 제2항), 이들은 모두 해외금융계좌 신고의무를 부담하게 된다.

만일 해외금융계좌 신고의무자가 신고기한까지 해외금융계좌정보를 신고하지 아니하거나 과소 신고한 경우에는 그 미신고 금액이나 과소 신고한 금액의 100분의 20 이하에 상당하는 과태료를 부과하게 되는데(국조법 제62조 제1항), 신고의무 위반금액이 50억 원을 초과하는 경우에는 가벌성이 현저하기 때문에 본 조에 따라 2년 이하의 징역 또는 신고의무 위반금액의 100분의 13 이상 100분의 20 이하에 상당하는 벌금에 처해지게 된다.

다만 정당한 사유가 있는 경우에는 그러하지 아니하고, 위 벌금형과 징역형은 정상에 따라 병과될 수 있다.

1. 조세범 처벌법

[시행 2021. 1. 1.] [법률 제17761호, 2020. 12. 29., 타법개정]

제1조(목적) 이 법은 세법을 위반한 자에 대한 형벌에 관한 사항을 규정하여 세법의 실효성을 높이고 국민의 건전한 납세의식을 확립함을 목적으로 한다. <개정 2018. 12. 31.>

제2조(정의) 이 법에서 "조세"란 관세를 제외한 국세를 말한다.

제3조(조세 포탈 등) ① 사기나 그 밖의 부정한 행위로써 조세를 포탈하거나 조세의 환급·공제를 받은 자는 2년 이하의 징역 또는 포탈세액, 환급·공제받은 세액(이하 "포탈세액등"이라 한다)의 2배 이하에 상당하는 벌금에 처한다. 다만, 다음 각 호의 어느 하나에 해당하는 경우에는 3년 이하의 징역 또는 포탈세액등의 3배 이하에 상당하는 벌금에 처한다.

1. 포탈세액등이 3억원 이상이고, 그 포탈세액등이 신고·납부하여야 할 세액(납세의무자의 신고에 따라 정부가 부과·징수하는 조세의 경우에는 결정·고지하여야 할 세액을 말한다)의 100분의 30 이상인 경우

2. 포탈세액등이 5억원 이상인 경우

② 제1항의 죄를 범한 자에 대해서는 정상(情狀)에 따라 징역형과 벌금형을 병과할 수 있다.

③ 제1항의 죄를 범한 자가 포탈세액등에 대하여 「국세기본법」 제45조에 따라 법정신고기한이 지난 후 2년 이내에 수정신고를 하거나 같은 법 제45조의3에 따라 법정신고기한이 지난 후 6개월 이내에 기한 후 신고를 하였을 때에는 형을 감경할 수 있다.

④ 제1항의 죄를 상습적으로 범한 자는 형의 2분의 1을 가중한다.

⑤ 제1항에서 규정하는 범칙행위의 기수(旣遂) 시기는 다음의 각 호의 구분에 따른다.

1. 납세의무자의 신고에 의하여 정부가 부과·징수하는 조세: 해당 세목의 과세표준을 정부가 결정하거나 조사결정한 후 그 납부기한이 지난 때. 다만, 납세의무자가 조세를 포탈할 목적으로 세법에 따른 과세표준을 신고하지 아니함으로써 해당 세목의 과세표준을 정부가 결정하거나 조사결정할 수 없는 경우에는 해당 세

목의 과세표준의 신고기한이 지난 때로 한다.

2. 제1호에 해당하지 아니하는 조세: 그 신고·납부기한이 지난 때

⑥ 제1항에서 "사기나 그 밖의 부정한 행위"란 다음 각 호의 어느 하나에 해당하는 행위로서 조세의 부과와 징수를 불가능하게 하거나 현저히 곤란하게 하는 적극적 행위를 말한다. ＜개정 2015. 12. 29.＞

1. 이중장부의 작성 등 장부의 거짓 기장

2. 거짓 증빙 또는 거짓 문서의 작성 및 수취

3. 장부와 기록의 파기

4. 재산의 은닉, 소득·수익·행위·거래의 조작 또는 은폐

5. 고의적으로 장부를 작성하지 아니하거나 비치하지 아니하는 행위 또는 계산서, 세금계산서 또는 계산서합계표, 세금계산서합계표의 조작

6. 「조세특례제한법」 제5조의2 제1호에 따른 전사적 기업자원 관리설비의 조작 또는 전자세금계산서의 조작

7. 그 밖에 위계(僞計)에 의한 행위 또는 부정한 행위

제4조(면세유의 부정 유통) ① 「조세특례제한법」 제106조의2 제1항 제1호에 따른 석유류를 같은 호에서 정한 용도 외의 다른 용도로 사용·판매하여 조세를 포탈하거나 조세의 환급·공제를 받은 석유판매업자(같은 조 제2항에 따른 석유판매업자를 말한다)는 3년 이하의 징역 또는 포탈세액등의 5배 이하의 벌금에 처한다.

② 「개별소비세법」 제18조 제1항 제11호 및 「교통·에너지·환경세법」 제15조 제1항 제3호에 따른 외국항행선박 또는 원양어업선박에 사용할 목적으로 개별소비세 및 교통·에너지·환경세를 면제받는 석유류를 외국항행선박 또는 원양어업선박 외의 용도로 반출하여 조세를 포탈하거나, 외국항행선박 또는 원양어업선박 외의 용도로 사용된 석유류에 대하여 외국항행선박 또는 원양어업선박에 사용한 것으로 환급·공제받은 자는 3년 이하의 징역 또는 포탈세액등의 5배 이하의 벌금에 처한다. ＜개정 2018. 12. 31.＞

제4조의2(면세유류 구입카드등의 부정 발급) 「조세특례제한법」 제106조의2 제11항 제1호의 행위를 한 자는 3년 이하의 징역 또는 3천만원 이하의 벌금에 처한다.

[본조신설 2014. 1. 1.]

제5조(가짜석유제품의 제조 또는 판매) 「석유 및 석유대체연료 사업법」 제2조 제10호에 따른 가짜석유제품을 제조 또는 판매하여 조세를 포탈한 자는 5년 이하의 징역 또는 포탈한 세액의 5배 이하의 벌금에 처한다. ＜개정 2013. 1. 1.＞

[제목개정 2013. 1. 1.]

제6조(무면허 주류의 제조 및 판매) 「주류 면허 등에 관한 법률」에 따른 면허를 받지 아니하고 주류, 밑술·술덧을 제조(개인의 자가소비를 위한 제조는 제외한다)하거나 판매한 자는 3년 이하의 징역 또는 3천만원(해당 주세 상당액의 3배의 금액이 3천만원을 초과할 때에는 그 주세 상당액의 3배의 금액) 이하의 벌금에 처한다. 이 경우 밑술과 술덧은 탁주로 본다. <개정 2020. 12. 29.>

제7조(체납처분 면탈) ① 납세의무자 또는 납세의무자의 재산을 점유하는 자가 체납처분의 집행을 면탈하거나 면탈하게 할 목적으로 그 재산을 은닉·탈루하거나 거짓 계약을 하였을 때에는 3년 이하의 징역 또는 3천만원 이하의 벌금에 처한다.

② 「형사소송법」 제130조 제1항에 따른 압수물건의 보관자 또는 「국세징수법」 제49조 제1항에 따른 압류물건의 보관자가 그 보관한 물건을 은닉·탈루하거나 손괴 또는 소비하였을 때에도 제1항과 같다. <개정 2015. 12. 29., 2020. 12. 29.>

③ 제1항과 제2항의 사정을 알고도 제1항과 제2항의 행위를 방조하거나 거짓 계약을 승낙한 자는 2년 이하의 징역 또는 2천만원 이하의 벌금에 처한다.

제8조(장부의 소각·파기 등) 조세를 포탈하기 위한 증거인멸의 목적으로 세법에서 비치하도록 하는 장부 또는 증빙서류(「국세기본법」 제85조의3 제3항에 따른 전산조직을 이용하여 작성한 장부 또는 증빙서류를 포함한다)를 해당 국세의 법정신고기한이 지난 날부터 5년 이내에 소각·파기 또는 은닉한 자는 2년 이하의 징역 또는 2천만원 이하의 벌금에 처한다.

제9조(성실신고 방해 행위) ① 납세의무자를 대리하여 세무신고를 하는 자가 조세의 부과 또는 징수를 면하게 하기 위하여 타인의 조세에 관하여 거짓으로 신고를 하였을 때에는 2년 이하의 징역 또는 2천만원 이하의 벌금에 처한다.

② 납세의무자로 하여금 과세표준의 신고(신고의 수정을 포함한다. 이하 "신고"라 한다)를 하지 아니하게 하거나 거짓으로 신고하게 한 자 또는 조세의 징수나 납부를 하지 않을 것을 선동하거나 교사한 자는 1년 이하의 징역 또는 1천만원 이하의 벌금에 처한다.

제10조(세금계산서의 발급의무 위반 등) ① 다음 각 호의 어느 하나에 해당하는 행위를 한 자는 1년 이하의 징역 또는 공급가액에 부가가치세의 세율을 적용하여 계산한 세액의 2배 이하에 상당하는 벌금에 처한다. <개정 2018. 12. 31.>

1. 「부가가치세법」에 따라 세금계산서(전자세금계산서를 포함한다. 이하 이 조에서 같다)를 발급하여야 할 자가 세금계산서를 발급하지 아니하거나 거짓으로 기재하여 발급한 행위

2. 「소득세법」 또는 「법인세법」에 따라 계산서(전자계산서를 포함한다. 이하 이 조에서 같다)를 발급하여야 할 자가 계산서를 발급하지 아니하거나 거짓으로 기재하여 발급한 행위

3. 「부가가치세법」에 따라 매출처별 세금계산서합계표를 제출하여야 할 자가 매출처별 세금계산서합계표를 거짓으로 기재하여 제출한 행위

4. 「소득세법」 또는 「법인세법」에 따라 매출처별 계산서합계표를 제출하여야 할 자가 매출처별 계산서합계표를 거짓으로 기재하여 제출한 행위

② 다음 각 호의 어느 하나에 해당하는 행위를 한 자는 1년 이하의 징역 또는 공급가액에 부가가치세의 세율을 적용하여 계산한 세액의 2배 이하에 상당하는 벌금에 처한다. <개정 2018. 12. 31.>

1. 「부가가치세법」에 따라 세금계산서를 발급받아야 할 자가 통정하여 세금계산서를 발급받지 아니하거나 거짓으로 기재한 세금계산서를 발급받은 행위

2. 「소득세법」 또는 「법인세법」에 따라 계산서를 발급받아야 할 자가 통정하여 계산서를 발급받지 아니하거나 거짓으로 기재한 계산서를 발급받은 행위

3. 「부가가치세법」에 따라 매입처별 세금계산서합계표를 제출하여야 할 자가 통정하여 매입처별 세금계산서합계표를 거짓으로 기재하여 제출한 행위

4. 「소득세법」 또는 「법인세법」에 따라 매입처별 계산서합계표를 제출하여야 할 자가 통정하여 매입처별 계산서합계표를 거짓으로 기재하여 제출한 행위

③ 재화 또는 용역을 공급하지 아니하거나 공급받지 아니하고 다음 각 호의 어느 하나에 해당하는 행위를 한 자는 3년 이하의 징역 또는 공급가액에 부가가치세의 세율을 적용하여 계산한 세액의 3배 이하에 상당하는 벌금에 처한다. <개정 2012. 1. 26., 2018. 12. 31.>

1. 「부가가치세법」에 따른 세금계산서를 발급하거나 발급받은 행위

2. 「소득세법」 및 「법인세법」에 따른 계산서를 발급하거나 발급받은 행위

3. 「부가가치세법」에 따른 매출·매입처별 세금계산서합계표를 거짓으로 기재하여 제출한 행위

4. 「소득세법」 및 「법인세법」에 따른 매출·매입처별 계산서합계표를 거짓으로 기재하여 제출한 행위

④ 제3항의 행위를 알선하거나 중개한 자도 제3항과 같은 형에 처한다. 이 경우 세무를 대리하는 세무사·공인회계사 및 변호사가 제3항의 행위를 알선하거나 중개한 때에는 「세무사법」 제22조 제2항에도 불구하고 해당 형의 2분의 1을 가중한다.

⑤ 제3항의 죄를 범한 자에 대해서는 정상(情狀)에 따라 징역형과 벌금형을 병과할 수 있다.

제11조(명의대여행위 등) ① 조세의 회피 또는 강제집행의 면탈을 목적으로 타인의 성명을 사용하여 사업자등록을 하거나 타인 명의의 사업자등록을 이용하여 사업을 영위한 자는 2년 이하의 징역 또는 2천만원 이하의 벌금에 처한다. <개정 2015. 12. 29.>

② 조세의 회피 또는 강제집행의 면탈을 목적으로 자신의 성명을 사용하여 타인에게 사업자등록을 할 것을 허락하거나 자신 명의의 사업자등록을 타인이 이용하여 사업을 영위하도록 허락한 자는 1년 이하의 징역 또는 1천만원 이하의 벌금에 처한다. <개정 2015. 12. 29.>

제12조(납세증명표지의 불법사용 등) 다음 각 호의 어느 하나에 해당하는 자는 2년 이하의 징역 또는 2천만원 이하의 벌금에 처한다. <개정 2018. 12. 31., 2020. 12. 29.>

1. 「주류 면허 등에 관한 법률」 제22조에 따른 납세증명표지(이하 이 조에서 "납세증명표지"라 한다)를 재사용하거나 정부의 승인을 받지 아니하고 이를 타인에게 양도한 자
2. 납세증명표지를 위조하거나 변조한 자
3. 위조하거나 변조한 납세증명표지를 소지 또는 사용하거나 타인에게 교부한 자
4. 「인지세법」 제8조 제1항 본문에 따라 첨부한 종이문서용 전자수입인지를 재사용한 자

제13조(원천징수의무자의 처벌) ① 조세의 원천징수의무자가 정당한 사유 없이 그 세금을 징수하지 아니하였을 때에는 1천만원 이하의 벌금에 처한다.

② 조세의 원천징수의무자가 정당한 사유 없이 징수한 세금을 납부하지 아니하였을 때에는 2년 이하의 징역 또는 2천만원 이하의 벌금에 처한다.

제14조(거짓으로 기재한 근로소득 원천징수영수증의 발급 등) ① 타인이 근로장려금(「조세특례제한법」 제2장 제10절의2에 따른 근로장려금을 말한다)을 거짓으로 신청할 수 있도록 근로를 제공받지 아니하고 다음 각 호의 어느 하나에 해당하는 행위를 한 자는 2년 이하의 징역 또는 그 원천징수영수증 및 지급명세서에 기재된 총급여·총지급액의 100분의 20 이하에 상당하는 벌금에 처한다. <개정 2018. 12. 31.>

1. 근로소득 원천징수영수증을 거짓으로 기재하여 타인에게 발급한 행위
2. 근로소득 지급명세서를 거짓으로 기재하여 세무서에 제출한 행위

② 제1항의 행위를 알선하거나 중개한 자도 제1항과 같은 형에 처한다.

제15조(해외금융계좌정보의 비밀유지 의무 등의 위반) ① 「국제조세조정에 관한 법률」 제38조 제2항부터 제4항까지 및 제57조를 위반한 사람은 5년 이하의 징역 또는 3천만원 이하의 벌금에 처한다. <개정 2020. 12. 22.>

② 제1항의 죄를 범한 자에 대해서는 정상(情狀)에 따라 징역형과 벌금형을 병과할 수 있다.

[전문개정 2018. 12. 31.]

제16조(해외금융계좌 신고의무 불이행) ① 「국제조세조정에 관한 법률」 제53조 제1항에 따른 계좌신고의무자로서 신고기한 내에 신고하지 아니한 금액이나 과소 신고한 금액(이하 이 항에서 "신고의무 위반금액"이라 한다)이 50억원을 초과하는 경우에는 2년 이하의 징역 또는 신고의무 위반금액의 100분의 13 이상 100분의 20 이하에 상당하는 벌금에 처한다. 다만, 정당한 사유가 있는 경우에는 그러하지 아니하다. <개정 2020. 12. 22.>

② 제1항의 죄를 범한 자에 대해서는 정상에 따라 징역형과 벌금형을 병과할 수 있다.

[전문개정 2018. 12. 31.]

제17조 삭제 <2018. 12. 31.>

제18조(양벌 규정) 법인(「국세기본법」 제13조에 따른 법인으로 보는 단체를 포함한다. 이하 같다)의 대표자, 법인 또는 개인의 대리인, 사용인, 그 밖의 종업원이 그 법인 또는 개인의 업무에 관하여 이 법에서 규정하는 범칙행위(「국제조세조정에 관한 법률」 제57조를 위반한 행위는 제외한다)를 하면 그 행위자를 벌할 뿐만 아니라 그 법인 또는 개인에게도 해당 조문의 벌금형을 과(科)한다. 다만, 법인 또는 개인이 그 위반행위를 방지하기 위하여 해당 업무에 관하여 상당한 주의와 감독을 게을리하지 아니한 경우에는 그러하지 아니하다. <개정 2018. 12. 31., 2020. 12. 22.>

제19조 삭제 <2018. 12. 31.>

제20조(「형법」 적용의 일부 배제) 제3조부터 제6조까지, 제10조, 제12조부터 제14조까지의 범칙행위를 한 자에 대해서는 「형법」 제38조 제1항 제2호 중 벌금경합에 관한 제한가중규정을 적용하지 아니한다.

제21조(고발) 이 법에 따른 범칙행위에 대해서는 국세청장, 지방국세청장 또는 세무서장의 고발이 없으면 검사는 공소를 제기할 수 없다.

제22조(공소시효 기간) 제3조부터 제14조까지에 규정된 범칙행위의 공소시효는 7년이 지나면 완성된다. 다만, 제18조에 따른 행위자가 「특정범죄가중처벌 등에 관한 법률」 제8조의 적용을 받는 경우에는 제18조에 따른 법인에 대한 공소시효는 10년

이 지나면 완성된다. <개정 2015. 12. 29.>

부칙 <제16108호, 2018. 12. 31.>

제1조(시행일) 이 법은 2019년 1월 1일부터 시행한다.

제2조(과태료 및 몰취 등에 관한 경과조치) 이 법 시행 전의 행위에 대하여 과태료, 징계부가금 및 몰취의 규정을 적용할 때에는 종전의 규정에 따른다.

제3조(다른 법률의 개정) 조세범 처벌절차법 일부를 다음과 같이 개정한다.

제2조 제1호 중 "「조세범 처벌법」 제3조부터 제14조"를 "「조세범 처벌법」 제3조부터 제16조"로 한다.

제4조(다른 법령과의 관계) 이 법 시행 당시 다른 법령에서 종전의 「조세범 처벌법」의 규정을 인용하고 있는 경우 이 법 중 그에 해당하는 규정이 있을 때에는 종전의 규정을 갈음하여 이 법의 해당 규정을 인용한 것으로 본다.

부칙 <제17651호, 2020. 12. 22.> (국제조세조정에 관한 법률)

제1조(시행일) 이 법은 2021년 1월 1일부터 시행한다. <단서 생략>

제2조 부터 제30조까지 생략

제31조(다른 법률의 개정) ① 및 ② 생략

③ 조세범 처벌법 일부를 다음과 같이 개정한다.

제15조 제1항 중 "「국제조세조정에 관한 법률」 제31조 제6항부터 제8항까지 및 제36조"를 "「국제조세조정에 관한 법률」 제38조 제2항부터 제4항까지 및 제57조"로 한다.

제16조 제1항 본문 중 "「국제조세조정에 관한 법률」 제34조 제1항에 따른 해외금융계좌정보의 신고의무자"를 "「국제조세조정에 관한 법률」 제53조 제1항에 따른 계좌신고의무자"로 한다.

제18조 본문 중 "「국제조세조정에 관한 법률」 제36조"를 "「국제조세조정에 관한 법률」 제57조"로 한다.

④부터 ⑦까지 생략

제32조 생략

부칙 <제17758호, 2020. 12. 29.> (국세징수법)

제1조(시행일) 이 법은 2021년 1월 1일부터 시행한다.

제2조 부터 제23조까지 생략

제24조(다른 법률의 개정) ①부터 ⑱까지 생략

　⑲ 조세범 처벌법 일부를 다음과 같이 개정한다.

　제7조 제2항 중 "「국세징수법」 제39조 제1항"을 "「국세징수법」 제49조 제1항"으로 한다.

　⑳부터 ㉒까지 생략

제25조 및 제26조 생략

　　　　부칙 <제17761호, 2020. 12. 29.> (주류 면허 등에 관한 법률)

제1조(시행일) 이 법은 2021년 1월 1일부터 시행한다.

제2조 부터 제9조까지 생략

제10조(다른 법률의 개정) ①부터 ⑨까지 생략

　⑩ 조세범처벌법 일부를 다음과 같이 개정한다.

　제6조 전단 중 "「주세법」"을 "「주류 면허 등에 관한 법률」"로 한다.

　제12조 제1호 중 "「주세법」 제44조"를 "「주류 면허 등에 관한 법률」 제22조"로 한다.

　⑪ 생략

제11조 생략

2. 조세범죄 양형기준

〈2013. 2. 4. 의결, 2013. 7. 1. 시행〉
〈2023. 4.24. 수정, 2023. 7. 1. 시행〉

조세범죄의 양형기준은 조세포탈 등(조세범 처벌법 제3조 제1항, 지방세기본
법 제102조 제1항), 상습조세포탈 등(조세범 처벌법 제3조 제4항, 지방세기본법 제
102조 제5항), 특정범죄가중법상 조세포탈(특정범죄가중법 제8조 제1항), 세금계
산서 발급의무 위반 등(조세범 처벌법 제10조 제3항, 제4항), 특정범죄가중법상
세금계산서 교부의무 위반 등(특정범죄가중법 제8조의2 제1항)의 죄를 저지른
성인(19세 이상) 피고인에 대하여 적용한다.

Ⅰ. 형종 및 형량의 기준

1. 일반 조세포탈

유형	구분	감경	기본	가중
1	3억 원 미만	~8월	6월~10월	8월~1년2월
2	3억 원 이상, 5억 원 미만	6월~1년	8월~1년2월	1년~2년
3	5억 원 이상	8월~1년6월	1년~2년	1년6월~2년6월

▷ 포탈세액 등이 3억 원 이상, 5억 원 미만이면서 그 포탈세액 등이 신고
·납부세액 또는 결정·고지세액의 100분의 30 이상인 경우는 3유형에 포섭

구분		감경요소	가중요소
특별양형인자	행위	○사실상 압력 등에 의한 소극적 범행 가담 ○실제 이득액이 경미한 경우 ○단지 조세의 납부시기가 연기되는 결과를 발생시킨 것임이 명백한 경우 ○미필적 고의로 조세포탈행위를 저지른 경우	○계획적·조직적 범행 ○2년 이상의 계속적·반복적 범행 ○피지휘자에 대한 교사
	행위자/기타	○청각 및 언어 장애인 ○심신미약 ○자수·내부비리 고발 또는 수정신고·기한 후 신고 ○포탈한 조세를 상당 부분 납부한 경우 등	○동종 누범 ○상습범인 경우 ○세무를 대리하는 세무사·공인회계사·변호사의 중개·알선·교사행위 또는 세무공무원의 범행
일반양형인자	행위	○경제적으로 급박한 상황에서 조세포탈을 저지른 경우 ○포탈한 세액 중 일정 부분 이상이 징수되었거나 징수되리라 예상되는 경우 ○소극 가담	○포탈한 조세의 징수를 회피하기 위하여 재산을 은닉한 경우 ○서면에 의한 경고, 회계감사 또는 과세관청의 실지조사에도 불구하고 범행을 계속한 경우 ○세무공무원과 결탁한 경우 ○세무조사 등을 방해한 경우
	행위자/기타	○진지한 반성 ○형사처벌 전력 없음 ○포탈한 조세의 납부를 위한 진지한 노력	○이종 누범 또는 누범에 해당하지 않는 동종 실형전과(집행종료 후 10년 미만)

2. 특정범죄가중법상 조세포탈

유형	구분	감경	기본	가중
1	5억 원 이상, 10억 원 미만	1년6월~2년6월	2년~4년	3년~5년
2	10억 원 이상, 200억 원 미만	2년6월~5년	4년~6년	5년~8년
3	200억 원 이상	4년~7년	5년~9년	8년~12년

구분		감경요소	가중요소
특별 양형 인자	행위	○사실상 압력 등에 의한 소극적 범행 가담 ○실제 이득액이 경미한 경우 ○단지 조세의 납부시기가 연기되는 결과를 발생시킨 것임이 명백한 경우 ○미필적 고의로 조세포탈행위를 저지른 경우	○계획적·조직적 범행 ○피지휘자에 대한 교사
	행위자/ 기타	○청각 및 언어 장애인 ○심신미약 ○자수·내부비리 고발 또는 수성신고·기한 후 신고 ○포탈한 조세를 상당 부분 납부한 경우 등	○동종 누범 ○세무를 대리하는 세무사·공인회계사·변호사의 중개·알선·교사행위 또는 세무공무원의 범행
일반 양형 인자	행위	○경제적으로 급박한 상황에서 조세포탈을 저지른 경우 ○포탈한 세액 중 일정 부분 이상이 징수되었거나 징수되리라 예상되는 경우 ○소극 가담	○포탈한 조세의 징수를 회피하기 위하여 재산을 은닉한 경우 ○서면에 의한 경고, 회계감사 또는 과세관청의 실지조사에도 불구하고 범행을 계속한 경우 ○세무공무원과 결탁한 경우 ○세무조사 등을 방해한 경우
	행위자/ 기타	○진지한 반성 ○형사처벌 전력 없음 ○포탈한 조세의 납부를 위한 진지한 노력	○이종 누범 또는 누범에 해당하지 않는 동종 실형전과(집행종료 후 10년 미만)

3. 일반 허위 세금계산서 수수 등

유형	구분	감경	기본	가중
1	30억 원 미만	~10월	6월~1년	10월~1년2월
2	30억 원 이상, 50억 원 미만	6월~1년	8월~1년2월	1년~2년
3	50억 원 이상	8월~1년6월	1년~2년	1년6월~2년6월

구분		감경요소	가중요소
특별 양형 인자	행위	○사실상 압력 등에 의한 소극적 범행 가담 ○실제 이득액이 경미한 경우 ○조세포탈의 목적이 없거나 조세포탈의 결과가 발생하지 않은 경우	○계획적·조직적 범행 ○영리를 목적으로 계속적·반복적으로 한 범행(1유형) ○피지휘자에 대한 교사
	행위자/ 기타	○청각 및 언어 장애인 ○심신미약 ○자수 또는 내부비리 고발	○동종 누범 ○세무를 대리하는 세무사·공인회계사·변호사의 중개·알선·교사행위 또는 세무공무원의 범행
일반 양형 인자	행위	○범죄수익 대부분을 소비하지 못하고 보유하지도 못한 경우 ○소극 가담	○세무공무원과 결탁한 경우 ○세무조사 등을 방해한 경우 ○우월적 지위를 이용하여 거래중단 등을 내세우며 거래처에 허위 세금계산서 수수를 요구한 경우
	행위자/ 기타	○진지한 반성 ○형사처벌 전력 없음	○이종 누범 또는 누범에 해당하지 않는 동종 실형전과(집행종료 후 10년 미만)

4. 특정범죄가중법상 허위 세금계산서 수수 등

유형	구분	감경	기본	가중
1	30억 원 이상, 50억 원 미만	6월~1년6월	1년~2년	1년6월~3년
2	50억 원 이상, 300억 원 미만	1년6월~2년6월	2년~4년	3년~5년
3	300억 원 이상	2년~4년	3년~6년	5년~7년

구분		감경요소	가중요소
특별 양형 인자	행위	○사실상 압력 등에 의한 소극적 범행 가담 ○실제 이득액이 경미한 경우 ○조세포탈의 목적이 없거나 조세포탈의 결과가 발생하지 않은 경우	○계획적·조직적 범행 ○피지휘자에 대한 교사

	행위자/ 기타	○청각 및 언어 장애인 ○심신미약 ○자수 또는 내부비리 고발	○동종 누범 ○세무를 대리하는 세무사·공인회계 사·변호사의 중개·알선·교사행위 또는 세무공무원의 범행
일반 양형 인자	행위	○범죄수익 대부분을 소비하지 못하고 보유하지도 못한 경우 ○소극 가담	○세무공무원과 결탁한 경우 ○세무조사 등을 방해한 경우 ○우월적 지위를 이용하여 거래중단 등을 내세우며 거래처에 허위 세금 계산서 수수를 요구한 경우
	행위자/ 기타	○진지한 반성 ○형사처벌 전력 없음	○이종 누범 또는 누범에 해당하지 않 는 동종 실형전과(집행종료 후 10년 미만)

[유형의 정의]

1. 일반 조세포탈

○아래 구성요건 및 적용법조에 해당하는 행위를 의미한다(이하 같음).

구성요건	적용법조	법정형
일반 조세포탈로서 포탈세액이 5억 원 미만인 경우	조세범 처벌법 제3조 제1항 본문, 지방세기본법 제102조 제1항 본문	2년 이하 징역 또는 포탈세액 등의 2배 이하 벌금(병과 가능)
일반 조세포탈로서 ① 포탈세액이 3억 원 이상~5억 원 미만인 경우이고, 포탈세액 등이 신고세액 등의 30/100 이상인 경우, ② 포탈세액이 5억 원 이상인 경우	조세범 처벌법 제3조 제1항 단서, 지방세기본법 제102조 제1항 단서	3년 이하 징역 또는 포탈세액 등의 3배 이하 벌금(병과 가능)
상습조세포탈	조세범 처벌법 제3조 제4항, 지방세기본법 제102조 제5항	조세범 처벌법 제3조 제1항 및 지방세기본법 제102조 제1항이 규정한 법정형의 1/2 가중

가. 제1유형: 포탈세액, 환급·공제받은 세액(이하 '포탈세액 등'이라 한다)이 3억 원 미만인 경우를 의미한다.

나. 제2유형: 포탈세액 등이 3억 원 이상, 5억 원 미만인 경우를 의미한다.

다. 제3유형: 포탈세액 등이 3억 원 이상, 5억 원 미만이면서 그 포탈세액 등이 신고·납부세액 또는 결정·고지세액의 100분의 30 이상인 경우, 포탈세액 등이 5억 원 이상인 경우를 의미한다.

2. 특정범죄가중법상 조세포탈

구성요건	적용법조	법정형
포탈세액 등이 연간 5억 원 이상, 10억 원 미만인 경우	특정범죄가중법 제8조 제1항 제2호	3년 이상 징역, 포탈세액 등의 2배 이상 5배 이하에 상당하는 벌금형을 병과
포탈세액 등이 연간 10억 원 이상인 경우	특정범죄가중법 제8조 제1항 제1호	무기 또는 5년 이상 징역, 포탈세액 등의 2배 이상 5배 이하에 상당하는 벌금형을 병과

가. 제1유형: 포탈하거나 환급받은 세액 또는 징수하지 아니하거나 납부하지 아니한 세액(이하 '포탈세액 등'이라 한다)이 연간 5억 원 이상, 10억 원 미만인 경우를 의미한다.

나. 제2유형: 포탈세액 등이 연간 10억 원 이상, 200억 원 미만인 경우를 의미한다.

다. 제3유형: 포탈세액 등이 연간 200억 원 이상인 경우를 의미한다.

3. 일반 허위 세금계산서 수수 등

구성요건	적용법조	법정형
재화 또는 용역의 공급 없이 세금계산서 등을 발급하거나 발급받는 행위 또는 거짓으로 기재한 매출·매입처별 세금계산서합계표 등의 제출	조세범 처벌법 제10조 제3항	3년 이하 징역 또는 공급가액 등에 부가가치세 세율을 적용한 세액의 3배 이하의 벌금(병과 가능)
위 행위의 알선·중개행위	조세범 처벌법 제10조 제4항	3년 이하 징역 또는 공급가액 등에 부가가치세 세율을 적용한 세액의 3배 이하의 벌금(병과 가능)

가. 제1유형: 재화 또는 용역을 공급하지 아니하거나 공급받지 아니하고 발급하거나 발급받은 세금계산서 및 계산서에 기재된 공급가액이나 매출처별 세금계산서합계표나 매입처별 세금계산서합계표에 기재된 공급가액 또는 매출·매입금액의 합계액(이하 '공급가액 또는 매출·매입금액의 합계액'이라 한다)이 30억 원 미만인 경우를 의미한다(위 행위를 알선하거나 중개한 경우도 포함한다. 이하 같다).

나. 제2유형: 공급가액 또는 매출·매입금액의 합계액이 30억 원 이상, 50억 원 미만인 경우를 의미한다.

다. 제3유형: 공급가액 또는 매출·매입금액의 합계액이 50억 원 이상인 경우를 의미한다.

4. 특정범죄가중법상 허위 세금계산서 수수 등

구성요건	적용법조	법정형
영리를 목적으로 한 행위로서 공급가액 등의 합계액이 30억 원 이상, 50억 원 미만인 경우	특정범죄가중법 제8조의2 제1항 제2호	1년 이상의 징역, 공급가액 등의 합계액에 부가가치세 세율을 적용한 세액의 2배 이상 5배 이하의 벌금을 병과
영리를 목적으로 한 행위로서 공급가액 등의 합계액이 50억 원 이상인 경우	특정범죄가중법 제8조의2 제1항 제1호	3년 이상의 징역, 공급가액 등의 합계액에 부가가치세 세율을 적용한 세액의 2배 이상 5배 이하의 벌금을 병과

가. 제1유형: 영리를 목적으로 재화 또는 용역을 공급하지 아니하거나 공급받지 아니하고 발급하거나 발급받은 세금계산서 및 계산서에 기재된 공급가액이나 매출처별 세금계산서합계표나 매입처별 세금계산서합계표에 기재된 공급가액 또는 매출·매입금액의 합계액(이하 '공급가액 또는 매출·매입금액의 합계액'이라 한다)이 30억 원 이상, 50억 원 미만인 경우를 의미한다(위 행위를 알선하거나 중개한 경우도 포함한다. 이하 같다).

나. 제2유형: 공급가액 또는 매출·매입금액의 합계액이 50억 원 이상, 300억 원 미만인 경우를 의미한다.

다. 제3유형: 공급가액 또는 매출·매입금액의 합계액이 300억 원 이상인 경우를 의미한다.

[양형인자의 정의]

1. 일반 조세포탈 / 특정범죄가중법상 조세포탈[1]

가. 실제 이득액이 경미한 경우

○피고인이 범행을 통하여 실제로 취득한 이익이 포탈세액에 비하여 미미한 경우로서 다음 요소 중 하나 이상에 해당하는 경우를 의미한다.

　－행위자 개인에게 조세포탈로 인한 이익이 귀속되지 아니한 경우

　－실제 거래는 있었으나 매입 세금계산서를 수취하지 못하여 허위의 세금계산서를 조작하여 조세포탈에 이른 경우

　－그 밖에 이에 준하는 경우

나. 단지 조세의 납부시기가 연기되는 결과를 발생시킨 것임이 명백한 경우

　－법인세, 소득세, 부가가치세 등의 기간과세에 있어서 과세표준에 산입될 익금이나 손금의 확정시기의 조작 등 단지 조세의 납부시기가 연기되는 결과를 발생시킨 것임이 명백한 경우를 의미한다.

　※ "실제 이득액이 경미한 경우"는 중복하여 적용하지 아니함

다. 계획적 · 조직적 범행

○다음 요소 중 하나 이상에 해당하는 경우를 의미한다.

　－범행의 수단과 방법을 사전에 치밀하게 계획한 경우

　－다수인이 역할을 분담하여 조직적으로 범행한 경우

　－증거인멸을 사전에 치밀하게 준비한 경우

　－그 밖에 이에 준하는 경우

라. 내부비리 고발

○구조적 탈세행위에 가담해 온 피고인이 범죄를 단절시키고자 하는 자발적 동기에서 내부비리를 고발함으로써 수사 또는 세무조사가 개시된 경우를 의미한다.

마. 수정신고 · 기한 후 신고

○포탈세액에 대하여 국세기본법 제45조(또는 지방세기본법 제49조)에 따라 법정신고기한이 지난 후 2년 이내에 수정신고를 하거나 같은 법 제45

---

[1] 일반 허위 세금계산서 수수 등/특정범죄가중법상 허위 세금계산서 수수 등에도 적용되는 동일한 명칭의 양형인자의 경우 따로 정의하지 않는 한 이와 같다.

조의3(또는 지방세기본법 제51조)에 따라 법정신고기한이 지난 후 6개월 이내에 기한 후 신고를 한 경우를 의미한다.

바. 포탈한 조세를 상당 부분 납부한 경우 등

○ 다음 요소 중 하나 이상에 해당하는 경우를 의미한다.
- 피고인이 포탈세액 중 약 2/3 이상을 자진하여 납부한 경우(국세기본법 제51조의 국세환급금의 충당에 의한 경우를 포함)
- 피고인이 담보의 제공이나 분할납부의 약속 등으로 장래 포탈세액 중 약 2/3 이상을 자진하여 납부할 것임이 명백한 경우
- 그 밖에 이에 준하는 경우

사. 포탈한 세액 중 일정 부분 이상이 징수되었거나 징수되리라 예상되는 경우

○ 피고인의 재산에 체납처분이 집행되어 포탈세액 중 약 1/3 이상이 징수되었거나 징수되리라 예상되는 경우(국세기본법 제51조의 국세환급금의 충당에 의한 경우를 포함)를 의미한다.

아. 소극 가담

○ 피고인이 수동적으로 참여하거나 범행 수행에 소극적인 역할만 담당한 경우를 의미한다.

자. 포탈한 조세의 징수를 회피하기 위하여 재산을 은닉한 경우

○ 재산을 의도적으로 은닉하여 포탈세액의 징수에 지장을 초래하는 경우를 의미한다.
○ 다만, 조세범 처벌법 제7조, 지방세기본법 제103조에 해당하는 경우와 같이 별도의 범죄에 해당하는 경우는 제외한다.

차. 진지한 반성

○ 범행을 인정한 구체적 경위, 피해 회복 또는 재범 방지를 위한 자발적 노력 여부 등을 조사, 판단한 결과 피고인이 자신의 범행에 대하여 진심으로 뉘우치고 있다고 인정되는 경우를 의미한다.

카. 형사처벌 전력 없음

○ 피고인이 해당 범행 전까지 단 한 번도 범행을 저지르지 아니한 경우를 의미한다. 다만, 상당한 기간에 걸쳐 반복적으로 범행한 경우는 제외한다.

2. 일반 허위 세금계산서 수수 등 / 특정범죄가중법상 허위 세금계산서 수수 등

가. 사실상 압력 등에 의한 소극적 범행가담

○ 다음 요소 중 하나 이상에 해당하는 경우를 의미한다.

   − 거래처와의 관계를 유지하기 위하여 거래처의 요구로 허위 매출세금
     계산서를 교부한 경우

   − 그 밖에 이에 준하는 경우

나. 조세포탈의 목적이 없거나 조세포탈의 결과가 발생하지 않은 경우

○ 단순한 외형 부풀리기 등을 위한 허위 세금계산서 관련 범죄로서 조세포
   탈의 목적이 없거나 조세포탈의 결과와 관련이 없는 경우를 의미한다.

[양형인자의 평가원칙]

1. 형량범위의 결정방법

○ 형량범위는 특별양형인자를 고려하여 결정한다.

○ 다만, 복수의 특별양형인자가 있는 경우에는 아래와 같은 원칙에 따라
   평가한 후 그 평가 결과에 따라 형량범위의 변동 여부를 결정한다.

   ① 같은 숫자의 행위인자는 같은 숫자의 행위자/기타인자보다 중하게
     고려한다.

   ② 같은 숫자의 행위인자 상호간 또는 행위자/기타인자 상호간은 동등
     한 것으로 본다.

   ③ 위 ①, ② 원칙에 의하여도 형량범위가 확정되지 않는 사건에 대하
     여는 법관이 위 ①, ② 원칙에 기초하여 특별양형인자를 종합적으
     로 비교·평가함으로써 형량범위의 변동 여부를 결정한다.

○ 양형인자에 대한 평가 결과 가중요소가 큰 경우에는 가중적 형량범위
   를, 감경요소가 큰 경우에는 감경적 형량범위를, 그 밖의 경우에는 기
   본적 형량범위를 선택할 것을 권고한다.

2. 선고형의 결정방법

○ 선고형은 위 1항에 의하여 결정된 형량범위 내에서 일반양형인자와 특
   별양형인자를 종합적으로 고려하여 결정한다.

[공통원칙]

1. 양형기준상 권고 형량범위의 특별 조정

① 특별양형인자에 대한 평가 결과 가중영역에 해당하는 사건에서 특별 가중인자만 2개 이상 존재하거나 특별가중인자가 특별감경인자보다 2개 이상 많을 경우에는 양형기준에서 권고하는 형량범위 상한을 1/2까지 가중한다.

② 특별양형인자에 대한 평가 결과 감경영역에 해당하는 사건에서 특별 감경인자만 2개 이상 존재하거나 특별감경인자가 특별가중인자보다 2개 이상 많을 경우에는 양형기준에서 권고하는 형량범위 하한을 1/2까지 감경한다.

2. 양형기준상 권고 형량범위와 법률상 처단형 범위와의 관계

○ 양형기준에서 권고하는 형량범위가 법률상 가중/감경에 의한 처단형 범위와 불일치하는 경우에는 법률상 처단형의 상한 또는 하한에 따른다.

3. 법률상 임의적 감경사유의 처리방법

○ 양형기준의 양형인자표에 포함된 법률상 임의적 감경사유에 대하여 법관이 법률상 감경을 하지 않기로 하는 경우에는 정상참작감경 사유로 고려한다.

[다수범죄 처리기준]

1. 적용범위

○ 양형기준이 설정된 범죄 사이의 형법 제37조 전단 경합범에 대하여 적용한다. 다만, 양형기준이 설정된 범죄와 양형기준이 설정되지 아니한 범죄 사이의 형법 제37조 전단 경합범에 관하여는 그 하한은 양형기준이 설정된 범죄의 양형기준상 형량범위의 하한에 따른다.

2. 기본범죄 결정

○ 기본범죄는 형종 선택 및 법률상 가중/감경을 거친 후 형이 가장 중한

범죄를 의미한다. 다만, 위 범죄의 양형기준상 형량범위 상한이 이와 경합되는 범죄의 양형기준상 형량범위 상한보다 낮은 경우에는 경합되는 범죄를 기본범죄로 한다.

3. 동종경합범 처리방법

○ 일반 조세포탈 범죄 사이의 동종경합범, 특정범죄가중법상 조세포탈 범죄 사이의 동종경합범, 일반 허위 세금계산서 수수 등 범죄 사이의 동종경합범, 특정범죄가중법상 허위 세금계산서 수수 등 범죄 사이의 동종경합범에 대하여는 아래의 다수범죄 처리방법을 적용한다.

① 포탈세액 또는 공급가액 등의 합계액을 합산한 금액을 기준으로 결정하되, 그 유형 중에서 제반 사정을 고려하여 적정하다고 판단되는 형량범위 영역을 선택한다.

② 다만, 합산 결과 가장 중한 단일범죄보다 유형이 1단계 높아지는 경우에는 형량범위 하한의 1/3을 감경하고, 가장 중한 단일범죄보다 유형이 2단계 이상 높아지는 경우에는 형량범위 하한의 1/2을 감경하되, 가장 중한 단일범죄에 적용되는 유형의 형량범위 하한을 한도로 한다.

○ 일반 조세포탈 범죄, 특정범죄가중법상 조세포탈 범죄, 일반 허위 세금계산서 수수 등 범죄, 특정범죄가중법상 허위 세금계산서 수수 등 범죄 사이의 경합범에 대하여는 아래의 '이종경합범 처리방법'의 예에 따른다.

4. 이종경합범 처리방법

○ 이종경합범에 대하여는 양형기준상 하나의 범죄로 취급되는 경우 외에는 아래의 다수범죄 가중방법을 적용한다.

① 2개의 다수범에 있어서는, 기본범죄의 형량범위 상한에 다른 범죄의 형량범위 상한의 1/2을 합산하여 형량범위를 정한다.

② 3개 이상의 다수범에 있어서는, 기본범죄의 형량범위 상한에 다른 범죄 중 형량범위 상한이 가장 높은 범죄의 형량범위 상한의 1/2, 두 번째로 높은 범죄의 형량범위 상한의 1/3을 합산하여 형량범위를 정한다.

③ 기본범죄의 형량범위 하한보다 다른 범죄의 형량범위 하한이 높은 경우에는 다수범죄 처리 결과로 인한 형량범위 하한은 다른 범죄의 형량범위 하한으로 한다.

○ 다만, 일반 조세포탈 범죄 사이의 동종경합범, 특정범죄가중법상 조세 포탈 범죄 사이의 동종경합범, 일반 허위 세금계산서 수수 등 범죄 사 이의 동종경합범, 특정범죄가중법상 허위 세금계산서 수수 등 범죄 사 이의 동종경합범이 포함되어 있는 경우에는 먼저 위 각 동종경합범에 대한 처리방법을 적용하여 산출한 각 형량범위를 기준으로 위 다수범죄 가중방법을 적용한다.

Ⅱ. 집행유예 기준

1. 조세포탈 유형

구분	부정적	긍정적
주요 참작 사유	○ 계획적·조직적 범행 ○ 2년 이상의 계속적·반복적 범행(일반 조세포탈 유형) ○ 세무를 대리하는 세무사·공인회계사·변호사의 중개·알선·교사행위 또는 세무공무원의 범행 ○ 동종 전과[5년 이내의, 금고형의 집행유예 이상 또는 3회 이상 벌금(집행유예 포함)]	○ 사실상 압력 등에 의한 소극적 범행가담 ○ 실제 이득액이 경미한 경우 ○ 단지 조세의 납부시기가 연기되는 결과를 발생시킨 것임이 명백한 경우 ○ 포탈한 조세를 상당부분 납부한 경우 등 ○ 형사처벌 전력 없음 ○ 자수, 내부비리 고발 또는 수정신고·기한 후 신고
일반 참작 사유	○ 동종 전과 및 통고처분 등 제재조치를 받은 전력 또는 2회 이상 금고형의 집행유예 이상 전과 ○ 사회적 유대관계 결여 ○ 진지한 반성 없음 ○ 공범으로서 주도적 역할 ○ 포탈한 조세의 징수를 회피하기 위하여 재산을 은닉한 경우 ○ 서면에 의한 경고, 회계감사 또는 과세관청의 실지조사에도 불구하고 범행을 계속한 경우	○ 경제적으로 급박한 상황에서 조세포탈을 저지른 경우 ○ 포탈한 세액 중 일정 부분 이상이 징수되었거나 징수되리라 예상되는 경우 또는 포탈한 조세의 납부를 위한 진지한 노력 ○ 사회적 유대관계 분명 ○ 진지한 반성 ○ 금고형의 집행유예 이상 전과 없음 ○ 공범으로서 소극 가담 ○ 피고인의 건강상태가 매우 좋지 않음 ○ 피고인의 구금이 부양가족에게 과도한

		곤경을 수반
	○세무공무원과 결탁한 경우 ○세무조사 등을 방해하거나 범행 후 증거 　은폐 또는 은폐 시도 ○포탈한 조세의 납부를 위한 진지한 노력 　없음	

2. 허위 세금계산서 수수 등 유형

구분	부정적	긍정적
주요 참작 사유	○계획적·조직적 범행 ○영리를 목적으로 계속적·반복적으로 한 범 　행(일반 허위 세금계산서 수수 등 1유형) ○세무를 대리하는 세무사·공인회계사·변 　호사의 중개·알선·교사행위 또는 세무 　공무원의 범행 ○동종 전과[5년 이내의, 금고형의 집행유 　예 이상 또는 3회 이상 벌금(집행유예 포 　함)]	○사실상 압력 등에 의한 소극적 범행가담 ○실제 이득액이 경미한 경우 ○조세포탈의 목적이 없거나 조세포탈의 　결과가 발생하지 않은 경우 ○형사처벌 전력 없음 ○자수, 내부비리 고발
일반 참작 사유	○동종 전과 및 통고처분 등 제재조치를 받 　은 전력 또는 2회 이상 금고형의 집행유 　예 이상 전과 ○사회적 유대관계 결여 ○진지한 반성 없음 ○공범으로서 주도적 역할 ○세무공무원과 결탁한 경우 ○우월적 지위를 이용하여 거래중단 등을 　내세우며 거래처에 허위 세금계산서 수 　수를 요구한 경우 ○세무조사 등을 방해하거나 범행 후 증거 　은폐 또는 은폐 시도	○허위 매출금액에 대한 세액을 납부한 경우 ○범죄수익 대부분을 소비하지 못하고 보 　유하지도 못한 경우 ○사회적 유대관계 분명 ○진지한 반성 ○금고형의 집행유예 이상 전과 없음 ○공범으로서 소극 가담 ○피고인의 건강상태가 매우 좋지 않음 ○피고인의 구금이 부양가족에게 과도한 　곤경을 수반

[집행유예 참작사유의 정의]

○양형인자와 동일한 집행유예 참작사유

　－양형인자의 정의 부분과 같다.

○전과의 기간 계산

　－전과의 기간은 집행유예는 판결 확정일, 실형은 집행 종료일로부터 범행시까지로 계산한다.

[집행유예 참작사유의 평가원칙]

○권고되는 형이 징역형인 경우 그 집행 여부를 판단함에 있어 주요참작사유는 일반참작사유보다 중하게 고려함을 원칙으로 하되, 권고 기준은 아래와 같다.

① 주요긍정사유만 2개 이상 존재하거나 주요긍정사유가 주요부정사유보다 2개 이상 많을 경우에는 집행유예를 권고한다.

② 주요부정사유만 2개 이상 존재하거나 주요부정사유가 주요긍정사유보다 2개 이상 많을 경우에는 실형을 권고한다.

③ 위 ① 또는 ②에 해당하나 일반부정(긍정)사유와 일반긍정(부정)사유의 개수 차이가 주요긍정(부정)사유와 주요부정(긍정)사유의 개수 차이보다 많은 경우이거나, 위 ① 또는 ②에 해당하지 않는 경우에는 집행유예 참작사유를 종합적으로 비교·평가하여 집행유예 여부를 결정한다.

위 조세범죄 양형기준은 양형위원회 홈페이지에서 확인할 수 있습니다.
　(양형위원회 홈페이지 － 양형기준 － 양형기준 내려받기)

바로가기

사항색인

저자 약력

제49회 사법시험 합격
국세청(1996~2010)
행정법원 등 판사(2010~2015)
법무법인 광장 파트너 변호사(2015~2017)
고려대학교·경희대학교 대학원, 국세청 등 강의
현재 법무법인 평산 대표변호사

제 4 판
조세범 처벌법

초판발행   2015년 10월 30일
제 2 판발행   2018년   1월 23일
제 3 판발행   2020년 11월 15일
제 4 판발행   2025년   1월   2일

지은이   김태희
펴낸이   안종만·안상준

편 집   한두희
기획/마케팅   장규식
표지디자인   이영경
제 작   고철민·김원표

펴낸곳   (주)**박영사**
               서울특별시 금천구 가산디지털2로 53, 210호(가산동, 한라시그마밸리)
               등록 1959. 3. 11. 제300-1959-1호(倫)

전 화   02)733-6771
f a x   02)736-4818
e-mail   pys@pybook.co.kr
homepage   www.pybook.co.kr
ISBN   979-11-303-4882-7   93360

정 가   37,000원